国家社科基金项目（2023XGL030）
四川省哲学社会科学规划后期资助项目（SC22HQ05）
四川省软科学项目（2023JDR0195）
西南石油大学人文专项"杰出人才"项目（2019RW018）
西南石油大学研究生教改教研项目（2022JG068）

# 知识链的协同效应研究

ZHISHILIAN DE XIETONG XIAOYING YANJIU

程强 顾新 ◎著

中国财经出版传媒集团
经济科学出版社
·北京·

图书在版编目（CIP）数据

知识链的协同效应研究/程强，顾新著．－－北京：
经济科学出版社，2023.10
ISBN 978－7－5218－5328－5

Ⅰ．①知⋯　Ⅱ．①程⋯②顾⋯　Ⅲ．①企业经营管理－知识管理－研究　Ⅳ．①F272.4

中国国家版本馆 CIP 数据核字（2023）第 204473 号

责任编辑：李　雪　袁　溦
责任校对：隗立娜
责任印制：邱　天

## 知识链的协同效应研究

程　强　顾　新　著

经济科学出版社出版、发行　新华书店经销
社址：北京市海淀区阜成路甲 28 号　邮编：100142
总编部电话：010－88191217　发行部电话：010－88191522
网址：www.esp.com.cn
电子邮箱：esp@esp.com.cn
天猫网店：经济科学出版社旗舰店
网址：http://jjkxcbs.tmall.com
固安华明印业有限公司印装
787×1092　16 开　19.75 印张　360000 字
2023 年 10 月第 1 版　2023 年 10 月第 1 次印刷
ISBN 978－7－5218－5328－5　定价：98.00 元
(图书出现印装问题，本社负责调换。电话：010－88191545)
(版权所有　侵权必究　打击盗版　举报热线：010－88191661
QQ：2242791300　营销中心电话：010－88191537
电子邮箱：dbts@esp.com.cn)

# 前　言

创新发展是当今时代的主题，企业之间的竞争更多是技术创新的竞争，谁拥有最前沿的技术，谁就拥有绝对的竞争优势。知识经济时代，知识已经成为技术创新的源泉，企业的知识水平和创新能力已经成为获得持续竞争优势的关键。然而，企业所拥有的知识是有限的，为了在激烈的市场竞争中获得优势，企业不得不努力寻求外部知识，纷纷与大学、科研院所、供应商、客户甚至是竞争对手结成战略伙伴关系，形成以知识创新为目的，推进知识实现跨组织流动和共享的知识链。

知识链是以企业为创新的核心主体，以实现知识共享和知识创造为目的，通过知识在参与创新活动的不同组织之间流动而形成的链式结构（顾新，2003）。知识链是由多个异质性主体构成的开放性复杂系统，每个主体又是相对独立的子系统，各子系统之间又包含了各种要素。知识链在整个生命周期中，不断地受到外部环境、内部子系统及其要素的影响，其中一些负面影响，使知识链的运行效率降低，功能不断衰减，有序性减弱，无序性增加，严重阻碍了知识链的稳定有序发展，甚至造成知识链的解体。为了避免和扭转知识链无序发展的不可逆局面，知识链各主体及其各要素应该协同起来，加强知识链各主体之间的合作和要素之间的耦合作用，从而引导和调节知识链从无序走向有序，从低级有序走向高级有序，并最终产生知识链整体效益大于单个主体效益之和的知识链协同效应。

本书以知识链为研究对象，通过界定知识链协同效应的内涵，描述知识链的演化过程，构建知识链协同效应的形成机理框架理论体系，并对知识链协同效应的形成机理框架理论体系进行实证检验，探索知识链协同效应形成的主要影响因素，建立知识链协同效应的评价指标体系，对知识链的协同效应进行评价。本书共有11章的研究内容：

第1章绪论。提出本书的研究背景与意义，整理国内外有关跨组织联合体协同效应的研究现状，阐述本书的研究思路、主要内容与方法。

第2章相关概念与研究基础。阐述协作、合作和协同的理论发展，辨析协作、合作和协同的内涵和特征，分析协作、合作与协同三者之间的区别和联系。介绍知识链的含义与构成，界定知识链协同效应的内涵。

第 3 章知识链的协同演化。基于自组织理论，分析知识链的自组织特征，从知识链协同演化的前提条件、协同演化动力机制、协同演化诱因、协同演化路径和协同演化形式等方面阐述了知识链协同演化的过程。

第 4 章知识链的协同效应形成机理。从跨组织协同效应形成的共性特征入手，结合知识链的个性特征，提出知识链的协同效应形成机理，构建知识链协同效应的形成机理框架，即，知识链协同效应的形成主要包括主体协同、机制协同和知识协同。

第 5 章知识链的主体协同。从知识链的战略协同、组织协同、管理协同和文化协同四方面阐述了知识链主体协同的形成，及其形成的路径、方法和建议。

第 6 章知识链的机制协同。从相互信任机制、激励约束机制、冲突解决机制和风险防范机制四维协同机制促进知识链的机制协同。

第 7 章知识链的知识协同。根据知识链的特征，建立了知识链知识协同的过程模型，从知识协同机会识别、知识流动、交互学习、知识共享和知识创造等方面分析了知识链知识协同的形成机制。

第 8 章知识链协同效应形成机理的实证与案例分析。构建知识链协同效应的 SEM 模型，通过实证分析，检验知识链协同效应形成模型的合理性。以 TD－SCDMA 产业技术创新联盟为案例，分析了其协同效应的形成机理，以及协同效应的实现。

第 9 章知识链协同效应形成的主要影响因素分析。从主体的协同意愿、学习能力、知识协同活动和知识属性四个方面探索知识链协同效应形成的影响因素。提出相关假设，并通过探索性分析和验证性分析，验证上述影响因素的显著性，并量化各因素对知识协同效应的影响程度。

第 10 章知识链协同效应评价。结合知识链的协同效应形成机理和影响因素，从主体协同、机制协同、知识协同、知识属性协同四个方面构建知识链协同效应评价指标体系。建立知识链协同效应评价模型，对知识链的协同效应进行评价分析。

第 11 章研究结论与展望。总结本书的研究结论，提出存在的不足，以及未来的研究方向。

最后，本书受到国家社会科学基金项目（23XGL030）、四川省哲学社会科学规划后期资助项目（SC22HQ05）、四川省软科学项目（2023JDR0195）、西南石油大学人文专项"杰出人才"项目（2019RW018）和西南石油大学研究生教改教研项目（2022JG068）的资助，在此特别表示感谢。

# 目　　录

**第1章　绪论** ·································································· 1
　1.1　研究背景与意义 ····················································· 1
　1.2　国内外研究现状与分析 ············································ 3
　1.3　研究的目的 ··························································· 22
　1.4　研究的内容 ··························································· 22
　1.5　技术路线与研究方法 ··············································· 23

**第2章　相关概念与研究基础** ············································ 26
　2.1　协作、合作与协同 ·················································· 26
　2.2　知识链及其构成 ····················································· 40
　2.3　知识链的协同效应 ·················································· 43

**第3章　知识链的协同演化** ··············································· 50
　3.1　协同演化理论——自组织理论 ··································· 50
　3.2　知识链的自组织特征 ··············································· 52
　3.3　知识链的协同演化过程 ············································ 53

**第4章　知识链的协同效应形成机理** ··································· 76
　4.1　协同效应形成的过程 ··············································· 76
　4.2　知识链的协同效应形成机理框架 ································ 79

**第5章　知识链的主体协同** ··············································· 85
　5.1　战略协同 ······························································ 85

5.2 组织协同 ………………………………………………………… 94
5.3 管理协同 ………………………………………………………… 101
5.4 文化协同 ………………………………………………………… 113

## 第6章 知识链的机制协同 …………………………………………… 121
6.1 相互信任机制 …………………………………………………… 121
6.2 激励约束机制 …………………………………………………… 126
6.3 冲突解决机制 …………………………………………………… 139
6.4 风险防范机制 …………………………………………………… 149

## 第7章 知识链的知识协同 …………………………………………… 160
7.1 知识协同 ………………………………………………………… 160
7.2 知识链的知识协同过程模型 …………………………………… 161
7.3 知识链的知识协同过程机理 …………………………………… 163
7.4 知识链的知识协同机制 ………………………………………… 168

## 第8章 知识链协同效应形成机理的实证与案例分析 ……………… 184
8.1 知识链协同效应形成机理的实证分析 ………………………… 184
8.2 知识链协同效应形成机理的案例分析——以 TDIA 为例 …… 208

## 第9章 知识链协同效应形成的主要影响因素分析 ………………… 218
9.1 研究假设 ………………………………………………………… 219
9.2 问卷调查 ………………………………………………………… 223
9.3 实证分析 ………………………………………………………… 226
9.4 研究小结 ………………………………………………………… 230

## 第10章 知识链协同效应评价 ………………………………………… 232
10.1 评价指标体系的设计原则 ……………………………………… 232
10.2 评价指标体系设计 ……………………………………………… 233
10.3 权重设计 ………………………………………………………… 235
10.4 基于三角模糊-TOPSIS 的知识链协同效应评价模型构建 …… 237

  10.5 中石油—西南石油大学创新联合体协同效应评价 …………………… 244

**第 11 章 研究结论与展望** ……………………………………………………… 263
  11.1 主要结论 ………………………………………………………………… 263
  11.2 研究的创新与特色之处 ………………………………………………… 266
  11.3 不足与展望 ……………………………………………………………… 267

**附录 1** "知识链协同效应形成的激励约束机制研究"调查问卷 ……………… 269
**附录 2** "知识链协同效应的形成机理实证研究"调查问卷 …………………… 272
**附录 3** "知识链协同效应形成的影响因素研究"调查问卷 …………………… 276
**附录 4** "中石油—西南石油大学创新联合体协同效应评价问卷"调查问卷 …… 278
**参考文献** …………………………………………………………………………… 282
**后记** ………………………………………………………………………………… 306

# 第1章

# 绪　　论

## 1.1　研究背景与意义

随着知识经济的到来,"企业持续竞争优势的必然资源就是知识"[①],知识作为现代企业独特的资源,已经成为企业核心能力的重要源泉,掀起了知识管理的研究热潮。企业生产经营过程既是产品生产过程,又是知识生产过程,其中每一个环节都离不开知识。因此,在知识更迭越来越快,市场竞争日益激烈的环境下,企业自身有限的知识资源,无法为企业的创新发展提供持续动力,也无法助力企业在市场竞争中占据有利地位。为拥有持续的竞争力,企业往往需要与大学、科研院所、供应商、客户甚至竞争对手结成战略伙伴关系,构成组织之间的知识链,通过知识链组织之间的知识流动,实现知识链知识共享,各主体可以通过知识链组织间的协同合作,不断吸收异质性知识,并创造出新的知识,从而形成知识优势,获得竞争优势。自20世纪90年代以来,在电子、信息、自动化、汽车等高科技领域,知识链已屡见不鲜,并日益成为21世纪组织之间合作的重要形式。随着市场环境的剧烈变化,未来的竞争不仅是企业与企业之间的竞争,更是知识链与知识链之间的竞争,知识链要在竞争中取胜必须实现合理高效的知识链管理。因此,随着知识链相关理论与协同学理论的不断发展,如何使知识链这类跨(多)组织联合体获得更多的资源优势,形成协同效应,从而提高知识链的创新绩效,也成为知识管理领域新的研究方向。

知识链是一个由多个不同类型的主体构成的开放性复杂系统,每个主体又是一个相对独立的子系统,各子系统之间又包含了各种要素。知识链在整个生命周期中,不断地

---

① Nonaka I. The knowledge-creating company [J]. Harvard business review, 1991, 69 (6): 96-104.

受到外部环境、内部子系统及其要素的影响，尤其是负面影响，如外部环境中，雷雨、冰雹、地震、海啸和洪水等恶劣的自然环境，和金融危机、政策限制、市场缺陷等社会经济环境；内部子系统之间在战略、组织结构、文化和管理制度与方法上存在差异和冲突；以及知识、信息、技术等要素分配的不均衡等，使知识链的效率日益降低，功能不断衰减，发展的有序性持续减弱，无序性持续增加等，严重阻碍了知识链的有序发展，甚至造成知识链的解体。为了避免和扭转知识链无序发展造成不可逆的局面，知识链各主体及其各要素应该协同起来，加强知识链各主体之间的合作和要素之间的非线性相互作用，从而引导和调节知识链从无序走向有序，从低级有序走向高级有序，并最终产生知识链整体效益大于单个主体效益之和的知识链协同效应。

作为一个开放复杂系统，知识链的协同合作过程中难免出现"搭便车"、空有组织而未达成有效合作等问题，进而影响知识链的协同效应产生，且由于现有知识链管理理论中，缺乏对知识链协同效应形成的系统认识，难以解决当前知识链与外部环境之间、知识链各主体之间，以及知识链主体内部要素之间存在的潜在矛盾冲突、合作效率不高、协同效应难以形成等问题。为此，本书将在现有理论的基础上对知识链协同效应的影响因素进行探究和梳理，厘清知识链协同效应的形成机理，并以此构建起知识链协同效应的评价指标体系；另外，利用评价模型对所选案例协同效应的强弱进行综合评价，并根据评价结果有针对性地提出如何达成更好的协同合作效果的管理建议，对其快速获取、创造新知识，提升自身协同效应及竞争优势具有至关重要的作用。本书通过理论研究，构建了知识链协同效应的形成机理理论体系，并通过实证和案例分析验证了所建立的理论体系的合理性，具有理论和实践双重意义。

（1）理论意义。本书涉及知识管理与协同管理的跨学科问题，梳理研究领域的已有成果，目前学界对知识链领域的相关研究主要集中在知识链概念、知识链模型、知识链管理以及知识链的知识活动等方面，而对知识链的协同效应及评价研究相对较少。因此，本书在深入研究知识管理及协同学等相关理论的基础上，对知识链的协同效应评价开展研究，深入考察知识链协同效应形成机理及评价方法。本书的理论意义在于构建了知识链协同效应形成机理的理论体系。首先，界定了知识链协同效应的内涵；其次，构建了知识链协同效应的形成机理研究框架，为知识链协同效应形成机理研究的展开奠定了理论基础；再次，从主体协同、机制协同和知识协同三方面阐述了知识链协同效应的形成机理，为知识链协同效应提供了理论支撑；最后，形成了一个完整的知识链协同效应研究理论体系。一方面，完善了知识链管理理论，延伸了知识链管理的科学研究；另一方面，拓展了协同学理论的应用范围；再一方面丰富和发展了技术经济及管理学科，促进了管理科学的发展，为相关领域的研究提供了新的研究思路。

（2）实践意义。知识资源在企业的创新发展中所起到的关键核心作用日益明显，就单个企业而言，其自身有限的知识存量已经无法保障企业在充满竞争的市场中实现创新发展，因此企业需要与外部组织保持合作关系，进行组织间知识链的协同创新，以保持竞争力。本书的实践意义在于为知识链的发展、协同问题的分析和解决，提供了理论指导和重要的参考价值。一方面，通过建立知识链协同效应形成机理的理论模型，对知识链协同效应形成的主体协同、机制协同和知识协同三者之间的关系，以及对知识链协同效应形成的作用进行实证分析，验证知识链协同效应形成机理的正确性和可靠性，并对验证结果不显著的理论进行反复修正，形成科学、准确的理论依据，为知识链的发展和协同效应的实现提供科学、准确的理论指导；另一方面，通过对典型案例进行分析，将理论与实践相结合，从实践中检验理论的准确性、可靠性和可操作性，以案例对象协同效应形成的过程和各环节进行审视，找出知识链协同过程中的问题，并针对问题制定相应的对策，以维持知识链的有序、健康发展。

## 1.2 国内外研究现状与分析

目前，国内外有关知识链的研究成果主要集中于对知识链的概念、知识链的活动（知识流动、知识共享和知识创造等）、知识链的组织管理（合作关系、冲突管理和风险管理等）方面的研究[1][2]。对知识链协同效应的形成机理研究可谓凤毛麟角，相关研究如《基于知识协同的知识链最优协调模型研究》[3]《知识链组织之间合作的知识协同研究》[4] 等。由于知识链是由多个主体构成的联合体，其隶属于跨（多）组织联合体范畴，因此，供应链、产学研、技术联盟、知识联盟、虚拟企业等跨（多）组织联合体的协同或协同效应研究成果可以为本书的展开提供参考和借鉴。

本书以"协同"（synergy）和"协同效应"（synergistic effect）为关键词，归纳和总结了跨（多）组织联合体的协同与协同效应研究的国内外研究现状。

---

[1] 程强，顾新. 知识链管理研究进展与评述：基于知识活动视角 [J]. 情报理论与实践，2014，37（5）：124-129.

[2] 程强，顾新. 知识链管理研究进展与评述：基于组织之间合作、冲突与风险管理视角 [J]. 图书馆学研究，2014（20）：16-21，48.

[3] 石娟，顾新，吴绍波. 基于知识协同的知识链最优协调模型研究 [J]. 科技进步与对策，2011，28（1）：128-130.

[4] 吴绍波，顾新. 知识链组织之间合作的知识协同研究 [J]. 科学学与科学技术管理，2008，29（8）：83-87.

## 1.2.1 协同效应研究现状

### 1.2.1.1 供应链协同研究

供应链是一种由供应商、制造商、分销商、零售商和用户构成的具有整体功能优势的跨（多）组织联合体。有关供应链协同的研究成果较为丰富，主要集中在以下几方面：

（1）供应链协同的概念与内涵界定。罗斯维格（Rosezweig，2009）和哈肯（Haken，1981）认为供应链协同就是通过将供应链上具有独特优势的不同企业联合起来，在协同机制、协同技术、信息共享的基础上，促进供应链企业内、外部协调发展，在提高供应链整体效益的同时，实现供应链成员企业效益的最大化的过程[1][2]。西马图庞和斯里达兰（Simatupang & Sridharan，2004）认为供应链协同是指两个或两个以上的供应链成员经过共同努力、信息共享和共同决策，实现个体效益最大化，进而提升整个供应链竞争优势的过程[3]，他还进一步提出信息共享、同步决策和激励联盟是供应链协同的三个相关维度，并以此对供应链成员间协同的程度进行了测度[4]。比蒙（Beamon，1999）认为，供应链协同是指供应链上某成员通过提供某种激励来试图改变另一个成员的行为，从而使最终均衡决策实现供应链的整体利润最优[5]。里德尔斯和班尼特（Riddalls & Bennett，2000）提出了供应链协同框架，将供应链协同性分析系统分成关系资本、知识学习和供应链环境三个部分[6]。伊藤和黎刹·萨勒（Ito & Rizal Salleh，2000）指出，供应链各成员间的协同是实现供应链有效管理的关键，并提出了协同供应链系统基于电子黑板的协商问题[7]。麦基弗等（McIvor et al.，2003）研究了电子商务对供应链协同管理的支持[8]。张敏和吴美安（2003）认为，供应链协同是指产品或服务从原材料

---

[1] Rosezweig E D. A contingent view of e-collaboration and performance in manufacturing [J]. Journal of Operations Management. 2009, 27 (2): 9.

[2] H. Haken. The science of structure: synergetics [M]. NewYork: Van Nostrand Reinhold Company, 1981.

[3] Simatupang T M, Sridharan R. A benchmarking scheme for supply chain collaboration [J]. Benchmarking, 2004, 11 (1): 9 – 30.

[4] Simatupang T M, Sridharan R. The collaboration index: a measure for supply chain collaboration [J]. International Journal of Physical Distribution & Logistics Management, 2005, 35 (1): 44 – 62.

[5] Beamon B M. Measuring Supply Chain Performance [J]. International Journal of Operations & Production Management, 1999 (19): 275 – 292.

[6] Riddalls C E, Bennett S, Tipi N S. Modeling the dynamics of supply chains [J]. International Journal of Systems Science, 2000, 31 (8): 969 – 976.

[7] Ito T, Rizal Salleh M. A Blackboard-based Negotiation for Collaborative Supply Chain System [J]. Journal of Materials Processing Technology, 2000, 107 (1): 398 – 403.

[8] McIvor R, Humphreys P, McCurry L. Electronic Commerce: Supporting Collaboration in the Supply Chain? [J]. Journal of Materials Processing Technology, 2003, 139 (13): 147 – 152.

的供应开始，向需求方移动的全过程中，通过供应链中各个环节的共同努力，从而创造出大于各环节价值简单总和的供应链整体价值，供应链的效益来自供应链的协同[1]。桑德斯（Sanders，2007）认为，供应链中跨组织的协同，需要联合所有参与者主体进行信息的共享与跨职能部门的信息交互，并将跨组织的协同分解成：主体之间实时信息共享、跨职能部门交互、协同经营计划的参与程度以及成本信息的共享四个方面[2]。邹辉霞（2007）认为，供应链协同是指供应链上各节点企业为实现供应链的整体目标而共同制订相关计划、实施策略和运作规则，并共同约定承担相应责任，使供应链各节点企业协调同步、各环节无缝对接[3]。曹和张（Cao & Zhang，2011）将供应链协同界定为独立组织之间信息分享、目标一致、决策同步、激励联盟、资源共享、协同沟通和联合知识创造七个互相连接的组成部分，七个方面彼此相关、共变，通过降低成本，减少响应时间，提升资源利用效率，从而促进创新[4]。蔡和田（2011）指出，要达成有效的供应链协同，供应链上各节点企业之间需要进行密切配合，将企业资源能力与外部机会相结合，实现资源能力整合、优化利用最大化[5]。

（2）供应链协同的影响因素。阿克曼和博格德（Akkermans & Bogerd，2004）建立了供应链协同的理论模型，研究非技术因素对实现协同的重要影响，并指出供应链协同成功的过程就是合作伙伴努力建立信任、实现可视化的过程[6]。张翠华和周红等（2005）建立了影响供应链协同的因素模型，分析了供应链协同的关键因素，包括联盟伙伴关系、协同策略和技术实施因素[7]。凌鸿和袁伟等（2006）从顾客—供应商关系的角度出发，从组织、环境、技术三个角度分析并建立了供应链协同影响因素的初步研究框架[8]。曾文杰和马士华（2010）探讨了沟通、信任、承诺和合作对供应链协同的影响[9]。楼高翔和万宁（2011）认为，供应链上的技术创新协同由多个供应链成员合作完

---

[1] 张敏，吴美安. 供应链协同的五个悖论 [J]. 现代管理科学，2003（1）：10-11.
[2] Sanders N R. An empirical study of the impact of e-business technologies on organizational collaboration and performance [J]. Journal of Operations Management，2007，25（6）：1332-1347.
[3] 邹辉霞. 供应链协同管理：理论与方法 [M]. 北京：北京大学出版社，2007.
[4] Cao M，Zhang Q. Supply chain collaboration：Impact on collaborative advantage and firm performance [J]. Journal of Operations Management，2011，29（3）：163-180.
[5] Chang-yen Tsai，Chengli Tien. Does Organizational Strategic Fit in Supply Chain Relations Affect the Propensity for Strategic Change？Evidence from Taiwanese Investments in China [J]. Chinese Management Studies，2011，5（2）：164-180.
[6] Akkermans H，Bogerd P，Doremalen J Travail. Transparency and Trust：A Case Study of Computer-supported Collaborative Supply Chain Planning in High-tech Electronics [J]. European Journal of Operational Research，2004，53（2）：445-456.
[7] 张翠华，周红，赵淼. 供应链协同的因素模型及对我国的启示 [J]. 现代管理科学，2005（6）：53-54.
[8] 凌鸿，袁伟，胥正川，等. 企业供应链协同影响因素研究 [J]. 物流科技，2006，29（3）：92-96.
[9] 曾文杰，马士华. 供应链合作关系相关因素对协同的影响研究 [J]. 工业工程与管理，2010（2）：1-7.

成，协同伙伴的选择对协同绩效有很大影响[1]。王永贵和王娜（2015）发现在外包情境下，供应商依赖对协同创新绩效有显著的积极影响[2]。亚历克谢夫（Alexiev，2016）认为社会环境的复杂化、不确定性，市场异质性、竞争性提高等外部环境的变化是影响供应链协同创新的权变因素[3]。付帅帅和陈伟达等（2021）研究发现除供应链企业间的合作外，政府相关政策的支持、调控对跨境电商物流供应链协同的发展具有显著影响[4]。

（3）供应链协同机制。

①供应链协同的激励机制。简贞（2010）认为，供应链的协同激励、约束机制对供应链企业具有契约和合同作用，可以用来规范企业的行动[5]。杨浩雄和何明珂（2006）提出了基于物流信息共享评价因子和与外界环境相关的调节系数的协同激励模型[6]。张翠华和任金玉（2006）基于惩罚和奖励的激励函数，提出了非对称信息下生产商与供应商之间由订货量、惩罚成本和奖金三种激励方式相结合的协同机制[7]。董绍辉和张志清等（2010）提出了考虑收益和成本的动态激励机制[8]。张海峰和高亚琼（2015）结合船舶制造业供应链企业的业务特点，提出了订单业务激励、价格优惠激励、信誉激励、信任激励、产品或技术创新激励等激励建议，丰富了船舶制造业供应链激励类型，完善了船舶制造业供应链企业协同的激励体系[9]。宋华和陈思洁（2017）研究了供应链协同创新策略对成员自身的资金柔性的影响[10]。

②供应链协同的契约机制。于（2006）认为正式契约的存在，能够使供应链成员企业认为自己对合作伙伴的行动拥有足够的掌控能力，从而使得成员企业间对合作行为更

---

[1] 楼高翔，万宁. 基于供应链的技术创新协同伙伴选择与评价 [J]. 科技进步与对策，2011（24）：153－155.

[2] 王永贵，王娜. 供应商依赖的决定因素及其对协同创新绩效的影响——供应商国际化程度的调节作用 [J]. 南开学报（哲学社会科学版），2015（4）：77－86.

[3] Alexiev A S, Volberda H W, Bosch F A. Interorganizational collaboration and firm innovativeness: Unpacking the role of the organizational environment [J]. Journal of Business Research, 2016, 69（2）：974－984.

[4] 付帅帅，陈伟达，王丹丹. 跨境电商物流供应链协同发展研究 [J]. 东北大学学报（社会科学版），2021，23（1）：52－60.

[5] 简贞. 基于第四方物流的供应链协同管理模式研究 [D]. 北京：北京邮电大学，2010.

[6] 杨浩雄，何明珂. 基于物流信息共享的供应链物流中节点企业协同行为的激励机制研究 [J]. 北京工商大学学报：社会科学版，2006（1）：22－26.

[7] 张翠华，任金玉，于海斌. 非对称信息下基于惩罚和奖励的供应链协同机制 [J]. 中国管理科学，2006（3）：32－37.

[8] 董绍辉，张志清，西宝. 供应链协同需求预测机制研究 [J]. 运筹与管理，2010（5）：66－70.

[9] 张海峰，高亚琼. 基于混合策略的船舶制造业供应链企业信息资源协同效益的博弈研究 [J]. 中国管理科学，2015，23（S1）：836－841.

[10] 宋华，陈思洁. 供应链动态能力以及协同创新战略对资金柔性的影响研究 [J]. 商业经济与管理，2017（11）：5－17.

加自信[①]。杨文胜和李莉（2006）构建了普通合作契约决策模型和收益共享契约决策模型；讨论了两种契约对供应链协同的影响；另外，在收益共享契约下，对基于供应链节点企业风险偏好的收益分配比例问题进行了探讨[②]。魏晨和马士华（2008）构建了分散决策契约模型和集中决策下的协同契约模型，并从提高供应商协同积极性的角度提出了对供应链渠道收益分配机制[③]。孙华和胡金焱等（2011）重新界定了风险偏好情况下供应链协同、协同契约机制的概念，从均值—方差、效用函数、下方风险法三个方面对风险偏好下的供应链协同契约机制进行优化设计研究[④]。布斯蒂勒和海默特（Bstieler & Hemmert, 2015）通过对比韩国企业，发现在东亚契约治理对协同结果的影响要比关系治理的影响弱[⑤]。王清晓（2016）在契约理论和关系交换理论的基础上，构建了供应链知识协同的理论模型，指出契约治理对知识的共享与创新存在负面影响，契约治理的程度越高反而不利于供应链知识协同的实现[⑥]。陈阁芝和刘静艳等（2017）发现旅游运营商对供应商实施合法契约能够显著减少供应商的机会主义行为，从而促进旅游供应链协同创新[⑦]。

③供应链的预测机制。张志清和西宝等（2008）论述了供应链协同需求预测的概念，分析了供应链需求预测多源信息的特征及其组成，探讨了需求预测信息融合的3个层次，提出了信息融合的瀑布模型、环状模型以及混合模型[⑧]。史成东和陈菊红（2009）利用粗糙集和BP神经网络的理论和方法，建立基于粗糙集和BP（Back Propagation）神经网络相结合的供应链协同管理绩效预测模型[⑨]。张志清和西宝等（2009）提出了一个集成化的供应链协同需求预测模型，该模型包括数据、组织、环境与例外、决策与方法、运作与计划以及协作与调整6个部分[⑩]。董绍辉和张志清等（2010）基于

---

[①] Yu C J, Liao T, Lin Z. Formal governance mechanisms, relational governance mechanisms, and transaction-specific investments in supplier-manufacturer relationships [J]. Industrial Marketing Management, 2006, 35 (2): 128 – 139.

[②] 杨文胜，李莉. 基于响应时间的供应链契约协同分析 [J]. 系统工程学报, 2006 (1): 24 – 32.

[③] 魏晨，马士华. 基于瓶颈供应商提前期的供应链协同契约研究 [J]. 中国管理科学, 2008 (5): 50 – 56.

[④] 孙华，胡金焱. 风险偏好下的供应链协同契约机制研究 [J]. 云南大学学报：社会科学版, 2011 (3): 85 – 91, 96.

[⑤] Bstieler L, Hemmert M. The effectiveness of relational and contractual governance in new product development collaborations: Evidence from Korea [J]. Technovation, 2015, 45 (46): 29 – 39.

[⑥] 王清晓. 契约与关系共同治理的供应链知识协同机制 [J]. 科学学研究, 2016, 34 (10): 1532 – 1540.

[⑦] 陈阁芝，刘静艳，王雅君. 旅游供应链协同创新的治理困境：契约还是关系？[J]. 旅游学刊, 2017, 32 (8): 48 – 58.

[⑧] 张志清，西宝，杨中华，等. 基于信息融合的供应链协同需求预测分析 [J]. 科技进步与对策, 2008 (12): 174 – 177.

[⑨] 史成东，陈菊红. 基于启发式属性约简和神经网络的供应链协同管理绩效预测 [J]. 科技管理研究, 2009 (3): 283 – 286.

[⑩] 张志清，西宝，严红. 基于Petri网的供应链协同需求预测流程模型 [J]. 工业工程, 2009 (6): 47 – 51.

博弈论分析了协同需求预测的利益分配机制,定量分析了供应链协同需求预测的整体收益系数[1]。舒彤和陈收等(2010)探讨了影响因子在时间序列预测中的作用,提出了基于影响因子的供应链协同预测方法并进行了实证研究[2]。

④供应链的协同效应研究。张敏和吴美安(2003)认为,供应链的效益来自供应链的协同效应[3]。杨德礼和于江(2003)认为,供应链协同效应的特点就是要通过企业与企业之间的协同来达到双赢的目的[4]。张莹(2004)认为与一般的企业群相比,供应链的竞争优势在于它的协同效应,并指出对供应链协同效应的认识中存在过分强调信息技术、速度、拒绝控制、竞争回避以及外包等误区[5]。应可福(2004)等提出,一个供应链系统中存在组织协同、管理协同、财务协同、信息协同以及业务协同等效应,这与企业管理中所涉及的组织、管理、财务、信息等要素的协同作用相对应[6]。夏蔚军和吴智铭(2005)采用了 Stackel-berg 博弈理论,采用利润共享和买回契约组合成的混合契约,使买卖双方的利益最大化,达到双赢的协同目的[7]。李玲鞠(2006)认为,供应链管理信息系统存在组织协同、管理协同、财务协同、信息协同、业务协同等多个协同效应,并具体分析了对供应链系统决策起关键作用的信息协同效应[8]。周立华和宋殿辉等(2007)探讨协同效应对供应链竞争力的影响,从而揭示供应链管理协同行为与竞争优势,并由此提出实现供应链协同效应需要构建的相应机制[9]。于晓霖和周朝玺(2008)利用信用、依赖、稳定性、系统绩效、信息协同、资金协同、库存协同、研发协同、成本、质量、柔性与响应速度 12 个指标来评价供应链协同效应[10]。辛格和鲍尔(Singh & Power,2009)从与客户的关系、供应商参与、经营绩效三个方面来衡量供应链的协同效应,并采用结构方程模型实证研究供应链协同问题[11]。曾文杰和马士华(2010)认为

---

[1] 董绍辉,张志清,西宝. 供应链协同需求预测机制研究 [J]. 运筹与管理,2010 (5):66-70.
[2] 舒彤,陈收,汪寿阳,等. 基于影响因子的供应链协同预测方法 [J]. 系统工程理论与实践,2010 (8):1363-1370.
[3] 张敏,吴美安. 供应链协同的五个悖论 [J]. 现代管理科学,2003 (1):10-11.
[4] 杨德礼,于江. 供应链管理下节点企业与第三方物流间协同合作的量化研究 [J]. 中国软科学,2003 (3):51-55.
[5] 张莹. 供应链协同效应的理念误区 [J]. 经济问题探索,2004 (6):35-36.
[6] 应可福,薛恒新. 企业集团管理中的协同效应研究 [J]. 华东经济管理,2004,18 (5):135-138.
[7] 夏蔚军,吴智铭. 供应链协同契约研究 [J]. 计算机集成制造系统,2005 (11):1576-1579.
[8] 李玲鞠. 供应链管理信息系统中的信息协同效应分析 [J]. 情报科学,2006,24 (1):100-103.
[9] 周立华,宋殿辉,王玉民. 供应链协同的竞争优势研究 [J]. 长春工业大学学报:社会科学版,2007 (2):4-6.
[10] 于晓霖,周朝玺. 渠道权力结构对供应链协同效应影响研究 [J]. 管理科学,2008,21 (6):29-39.
[11] Singh P J, Power D. The nature and effectiveness of collaboration between firms, their customers and suppliers: a supply chain perspective [J]. Supply Chain Management: An International Journal, 2009, 14 (3):189-200.

合作对协同效应产生正向影响[1]。杨玉香和周根贵（2012）认为，协同效应的实质是通过活动和资源的关联与共享，实现规模经济效益和范围经济效益[2]。

⑤供应链协同评价。西马图庞和斯里达兰（2005）提出了包含信息共享、决策同步与激励联盟三个方面的供应链协同评价指标体系[3]。张翠华和周红等（2006）考虑供应链管理中的信息流、业务流、资金流，并结合客户服务和系统适应性，选择了23个供应链协同评价指标，建立协同绩效评价指标体系[4]。陈久梅和康世瀛（2007）运用粗集理论来约减初始评价指标体系，并计算各指标的权重，完成对供应链协同效果的综合评价[5]。柴跃廷和崔琳琳（2007）引入供需链协同度的概念及其计算方法来评价供需链系统的协同程度[6]。周荣辅和赵俊仙（2008）根据供应链节点企业协同特征，构建了一个完整的供应链协同效果评价指标体系[7]。楼高翔和胡继灵（2008）从协同初始条件评价和协同过程评价两个方面，对供应链技术创新协同能力进行综合评价[8]。于晓霖和周朝玺（2008）从战略层、职能层和作业层3个维度，利用三角模糊数评价方法重建供应链协同效应评价体系[9]。陆和黄（Lu & Huang，2009）从社会资本、交互学习与供应链环境三个维度来计算供应链的协同度[10]。陆杉和高阳（2009）提出敏捷供应链协同绩效评价的发展方向[11]。王延娜和冯艳飞（2010）以SCOR供应链运作参考模型为框架，建立供应链协同的绩效评价指标体系，运用FAHP方法对制造企业精益供应链协同绩效进行评价[12]。陆杉（2012）运用协同学理论，从定性和定量角度分析供应链协同状况，提出了基于关系资本和互动学习的供应链协同性评价模型[13]。郑季良和周旋（2017）从经济绩效和绿色绩效两个方面建立了基于高耗能企业全产业链的绿色供应链管理模型及协同

---

[1] 曾文杰，马士华. 供应链合作关系相关因素对协同的影响研究 [J]. 工业工程与管理，2010（2）：1-7.
[2] 杨玉香，周根贵. 闭环供应链网络整合协同效应量化模型研究 [J]. 管理工程学报，2012，26（4）：112-118.
[3] Simatupang T M, Sridharan R. The collaboration index: a measure for supply chain collaboration [J]. International Journal of Physical Distribution & Logistics Management, 2005, 35 (1): 44-62.
[4] 张翠华，周红，赵森，等. 供应链协同绩效评价及其应用 [J]. 东北大学学报，2006（6）：706-708.
[5] 陈久梅，康世瀛. 基于粗集理论的供应链协同效果评价 [J]. 统计与决策，2007（22）：170-172.
[6] 崔琳琳，柴跃廷，秦志宇. 供需链协同的定量评价 [J]. 计算机集成制造系统，2007，13（5）：990-994.
[7] 周荣辅，赵俊仙. 供应链协同效果评价指标体系的构建 [J]. 统计与决策，2008（13）：64-66.
[8] 楼高翔，胡继灵. 供应链技术创新协同能力及其效益评价 [J]. 科技进步与对策，2008（12）：190-192.
[9] 于晓霖，周朝玺. 渠道权力结构对供应链协同效应影响研究 [J]. 管理科学，2008（6）：29-39.
[10] Lu S, Huang F H. Research on Measurement of Supply Chain Synergy [C]. Proceeding of 2009 Second International Conference on Intelligent Computation Technology and Automation, 2009 (2): 967-971.
[11] 陆杉，高阳. 敏捷供应链协同绩效评价 [J]. 科技进步与对策，2009（2）：26-29.
[12] 王延娜，冯艳飞. 基于FAHP的制造业精益供应链协同绩效评价研究 [J]. 工业技术经济，2010（4）：104-107.
[13] 陆杉. 基于关系资本和知识学习的供应链协同度评价研究 [J]. 科学学与科学技术管理，2012，33（8）：152-158.

效应评价模型[1]。

#### 1.2.1.2 产学研协同研究

产学研是一种由企业、高等院校和科研院所构成的，在功能上相互耦合的跨（多）组织联合体。产学研的协同研究成果主要集中在以下三方面：

（1）产学研协同创新研究。希恩和拉米（Shinn & Lamy，2006）指出，从协同模式角度看，高等院校和企业之间的协同主要包括合作研发、许可证合作、技术援助、各种正式或非正式的信息交流和人才引进等协同模式[2]。刘小斌和罗建强等（2008）分析了产学研协同的技术创新扩散过程存在的问题[3]。毕雅格德（Bjerregaard，2009）研究了中小型企业与大学的协同战略，结果表明合作伙伴选择短期或长期发展战略将产生不同的产学协同效果，一些协作旨在获得短期、及时的效益，而大量合作都为了形成长期的战略合作伙伴关系，致力于提升直接合作项目与实践学习之外的效能，协同战略的选择对产学研协作过程中的决策制定与执行存在重要影响[4]。张力（2011）认为，站在国家战略高度，阐述了产学研协同创新的重大意义[5]。施密特（Schmitt，2011）认为建立长效合作机制是保障产学研协同创新发展的前提[6]。何郁冰（2012）认为，产学研协同创新包含了战略协同、知识协同、组织协同的三维协同过程[7]。张旭军和蒋石梅等（2012）探讨了产学研协同创新过程及其机理，解释保定市新能源与输变电产业集群如何通过产学研协同创新，实现了政府引导和创新项目带动下提升集群创新能力的原因与特征[8]。王进富和张颖颖等（2013）针对创新行为内嵌于产学研协同创新全过程的特征，将产学研协同创新行为分为酝酿期、接洽期和运行期，从动力协同、路径协同、知识管理协同三个方面构建产学研协同创新机制，以协同度评价来测量协同创新效应的理论分析框架[9]。夏红云（2014）对产学研协同创新的动力成因进行研究，确定市场需

---

[1] 郑季良，周旋. 钢铁企业绿色供应链管理协同效应评价研究 [J]. 科研管理，2017，38（S1）：563-568.

[2] Shinn T, Lamy E. Paths of commercial knowledge: Forms and consequences funiversity—Enterprise synergy in scientist-sponsored firms [J]. Research Policy, 2006, 35 (10): 1465-1476.

[3] 刘小斌，罗建强，韩玉启. 产学研协同的技术创新扩散模式研究 [J]. 科学学与科学技术管理，2008 (12): 48-52.

[4] Bjerregaard T. Universities-industry collaboration strategies: a micro-level perspective [J]. European Journal of Innovation Management, 2009, 12 (2): 161-176.

[5] 张力. 产学研协同创新的战略意义和政策走向 [J]. 教育研究，2011 (7): 18-21.

[6] Schmitt R W. Conflict or synergy: university-industry research relations [J]. Accountability in research, 2011 (5): 251-254.

[7] 何郁冰. 产学研协同创新的理论模式 [J]. 科学学研究，2012, 30 (2): 165-174.

[8] 张旭军，蒋石梅，张爱国，等. 产业集群产学研协同创新机制——基于保定市新能源及输变电产业集群的案例研究 [J]. 科学学研究，2012, 30 (2): 207-212.

[9] 王进富，张颖颖，苏世彬，等. 产学研协同创新机制研究——一个理论分析框架 [J]. 科技进步与对策，2013, 30 (16): 1-6.

求、市场压力、技术推动及政府支持是外部动因，内部激励、战略协同、利益驱动和创新能力是内部动因[1]。钱雨和吴冠霖（2016）构建了产学研协同创新成员协同行为构成要素理论框架，并通过路径分析模型实证检验了产学研协同创新成员协同行为构成要素间的相互关系[2]。吴卫红和陈高翔等（2018）探索性地构建了"政产学研用资"协同创新三三螺旋模式[3]。黄菁菁（2019）利用 Hansen 门槛模型，实证分析 R&D 投入对产学研协同创新的影响[4]。贺一堂和谢富纪（2020）运用随机演化博弈的方法，分析了产学研协同创新演进过程中的稳定状况及收敛速度[5]。

（2）产学研的知识协同研究。卡拉扬尼斯等（Carayannis et al.，2000）指出正是由于产学研等主体间的知识传递与知识共享，导致了协同关系的形成，从而进一步促进信任关系的建立，为社会资本的深层次合作提供便利[6]。布鲁索尼（Brusoni，2001）指出产学研协同创新过程中，通过知识的关联、交互、共享、碰撞和激活等一系列知识活动，消除"知识孤岛"，实现多主体、多目标、多任务间的知识耦合效应[7]。桑托罗和比尔利（Santoro & Bierly，2006）指出，知识转移是产学研协同的重要内容，通过对美国东北部地区 173 家公司的高管调查发现，社会联系、信任、合作成果的技术转让相关的知识产权政策、技术关联性、技术创新能力是知识转移的重要推动因素[8]。蔡文娟和陈莉平（2007）阐述了社会资本的三个基本维度在产学研协同创新网络中的影响作用，探讨了社会资本视角下产学研协同创新网络的联接机制及效应[9]。哈迪森等（Harryson et al.，2008）从外部学习增强创新灵活性角度探索了加强产学研协同的两种模式，并提供了一个产业界与学术界以自然方式结成学习联盟的理论框架[10]。菲尔宾（Philbin，

---

[1] 夏红云. 产学研协同创新动力机制研究［J］. 科学管理研究，2014，32（6）：21－24.
[2] 钱雨，吴冠霖，孙新波，等. 产学研协同创新成员协同行为构成要素及关系研究［J］. 科技进步与对策，2015，32（16）：15－21.
[3] 吴卫红，陈高翔，张爱美. "政产学研用资"多元主体协同创新三三螺旋模式及机理［J］. 中国科技论坛，2018（5）：1－10.
[4] 黄菁菁. R&D 投入与产学研协同创新——人力资本投入的门槛检验［J］. 软科学，2019，33（11）：16－21.
[5] 贺一堂，谢富纪. 产学研协同创新的随机演化博弈分析［J］. 管理评论，2020，32（6）：150－162.
[6] Elias G. Carayannis, Jeffrey Alexander, Anthony Ioannidis. Leveraging knowledge, learning, and innovation in formingstrategic government-university-industry (GUI) R&D partnershipsin the US, Germany, and France [J]. Technovation, 2000, 20 (9): 477–488.
[7] Brusoni S, Prencipe A, Pavitt K. Knowledge specialization, organizational coupling, and the boundaries of thefirm: Why do firms know more than they make? [J]. Administrative Science Quarterly, 2001, 46 (4): 597–621.
[8] Santoro MD, Bierly PE. Facilitators of Knowledge Transfer in University–Industry Collaborations: A Knowledge-Based Perspective [J]. IEEE Transactions on Engineering Management. 2006, 53 (4): 495–507.
[9] 蔡文娟，陈莉平. 社会资本视角下产学研协同创新网络的联接机制及效应［J］. 科技管理研究，2007（1）：172－175.
[10] Harryson S, Kliknaite S, Dudkowski R. Flexibility in innovation through external learning: exploring two models for enhanced industry-university collaboration [J]. International Journal of Technology Management, 2008, 41 (1): 109–137.

2008）构建了一个产学研协同模型，以提高科研协同效能，促进知识转移[1]。杨洪涛和吴想（2012）分析了知识的内隐性、知识的可表达性、知识源转移意愿、知识源转移能力、知识转移双方的信任度、知识转移双方的沟通等关键因素对产学协同创新知识转移的影响，并根据实证结果提出了促进产学协同创新知识转移的对策[2]。吴悦和顾新（2012）从准备、运行、终止三个阶段构建了产学研协同创新的知识协同过程模型，并从环境因素、协同意愿、产学研合作模式、知识差异四方面探讨了产学研协同创新中知识协同过程的影响因素，建立了影响因素作用的框架模型[3]。罗琳和魏奇锋等（2017）研究发现：组织之间的协同意愿、知识异质性以及组织知识能力等影响因素对产学研协同创新的知识协同存在显著的正向影响，环境复杂性对知识协同绩效存在显著的负向影响，知识协同机制在各影响因素对知识协同绩效的影响过程中起到中介作用[4]。李春发和赵乐生（2017）构建了双元能力影响产学研知识创新协同演化的理论框架，以及契合各主体间动态反馈行为的系统动力学模型，发现组织双元能力是产学研知识创新协同演化的内生动力机制[5]。王凯和胡赤弟等（2019）使用结构方程模型检验了网络能力对嵌入性关系与产学研知识协同影响机制的研究假设[6]。翟丹妮和韩晶怡（2019）基于产学研知识协同的网络演化博弈模型，分析了产学研知识协同创新过程中奖惩力度、收益分配比例、知识势差以及产学研合作网络结构等参数对产学研知识协同效应的影响[7]。

（3）产学研协同绩效评价。约翰逊等（Johanson et al.，2001）认为，定性指标也是合作绩效的关键驱动因素，定量指标和定性指标反映了合作的不同信息，二者相结合评价协同效应会更加合理[8]。乔治（George，2002）开创式地研究设计了专利数、研发中的新产品数、投入市场的新产品数率等协同绩效评价指标[9]。普拉约戈和艾哈迈德

---

[1] Philbin S. Process model for university-industry research collaboration [J]. European Journal of Innovation Management，2008，11（4）：488 – 521.

[2] 杨洪涛，吴想. 产学协同创新知识转移影响因素实证研究 [J]. 科技进步与对策，2012（14）：117 – 121.

[3] 吴悦，顾新. 产学研协同创新的知识协同过程研究 [J]. 中国科技论坛，2012（10）：17 – 23.

[4] 罗琳，魏奇锋，顾新. 产学研协同创新的知识协同影响因素实证研究 [J]. 科学学研究，2017，35（10）：1567 – 1577.

[5] 李春发，赵乐生. 组织双元性视角的产学研知识创新协同演化仿真研究 [J]. 情报科学，2017，35（12）：73 – 80.

[6] 王凯，胡赤弟，陈艾华. 大学网络能力对产学知识协同创新绩效的影响 [J]. 科研管理，2019，40（8）：166 – 178.

[7] 翟丹妮，韩晶怡. 基于网络演化博弈的产学研知识协同研究 [J]. 统计与信息论坛，2019，34（2）：64 – 70.

[8] Johanson U，Mårtensson M，Skoog M. Measuring to understand intangible performance drivers [J]. The European Accounting Review，2001，10（3）：407 – 437.

[9] Cohen W. M. et al. Links and impacts：The influence of public research on industrial R&D [J]. Management Science，2002，48（1）：1 – 23.

(Prajogo & Ahmed，2006）提出的创新绩效评价指标体系由产品创新指标和过程创新指标构成，前者包含新产品创新的程度、新产品开发速度等，后者包含技术竞争力、过程技术的先进性等[1]。同时陈劲和陈钰芬（2006）又将新产品销售率、新产品数、专利申请数等指标引入到创新绩效指标体系中[2]。博纳科尔西和皮卡卢加（Bonaccorsi & Piccaluga，2007）提出了产学研协同绩效的评价模型（框架），其中对合作绩效的定义主要包含知识的产生、传递与衍生三方面内容；对绩效的客观测度指标包括新产品数量、研究者数量、出版物数量、专利数量等[3]。伯科维茨和费尔德曼（Bercovitz & Feldman，2008）指出，科研机构与产业的一致性和互补性、合作历史、项目管理、人才流动的地理限制、合作者来源的多样性、大学的研究能力和规模、大学技术转移的意愿、文化与价值观的差异等影响着协同创新绩效[4]。范和唐（Fan & Tang，2009）从环境、投入、产出、合作机制和效应等方面入手，建立产学研技术协同创新绩效评价指标体系，并运用模糊积分法对中国产学研技术合作创新进行评价[5]。潘和王（Pan & Wang，2009）设计出校企协同创新的风险评估指标体系，并利用风险矩阵和蒙特·卡洛模拟方法评估校企协同创新的风险水平[6]。曹静和曹范德等（2010）通过建立产学研协同创新绩效评价模式，分析产学研协同创新绩效的影响因素，包括技术环境、合作主体关系、市场环境和法律政策，以及产学研协同创新模式和合作机制对技术创新的影响[7]。罗洪云和林向义（2015）从人员、资金、物质和成果等维度，构建了产学研协同知识创新体系创新绩效评价指标体系，并提出了产学研协同知识创新体系创新绩效评价的三阶段流程[8]。王海军和于兆吉等（2017）设计了面向"产学研+"协同创新绩效的评价指标体系[9]。王帮俊和吴艳芳（2018）基于因子分析的视角，构建了评价产学研协同创新绩效的投入和

---

[1] Prajogo D. Ahmed P. K. Relationships between innovation stimulus, innovation capacity, and innovation performance [J]. R&D Management, 2006, 36 (5): 499 – 515.
[2] 陈劲，陈钰芬. 企业技术创新效益绩效评价指标体系研究 [J]. 科学学与科学技术管理, 2006 (3): 86 – 91.
[3] Bonaccorsi A, Piccalugadua A. A theoretical framework for the evaluation of university-industry relationships [J]. R&D Management, 2007, 24 (3): 229 – 247.
[4] Bercovitz J, Feldman M. Entrepreneurial universities and technology transfer: a conceptual framework for understanding knowledge-based economic development [J]. The Journal of Technology Transfer, 2008, 31 (1): 175 – 188.
[5] Fan D, Tang X X. Performance Evaluation of Industry – University – Research Cooperative Technological Innovation Based on Fuzzy Integral [C]. International Conference on Management Science & Engineering, 2009: 1789 – 1795.
[6] Pan J Y, Wang F. Analysis and Evaluation of Knowledge Transfer Risks in Collaborative Innovation Based on Extension Method [C]. 4th International Conference on Wireless Communications, Networking and Mobile Computing, 2008: 1 – 4.
[7] 曹静，范德成，唐小旭. 产学研结合技术创新绩效评价研究 [J]. 科技进步与对策, 2010 (4): 114 – 118.
[8] 罗洪云，林向义，王磊，等. 产学研协同知识创新体系创新绩效评价研究 [J]. 现代情报, 2015, 35 (2): 8 – 11.
[9] 王海龙，张悦，丁堃，等. 产学研协同创新的利益协同机制——基于辽宁新型产业技术研究院的多案例研究 [J]. 科学管理研究, 2016, 34 (5): 65 – 68.

产出指标①。

#### 1.2.1.3 企业联盟协同

企业联盟是由多个企业基于共同利益和战略目标而结成的正式合作伙伴关系，是一种为了追求共同目标和利益的跨（多）组织联合体。企业联盟的类型主要有战略联盟、知识联盟和技术联盟等，其有关协同的研究成果主要有：

（1）战略联盟协同。史丽萍和吕莉（2004）探讨了战略联盟协同效应的主要表现形式及协同效应的实现方式②。赵昌平和王方华等（2004）讨论了战略联盟协同的内在机理，并用数学模型分析了众多联盟伙伴的战略选择形成联盟结构的过程③。许箫迪和王子龙（2005）认为，战略联盟内成员企业的创新动力及创新需求随时间变化呈现下降趋势，伴随任务的完成、目标的实现战略联盟将会最终解散，协同创新终止④。祁宇祥和李向东等（2005）分析模型各视图及其联系，给出协同建模框架和建模机制，探讨网络化制造环境下进行企业协同建模的解决方案⑤。韩斌和孟琦等（2007）基于价值网思想，依托于企业资源、能力理论和社会资本理论，构建战略联盟协同优势创造理论模型，从联盟关系协同和联盟网络关系协同两个维度对战略联盟竞争优势创造进行分析⑥；论述了联盟协同机制在联盟系统结构演化过程中的重要作用，揭示了战略联盟协同机制生成的自组织机理⑦。孟琦和韩斌（2008）分析了战略联盟协同机制生成的逻辑机理，从知识协同机制、技术创新协同机制、利益协同机制以及关系协同机制四个方面构建战略联盟四维协同机制生成框架⑧。屈维意和周海炜等（2011）以资源—能力观的视角，将联盟协同效应划分为互补效应、整合效应及学习效应三个层次，探索了联盟协同效应的结构"黑箱"，构建了联盟协同效应层次结构模型⑨。张业圳和林翙（2015）指出联盟协同创新演化机制较为脆弱，各博弈主体在进行策略选择时主要受到联盟协同创新的组织成本、博弈双方协同度以及联盟收益的制约，协同创新策略均衡的演化与联

---

① 王帮俊，吴艳芳．区域产学研协同创新绩效评价——基于因子分析的视角［J］．科技管理研究，2018，38（1）：66－71．
② 史丽萍，吕莉．战略联盟的协同效应研究［J］．齐齐哈尔大学学报：哲学社会科学版，2004（3）：30－31．
③ 赵昌平，王方华，葛卫华．战略联盟形成的协同机制研究［J］．上海交通大学学报，2004，38（3）：417－421．
④ 许箫迪，王子龙．基于战略联盟的企业协同创新模型研究［J］．科学管理研究，2005（6）：12－15．
⑤ 祁宇祥，李向东，檀润华，等．网络化制造协同联盟的企业协同建模［J］．河北工业大学学报，2005（5）：13－18．
⑥ 韩斌，孟琦，张铁男．联盟协同优势创造的二维分析［J］．软科学，2007，21（2）：5－7，19．
⑦ 韩斌，孟琦．战略联盟协同机制生成的系统结构演化分析［J］．科技进步与对策，2007（11）：37－40．
⑧ 孟琦，韩斌．获取战略联盟竞争优势的协同机制生成分析［J］．科技进步与对策，2008（11）：1－4．
⑨ 屈维意，周海炜，姜骞．资源—能力观视角下战略联盟的协同效应层次结构研究［J］．科技进步与对策，2011，28（24）：17－21．

盟的净收益和协同度成正比，与成本成反比，在联盟的初始状态，这些因素对联盟的最终发展演化有很大影响[1]。赵健宇和王铁男（2018）基于单元选择、情境过程和种群结构的论证逻辑诠释战略联盟的协同演化机理，分别探讨自然选择机制主导和演化单元主导的协同演化效应[2]。杜维和马阿双（2018）引入失败知识扩散难度系数，分析失败联盟企业知识协同创新的独特性[3]。杨磊和侯贵生（2020）检验了联盟知识异质性与企业创新绩效之间的关系，以及知识协同的中介作用和知识嵌入性的调节作用[4]。

（2）知识联盟协同。杜克（Duque，2005）等指出，协同创新活动在非密闭的系统中，单个企业想要得到所有的创新要素或资源是很困难的，而企业和外界的相关机构形成联盟的关系对有用知识的取得却很重要[5]。季宇（2007）设计了 U/I 知识联盟协同创新机制模型，分析了影响 U/I 知识联盟协同创新的六种相关函数关系，并借用柯布·道格拉斯的思想提出了 U/I 知识联盟协同创新绩效的数理分析模型[6]。王玉梅（2010）构建了知识创新联盟网络协同发展模型，揭示了知识创新联盟的运行规律；从知识创新联盟构思、研发、商业化、反思与评价 4 个维度构造知识创新联盟网络协同发展评价的指标体系，综合反映知识创新联盟网络协同发展状况[7]。刘超（2010）从演化博弈论的角度研究了企业战略联盟知识协同的演化机制，并提出了旨在提升企业间知识协同效果的知识共享架构和保障机制，为解决企业战略联盟的知识共享问题提供了新的思路[8]。孙新波和张波等（2012）通过引入成熟度模型，分析激励协同的影响因素和激励协同的特点，构建了激励协同成熟度概念模型，通过比较知识联盟激励协同的现状和模型的异同，为知识联盟知识主体提供了明确的激励改进方法，实现了知识联盟创新知识和提升绩效的目的[9]。将连续体理论应用到激励协同的过程研究中，通过研究显性激励和隐性激励的互动过程描述了激励协同连续体的内涵，阐述了激励协同连续体的产生基础，分

---

[1] 张业圳，林翊. 产业技术创新战略联盟协同创新的演化博弈分析 [J]. 福建师范大学学报（哲学社会科学版），2015（2）：22 – 30，167.

[2] 赵健宇，王铁男. 战略联盟协同演化机理与效应——基于生物进化隐喻的多理论诠释 [J]. 管理评论，2018，30（8）：194 – 208.

[3] 杜维，马阿双. 联盟企业失败知识协同创新的动态决策模型 [J]. 软科学，2018，32（1）：62 – 66.

[4] 杨磊，侯贵生. 联盟知识异质性、知识协同与企业创新绩效关系的实证研究——基于知识嵌入性视角 [J]. 预测，2020，39（4）：38 – 44.

[5] Duque R B, Ynalvez M, Sooryamoorthy R, Mbatia P, Dzorgbo D – BS, Shrum W. Collaboration Paradox: Scientific Productivity, the Internet, and Problems of Research in Developing Areas. *Social Studies of Science*. 2005, 35（5）：755 – 785.

[6] 季宇. U/I 知识联盟协同创新绩效的数理分析模型 [J]. 大连交通大学学报，2007（2）：84 – 87.

[7] 王玉梅. 基于动力学的组织知识创新联盟网络协同发展评价研究 [J]. 科学学与科学技术管理，2010（10）：119 – 124.

[8] 刘超. 企业战略联盟的知识协同与共享模式探析 [J]. 科技管理研究，2010（5）：102 – 105.

[9] 孙新波，张波，罗能. 基于生命周期理论的知识联盟激励协同成熟度研究 [J]. 科学学与科学技术管理，2012（1）：60 – 68.

析了激励协同内生机制，构建了激励协同模式，阐明了激励协同的发展过程[①]。孙新波和李佳磊等（2014）通过探讨知识联盟中激励协同和联盟绩效的关系，界定了激励协同序参量，并将激励协同序参量和知识联盟绩效联系起来[②]。孙新波和张大鹏等（2015）提出知识联盟协同创新影响因素的概念模型，实证得出协同创新绩效由产品创新、管理创新和流程创新3个维度构成的结论[③]。陈艾华和邹晓东（2017）聚焦知识共享模式和组织间学习共同对企业创新绩效产生影响的过程，探究了基于组织间学习的产学研知识联盟协同创新机理[④]。

（3）技术联盟协同。喻汇（2009）指出，技术创新联盟是企业协同创新的重要组织形式，而协同创新在企业竞争力的提升过程中扮演着非常关键的角色，为了提升企业的协同创新能力，企业必须加强与协作伙伴在营销、采购、研发管理等各方面的合作[⑤]。喻金田和胡春华（2015）揭示了基于伙伴选择的技术联盟协同创新能力动态提升机理，表明合作伙伴的合理选择能够持续提升技术联盟协同创新能力[⑥]。赵映雪（2016）研究指出技术联盟合作伙伴选择对协同创新行为的正向影响[⑦]。王康和王晓慧（2018）构建了产业技术创新战略联盟的技术竞争情报协同服务模式[⑧]。段云龙和张新启等（2019）从资源协同、目标协同、知识协同、关系协同、创新协同视角，以成员信任度为调节变量，对产业技术创新战略联盟稳定性进行了分析[⑨]。

#### 1.2.1.4 跨（多）企业协同研究

跨（多）企业协同研究主要集中在虚拟企业、敏捷企业、集群企业等研究中，主要研究成果有：

（1）虚拟企业协同。林（Lin，2002）建立了虚拟企业基于承诺的协同管理概念模

---

① 孙新波，张波，刘博. 知识联盟激励协同连续体模型研究 [J]. 东北大学学报：社会科学版，2012（2）：125-129.
② 孙新波，李佳磊，刘博. 知识联盟激励协同与联盟绩效关系研究 [J]. 管理评论，2014，26（11）：182-189.
③ 孙新波，张大鹏，吴冠霖，等. 知识联盟协同创新影响因素与绩效的关系研究 [J]. 管理学报，2015，(8)：1163-1171.
④ 陈艾华，邹晓东. 基于组织间学习的产学研知识联盟协同创新机理——来自企业的实证研究 [J]. 浙江大学学报：人文社会科学版，2017，47（6）：74-87.
⑤ 喻汇. 基于技术联盟的企业协同创新系统研究 [J]. 工业技术经济，2009（4）：124-128.
⑥ 喻金田，胡春华. 技术联盟协同创新的合作伙伴选择研究 [J]. 科学管理研究，2015，33（1）：13-16.
⑦ 赵映雪. 技术联盟合作伙伴选择对协同创新行为的影响 [J]. 统计与决策，2016（4）：54-56.
⑧ 王康，王晓慧. 产业技术创新战略联盟的技术竞争情报协同服务模式研究 [J]. 情报科学，2018，36（10）：54-57，83.
⑨ 段云龙，张新启，刘永松，等. 基于管理协同的产业技术创新战略联盟稳定性研究 [J]. 科技进步与对策，2019，36（5）：64-72.

型,并研究了企业间如何通过承诺的建立和维持、任务的合作与协调、活动的相互作用来实现协同[1]。米哈伊洛夫（Mikhailov,2002）建立了一种基于市场驱动的资源协同虚拟企业伙伴选择的多准则决策模型[2]。张艳和史美林（2003）总结了虚拟企业协同工作的三大特点——层次性、动态性及自组织性,采用了一个四元组对虚拟企业的协同工作进行了整体描述,其中用有限状态马尔可夫链对模型进行了动态描述,该描述能对虚拟企业的动态协同趋势进行预测,最后提出了一种层次协同模型（HCM）逻辑层次的协同级的实现策略,描述虚拟企业整体协作关系和协作方式[3]。王硕（2005）探讨了协同理论在虚拟企业协同发展中的应用,建立了虚拟企业目标函数[4]。陈等（Chen et al., 2007）认为虚拟企业成功实现协同创新,依赖于企业之间较高的信息透明度与适当的资源共享,而安全感与信任感是其中的决定性因素[5]。夏静和巢来春（2007）提出了虚拟企业环境下各节点协同决策挑选伙伴的模型及机制,在保证各节点利益的前提下实现整体的协同效益[6]。尤佳和佟仁城等（2009）基于现金流,通过黑箱理论与投入产出模型分别建立了成员企业、虚拟企业以及信息共享下的虚拟企业价值评估模型,通过比较三者的差值评估虚拟企业的协同增值效应[7]。李其芳（2010）分析了构建协同网络的一般过程,阐述虚拟企业在协同环境中的合作绩效及影响因素,指出虚拟企业依托协同网络开展的合作可以很好地优化经济资源、科技资源,实现企业间的共同利益和目标[8]。冯博和樊治平（2012）研究了基于协同效应信息的虚拟知识创新团队伙伴选择问题,构建该问题的"0-1二次整数规划"数学模型,并开发了一种GRASP启发式算法对模型进行求解[9]。肖建华和张栌方等（2016）从集群治理主体和治理机制两个维度,提出虚拟集群4种治理模式,比较分析了不同治理模式下智力资本协同效应[10]。刘捷先

---

[1] Lin J. An object-oriented modeling approach for collaboration management in virtual enterprises [J]. Information Technology Journal, 2002, 1 (2): 89-97.
[2] Mikhailov L. Fuzzy Analytical Approach to Partnership Selection in Formation of Virtual Enterprises [J]. Omega, 2002, 30 (5): 393-401.
[3] 张艳,史美林. HCM:一个虚拟企业协同工作描述模型[J]. 计算机研究与发展,2003 (5): 752-756.
[4] 王硕. 协同理论在虚拟企业协调发展中的应用[J]. 合肥工业大学学报:社会科学版,2005,19 (1): 29-32.
[5] Chen T Y, Chen Y M, Wang C B, et al. Secure resource sharing on cross-organization collaboration using a novel trust method [J]. Robotics and Computer-Integrated Manufacturing, 2007, 23 (4): 421-435.
[6] 夏静,巢来春. 虚拟企业环境下多智能体协同决策机制研究[J]. 华东经济管理,2007,21 (12): 93-95.
[7] 尤佳,佟仁城,张松. 基于现金流量的虚拟企业协同增值评估模型研究[J] 数学的实践与认识,2009,39 (7): 46-53.
[8] 李其芳. 虚拟企业在协同环境中的合作[J]. 科技管理研究,2010 (18): 132-134.
[9] 冯博,樊治平. 基于协同效应的知识创新团队伙伴选择方法[J]. 管理学报,2012,9 (2): 258-261.
[10] 肖建华,张栌方,孙玲. 我国虚拟集群治理模式与协同效应研究:以服务业为例[J]. 科技进步与对策,2016,33 (15): 44-49.

和张晨（2020）研究了公共服务平台下虚拟联盟成员选择和联盟企业间协同生产的联合优化问题[1]。

（2）敏捷企业协同。周和荣和李海婴（2003）指出，高度协同是敏捷企业的重要特征和运行基础，构建了敏捷企业的协同模型，阐述了敏捷企业的协同特点，分析了其协同机理和协同效应[2]。李海婴和周和荣（2004）在分析敏捷企业协同特点的基础上，系统地分析了敏捷企业的协同动因、协同方式及其实现形式、协同的潜在冲突或成本[3]。周和荣（2007）对敏捷企业概念产生的背景和过程、主要代表人物及其理论贡献、敏捷企业的组织结构和敏捷性等相关研究进行了述评，分析了敏捷企业理论研究的特点[4]。杨竹青和凌鸿（2012）归纳了敏捷性的定义、敏捷企业的组成要素（敏捷生产技术、敏捷型组织和敏捷型人力资源）和基本特征（速度、柔性、有效响应变化和不确定性），并对国外关于支持这些敏捷特征的关键使能技术和实现敏捷企业管理机制的相关文献作了系统总结和述评[5]。

（3）集群企业协同。刘友金和杨继平（2002）认为，协同竞争是集群企业技术创新行为的一种重要形式，并构建集群企业协同竞争博弈模型，提出集群中企业进行合作创新的四个条件和五种策略设计[6]。马尔姆伯格和鲍尔（Malmberg & Power，2005）研究认为产业集群内个别企业局部创新会形成创新增强趋势的正反馈效应，从而引发产业链上全面创新[7]。王子龙和谭清美等（2005）分析集群企业协同竞争的生态学基础，建立集群企业生态位宽度、生态位重叠及生态位协同进化模型[8]。崔琳琳和柴跃廷（2008）建立了企业群体长期交易的重复博弈模型，并基于无名氏定理证明了协同解的存在性，并指出，只要企业足够关注长远目标，企业群体总可以实现协同[9]。傅元略和屈耀辉（2009）认为，在集群企业中，成本协同管理的认同度和上游企业的配合程度越

---

[1] 刘捷先，张晨．公共服务平台下虚拟联盟成员选择机制及联盟企业间协同制造问题研究［J］．中国管理科学，2020，28（2）：126－135．
[2] 周和荣，李海婴．敏捷企业协同模型及机理研究［J］．武汉理工大学学报：信息与管理工程版，2003（6）：148－152．
[3] 李海婴，周和荣．敏捷企业协同机理研究［J］．中国科技论坛，2004（3）：39－43．
[4] 周和荣．敏捷企业理论研究综述［J］．中国科技论坛，2007（9）：64－68．
[5] 杨竹青，凌鸿．国外敏捷企业研究体系及发展趋势［J］．科技进步与对策，2012，29（21）：155－160．
[6] 刘友金，杨继平．集群中企业协同竞争创新行为博弈分析［J］．系统工程，2002（6）：22－26．
[7] Malmberg A，Power D．(How) Do (Firms in) Clusters Create Knowledge?［J］．Industry & Innovation，2005，12（4）：409－431．
[8] 王子龙，谭清美，许箫迪．基于生态位的集群企业协同进化模型研究［J］．科学管理研究，2005（5）：36－39．
[9] 崔琳琳，柴跃廷．企业群体协同机制的形式化建模及存在性研究［J］．清华大学学报：自然科学版，2008（4）：486－489．

高，核心企业的作用越大，集群成本协同管理效应就越大；同时，企业网络理论的协同管理机制可保障增加协同效应[①]。欧光军和李永周（2010）指出企业集群的竞争优势源于集群整体资源的整合能力与协同创新；构建了集群协同产品创新集成实现系统，阐述了该系统的知识网络构成、过程协调和学习实现机制；最后提出基于价值创造知识网络和集群学习机制的模块化集群协同创新模式[②]。王举颖和赵全超（2009）基于协同进化理论分别从企业间以及企业与环境这两个层面，对集群环境下科技型中小企业协同进化机制进行深入剖析，构建了复合系统协同度模型[③]。王举颖（2010）从企业与环境互动的角度研究了集群企业的企业生态位态、势互动机制，最后对集群企业协同进化机制进行深入剖析和研究[④]。刘松和李朝明（2012）从集群企业协同知识创新的形成机理、合作机理和集群知识转移与创造机理等方面深入探讨了其内在机理，为产业集群企业协同知识创新活动的开展提供理论与实践指导[⑤]。万幼清和王云云（2014）探究在不同竞合关系类型下产业集群协同创新方式的选择[⑥]。吕璞和韩美妹（2017）提出了一套针对产业集群企业协同创新的风险度量方法体系[⑦]。周阳敏和桑乾坤（2020）总结了产业集群协同高质量创新模式主要有企业引领型模式、人才支撑型模式、平台引导型模式、机构合作型模式，并针对如何进一步推动产业集群协同高质量创新发展提出建议[⑧]。

## 1.2.2 研究评述

跨（多）组织联合体的协同研究主要集中在对供应链、产学研、战略联盟、知识联盟、技术联盟、虚拟企业、敏捷企业等组织中，由于这些跨（多）组织联合体都是有多个组织构成，因此，其协同研究具有共性；但是，每一种跨（多）组织联合体又具有各自的特征和不同的性质，因此，其协同研究又具有特殊性。具体来讲：

---

①④ 王举颖. 集群企业生态位态势互动与协同进化研究［J］. 北京理工大学学报：社会科学版，2010（4）：57-60.
② 欧光军，李永周. 面向产品的高技术企业集群协同创新集成研究［J］. 科学管理研究，2010（5）：11-16.
③ 王举颖，赵全超. 集群环境下科技型中小企业协同进化研究［J］. 中国科技论坛，2009（9）：58-62.
⑤ 刘松，李朝明. 基于产业集群的企业协同知识创新内在机理研究［J］. 科技管理研究，2012（2）：135-138.
⑥ 万幼清，王云云. 产业集群协同创新的企业竞合关系研究［J］. 管理世界，2014（8）：175-176.
⑦ 吕璞，韩美妹. 产业集群协同创新风险度量——基于组合赋权的物元可拓模型［J］. 科技进步与对策，2017，34（8）：72-79.
⑧ 周阳敏，桑乾坤. 国家自创区产业集群协同高质量创新模式与路径研究［J］. 科技进步与对策，2020，37（2）：59-65.

#### 1.2.2.1 有关供应链协同的研究

第一，从现有文献资料来看，有关跨（多）组织联合体协同或协同效应研究，以供应链为研究对象的成果较多，研究内容较全，研究方法较多，但近几年研究成果出现递减。第二，从研究内容来看，研究范围涉及供应链协同基础理论、影响因素、协同决策与协同机制、协同效应、协同评价等，其中，大多数学者认同"供应链协同效应即供应链组织的所达到的整体优势提升和共赢"；协同的基础理论研究以供应链个别组织间的协同研究为主，很少对供应链所有组织协同进行研究，协同关系研究还不够深入；协同机制研究侧重于供应链协同激励机制、协同预测机制和协同契约机制等；协同评价研究有的是从静态绩效角度，有的则选择了动态过程的视角，评价对象侧重于对供应链协同绩效和协同度的评价；但是，对协同影响因素的研究缺乏统一的认同；对供应链组织间的协同关系研究较为零散，缺乏系统性研究。第三，从研究方法来看，有关供应链协同研究方法较全，定性研究和定量研究均有涉及，经验实证研究和理论实证研究兼备，部分研究对论文的设计、实施具有一定参考价值。

#### 1.2.2.2 有关产学研协同的研究

第一，从研究时间来看，产学研的协同研究兴起时间较晚，但相比其他跨组织联合体，产学研协同的研究近几年呈快速发展阶段，是协同创新研究的主流和热点对象。第二，从研究动机来看，多数产学研协同的研究基于国家战略需要和经济发展立场出发，也有基于产学研本身的创新绩效出发。第三，从研究内容来看，主要围绕产学研协同创新展开，研究产学研协同创新网络、产学研协同技术创新扩散、产学研协同创新模式和产学研协同创新知识转移、知识协同等，研究范围较广，研究内容较为零散，缺乏系统性，对产学研组织间的协同度、协同机理及协同机制问题关注较少。

#### 1.2.2.3 有关企业联盟协同的研究

第一，从企业联盟形式来看，企业联盟协同研究的主要形式有战略联盟、知识联盟和技术联盟等形式的企业联盟。其中，以知识联盟协同和战略联盟协同研究较多。第二，从研究内容来看，研究内容较为零散，不同的联盟形式有不同的研究内容，其中，以联盟协同创新研究、协同机制研究和协同建模较多。第三，从研究方法来看，自然科学研究和社会科学研究方法均有涉及，理论研究较多，实证研究较少，定性研究较多，定量研究较少，多种学科交叉研究较缺乏。

#### 1.2.2.4 有关跨（多）企业协同的研究

第一，从研究对象看，跨（多）企业协同研究对象主要集中在虚拟企业、敏捷企业和集群企业中,其中研究集群协同的较多。第二,从研究内容看,跨(多)企业协同研究涉及跨(多)企业的协同模型、知识协同、协同创新、协同竞争等方面,对协同机制和协同效应研究较少,深入研究空间较大。第三,从研究方法来看,理论研究较多,实践研究较少,定性研究较多,定量研究较少,以博弈分析为主,研究方法单一,缺少针对性、比较性、建设性和指导性研究,具体实证研究较为缺乏。

1.2.2.5 协同效应方面的研究

供应链、产学研、企业联盟、(产业)集群企业等跨(多)组织联合体协同研究现状与进展的分析,对知识链协同效应形成机理的研究具有以下启示:

(1)就跨(多)组织联合体的协同研究内容来看,已经涉及对协同概念、协同特征、协同机制、协同内容、协同关系等研究,但是,研究内容较为分散,缺乏一个系统的协同理论体系,由于研究视角和研究方向的不同,使得研究内容之间存在一定的差异,最终导致对协同理论的看法不同,不能很好地用于指导实践。因此,本书以知识链为研究对象,在了解跨(多)组织联合体协同的共性和知识链协同的个性基础上,建立具有知识链特征的系统的协同效应形成机理理论体系,以指导知识链协同效应的实现。

(2)就跨(多)组织联合体的协同研究方法来看,当前的研究大多以概念性、描述性、框架性的定性研究为主,所提出的模型多属概念模型,对协同过程、协同效果等一些关键问题缺乏必要的定量分析。也缺乏一定的实证分析和案例分析等内容以验证理论的真实性、可靠性和可操作性。本书将运用定性与定量、理论与实践相结合的方法展开知识链协同效应的形成机理研究。

(3)就跨(多)组织联合体的协同效应形成机理研究成果来看,对协同效应形成机理没有形成统一的认识,研究视角不同则协同效应形成机理的划分标准也不同。本书在探索跨(多)组织联合体协同效应形成机理的规律上,结合知识链的本质特点,从主体协同、机制协同和知识协同三维协同构建知识链协同效应形成机理框架。

(4)协同机制是跨(多)组织联合体协同研究的重要内容之一,其成果主要集中在对跨(多)组织联合体协同激励机制、契约机制、决策机制、协调机制、创新机制等,这些机制仅仅是为了解决协同过程的某一环节或某一协同问题而制定,对于协同主体之间的冲突、信任、风险等问题很少涉及,而这些问题对于协同效应的形成来说具有重要甚至是决定性作用。因此,制定合理的知识链协同机制是促进知识链协同效应形成的重要机理之一。

## 1.3　研究的目的

当知识资源已成为企业的优势资源时,未来的竞争就逐渐从单个个体间的竞争转变为知识链与知识链之间的竞争,但由于知识链组织内部在战略目标、管理机制、知识存量等方面存在差异,使得知识链组织间合作效率低下,影响知识链协同创新效果效应的形成。因此,本书将以知识链为研究主体,综合运用协同学理论、知识链管理理论、战略管理理论、文化管理理论、冲突管理理论、风险管理理论、组织学习理论、社会网络理论等,从以下方面入手:一是界定知识链协同效应的内涵,阐述知识链的协同演化过程,构建知识链协同效应形成机理框架。二是从主体协同、机制协同和知识协同三方面构建知识链的协同效应的形成机理理论体系。三是对知识链协同效应的形成机理研究进行实证分析,检验理论构建的科学性,并通过案例分析,将理论与实践相结合,分析知识链协同效应形成机理理论的实际可操作性和有效性。四是找出知识链协同效应形成的主要影响因素。五是设计知识链协同效应评价指标体系,建立评价模型,并进行实际应用。为知识链各主体评价其所属知识链的协同效应强弱提供评价工具,并为其在协同合作过程中如何达成协同创新发展、提高协同创新绩效提供有针对性指导和建议。

## 1.4　研究的内容

本书以知识链为研究对象,首先,对"协作""合作""协同"相关概念进行对比分析,引出协同的概念与特点,界定了知识链的协同效应的内涵。其次,阐述了知识链的演化过程,构建了知识链协同效应的形成机理框架,详细地阐述了知识链协同效应形成的机理;并在此基础上,对知识链协同效应的形成机理进行实证分析。再次,分析了知识链协同效应形成的主要影响因素。最后,设计知识链的协同效应评价指标体系,建立评价模型,对知识链进行评价分析。

(1) 相关概念与理论基础。阐述了协作、合作和协同的理论发展,在不同时期不同学者研究成果的基础上,总结了三者的内涵和特征,分析了三者之间的区别和联系。阐述了知识链的含义与构成,界定了知识链协同效应的内涵。

(2) 知识链的协同演化。以自组织理论为指导,分析了知识链的自组织特征,从知识链协同演化的前提条件、协同演化动力机制、协同演化诱因、协同演化路径和协同演化形式等方面阐述了知识链协同演化的过程。

（3）知识链协同效应形成的机理框架。从跨组织协同效应形成的共性特征入手，结合知识链的个性特征，构建了知识链协同效应的形成机理框架，将知识链的协同效应形成机理描述为主体协同、机制协同和知识协同。

（4）知识链的主体协同。知识链的主体协同是知识链协同效应的形成机理之一。本部分从知识链的战略协同、组织协同、管理协同和文化协同四方面阐述了知识链主体协同的形成，及其形成的路径、方法和建议。

（5）知识链的机制协同。知识链的机制协同是知识链协同效应的形成机理之二。本部分从相信信任机制、激励约束机制、冲突解决机制和风险防范机制等四维协同机制促进知识链的机制协同。

（6）知识链的知识协同。知识链的知识协同是知识链协同效应的形成机理之三。本部分根据知识链的特征，建立了知识链知识协同的过程模型，从知识协同机会识别、知识流动、交互学习、知识共享和知识创造等方面分析了知识链知识协同的形成机制。

（7）知识链协同效应实证与案例分析。实践是检验真理的唯一标准。通过问卷调查、样本分析、构建知识链协同效应的 SEM 结构方程模型，检验理论模型的科学性。以 TD-SCDMA 产业技术创新联盟为案例，分析了其协同效应的形成机理，以及协同效应的实现。

（8）知识链协同效应形成的主要因素分析。基于上述理论框架，从主体的协同意愿、学习能力、知识协同活动和知识属性四个方面探索知识链协同效应形成的影响因素。提出相关假设，并通过探索性分析和验证性分析，验证上述影响因素的显著性，并量化各因素对知识协同效应的影响程度。

（9）知识链协同效应的评价。结合知识链的协同效应形成机理和影响因素，从主体协同、机制协同、知识协同、知识属性四个方面构建知识链协同效应评价指标体系。采用三角模糊-TOPSIS 综合评价法，建立知识链协同效应评价模型，对知识链的协同效应进行评价分析。

## 1.5　技术路线与研究方法

本书采用理论与实践相结合，理论指导实践的研究思路，制定了从理论到实践的技术路线（如图 1-1 所示），具体的研究方法如下：

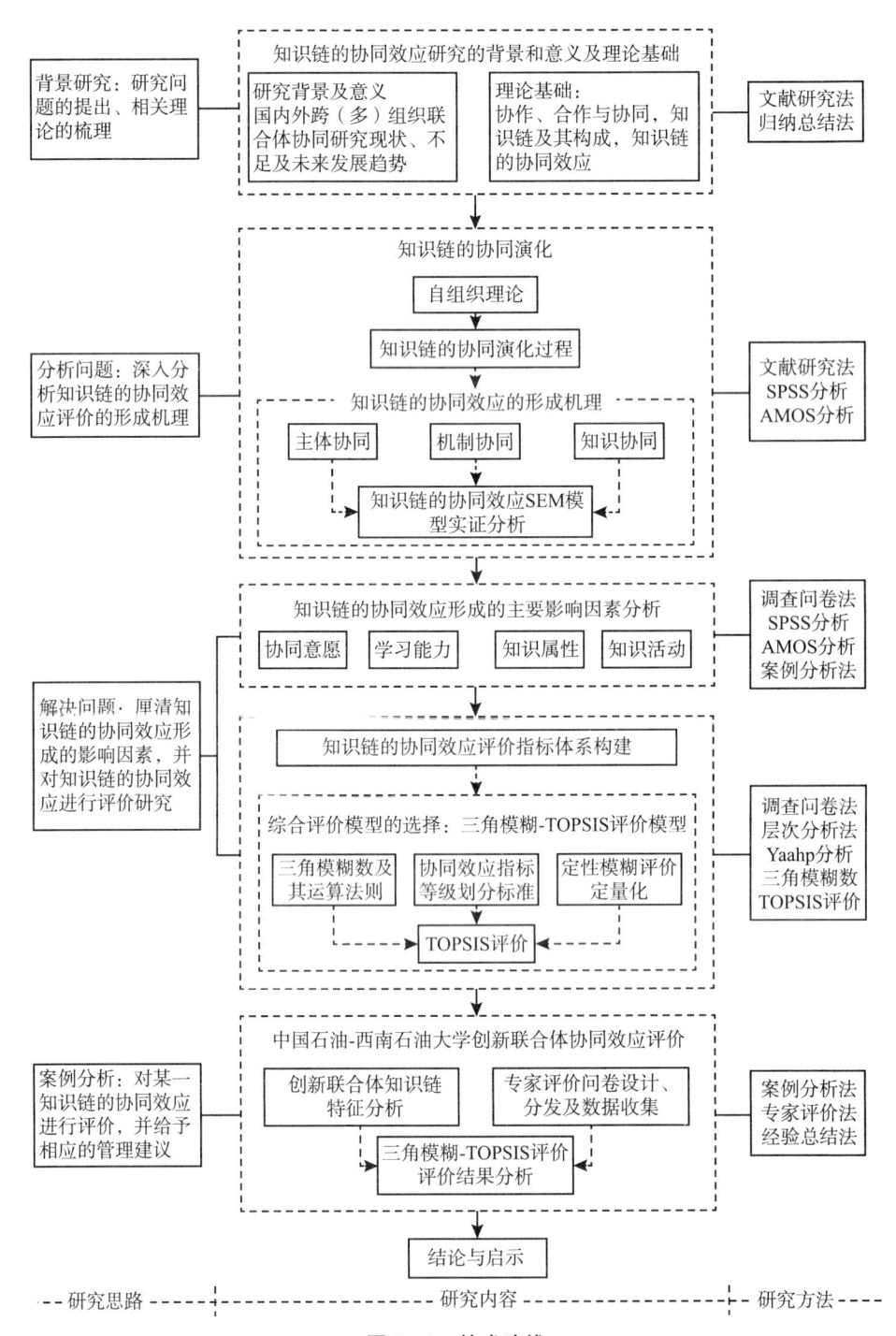

图 1-1 技术路线

（1）运用文献分析法和归纳总结法，对各种跨（多）组织联合体的协同研究进行评述，总结出目前国内外相关研究的现状、不足，以及未来发展的趋势；阐述相关理论和相关概念，为本书的开展提供研究思路。

（2）运用协同学理论，分析了协同的含义和特征，界定了知识链协同效应的内涵，构建了知识链协同效应的形成机理框架，认为知识链协同效应的形成机理包括主体协同、机制协同和知识协同，为揭示知识链协同效应形成的机理奠定理论基础和依据。

（3）分别运用战略管理、组织结构、文化管理等理论，提出了实现知识链的战略协同、组织协同、管理协同和文化协同的措施和途径，以促进知识链的主体协同。

（4）分别运用社会网络分析、组织行为学、冲突管理和风险管理等理论，建立了知识链的相互信任机制、激励约束机制、冲突解决机制和风险防范机制，以促进知识链的机制协同。

（5）运用生命周期理论，探索了知识链的知识协同形成阶段；综合社会网络分析理论、知识管理理论、组织学习理论和 SECI 理论，从识别知识协同机会、交互学习、知识流动、知识共享和知识创造等方面促进知识链的知识协同。

（6）运用问卷调查法，选择不同地区、不同行业的协同主体进行调查，获取数据信息，采用 SPSS 软件对样本进行统计和相关分析，运用 AMOS 软件构建知识链协同效应形成的 SEM 模型，并通过分析和修正得出结论。通过探索性分析和验证性分析，构建知识链协同效应的影响因素体系，运用 SPSS 和 AMOS 软件对各因素对知识链协同效应的影响程度进行量化和检验。

（7）运用三角模糊-TOPSIS 综合评价法和案例分析法，构建知识链协同效应评价指标体系，并采用三角模糊-TOPSIS 综合评价法，以西南石油大学创新联合体作为评价对象，分析其知识链特征，并对其协同效应进行评价。

# 第 2 章

# 相关概念与研究基础

本书的研究对象是知识链，研究重点是协同效应。对"知识链""协同""协同效应""知识链的协同效应"等相关概念和理论的阐释是本书顺利开展的前提和基础。本章从理论发展、含义、特点等方面梳理了协作、合作与协同之间的区别与联系，引出协同的含义和特点，阐述了知识链的含义、特点与构成，界定了知识链协同效应的内涵，为本书奠定研究基础。

## 2.1 协作、合作与协同

在汉语中，与"协同"一词概念相近或相似的词语还有"协作"和"合作"，这三者之间虽然外在字形不同，但是内在存在密切的关系。"协作""合作"和"协同"是三个常见的日常用语，这三个词语既是近义词也有其不同的地方。

从语言学的研究角度。根据《现代汉语词典（第 6 版）》对单个词语的解释：第一，"协作"是指若干人或若干单位互相配合来完成任务。第二，"合作"是指互相配合做某事或共同完成某项任务。第三，"协同"是指各方互相配合或甲方协助乙方做某件事。根据以上解释，"协作"一词侧重于一方对另一方的配合，协作双方有主次地位之分，强调的是配合；"合作"一词侧重于双方的共同行为，合作双方没有主次之分，地位平等，强调的是联合；"协同"其含义类似于"协作"但又有差别，"协同"侧重于配合完成一件事，而"协作"和"合作"只强调完成一件任务，一件事往往可以由许多任务构成，由此可以看出，"协同"更强调行为的完整性和持续性，"协作"和"合作"更侧重于行为的临时性和阶段性。换句话讲，协同行为中必然有协作和合作，但协作和合作行为不一定有协同，在整个活动中，各方为了达到某一个目标或追求某一种利益而结合起来参与任务的完成，那么就可以叫"协作"或"合作"，目标或利益一达到，任务即完成，各方又回到原始状态，任务之初。而"协同"则贯穿整个活动始终，追求的是整体利益和绩效，成员之间优势互补，共享资源和成果，共同承担风险。

单从语言学上，对三者之间的关系作出解释还不够，这三种劳动形式或生产方式在不同的时代，所发挥的经济作用，产生的经济效应也是不同的。从社会生产的角度，将"协作""合作""协同"三种共同行为看作是三种劳动形式或生产方式，他们可以使整个社会形成既有联系又有区别的生产组织，把生产力诸要素组合成一个有机整体，发挥出整体优势。这三种劳动形式或生产方式在不同的时代，所产生的经济作用也是不同的。从经济学和管理学研究角度，分析"协作""合作""协同"的内涵和特征。

## 2.1.1 协作

### 2.1.1.1 协作的理论发展

一提到"协作"往往将其与"分工"相结合，在经济学的发展过程中，"分工"和"协作"作为一对经济学理论而同时存在。马克思在《1961—1863年经济手稿》中阐述了分工与协作的辩证关系。他认为，"分工和协作互为条件，二者不可分割，是推动劳动过程进化的合力杠杆"。由此得出，分工与协作之间存在着互为条件、彼此制约的辩证关系，两者互为前提，相互促进。分工把产品生产的各部分或各道工艺分离为各个独立的生产部门和企业，而协作就是把分离出来的各类专业化生产部门和企业，按照生产联系结成统一的生产体系[1]。分工是协作的基础，协作的存在离不开分工，没有分工就没有协作，反之，协作又是分工存在的条件，没有协作，分工就无法顺利进行，更不能巩固与发展。两者共同推动着社会生产的进步。分工愈细致，协作也愈密切[2]。分工水平越高，协作发展就越广泛，相应就越能深化分工。因此，分工与协作是不可分割的对立统一的矛盾体。

分工和协作作为一种经济学理论，是马克思在分析批判柏拉图、色诺芬、配第、佛格森和斯密等"分工"思想的基础上，克服了前人思想的片面性和形而上学，将分工与协作作为一种理论引入社会生产中而提出的。分工协作理论的萌芽源自古希腊时期的著名思想家柏拉图，他在其代表作《理想国》中首次提及分工的思想。他认为"人类需要的多样性与劳动者个人劳动力的片面性之间的冲突引起了分工"。色诺芬在《经济论》中从使用价值角度考察了社会分工问题。他认为"一个人不可能精通一切技艺，

---

[1] 李悦，董守才. 专业化和协作是现代化工业发展的必然趋势 [J]. 教学与研究，1979 (2)：13-18.
[2] 薛昭莹. 马克思的分工协作理论及其在我国的运用 [J]. 暨南学报：哲学社会科学版，1983 (2)：41-48.

所以劳动分工是必要的""社会分工能使产品制作更加精美,更加提高产品的质量"。英国古典政治经济学创始人威廉·配第在论及劳动价值理论时,指出劳动生产率有赖于社会分工,社会分工影响劳动生产率的变化。亚当·佛格森在《文明社会史论》中提出,分工有利于获得必要的技能,缩短和减轻自己的特殊劳动,带来时间的节约。经济学的主要创立者亚当·斯密的《国富论》就是以分工论为其逻辑起点和主线的。他认为,分工的起源是由人的才能具有自然差异,那是起因于人类独有的交换与易货倾向,交换及易货系属私利行为,其利益决定于分工。增加国富的主要手段是提高劳动生产率,而提高劳动生产率则主要靠分工。分工促进劳动生产率的原因有三:第一,劳动者的技巧因专业而日进;第二,由一种工作转到另一种工作,通常需损失不少时间,有了分工,就可以免除这种损失;第三,许多简化劳动和缩减劳动的机械发明,只有在分工的基础上方才可能。在前人的基础上,马克思批判、继承和发展了分工理论,将协作纳入分工理论,创立了马克思分工协作理论。马克思分工协作理论认为[①]:第一,分工是社会生产力发展的源泉,分工的深化引起生产关系的变革,进而推动社会的发展,同时社会的发展又反过来促进了分工的进一步深化。这一过程中,市场和企业等经济组织形式便应运而生,并在分工的细化和深化中得到发展、壮大。第二,分工有三个层次:一般分工、特殊分工和个别分工。第三,分工协作可以缩短劳动时间,提高劳动生产率,降低生产成本。第四,分工协作、机器和科学是相对剩余价值生产的基本手段。第五,大规模协作是生产力发展的前提,私有制不利于大规模协作,等等。马克思分工协作理论是一个以协作与生产效率的互动机制为基础,涵盖了生产力—生产方式—生产关系乃至于上层建筑的政治经济学分工协作理论体系[②]。

关于协作的含义,马克思界定为,许多人在同一生产过程中,或在不同的但互相联系的生产过程中,有计划地一起协同劳动,这种劳动形式叫作协作[③]。李悦和董守才(1979)认为,协作主要是指工业内部各种专业化企业之间,为了完成同一产品的各个部分或统一生产过程的不同阶段,而建立的生产联系[④]。左军(1991)指出,分工与协作是生产的两种最基本形式,共同构成了生产的实在内容。分工指的是生产在要素构成上和生产职能上的划分及其独立化。协作指的是生产在上述构成上和职能上的联系及其合成化[⑤]。李宜溥(1993)认为,生产要素的功能性配合即协作,可以产生出大于各要

---

① 李宜溥. 分工协作刍议 [J]. 山西财经学院学报, 1993 (5): 34 – 36.
② 杨慧玲, 张伟. 马克思分工理论体系研究 [J]. 经济学家, 2011 (10): 14 – 21.
③ 马克思. 资本论 (第1卷) [M]. 中共中央马恩列斯著作编译局译. 北京: 人民出版社, 1975.
④ 李悦, 董守才. 专业化和协作是现代化工业发展的必然趋势 [J]. 教学与研究, 1979 (2): 13 – 18.
⑤ 左军. 对分工协作论的若干思考 [J]. 中国社会科学院研究生院学报, 1991 (1): 14 – 19.

素原有能量之和的结合能,使生产要素的功效增值,产生功效不守恒效应[①]。廉勇和李宝山等人(2006)认为,为了实现群体的目标,在安排和协调各种不同的工作任务时就必须达成某种协议,这就是协作[②]。尽管学者们表述不同,但也有一致赞同的观点:第一,协作与分工是对立统一的关系,两者关系密切,不可分割。第二,协作是一种有计划、有目标的协同劳动。第三,协作来源于生产,又促进生产的发展。

#### 2.1.1.2 协作的特点

从对协作含义的理解中,可以总结出协作的特点。

(1) 协作具有集体性。这种集体性不仅表现在生产要素在一定范围内的集聚,也表现在协作所创造出的生产力上,协作创造出来的生产力是一种集体力,正如马克思所说"不仅是通过协作提高了个人生产力,而且是创造了一种生产力,这种生产力本身必然是集体力[2]"。虽然协作是一种简单的劳动密集型作业方式,但是它在整个工业经济时代以及大规模作业时代起着重大作用,这样的作业方式可以扩大劳动力的数量,增强劳动生产的集体力,从而节约时间成本和缩短劳动时间,带来规模经济和范围经济。

(2) 协作具有临时性。协作并不是与生俱来,它是生产力发展到一定阶段而形成的产物,跟生产力和生产关系的发展水平有关。有许多生产部门,由于劳动过程本身性质的规定,或者说,由于生产物的分量和品质追求的要求,往往必须在短期内,完成一定的生产任务。在这种情况下,可以用增大劳动量的办法,来解决问题[③]。在紧急任务或大规模定制任务的迫切需求下,协作往往是完成此类任务的关键,它可以在短时间内聚集劳动力,发挥劳动力的规模和数量优势,集中力量在短时间内完成任务。

(3) 协作主体具有空间集聚性。协作主体是指协作劳动的主体,即协作参与者。协作主体的空间,即协作参与者从事生产的场所或劳动空间。协作生产实质上是一种劳动密集型生产,这种生产方式是在生产场所或者劳动空间较大的区域内进行。从原始社会就开始出现了简单的协作形式,如狩猎和采摘等,这种简单的协作形式是建立在裙带关系基础上,而协作作为复杂的劳动形式产生于大规模机器生产代替了传统的农业经济和工场手工业生产的工业经济时代,大规模的机器生产需求大量的劳动者,相应的需求足够大的生产场所或者劳动空间,集聚大量的劳动者进行协同劳作,此时,在空间上集聚了大量的生产劳动者,带来了规模化生产,协作主体的空间集聚性得以形成。

(4) 协作对象具有同质性。这里讲的协作对象是指协作行为所指向的工种或劳动

---

① 李宜溥. 分工协作刍议 [J]. 山西财经学院学报. 1993 (5): 34 – 36.
② 廉勇,李宝山,金永真. 分工协作理论及其发展趋势 [J]. 青海社会科学,2006 (2): 26 – 29,139.
③ 养我.《资本论》通俗讲座——第十一章协作 [J]. 中国经济问题,1963 (5): 34 – 39.

类别。所谓协作对象的同质性,是指协作者从事的是同一或者同种工作,工作的性质相同或类似。或者说,协作的对象是界定了范围的生产①。养我(1963)在《〈资本论〉通俗讲坛》第十一章中讲道:"这里要着重指出,这种互相补充的多数劳动者,做着同一或同种工作……"协作是分工基础上的协作,分工将原来复杂的工作细化,将烦琐的工序变得更加简单,协作者不再是全能工人,而是某一或某种工作的专业工人,协作者依靠这种专业技能协同高效率地完成同一或者同种工作。

(5) 协作过程具有同步性。马克思曾经这样描述:"一个骑兵连的进攻力量或一个步兵团的抵抗力量,与单个骑兵分散展开的进攻力量的总和或单个步兵分散展开的抵抗力量的总和有本质的差别,同样,单个劳动者的力量的机械总和,与许多人手同时完成同一不可分割的操作……所发挥的社会力量有本质的差别。"② 这种本质的区别在于协作并不是单个劳动的简单相加,而是强调劳动的同步性,即劳动者同时进行协同劳动。协作之所以能带来巨大的协作效应关键在于:协作可以动员大量劳动,突破个人劳动的局限性,使不同的工作得以在同时进行。这样不仅扩大了工作日,在较短的时期内完成了紧急任务;而且也大大缩短了商品生产的个别劳动时间,创造出大量的剩余价值。

## 2.1.2 合作

### 2.1.2.1 合作的理论发展

提到"合作",不得不提及"竞争"一词,"合作"与"竞争"往往会作为一对统一体而同时出现。"合作"与"竞争"之间就像"分工"与"协作"之间一样,存在着不可分割又相互矛盾的辩证统一关系。两者相互矛盾在于:"合作"是一种联合行为,而"竞争"是一种排他行为,这两种行为是截然相反的行为方式,具有矛盾性。然后,"合作"与"竞争"是人类经济活动的两个同等重要和普遍的方面,没有好坏与主次之分,都是推动人类社会经济和其他方面进步的动力③,从这一个角度两者又具有统一性。由此可见,"合作"与"竞争"是一对既合作又竞争,既矛盾又统一的关系,竞争中存在合作,合作孕育着竞争,合作是手段,竞争是目的,合作促进竞争,竞争需求合作,两者的相互作用推动着社会经济活动的进步。

---

① 注释:所谓界定范围的生产,可以是同一劳动生产过程,也可以是不同的但互相联系的劳动生产过程。
② 中共中央马克思恩格斯列宁斯大林著作编译局. 马克思恩格斯全集:23 卷 [M]. 北京:人民出版社,2008.
③ 陈柳钦. 产业集群的创新、合作竞争和区域品牌效应分析 [J]. 湖北经济学院学报,2008,6 (1):70-75.

人类的发展史也是一部竞争史,"竞争"作为理论出现,最开始来源于达尔文所提出的"物竞天择,适者生存"的生物进化思想,后来又普遍运用于政治学、经济学和管理学等领域,以研究人类社会经济的竞争。马克思主义的竞争理论认为"竞争不过是资本的内在本性,是作为许多资本彼此间的相互作用而表现出来并得到实现的资本的本质规定,不过是作为外在必然性表现出来的内在趋势"[1],即竞争是资本的内在本性的外在实现形式。韦克斯(Weks.J,1981)在批评资产阶级经济学的竞争概念时,将竞争定义为资本本身的内在本性,并且指出"正是凭着这个简单的概念,我们才能达到资本之间的竞争这样更为复杂的概念,以及同样复杂的价格竞争的概念"[2]。从韦克斯的竞争概念可以看出,他与马克思竞争概念的不同,但两者都将竞争与资本牢牢地联系在一起。随后,惠洛克(Wheelock.J,1986)提出了竞争研究的三个层次:第一,竞争一般;第二,与资本主义发展各个阶段的特征相联系的竞争的不同形式;第三,在各种具体的市场环境中竞争的实际运作和策略[3]。其中,"竞争一般"的概念与竞争的概念有异曲同工之妙。孟捷和向悦文(2012)解释道:在原则上,竞争一般只应涉及那些和资本主义生产方式的一般运动规律相关联、作为这些规律的外在实现形式的竞争;在功能上,则可将竞争一般看作资本主义生产方式的一般运动规律的实现形式。即竞争一般是价值规律和剩余价值规律的实现形式。换句话说,竞争一般概念强调了自由竞争与垄断之间的共性,即它们都是资本内在本性的实现形式,都把提高生产率、削减成本作为竞争的手段[4]。从这解释可见,惠洛克竞争一般的概念又与马克思主义竞争概念具有一致性。同年,南开大学高峰教授批判性地提出,把竞争界定为资本的内在本性和界定为资本内在本性的外在实现形式,都是可以成立的[5]。并给出了有力的论证,比较正确地阐释了马克思主义竞争理论的真正含义。

完全竞争(Perfect Competition)是19世纪后半叶到20世纪30年代,围绕市场均衡理论和价格理论而形成的。完全竞争理论是一种不受任何阻碍和干扰的市场结构,指那些不存在足以影响价格的企业或消费者的市场。如果市场中的买者和卖者规模足够大,并且每个个人(包括买者和卖者)都是价格接受者,而且不能单独影响市场价格时,这样的竞争性状态被称为完全竞争。完全竞争一般存在于下列条件占主导地位的市场状

---

[1] 中共中央马克思恩格斯列宁斯大林著作编译局. 马克思恩格斯全集:23卷[M]. 北京:人民出版社,2008.
[2] Weks J. Capital and Exploitation [M]. Princeton:Princeton University Pres,1981.
[3] Wheelock J. Competition and monopoly:A contribution to debate [J]. Capital & Class,1986,10(3):184-191.
[4] 孟捷,向悦文. 竞争与制度:马克思主义经济学的相关分析[J]. 中国人民大学学报,2012(6):32-42.
[5] 高峰. 关于马克思主义竞争理论的几个问题[J]. 中国人民大学学报,2012(6):43-48.

况，即市场上存在大量的具有合理的经济行为的卖者和买者；产品是同质的，可互相替代而无差别化；生产要素在产业间可自由流动，不存在进入或退出障碍；卖者或买者对市场都不具有某种支配力或特权；卖者和或买者间不存在共谋、暗中配合行为；卖者和买者具有充分掌握市场信息的能力和条件，不存在不确定性。

20 世纪 30 年代至 60 年代，由美国经济学家 J. M. 克拉克针对完全竞争概念的非现实性而提出不完全竞争的概念。不完全竞争（Imperfect Competition），也称"垄断竞争"，指这样一些市场：完全竞争不能保持，因为至少有一个大到足以影响市场价格的买者（或卖者），并因此面对向下倾斜的需求（或供给）曲线。包括各种不完全因素，诸如完全垄断、寡头垄断或垄断竞争等。

20 世纪 70 年代，以芝加哥大学经济学派为代表的芝加哥经济学派的竞争理论，对美国 80 年代的竞争政策转变影响很大。芝加哥学派竞争理论的基础是芝加哥传统的经济自由主义思想和社会达尔文主义，信奉自由市场经济中竞争机制的作用，相信市场力量的自我调节能力，认为市场竞争过程是一个没有国家干预的市场力量自由发挥作用的过程，强调完全竞争的市场机制在调节资本主义经济运行中的重大功能，国家对市场竞争过程的干预应该被仅限制在为市场竞争过程确立制度框架条件上。竞争的唯一目标是保证消费者福利最大化，竞争政策的任务就是要保持能够保证消费者福利最大化，特别是国民经济资源最佳配置的市场机制的作用。竞争政策的具体依据，就是资源配置效率和生产效率的标准。芝加哥学派的竞争政策主张强调，反托拉斯法是保护竞争，而不是单纯保护竞争者[1]。

20 世纪 30 年代以后，形成了以米塞斯和哈耶克为代表的奥地利经济学在继承和发展奥地利学派的传统理论上形成的新奥地利学派，他们反对马克思主义，也反对主张国家调节经济的凯恩斯主义，推崇自由主义，崇拜市场自发势力而反对社会主义的计划经济。新奥地利学派以哈耶克的自由主义经济思想为基础，全面否定反托拉斯政策的必要性，主张对私人垄断应该完全自由放任。只需保证"自由的进入机会"这唯一的条件，而反托拉斯政策不过是妨碍市场过程的有害的政府介入之一，所以应该将其废除。

竞争可以活跃市场气氛，防止垄断形成，迫使市场主体不断创新产品，满足人们的需求，也迫使市场主体提供更优质的服务，占领更多的市场份额。诚然，竞争对充分发挥市场作用，促进主体自由贸易，保障消费者的权益等都有好处，但是，竞争本质上的排他性会带来对市场经济的破坏，过度竞争会使某些市场主体采取不正当竞争手段，不仅危害到行业之间的竞争，也危及整个市场经济的健康发展，甚至对整个社会也带来危

---

[1] 王振锋，解树江. 竞争理论的演变：分析与评述 [J]. 北京行政学院学报，2006（6）：57 - 60.

害。为了正确引导市场竞争，在经济学和管理学理论研究中，20世纪90年代，学者们纷纷提出了"合作竞争"理论，以倡导竞争合作精神，维护市场经济健康运行。"合作竞争"（cooperation-competition）的概念首次由美国耶鲁大学管理学教授拜瑞·内勒巴夫（Barry J. Nalebuff）和哈佛大学企业管理学教授亚当·布兰登勃格（Adam M. Brandenburger）提出。他们认为，当共同创造一个市场时，商业运作的表现是合作；而当进行市场分配的时候，商业运作的表现是竞争[1]。企业经营活动是一种可以实现双赢的非零和博弈。企业经营活动者要以博弈思想分析各种商业互动关系、与商业博弈活动所有参与者建立起公平合理的合作竞争关系为重点。

20世纪中后期，世界进入"新科技革命"时代，科学技术的不断进步发展，全球性的科学技术竞争不断加剧，科学技术已经成了国家综合国力的象征，国家之间的竞争更多地体现在科学技术上的竞争。企业是科学技术创新和应用的主体，面对技术问题越来越复杂，涉及科学知识越来越广，技术的综合性和集群性越来越显著，光凭单个企业的能力已不可能完成当下科学技术开发的要求，单个企业也不可能具备所有的技术领域所需的技术能力和知识。因此，为了提高适应能力和快速反应能力，增强企业竞争力，企业必须与其他组织进行联合，将外部技术资源内部化，实现资源共享和优势互补，从而提高企业的技术创新能力，推动科学技术的进步与发展。竞争与合作是人类经济行为及整个经济运行的两个重要组成部分，都是推动社会经济和其他方面进步的动力，甚至"合作"更符合人类的终极价值，对人类更有利[2]。由此，"合作"的理念由此而生，并掀起了一股合作理论的研究热潮。

合作理论的运用与研究已经涵盖了政治学、经济学、管理学及社会学等学科领域。从经济学和管理学研究视角出发，谢仰安（1985）认为合作是指双方签订协议（或合同），共同合作完成预定的某项产品的生产任务[3]。徐思祖（1992）认为，合作是指个人或群体为了达到共同目标而相互依存、相互支持的活动过程[4]。杨立岩（2001）认为，合作是指行为人各方共同努力，争取将总剩余做大，然后各方再参与分配[5]。张辅松（2003）较为准确全面地诠释了合作的含义，他认为合作通常以合作伙伴的共同利益为基础，以资源共享或优势互补为前提，有明确的合作目标、合作期限和合作规则，合作各方在技术创新的全过程或某些环节共同投入，共同参与，共享成果，共担风险[6]。

---

[1] Nalebuff B J, Brandenburger A M. Co-opetition [M]. Cambridge, MA: Harvard Business Press, 1996.
[2] 黄少安. 经济学研究重心的转移与"合作"经济学构想 [J]. 经济研究, 2005 (5): 670-671.
[3] 谢仰安. 对"合作生产"性质的探讨 [J]. 外国经济与管理, 1985 (3): 1-3.
[4] 徐思祖. 科技合作与科技竞争 [J]. 研究与发展管理, 1992, 4 (2): 20-21.
[5] 杨立岩. "合作"与"合作经济学" [J]. 南方经济, 2001 (10), 33-34, 16.
[6] 张辅松. 企业合作创新模式探究 [J]. 科技进步与对策, 2003 (6): 55-57.

幸理（2006）指出，"合作"是指社会互动的一种方式，指个人或群体之间为达到某一确定目标，彼此通过协调作用而形成的联合行动，而且参与者须具有共同的目标、相近的认识、有协调的互动、一定的信用，才能使合作达到预期的效果[①]。

贾若祥和刘毅（2004）认为，企业合作是指在某种经济体制下，两个或者两个以上的具有独立法人资格且不具有隶属关系的企业为了实现资源共享、优势互补、风险共担等特定目标而建立的超越正常市场交易而又没有达到一体化程度的以经济交往为主，同时包括技术、资金、信息、人才交流在内的密切关系往来[②]。

2.1.2.2 合作的特点

（1）合作具有共同性。合作的共同性体现在合作主体的利益、目标、行动以及成果的分配和风险的承担上。合作关系是建立在合作主体的共同利益之上，共同的利益是建立合作关系，取得合作效益的前提条件和基础。目标具有指导性和激励性作用，共同的目标一方面可以为合作主体树立标杆，正确引导合作主体参与合作行为，避免偏离合作目标造成浪费或增加合作成本；另一方面共同目标可以激发合作主体的动机，调动合作主体的积极性、主动性和创造性，引导合作主体的行为，是主体的行为与共同目标紧紧联系在一起，共同努力达到预期共同目标。合作主体行动上的共同性是合作共同性最直观的表现，合作要求多个主体共同参与行动，一起完成任务。另外，合作可以降低单个主体行动的风险，将行动的风险划分到合作伙伴上，使大家共同分担合作的风险。最后，合作的共同性还表现在对合作成果的共同分享。

（2）合作具有联合性。联合，简而言之，结合在一起；具体而言，两个或两个以上力量相互结合在一起形成合作伙伴关系。合作的联合性一方面表现在合作主体的结合上，另一方面表现在社会资源的优化组合、主体能力的叠加和优势互补上。合作主体的结合是指合作形式、结构上的联合，即多个主体结合起来形成合作伙伴关系，如虚拟企业、供应链、知识链和产学研等联盟形式。每个主体都拥有自身的资源、能力和优势，合作就是将这些不同的资源、能力和优势联合起来，成为资源共享、能力叠加、优势互补的合作伙伴。总之，合作是多个主体资源、能力和优势的联合。

（3）合作具有平等性。合作的平等性是指合作各主体之间的地位平等，利益的分配平等，相应承担的风险也应该平等。合作不同于协作，协作强调的是配合与协助，即一方配合协助另一方完成任务，那么协作双方的地位是有主次之分的，相应的利益分配也不均衡，资本家获取大量的劳动成果。合作主体之间的利益分配一般是基于契约协定

---

① 幸理. 企业合作创新的基本理念辨析 [J]. 现代经济探讨, 2006 (7): 30 - 33.
② 贾若祥, 刘毅. 企业合作问题研究 [J]. 北京行政学院学报, 2004 (5): 30 - 35.

进行分配，或者按照科学的分配方式按比例分配，分配的方式和数量得到合作主体之间的一致认同，因此，这样的分配是具有平等性的。另外，主体之间的合作是存在风险的，合作主体之间的风险承担一般与利益分配是成正比的，因此，相对来说各主体之间所承担的风险也是具有平等性的。

（4）合作具有规模性。合作的规模性是由合作的共同性、联合性所产生的规模效应。这种规模效应往往表现为合作的范围经济和规模经济。所谓范围经济，是指同时生产多个产品的成本低于分别生产这些产品的成本时所产生的经济效益，这种经济效益一般由企业之间的横向合作而产生，即把多个产品合作在一起生产，这样所产生的费用往往低于分开生产这些产品所产生的费用。具有不同优势的企业联合在一起生产出不同类型的产品，那么，我们就说合作带来了范围经济。所谓规模经济，顾名思义，由扩大规模而带来的经济效益。扩大规模往往有两种方式，增加产品的生产量和扩大企业规模，增加产品的生产量一般发生于企业内部，而扩大企业规模一般发生于企业外部，因此，由这两种方式带来的规模经济一般称为规模内部经济和规模外部经济。合作更多带来的是规模外部经济，即多个企业联合起来扩大了原有单个企业的生产规模。

## 2.1.3 协同

### 2.1.3.1 协同的理论发展

20世纪80年代，当代科学迎来了新的发展阶段——复杂性科学的兴起。英国物理学家霍金将21世纪称为是复杂性科学的世纪。复杂性科学的发展，不仅引发了自然科学界的变革，而且也日益渗透到哲学、人文社会科学领域。复杂性科学以复杂系统为研究对象，探究系统的复杂性来源和表现，研究复杂系统之间、系统与环境之间、系统与子系统之间，以及系统内部子系统之间的作用与关系，探索复杂系统的一般运行规律和演化机理。复杂性科学打破了经典系统科学的线性、均衡、简单还原论的传统思维模式，建立了非线性、非均衡和复杂整体论的崭新思维模式。

"协同"一词来源于希腊语，原意为"合作的科学"。协同作为理论出现于20世纪70年代后期，与耗散结构理论、突变理论被称为横断科学的"新三论"，并为复杂性科学的研究提供了理论指导和研究方法。

比利时物理化学家和理论物理学家伊利亚·普里高津（I. llya Prigogine）于1969年提出了被誉为20世纪70年代"最辉煌的理论之一"的"耗散结构理论"被授予诺贝尔化学奖。耗散结构理论研究一个复杂开放系统从混沌走向有序的机理、条件和规律。耗散结构理论认为，一个远离平衡态的非线性开放系统，通过不断与外界交换物质、能量和信息，在外界条件变化达到一定阈值时，通过涨落发生突变，即非平衡相变，从原来的混沌无序的状态转变为在时间、空间和功能上有序的状态，这种新的结构状态就是耗散结构[1]。耗散结构是在热力学第二定律和达尔文的进化演化理论基础上产生的，结合热力学第二定律，耗散结构理论是一种远离平衡态，处于力和流的非线性区，逐渐演化为宏观的有序结构，产生足够大的负熵流，这些负熵流会导致系统内部的混沌和无序，为了抵消这些负熵流，系统需要不断地与外界进行物质和能量的交换，交换到一定程度时，便会形成一种新的稳定结构。耗散结构的形成需要具备一定的条件：第一，系统必须是开放的。即系统必须与外界进行物质、能量和信息的交换。第二，系统必须处于远离平衡态。即系统内部各个区域的物质和能量分布是极不平衡的，差距很大。第三，系统内部各子系统之间存在非线性作用。第四，涨落导致有序。

法国数学家勒内·托姆（René Thom）于1972年发表了著作《结构稳定性和形态发生学》，他将系统内部状态的整体性"突跃"称为"突变"，"突变理论"由此而来。突变理论研究的是，从一种稳定组态跃迁到另一种稳定组态的现象和规律。突变理论认为，任何一种运动状态，都有稳定态和非稳定态之分。在微小的偶然扰动因素作用下，仍然能够保持原来状态的是稳定态；而一旦受到微扰就迅速离开原来状态的则是非稳定态，稳定态与非稳定态相互交错。系统演化过程中，某些变量的连续逐渐变化导致系统状态发生变化，且系统状态达到临界状态时，系统变化发生质的改变，那么，这种系统从某一个稳定态（平衡态）到另一个稳定态的转化表现为一种突变过程。突变理论主要以拓扑学为工具，以结构稳定性理论为基础，内含随机与现代系统论的基质。也提出了一条新的判别突变、飞跃的原则：在严格控制条件下，如果质变中经历的中间过渡态是稳定的，那么它就是一个渐变过程。

20世纪70年代初期，联邦德国的物理学家哈肯在耗散结构理论和突变理论的基础上创立了"协同学"理论。1971年，哈肯提出了"协同"的概念，他认为，协同是复杂开放系统内部的各子系统在自身独立、自发、无规则无序运动的同时，通过不间断的物质、能量和信息交换自发的相互影响和相互作用，实现从无序到有序、从混沌到稳定并最终形成新结构的自组织过程[2]。1973年，哈肯出版了学术论文集《协同学》，逐渐形成协同学理论。1977年和1983年分别出版了著作《协同学导论》和《高等协同学》，系统地阐述了协同学理论的思想。协同学是研究复杂开放系统内部子系统如何协同工作的理论。其基本思想是在生命和非生命的开放系统内的各个子系统，当它们处在一定的

---

[1] Prigogine. I, Glansdorff. P. Thermodynamics Theory of Structure, Stability and Fluctuations [M]. London: Wiley - Interscience, 1971.

[2] Hermann Haken. Synergetics—An Introduction [M]. Berlin: Springer - Verlag, 1977.

条件下时,就会通过非线性的相互作用而产生协同作用和相干效应,在一定范围内,通过涨落而达到一定的临界点,就可以通过自组织而使系统产生新的有序,使旧的结构发展成为在时间、空间、性质和功能诸方面都发生根本变化的新结构系统;新序产生的关键并不在于热力学平衡还是不平衡,也不在于离平衡态有多远,而在于大量子系统的非线性相互作用。

#### 2.1.3.2 协同的特点

协同有着自身的特征:

(1) 协同具有复杂性。协同的复杂性表现在协同主体构成的复杂性和协同过程的复杂性。协同的主体是复杂开放系统内部的各子系统。发生自组织过程的系统都是由大量子系统构成的复杂开放性系统,子系统内部又嵌套着更多的子系统,各级子系统之间相互独立,但又联系密切,互为影响关系,这种关系表现在子系统之间物质、能量和信息的交换过程,同时,子系统之间物质、能量和信息的交换过程又是子系统协同的过程。

(2) 协同具有稳定性。根据哈肯的协同学理论,系统在发生相变之前处于不规则的无序状态,各子系统自身独立,没有交集,更没有形成一定的合作关系。协同促使各子系统之间形成合作关系,在物质、能量和信息不断的交流过程中,逐步瓦解原有不稳定的旧结构,不断地形成稳定、和谐的新结构,从而完成系统的自组织过程,达到协同效应。

(3) 协同具有非线性。协同的非线性表现在各子系统之间不断地进行非线性运动。非线性是相对线性来说的,如果物体的运动轨迹为一条直线,那么它就是线性运动;反之,如果物体的运动轨迹不是一条直线,那么它就是非线性运动。显而易见,系统从混沌到稳定,从无序到有序是一个非线性运动。

(4) 协同具有自组织性。协同的自组织性表现在协同本身就是一种自组织过程。所谓"自组织"是指,系统的运行在没有外界的影响下,其内部子系统之间能够按照非线性规则运行,形成一定的稳定结构,具有内在性和自生性特点。协同的自组织过程是在系统内部的子系统之间进行的,各子系统由于外界环境干扰或自身能力的下降,导致子系统自身独立、自发、无规则的无序运动,这样的运动导致整个系统缓慢甚至倒退发展。鉴于这样的情况,有必要采取措施协同各子系统运行,促进物质、能量和信息在各子系统之间的交流和优化配置,从而使系统有序、稳定地发展,形成新的空间结构、时间结构或时空结构。这就是协同的自组织过程。

### 2.1.4 三者的关系

协作、合作和协同三者之间既有联系又有区别。三者之间的联系在于:第一,从广义上讲，协作、合作和协同都可以看作是合作行为。第二，三种行为都可以产生合力优势，即完成单个人无法办到的事情；以及在相对较短时间内完成规定的任务，或者在一定时间内生产出更多的劳动成果。第三，三种行为共同的优势在于能够缩短创意思想转化为直接生产力的时间，缩短新产品设计到投放市场的时间，行为参与者优势互补、资源共享、风险共担，并且可以分担高昂的开发投资费用，减少交易费用等。

但是，三者之间又存在明显的区别：第一，集聚的空间和范围不同。协作强调的是参与者的配合，一般是协作发出者提供生产场地用以雇佣劳动者参与生产，协作发出者出卖的是资本、原料和场地，而协作参与出卖的是劳动力，因此，协作是将劳动者规定在一定空间内进行生产作业，参与者们合力完成某一商品的生产，其工作类型趋同，在同一个劳动空间内进行协作，可以减少生产费用和交易成本，同时也方便进行管理。而合作是以任务为导向，参与者地位平等，各参与者出卖的是自己的优势和自身独特的资源，既可以发生在同一空间范围，也可以发生在不同空间范围。发生在同一空间范围一般是指组织内部的合作，或者是集群产业之间的合作；发生在不同空间范围的合作是指参与者不在同一空间范围内，但是由于信息技术、交通运输、通信设备的完善和便利，合作参与者可以摆脱空间的束缚进行顺利合作。协同的空间范围一般是以一个系统为单位，对固定场所没有局限，强调的是系统内部子系统之间的协同，这种协同方式可以是协作也可以是合作。

第二，目标不同。协作的目标是基于参与者各自的利益，一般分为两类目标：协作发出者的目标和劳动参与者的目标。协作发出者的目标主要是提供生产资料、设备和场地以获得剩余价值；而劳动参与者的目标主要是出卖自己的劳动力换取生活资料。简而言之，资本家参与协作的目的是获得剩余价值，而劳动者参与协作是为了获得生活资料。合作与协同的目的都是基于参与者的共同利益，因此，合作与协同的目标是共同目标，即共同行为达到合作或协同的预期目标，顺利完成任务。但是，协同又不同于合作，协同的目标不仅仅是为了达到预期共同目标和完成任务，其最终目标是为了实现协同效应，获得整体竞争力的提升。

第三，结果不同。三种行为方式服务的对象不同，其结果也就不同。协作的发出者是资本家，资本家是基于获得剩余价值而雇佣劳动者参与协作，其结果更多的是为资本家服务。合作和协同的产生是基于参与者的共同利益，是参与者通过约定自发组成的联盟，其行为是为所有参与者共同服务的，成果由参与者按照约定进行分配，其结果是合作者或协同参与者达到"双赢"或"多赢"。

第四，概念范畴不同。协作是一方配合另一方完成某事的行为，合作是双方基于共同利益一起完成某事的行为。两者属于一元概念。而协同是发生在系统内部各子系统之间,他们既可以采用协作的方式,又可以采用合作的方式,最后协同起来达到协同效应。其概念包含了协作和合作两种行为,属于二元概念。

第五,行为路径不同。这里的行为路径是指从行为开始到行为结束这一过程所呈现出的函数表达。即行为开始到行为结束的比例关系。在协作和合作过程中,行为开始的投入与行为结束时获得的成果是成正比关系,这样协作和合作的行为路径呈线性的。而协同的行为路径是从无规则、混沌的状态再到有序、稳定的状态,行为前与行为后不是成正比的关系,所以协同的行为路径是非线性的。

总之,协作、合作和协同虽然三者在一定程度上是可以相互替用的,但是基于科学研究的严谨性,有必要对其三者进行区分。本书是从社会科学研究的视角出发,对协作、合作和协同三者进行了分别的阐释和解析,由于研究视野和学科的局限,研究存在一定的不足。协作、合作和协同三种行为方式具有复杂而密切的关系,从演化论的角度来看,协作、合作和协同之间还隐藏着一种传承性。法国社会学家涂尔干认为,整个近代以来的工业社会都是一个分工—合作的体系。随着后工业化进程的启动,分工—协作的社会体系开始受到了新近出现的"复杂性"和"不确定性"的冲击。这样一来,就需要有一种新型的社会整合模式出现,这种新型的社会整合模式将是一个合作的模式[1]。张康之将协作看成是低级的合作模式,合作是在协作的基础上发展起来的。将协作、合作与协同相比较,协同是基于复杂科学提出来的,是解释系统协同的科学,在这方面我们又可以将协同看成是更高级的合作模式。由此可以得出:从协作—合作—协同的发展范式。

另外,从协作、合作和协同的发展历史来看,协作的来源是基于分工协作理论,先有柏拉图、色诺芬、配第、佛格森和斯密等的分工理论,然后出现了马克思的分工协作;合作的来源是基于竞争合作理论,从完全竞争理论到不完全竞争理论,再到竞争合作理论,最后形成合作理论;协同的来源是基于协同理论,是在耗散结构理论和突变理论基础上发展起来的,是解决复杂科学的理论工具和方法论。由此可以得出:协作、合作和协同的发展是从简单科学到复杂科学,由解决单一问题到复杂问题,也是一个从协作—合作—协同的发展范式。

综上可以得出,协作、合作和协同三者既有联系又有区别,既有共同点也有不同点。协作是合作的低级模式,合作的出现代替了协作,合作的发展产生了更高级的模式就是协同,三种发展模式又构成了正确理解三者关系的合理范式。

---

[1] 张康之."协作"与"合作"之辨异[J].江海学刊,2006(2):98-105.

## 2.2 知识链及其构成

### 2.2.1 知识链的含义及特征

知识链是以企业为创新的核心主体，以实现知识共享和知识创造为目的，通过知识在参与创新活动的不用组织之间流动而形成的链式结构[①]。其具有不确定性、复杂性、动态性和价值增值性等主要特征。首先，知识链的不确定性表现在知识活动存在风险，知识链组织之间存在机会主义，市场竞争本身具有不确定性。其次，知识链的复杂性表现在知识链是由多种组织构成的，每个组织性质不同、地位不同、作用不同，具有各自的自身优势和资源，每个组织均为开放的系统，组织之间相互作用、相互影响，构成一个复杂的链式结构，由此组成的知识链当然是一个开放复杂的系统。再次，知识链的动态性表现在知识活动和创新活动的动态性上，知识链的形成基础是知识要素在不同组织之间的相互流动和共享，知识流动的过程是动态的；知识链的创新活动依靠知识链不同组织之间的合作和交互作用，知识链的合作过程和交互作用也是动态的。最后，知识链的价值增值性表现在知识链协同效应的实现，创新成果的产出和新知识的创造上，知识链是一个联盟组织，知识链成员之间在共享知识的基础上，将自身固有知识进行整合、重组、消化、吸收，然后创造出新的知识，将这些新知识应用于创新活动中，不仅可以带来价值的增值，也促进了知识的发展，更带来知识链的协同效应，提升了整个知识链的竞争优势和创造力。

在知识链的含义和特征描述的基础上，可以更深刻地理解知识链的内涵。

第一，知识链形成的基础是知识在不同组织之间的流动。知识链是一个开放的复杂系统，并受到外界环境的影响，知识链成员组织作为知识链上的一个节点，不断地输入、消化、吸收和输出知识，从而形成知识流，实现成员组织之间的知识优势互补与融合。知识流动的规模和效率直接影响着知识链的结构和运行效率，甚至影响到知识链的规模和竞争力。

第二，知识链的目的是实现知识共享和知识创造。新经济时代，组织的核心竞争力来自组织持续不断的创新能力，创新能力的高低依赖于创新资源的多少，换句话说，谁

---

[①] 顾新，郭耀煌，李久平. 社会资本及其在知识链中的作用 [J]. 科研管理, 2003, 24 (5): 44-48.

掌握了比别人更多的创新资源谁就具有更优越的竞争优势。知识是推动组织不断创新的动力，知识共享可以合理优化知识资源在知识链组织之间的配置，提升整个知识链的知识水平和认证程度，从而提高组织的效率和创新能力。因此，知识链的目的是通过知识流动达到知识共享和知识创造，从而实现知识链竞争力和创新力的提升。

第三，知识链形成的动因是基于核心企业的知识需求和创新需求。在当今高速发展中的市场经济中，市场分工越来越细，消费者要求越来越高，产品的更新速度越来越快，单个企业很难在这样的环境中发展成长。为了应对这样的问题，越来越多的企业寻求合作伙伴，以弥补自身知识的差距，获得更多的创新知识和技术。新知识是创新活动的动力，新知识的获得既满足了企业对知识的需求，也满足了对创新的要求，将新知识应用于实际生产经营中，可以提高生产能力、组织绩效和管理水平，还能提高生产技术、产品质量和创新能力，应对市场经济带来的各种挑战。

第四，知识链的组织形式是呈链式结构的知识联盟。知识链由多个成员组织构成，各个成员组织是知识链中的一个节点，一个节点又连接着另一个节点，从而构成一个链式结构，知识就在这样的链式结构中流动，实现知识共享和知识创造，产生知识的增值。组织之间通过知识流动构成知识链，各成员组织之间联系越广，知识流动水平越高，知识链越有效。

第五，知识链竞争优势的实现途径是知识链协同。知识链的目的是实现知识共享和知识创造，但最终目的是获得知识链的竞争优势，这个竞争优势并不是单个成员组织的竞争优势而是知识链的整体竞争优势，而要达到这样的优势需要将知识链内各组成部分看成一个独立的子系统，通过子系统之间的自组织过程将知识链协同起来，实现知识链的协同效应，获得知识链的竞争优势。

### 2.2.2 知识链的构成

知识链是由多个组织构成的知识联盟，其联盟成员包括：核心企业（盟主）、大学、科研院所、供应商、客户甚至竞争对手。这些组织拥有自身的知识优势和资源优势，在知识链协同发展过程中扮演着不同的角色，发挥着各自的优势能力和不同的作用。在知识链中，只有具备对知识链有所贡献的知识和能力的组织才可以加入知识链，这些组织与知识链共同成长和发展，风险共担，利益共享。成员组织之间通过知识、信息和物质的互动和交换，实现知识共享，能力协调和优势互补，共同为实现知识链的协同效应而发挥着作用，它们之间是既合作又竞争的战略合作伙伴关系。其中，核心企业是知识链的核心主体，其他成员组织是知识链的参与主体，知识链参与主体配合核心主体，多方通过交流和互动共同推动知识链的协同发展。知识链的主要构成如图 2-1 所示。

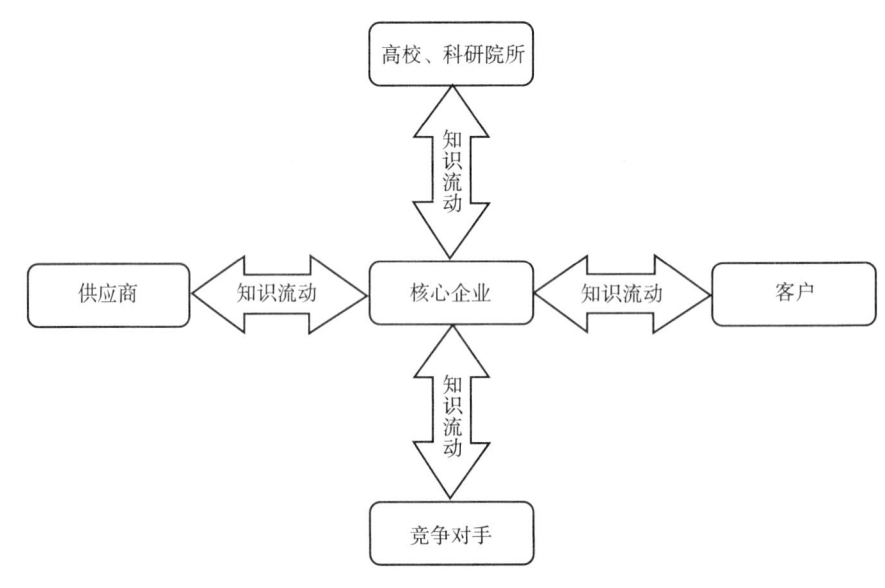

图 2-1 知识链的构成

资料来源：顾新，李久平，王维成．知识流动、知识链与知识链管理 [J]．软科学，2006，20 (2)：10-12，16．

核心企业是知识链的盟主，是知识链构成的核心主体，也是知识链创新活动的主要发起者。首先，核心企业在知识链创新活动中担任管理者和协调者的角色，对整个知识链创新活动进行计划、组织、监督和控制管理，以及协调资源要素在知识链成员组织之间的配置。其次，核心企业是知识链创新活动的运营者和创新成果的应用者，核心企业是创新活动的主要投资主体和受益主体，负责整个知识链创新活动的运营，促使知识链的发展方向围绕着期望目标运行，知识链创新活动的最终成果由企业负责应用于实际生产当中，实现创新成果市场化的转变。再次，核心企业不仅担负着管理者、协调者、运营者和应用者的角色，也担负着知识创造的角色。核心企业在生产商品的同时，也不断地与其他成员组织进行知识、信息的交流，并将新知识和信息消化、吸收，融合到已有的知识体系，应用到商品生产中，生产出新的产品，同时创造出新的知识。最后，核心企业的创新能力直接决定着知识链的绩效，创新能力越强的企业整合知识的能力越强，对知识链中的知识价值的贡献度越大；反之，则越小。

大学和科研院所是知识链的支撑机构，为知识链提供知识、创意和人才。第一，大学和科研院所作为知识传承、发展和传播基地，是知识链知识的生产系统，为知识链提供源源不断的知识，充实着知识链成员组织的知识容量。第二，大学和科研院所也是创新思维的发源地，各类学者在开发知识的同时往往也会产生新的创意，这些创意是推动知识链创新活动不断发展的动力，也是新产品诞生的前提条件和关键要素。第三，大学和科研院所还担负着人才培养的使命，为知识链持续不断的输送各类人才，推动创新活动的发展。

在知识链中，供应商、核心企业和客户又构成了一条产品的供应链，供应商提供生产商品的原材料或零部件，核心企业进行加工或制造，然后输入市场送到客户手中。这样一条供应链构成了知识链的中枢，成为知识链的重要环节。同时，在原料的输入，产品的输出过程中，也伴随着知识在供应链组织中的流动和互动，促进了知识的共享和新知识的创造。这样既提高了产品的质量和开发速度，又提高了知识链的效率。

除此之外，竞争对手也可以为知识链的发展起促进作用。竞争对手拥有核心企业及其他组织没有的知识和能力，这些知识和能力同样可以推动知识链的发展，因此，对于知识链来说，有时竞争对手也可以吸纳为成员加以利用，共同推动知识链发展，实现协同效应。

## 2.3　知识链的协同效应

### 2.3.1　协同效应

"协同效应"源自协同理论（synergetic）。协同理论认为，在整个环境中存在着属性各不相同的系统，这些系统间又存在着相互影响而又相互合作的关系，在有外界物质或能量交换的情况下，各个系统会通过自己内部协同作用，自发地从无序状态走向有序状态，从而产生协同效应。协同导致系统的有序发展，形成新的稳定结构，带来协同效应，即系统通过协同促进系统的无序发展向有序发展，从低级有序向高级有序发展，最终实现系统的整体效益大于各子系统独自运行所取得的效益之和。这一点得到了学者们的广泛认同。如安索夫（Ansoff，1965）认为，所谓协同是指相对于各独立组成部分进行简单汇总而形成的企业群整体的经营表现；企业通过寻求合理的销售、运营、投资与管理战略安排，可以有效配置生产要素、业务单元与环境条件，实现一种类似报酬递增的协同效应，从而使公司得以更充分地利用现有优势，并开拓新的发展空间；他将协同效应表达为 2 + 2 = 5 的理念，即公司整体的价值大于公司各独立组成部分价值的简单总和[1]。哈肯（1977）认为协同效应是指由于协同作用而产生的结果，是指复杂开放系统中大量子系统相互作用而产生的整体效应或集体效应[2]。巴泽尔和盖尔（Buzzell & Gale，1987）指出，所谓的协同效应就是，作为组合中的一个企业比作为一个单独运作的企业所能取得的更高的盈利能力[3]。张莹（2004）认为，协同效应是指组织整体的价值大于其各独立组成部分价值的简单总和，即所谓的 1 + 1 > 2[4]。潘开灵和白列湖（2006）认为，协同效应是指开放系统中大量子系统相互作用而产生的整体效应或集体效应[5]。邱国栋和白景坤（2007）从价值生成的角度提出协同效应的形成公式：协同效应 = 共用效果 + 互补效果 + 同步效果[6]。彭正银和何晓峥（2007）指出，协同效应是指在复杂系统内，各子系统的协同行为产生超越各要素自身的单独作用，从而形成整个系统的联合行为和共同作用[7]。梁美健和吴慧香（2009）指出，协同效应是指在复杂大系统内，各子系统的协同行为产生出的超越各要素自身的单独作用，从而形成整个系统的整体效应和联合效应[8]。鄢飞和董千里（2009）认为，协同效应是系统的各要素、各子系统在运作过程中，由于协同行为会产生出不同于各要素及各子系统的单独作用，所产生的系统整体效用[9]，并提出了协同效应的形成公式：

$$\begin{cases} SE = F(S) - \sum_{i=1}^{n} F(x_i) \\ S = f(x_1, x_2, \cdots, x_n) \end{cases} \quad (2-1)$$

其中，$S$ 表示一个开放系统，$x$ 表示系统内部子系统，$f(x_i)$ 表示 $i$ 个子系统之间相互作用，$SE$ 表示系统 $S$ 所形成的协同效应，$F(S)$ 表示系统 $S$ 所产生的效用，$F(x_i)$ 表示子系统 $x_i$ 所产生的效用。当 $SE = 0$ 时，说明系统 $S$ 的整体效用与系统内部各个子系统之间的效用之和相同，此时系统 $S$ 没有产生协同效应，即 $S = x_1 + x_2 + \cdots + x_n$，系统内部各子系统之间是线性的相互作用关系，系统的整体效用仅是各个子系统效用的简

---

[1] Ansoff I. Corporate Strategy, an Analytic Approach to Business Policy for Growth and Expansion [M]. New York: Mcgraw Hill, 1965.
[2] Haken H. Synergetics: An Introduction [M]. Berlin: Springer - Verlag, 1977.
[3] Buzzell R D, Gale B T. The PIMS principles: Linking Strategy to Performance [M]. USA: The Free Press, 1987.
[4] 张莹. 供应链协同效应的理念误区 [J]. 经济问题探索, 2004 (6): 35 - 36.
[5] 潘开灵, 白烈湖. 管理协同理论及其应用 [M]. 北京: 经济管理出版社, 2006.
[6] 邱国栋, 白景坤. 价值生成分析: 一个协同效应的理论框架 [J]. 中国工业经济, 2007, 24 (6): 88 - 95.
[7] 彭正银, 何晓峥. 企业网络组织协同竞争的理论与效应解析 [J]. 现代财经, 2007, 27 (1): 41 - 45
[8] 梁美健, 吴慧香. 考虑协同效应的并购目标企业价值评估探讨 [J]. 北京工商大学学报: 社会科学版, 2009, 24 (6): 96 - 99.
[9] 鄢飞, 董千里. 物流网络的协同效应分析 [J]. 北京交通大学学报: 社会科学版, 2009, 8 (1): 28 - 32.

单叠加，或者系统内部各子系统之间并没有产生相互作用，子系统本身效用为零，此时系统没有产生协同效应。当 $SE>0$ 时，说明系统内部各子系统之间通过相互作用使得系统整体效应产生了增值，此时系统 $S$ 产生了正协同效应，即系统内部各子系统之间是非线性相互作用，这种作用促进系统的整体效用超过了各个子系统效用之和，产生了"$1+1>2$"的协同效应。当 $SE<0$ 时，说明系统 $S$ 内部各子系统之间的相互作用导致系统整体效用出现负增长，系统内部各子系统之间是非线性的相互作用关系，此时这种非线性作用并没有给系统带来效益，而是使系统 $S$ 产生了负协同效应。简单而言，协同效应是指复杂系统的整体价值大于其系统内部各独立子系统的价值总和，即"$1+1>2$"的现象。

### 2.3.2 协同效应原理

协同效应的概念来源协同学理论，包含以下几个重要的概念和原理：

（1）序参量。协同学理论认为，序参量是影响系统有序性的关键因素。在系统的演化过程中，影响着系统内各子系统由一种相变状态转化为另一种相变状态的协同行为，并能指示出新结构形成，反映新结构的有序程度的参量就是序参量。序参量来源于子系统，又支配着子系统，是子系统协同运动的产物、协同效应的表征和量度，它与系统内各子系统之间有着相互联系、互为作用的相辅相成的关系。在系统的所有控制参量中，序参量支配着子系统的行为，主宰着系统的演化过程。

（2）快变量与慢变量。协同学理论认为，系统中存在两种影响系统稳定性的变量：快弛豫变量和慢弛豫变量，也称"快变量"和"慢变量"。快变量是指在临界处阻尼大、衰减快的快豫弛参量，这类变量虽然在系统向着有序结构转变的过程中此起彼伏、活跃异常，但它们对系统演化的整个进程没有明显的影响；慢变量是指在临界处由于平衡状态的破坏，某种偶然的因素就会导致临界涨落，其中一个或几个变量会产生临界慢化，出现临界无阻尼现象，它们不仅不衰减，而且决定了系统相变的形式与特点，支配了其他变量的变化，推动系统走向新的有序，对系统演化的整个过程起决定作用。两者也用于表征系统的状态和系统演化程度。当系统处于完全无序状态时，序参量为零；当系统受到外界干扰时，系统内部各子系统之间开始不断地交换物质、能量和信息，此时各子系统之间相互合作、相互关联的作用也越来越强并逐渐趋于协同，这时占主导地位的是慢变量，它破坏了系统原来的稳定态，使系统向非稳定状态过渡。由此可知，慢变量决定了系统从无序到有序的演化过程。

（3）伺服与支配原理。在系统的演化过程中，系统的发展方向总是由系统中占据主导地位的力量决定，占主导地位的力量引导系统的其他力量，或者被同化，朝着主导力量发展的方向协同运动。协同学指出，系统从无序转变为有序，从低级有序转变为高级有序的自组织过程，是序参量支配其他参量的结果。系统的有序结构通常由少数几个序参量决定，而系统其他变量行为则由序参量支配。[①] 简而言之，伺服与支配原理，即快变量伺服慢变量，序参量支配子系统行为的原理。

（4）自组织原理。自组织现象普遍存在于自然界和人类社会。"自组织"一词是相对于"他组织"而言的，从组织的进化角度来看，可以将组织分为他组织和自组织。如果一个系统靠外部指令而形成组织，就是他组织；如果不存在外部指令，系统按照相互默契的某种规则，各尽其责而又协调地自动地形成有序结构，就是自组织。自组织理论认为，在系统内部机制或者外界干扰影响下，通过对物质、能力和信息的交换，从无序走向有序，从低级有序走向高级有序的过程。由此可以得出，一个系统自组织功能越强，其保持和产生新功能的能力也就越强。

（5）相变与涨落。"相变"和"涨落"是系统演化过程中的两种基本现象。相变是指物质的不同聚集态之间的转变。系统从无序变为有序，从低级有序变为高级有序的状态就是"相变"。如果说自组织是一个过程，那么相变就是一种结果。或者说，自组织是一种量变到质变的过程，那么相变就是一种质变。涨落是指系统的参数在一个值上下波动。接近相变时的参数波动叫作"临界涨落"。临界涨落不会自生自灭，而是被不稳定的系统放大，最后促使系统达到新的宏观态。

（6）协同效应。协同效应是指由于协同作用而产生的结果，是指复杂开放系统中大量子系统相互作用而产生的整体效应或集体效应[②]。复杂开放的系统内部各子系统在外界的影响下，纷纷进行物质、能量和信息的交换，在序参量的支配下，各子系统朝着有序的稳定的方向运动，形成协同效应。然后，子系统相互作用产生的协同效应并不是反映子系统个体，也不是各子系统功能的线性叠加，而是各子系统主体在发挥各自作用提升自身效率的基础上，通过机制性交互作用超越自身单独的作用，产生效率的质的变化[③]，反映整个系统的状态，这种状态一般优越于相变前的状态。因此，协同效应来源于协同内部各子系统的相互作用，反映的是系统的整体效应，这种整体效应可以用"1 + 1 + 1 > 3"来表示。

---

① Hermann Haken. Visions of synergetics [J]. Journal of the Franklin Institute, 1997, 334 (5 - 6): 759 - 792.
② Hermann Haken. Synergetics: An Introduction [M]. Berlin: Springer - Verlag, 1977.
③ 许庆瑞，朱凌，王方瑞. 从研发—营销的整合到技术创新—市场创新的协同 [J]. 科研管理, 2006 (2): 22 - 30.

### 2.3.3 知识链协同效应的概念与内涵

知识链是由多个子系统（构成主体）组合而成的开放的复杂系统，当系统内部各子系统之间的协调发生障碍时，或者外界环境对系统的不可控输入达到一定程度时，系统就很难继续围绕目标进行控制，从而在功能上表现出某种程度的紊乱，系统内部出现不可逆的无序发展，管理效率低下。协同理论认为，组成系统的各子系统之间、子系统与系统之间、系统和系统之间、系统与外界环境之间存在着协同作用，当外界控制参量达到一定的阈值时，各子系统之间通过非线性相助作用，以互相联系、相互关联的存在形式代替之前相对独立、相互竞争的形式，并逐渐占据主导地位，导致系统从无序状态走向有序状态，即"协同导致有序"，从而产生协同效应。简单地看，协同效应是指在复杂大系统内，各子系统的协同行为产生出的超越各要素自身的单独作用，从而形成整个系统的整体效应和联合效应[①]。知识链协同效应的形成是一个动态、复杂的过程，"协同"作为知识链各主体之间交互作用的内在特定规律性机制，控制、引导和调节协同效应的形成。与其他跨组织联合体的合作模式相比，知识链的协同效应表现在：一方面，知识链组织之间通过协同降低成本，分摊风险，共享利益；通过协同达到优势互补，依靠资源整合，合力进行技术攻关；另一方面，通过系统内部各子系统之间的非线性相互作用，促使子系统和知识要素的运动从无序走向有序，从差异走向协调一致，从而实现知识链内部功能耦合而形成的知识链整体性功能大于各子系统功能之和，提高知识链整体优势和价值的效应，即在知识链内部产生所谓的"1+1+1>3"的非线性作用结果。

知识链的协同效应实质上是一种由规模经济效应、范围经济效应和学习经济效应构成的集成效应。其中，知识链的规模经济效应是指随着知识链生产规模和产量的增加，导致生产同一类产品的单位成本下降，收益增加的经济效应。知识链协同会为知识链及其各主体带来竞争优势和良好的形象，吸引更多的组织参与知识链协同，促进知识链规模不断扩大，产业链不断完善，互补优势更强，部分技术问题或供应问题在知识链内部就可以得到解决，减少主体的交易成本；知识链队伍的扩大，意味着实力的增强，相应地，知识链抵抗风险的能力增强，降低了各主体的应对风险的成本和风险造成的损失；也有利于知识链共性技术问题的解决，节约了技术或专利转让成本；缩短了从技术转化为直接生产力或产品的时间，节约了时间成本；等等。因此，知识链协同，导致知识链

---

① Knyazeva H. Synergetics and the images of future [J]. Futures, 1999, 31 (3-4): 281-290.

生产产品所付出的成本减少，而产量却不断地增加，使得知识链的整体收益远远超过单个主体独立生产某个产品所获得的收益，形成了知识链协同效应。

知识链的范围经济，是指知识链通过协同合作，扩大经营范围，开发出更多的产品和服务，从而导致同时生产两种或两种以上的产品所支付的单位成本低于分别生产每种产品所需成本总和的经济效应。知识链的知识协同可以促进知识链的知识流动、交互学习和知识共享，实现知识资源在各主体之间的优化配置，一些主体可以较为便利地取得并运用其他主体开发的知识和技术，节约了独立的研发该类技术所需的成本；各主体可以利用知识链的声誉、品牌和销售网络支持不同产品的销售，节约单个主体搜寻市场、开放销售渠道的成本，等等。因此，知识链协同，促进知识链的优势互补、知识共享，各主体通过利用其他主体的知识优势，节约成本，形成协同效应。

知识链的学习经济效应，是指因合作伙伴过去的经验而导致单位成本减少[1]。知识链的学习经济效应是一种因为交互学习而获得的经济效应。知识链各主体交互学习各主体的知识，弥补自身知识的缺陷，从而降低了学习某些知识的学习成本；将学习而来的知识与自身已有的知识相结合，形成一种新的知识，提高了生产效率，相应地减少了生产成本；通过知识协同，创造出一种新的知识，提高知识链的生产力，减少单位产品的成本。另外，各主体交互学习，慢慢地积累了其他主体的经验和管理方式，使得双方在交往中得以相互信任，减少双方交流的交易成本，当经验积累到一定程度，还可以减少双方在协同合作交流和沟通的边际成本，等等。

知识链的协同效应是知识链获取竞争优势的中间环节，也是知识链形成知识优势的关键环节。如图 2-2 所示，知识作为资源要素在不同创新主体之间流动而形成链式结构，这就是知识链。知识链由不同的成员组织构成，这些成员组织以实现知识链知识共享和知识创造为行为目的，但是，往往知识链成员组织之间各自为战，条块分割的局面并不利于知识链目的的实现，因此，需要将知识链内部协同起来，实现知识链的协同效应以达到知识链知识共享和知识创造的目的。知识链的产品是面向市场的，知识链的形成也是以盈利为目的，为了延长知识链的生命周期，获得更有利的发展环境，因此，知识链的最终目的是获取知识链的竞争优势而非仅仅是知识链共享和创造知识。所谓知识链的竞争优势是指知识链在有效的市场向消费者提供有价值产品的过程中持续获得超越其他竞争对手的能力。然而，知识链要获取这样的能力，就需要形成知识链的知识优势。即在知识流动过程中一条知识链相对于另一条知识链所表现出来的优势[2]，这种优

---

[1] 吴绍波，顾新. 知识链组织之间合作的知识协同研究 [J]. 科学学与科学技术管理，2008（8）：83-87.
[2] 李久平，顾新，王维成. 知识链管理与知识优势的形成 [J]. 情报杂志，2008（3）：50-53.

势通过知识链获取、共享知识资源，并进行知识创造而产出高于产业平均的知识水平和知识价值。知识链知识优势是知识链的内部特性，可以在短时间内通过较高的知识水平和知识价值体现出来，而知识链的竞争优势需要在外部产品市场上实现，且持续竞争优势的保持是一个长期过程。知识优势只是竞争优势的必要条件，知识优势采取一定措施才能顺利转化为知识链的竞争优势。从知识链到形成知识链知识优势需要一个中间过渡桥梁，那就是知识链的协同效应。通过知识链与外部环境、知识链内部各子系统之间、各要素之间的相互非线性作用，引导和协调知识链各主体及其要素协同合作，产生知识链的协同效应。此时，知识链内部得到有序发展，整体效益大大提升，继而打通了形成知识链知识优势的通道。因此，知识链的协同效应是知识链形成知识优势的关键环节。

图 2-2 形象直观地描述了知识链协同效应在知识链竞争优势形成过程中的地位。因此，探索知识链协同效应的形成机理，对知识链实现知识链知识优势和获得知识竞争优势具有重要意义。

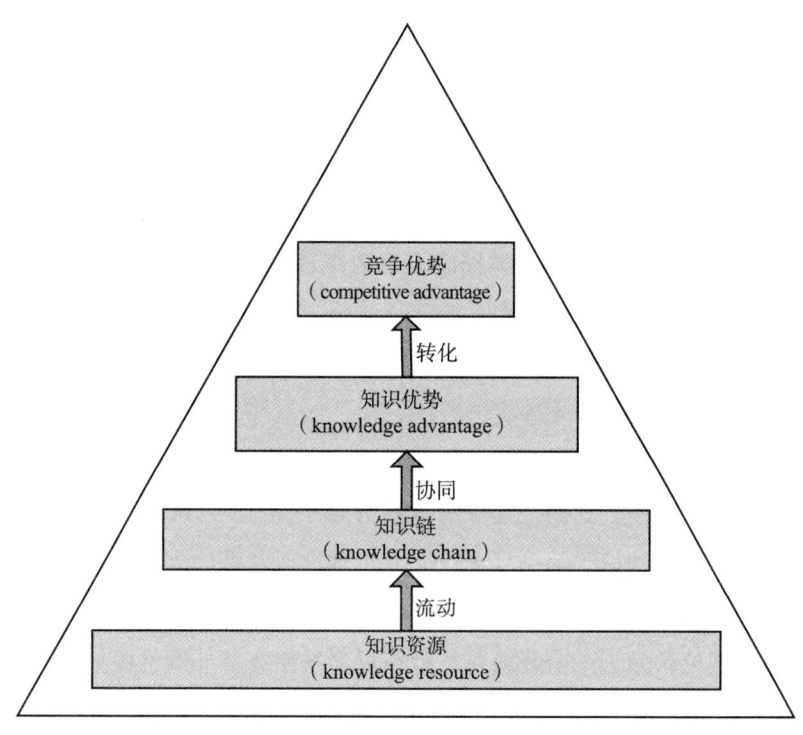

图 2-2　知识链竞争优势形成模型

# 第 3 章

# 知识链的协同演化

知识链具有系统性特征,其协同效应形成过程也是一个自组织过程,分析知识链的协同演化过程是知识链协同效应形成的前提。本章首先阐述了自组织理论的内容,分析了知识链的自组织特征,其次从知识链的协同演化前提条件、动力、诱因、路径和形式,分析知识链的协同演化过程。

## 3.1 协同演化理论——自组织理论

自组织理论(self-organizing theory)来源于物理学,是 20 世纪 60 年代末期开始建立并发展起来的一种复杂性系统科学理论。自组织理论以开放的复杂系统为研究对象,研究自组织系统复杂性的本质,探索系统演化的规律,以及自组织的形成、成长与发展机制等问题。自组织理论揭示了一个现象:在外界环境的作用下,系统内部各子系统之间经过非线性作用,自主地由无序走向有序,由低级有序走向高级有序,从而形成一个新的稳定结构。具体来讲,如果没有外部命令,而是靠某种相互默契,工人们协同工作,各尽其职来生产产品,我们把这种过程称为自组织[1]。自组织理论主要由耗散结构理论、协同理论、突变理论、超循环理论、分形理论以及混沌理论等构成。

耗散结构理论(dissipative structure theory)是比利时物理学家伊利亚·普里高津提出的。耗散结构理论认为,一个开放系统处在远离平衡态的非线性区域,当系统的某一个参数变化达到一定的临界值(阈值)时,通过涨落,系统发生突变,即非平衡相变,其状态可能从原来的混乱无序的状态转变到一种在时间上、空间上或功能上有序的新状态,这种新的有序结构就是耗散结构。耗散结构需要系统不断地与外界交换物质和能量

---

[1] Haken H. Synergetics: An Introduction [M]. Berlin: Springer-Verlag, 1977.

才能得以维持并保持一定的稳定性,且不会因外界的微小扰动而消失。耗散结构形成的条件有:第一,系统必须是开放的;第二,系统必须处于远离平衡态;第三,系统内部存在非线性的相互作用;第四,涨落导致有序。

突变理论(morphogensis theory)是法国数学家勒内·托姆提出的。突变理论认为,系统演化过程中,某些变量的连续逐渐变化导致系统状态发生变化,一旦系统状态达到临界状态时,系统变化发生质的改变,那么,这种系统从某一个稳定态(平衡态)到另一个稳定态的转化表现为一种突变过程,表现在数学上是标志着系统状态的各组参数及其函数值变化的过程。突变理论认为,即使是同一过程,对应于同一控制因素临界值,突变仍会产生不同的结果,即可能达到若干不同的新稳态,每个状态都呈现出一定的概率。

协同学理论(synergetic theory)是联邦德国的物理学家哈肯提出的。协同学理论认为,开放系统内的各子系统,当它们处在一定的条件下时,就会通过非线性的相互作用而产生协同作用和相干效应,在一定范围内,通过涨落而达到一定的临界点,就可以通过自组织而使系统产生新的有序,使旧的结构发展成为在时间、空间、性质和功能诸方面都发生根本变化的新结构系统;新序产生的关键并不在于热力学平衡还是不平衡,也不在于离平衡态有多远,而在于大量子系统的非线性相互作用。

超循环理论(hypercycle theory)是德国科学家曼弗雷德·艾根(Manfred Eigen)提出的。循环理论认为,循环是指事物周而复始地运动,从低级到高级依次分为反应循环、催化循环与超循环。反应循环是一种反应序列,是靠系统外部催化剂的催化作用来驱动的循环,其中任何一步的产物是先前某一步的反应物,是较低的组织形式。催化循环是由简单的反应循环构成,并相互联系形成二级循环网络,是比反应循环更高级的组织形式。超循环是由催化循环在功能上耦合起来构成的高级化学反应循环,是一种由若干催化循环构成的高级循环,是循环中的循环。在超循环中,系统呈等级性循环发展。系统内每一个元素既能自复制,又能对下一个元素的产生提供催化作用,且各单元相互作用形成自组织机制,从而使系统向更高的有序状态进化。此外,系统通过各循环与发展相联系、相交互,在远离平衡的开放状态下,循环有获得自主性和方向性的能力。自组织超循环的本质特性包括新陈代谢、自适应能力和突变特性。

分形理论(fractal theory)是美籍数学家本华·曼德博(B. B. Mandelbrot)提出的。分形来源于拉丁语,原意为支离破碎的、不规则的,但至今也没有一个统一的定义。根据对分形理论的理解,分形是指对没有特征长度,但具有一定意义下的自相似图形和结构的总称[1]。英国数学家法尔科内(Falconer)在《分形几何的数学基础及应用》一书

---

[1] 谢和平,薛秀谦. 分形应用中的数学基础与方法[M]. 北京:科学出版社,1997.

中将分形看作具有下列性质的集合 $F$：第一，$F$ 具有精细结构，即在任意小的比例尺度内包含整体；第二，$F$ 是不规则的，以至于它的局部和整体都不能用传统的几何语言来描述；第三，$F$ 通常具有近似的或统计意义下的自相似性；第四，$F$ 在某种方式下定义的"分形维数"与它的拓扑维数不相等，通常情况下大于拓扑维数；第五，$F$ 的定义常常是非常简单的，或者是递归的。分形几何是分形理论研究的基础，测度与维度是分形理论中最基本的数学概念。分形的基本特征有自相似性、无标度性、自放射性。

混沌理论（chaotic theory）是美国气象学家爱德华·诺顿·罗伦兹（Edward Norton Lorenz）和法国数学家亨利·庞加莱（Jules Henri Poincaré）提出的。混沌理论揭示了表面无序行为所蕴藏的有序性本质，解释了决定系统可能产生随机结果，提供了将复杂的非稳定性的事件控制在稳定状态的方法和技术。混沌理论认为，首先，混沌普遍存在于各种系统中，简单的规则就能产生混沌现象，简单系统能够产生复杂行为，复杂系统也能够产生简单行为，因此，简单系统和复杂系统均能产生混沌。其次，在系统的自组织演化过程中，分层、分岔、分支、锁定、放大等不可预测的现象随机地存在于非线性的发展或演化过程；最后，非线性动力学混沌是内在的，固有的，而不是外加的、外生的。尤其是在管理中的混沌特性决定了"混沌管理"方法的非最优化和不确定性。企业并不追求最优化和最高效率——这是由稳定的管理价值观所决定的；管理过程与结果之间没有决定性和直接的关系。

## 3.2　知识链的自组织特征

（1）知识链是一个开放的复杂系统。知识链的复杂性表现在知识链内部结构和知识链外部环境的复杂性。首先，知识链的构成是复杂的，知识链由核心企业、高等院校、科研院所、供应商、顾客和竞争对手等组织或个人构成，每个组织又可以看作是一个独立的系统，而这些独立的系统内部运行结构也是复杂的。由此，构成了具有层次性的复杂系统。其次，知识链的复杂性还表现在知识链所处的环境是复杂的，知识链不是一个封闭的系统，它的发展需要从外部环境中不断地汲取知识、信息和物质等资源，在发展的过程中持续不断的与外部环境进行互动。外部环境是一个复杂的环境，时刻存在着很多不确定、不可预测和多重影响因素，因此，知识链与外部环境的互动需要具备一定的识别能力，避免有害因素对知识链发展造成的阻碍。

（2）知识链的非平衡性。知识链的非平衡性实质上是指知识链内部出现分化，知识链成员组织之间各自为政、条块分割，知识流、信息流和物质流受到严重的阻碍，导致整个知识链呈现出差异性、多样性和非均匀性的特点,知识链的发展演化出现不稳定性。

(3) 知识链的非线性作用。知识链的非线性相互作用是指知识链与外部环境之间以及内部诸要素之间随时间、地点和条件的不同,呈现出不同的相互作用方式和不同的效应[①]。知识链的非线性作用表现在知识链与外部环境之间、知识链合法系统与影子系统之间、知识链内部各构成主体之间、知识与知识之间的非线性作用。

(4) 知识链的涨落。自组织过程中的涨落是指系统的参数在一个值上下波动,当涨落接近临界值时,系统便会出新有序的演化,直到形成一种新的稳定结构。因此,涨落是自组织演化的诱因。知识链的涨落实质是影响知识链走向有序的因素,这些因素有的来自知识链外部,有的来自知识链内部。影响知识链走向有序的外部因素主要有市场因素、政治因素、经济因素和法律因素等;影响知识链走向有序的内部因素主要有组织的结构、企业管理水平、管理者的领导能力、企业文化和价值观,以及生产技术和生产资料等。这些因素不断影响知识链的自组织演化过程,造成知识链自组织演化过程的涨落,成为知识链自组织演化的诱因,从而推动知识链远离非平衡态,经过相变进入稳定的平衡态,完成知识链的自组织演化过程。

## 3.3 知识链的协同演化过程

### 3.3.1 知识链协同演化的前提条件:开放与非平衡态

自组织理论认为,系统具有开放性,通过不断地与外界环境进行物质、信息和能量的交换,引入负熵,通过涨落,促进系统从无序状态向有序状态演化。因此,知识链协同的前提条件是充分开放与构建内部的非平衡机制。

#### 3.3.1.1 增强知识链的开放程度,引入负熵

知识链作为一个复杂系统本身就具有开放性。知识链的开放性表现在广度和深度上,从广度上讲,知识链有区别于传统的集群企业和企业联盟,传统的集群企业和企业联盟为了加强联系,考虑节约成本往往局限在一定的范围内,而知识链是基于契约或信

---

① 彭双,顾新,吴绍波.基于非线性相互作用视角的知识链组织间知识创造机理研究[J].科技进步与对策,2010,27(4):124–126.

任建立起来的联盟组织，成员组织之间不受地点的限制。因此，这些成员可以充分地利用所在地的资源、信息和能量，实现资源共享、优势互补、共同发展的目标。从深度上讲，知识链具有层次性，知识链由多个组织构成，这些组织本身就是一个独立的系统，而这些系统内部又包含着各种子系统，子系统又包含各种要素。因此，知识链与内部各子系统之间、子系统与子系统之间、子系统与要素之间、要素与要素之间等时刻存在知识、信息、物质、资源和能量的交换。

增强知识链的开放意味着增进知识链与外界环境的交流。知识链是知识经济和经济全球化高速发展下的产物，知识链与其所处的环境有着密切的关系和相互作用，知识链的发展与壮大不断地受到所处环境的影响，一些负面影响因素往往会给知识链带来负熵的流入。外界环境对知识链的影响主要表现在知识链与外界环境的知识、信息、物质和能量的输入输出关系，这种输入输出关系加强了知识链与外界环境的互动，正如耗散结构理论强调系统开放的作用在于与外界的信息、能量和物质的交换，从而引入负熵流，为系统的自组织过程创造条件。知识链与外界环境的互动模型如图 3-1 所示。

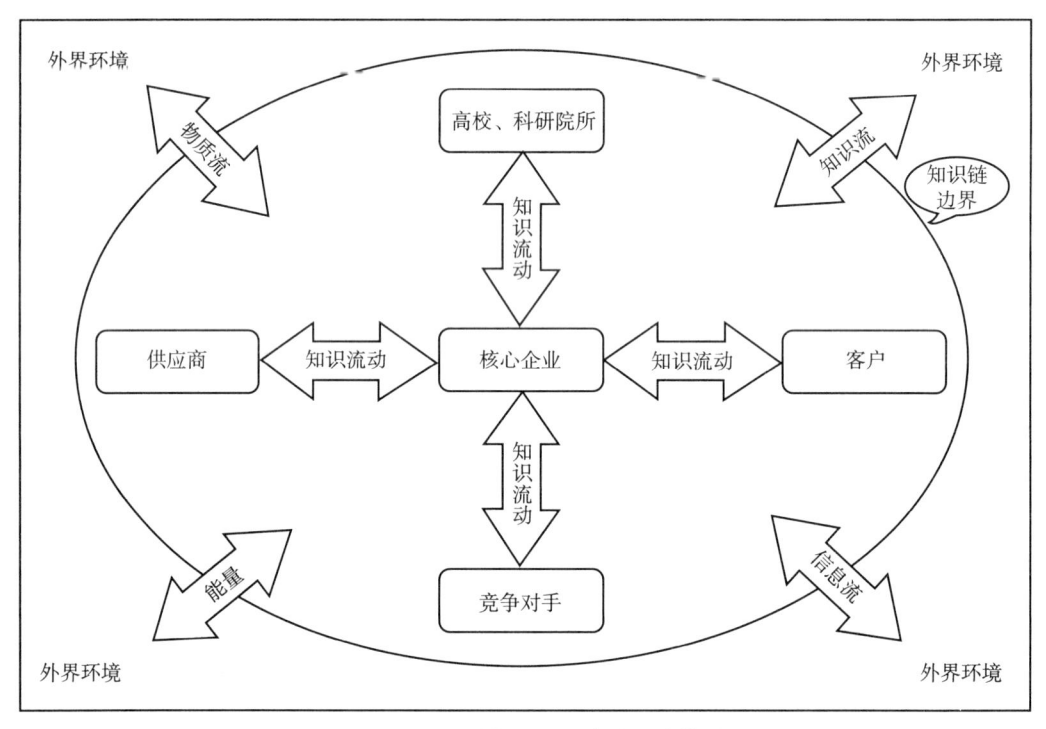

图 3-1 知识链与外界环境的互动模型

知识链与外界环境的互动关系就是知识链与外界环境的输入输出关系。这里的外界环境包含自然环境和社会环境,自然环境主要指知识链所经历的各类自然现象,如原材料、天气、温度、湿度和各类自然灾害;社会环境主要是指知识链所面对的市场、政策和其他知识链的影响等。一方面,外界环境为知识链的生存和发展提供了各种物质、信息、知识和能量,并影响着知识链的成员组织的生存与发展。另一方面,知识链向外界环境输出产品、技术、新知识和服务等,并迎合知识链持续发展的需要对环境进行改造,营造更加有利于知识链发展的环境。由此可见,知识链与外界环境存在着相互依存、不可分割的紧密联系。

知识链与外界环境的输入输出关系主要由知识流、物质流、信息流和能量构成。外界环境向知识链输入知识链所需的知识、物质、信息和能量,经过知识链协同创造,又向外界环境输出新知识、新物质、新信息和新能量,这些新知识、新物质、新信息和新能量不断的改造外界环境,促进知识链和环境的同步发展。知识链与外界环境的输入输出关系如图 3-2 所示。

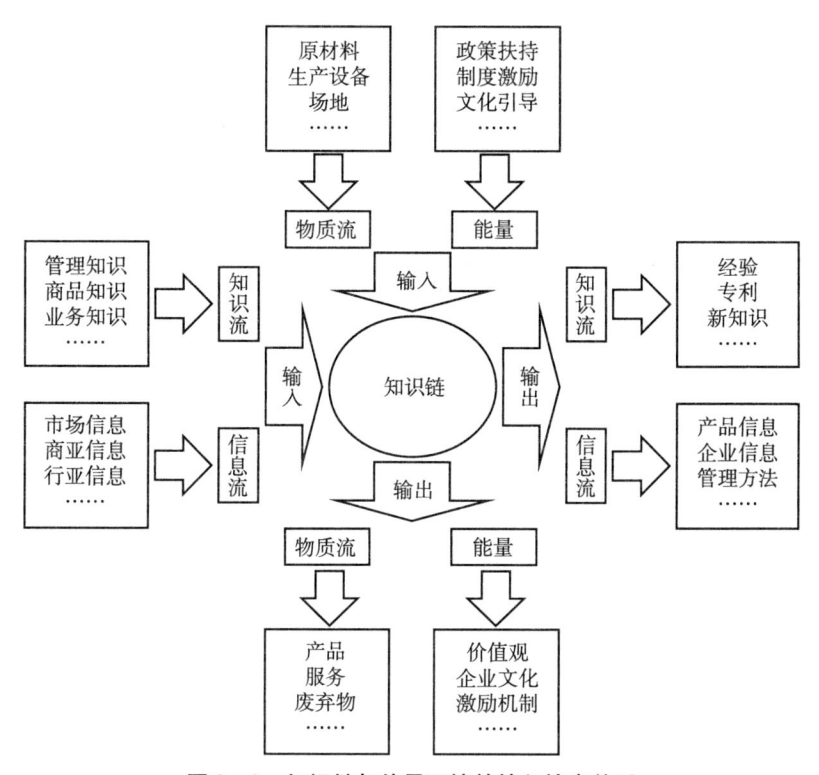

图 3-2 知识链与外界环境的输入输出关系

知识链与外界环境的知识、物质、信息和能量的输入输出，为知识链的协同演化过程提供了条件和动力。第一，知识流。外界环境充斥着大量的知识，总的来说知识分为显性知识和隐性知识。显性知识是指可以通过书面和系统化的语言表示出来，以数据、科学、公式、规格和操作说明等形式实现共享的，并且比较容易处理、传递与存储。隐性知识是指根植于个人的行动和经验之中，以及个人所信奉的理想、价值观和情感中，难以传递和表达出来。显性知识容易被获得，而隐性知识的获取比较困难，需要转化为显性知识才能被获得，野中郁次郎和竹内弘高（Ikujiro Nonaka & Hirotaka Takeuchi, 1995）指出了隐性知识转化为显性知识的方法——隐性知识外部化（externalization）。即用类比、隐喻和假设、倾听和深度会谈等方式将隐性知识转化为容易被理解的显性知识[①]。外界环境输入知识链的是一些与知识链有关或知识链所需的知识，如产品知识、业务知识和管理知识等。知识链将外界环境输入的知识进行消化、吸收、共享，创造出新的知识再输出到外界环境，如经验、技术和管理方法等。第二，物质流。知识链进行生产离不开原材料、生产场地、生产设备和劳动工人等，知识链本身不具备提供此类物质资料的能力，只能靠外界环境的输入，这些物质资料为知识链的生存发展提供了物质保障，维持知识链的持续运作和发展。知识链虽然没有提供物质资料的能力，但是它具有改造物质资料的能力，知识链通过加工和改造输入的物质资料，向外界环境输出新的物质资料，如成品、商品、服务，以及一些废弃物。这些废弃物一方面成为造成外部不经济的根源，另一方面又成为其他知识链或企业的原材料，这时又有效地抑制了外部不经济，成为外界环境的正效应。第三，信息流。在高速经济全球化和激烈的市场竞争背景下，快速有效的获取与生产有关的各类信息是知识链成功的关键。准确的商业信息可以给知识链带来巨大的收益价值，知识链成员组织可以根据获得的商业信息生产迎合市场需求的产品，领先占领市场，获取市场份额。获取竞争对手的有效信息，同时对知识链的发展也具有重要意义，知识链可以在掌握对手的信息基础上做到知己知彼百战不殆。外界环境输入知识链的信息除了商业信息还包括产品信息、行业信息和竞争对手的信息等，信息越丰富对知识链的发展越有利。知识链在获取外界环境的信息时，也往外界环境传递着自身的信息，这些信息包括企业管理方法、企业信息、产品信息等，对于外界环境中的其他组织来说同样具有重要的经济价值和战略意义。第四，能量。知识链的能量来自政治、经济、社会和文化等方面，如国家的政策扶持，经济制度的激励，社会认同和文化引导等，这些能量支持和促进知识链的发展，同时，知识链又向外界环境输出可以影响其他组织的企业文化，激励机制和价值观等。知识链与外界环境的输入输

---

[①] Nonaka I, Takeuchi H. The Knowledge-Creating Company [M]. NY: Oxford University Press, 1995.

出维持着知识链系统的平衡发展，引导知识链实现协同。

但是，知识链要实现协同，必须在增强开放性的同时引入负熵。所谓负熵，是指熵函数的负向变化量。耗散结构理论指出，系统的熵值直接反映了系统所处状态的均匀程度，系统的熵值越小，它所处的状态越是有序；系统的熵值越大，它所处的状态越是无序。系统总是力图自发地从熵值较小的状态向熵值较大（即从有序走向无序）的状态转变。因此，知识链在输入有利于自我生存发展的知识、信息、物质和能量的同时，也受到负面因素的影响。如来自自然环境的恶劣气候、地震、海啸和洪水等，以及来自社会环境的金融危机、政策限制、市场缺陷等。这些负面因素为知识链带来了熵增。

#### 3.3.1.2　构建知识链协同的远离平衡态的机制

自组织理论认为，系统具有三种稳定存在的方式：平衡态、近平衡态和远离平衡态。所谓平衡态是指在没有外界影响的情况下，系统的状态也不会变化，系统内部不存在宏观不可逆现象的稳定状态。平衡态用数学表达式为：令 $x_1$，$x_2$，…，$x_n$ 表示系统的状态，系统的连续时间动态函数为：

$$\dot{X}_i = f_i(x_1, x_2, \cdots, x_n) \quad i = 1, 2, \cdots, n \tag{3-1}$$

当函数 $f_i = 0$ 时，即系统的状态为平衡态。在社会问题中，完全稳定的平衡态是不存在的，只要系统状态的变化小到可以忽略时，也可以近似看成平衡态。所谓近平衡态是指，系统处于离平衡态不远的线性区，系统的变化较小，并逐步向远离平衡态趋近。远离平衡态是指，系统处于非线性非平衡区，系统内部的物质和能量分布是极不平衡的，差距很大。系统远离平衡态后，系统的变化已经成为完全不可逆的、非线性的关系。系统自组织演化的三种状态与系统的稳定状态有关：当系统处在平衡态时，能够自动稳定；当系统处在近平衡态时，系统的稳定状态开始发生变化，但是变化不大，仍然是渐近稳定的状态；当系统处于偏离平衡态后，虽然系统受到外界扰动和内部涨落的影响，但是随着时间的推移，系统将从无序走向有序，形成新的稳定状态。由此可见，当系统处于平衡态和近平衡态时，系统会自动地恢复到稳定状态，不会发生质的变化；当系统处于远离平衡态时，系统也是努力地恢复到稳定状态，但是只有受到外界的干扰和内部的涨落达到一定的临界值时，远离平衡态的系统才能趋向平衡，然后此时系统已经发生了质变，不再是原有的稳定状态，而是一种新的稳定状态。

（1）负熵机制。

耗散结构理论指出，在外界作用力的影响下，系统通过引入负熵流以推动系统远离平衡态。克劳修斯（Clausius）的热力学第二定律告诉我们，一个封闭的系统内部，能量只能不可逆地沿着衰减这个方向转化。换句话说，无论何种初始条件的系统，随着系统的运行和发展，熵值越来越大，状态越来越混乱，有序性越来越低，无序性越来越高，系统越来越远离平衡态。这种系统发展的状态也叫熵增的状态。知识链的熵是与知识链有关的组织、制度、环境、信息渠道、政策和文化因素等，在知识链运行过程中，总是呈现出有效能量逐渐减少，无效能量不断增加，知识链逐渐远离平衡态的一个不可逆的过程。其中，组织、制度、环境、信息渠道、政策和文化因素是影响知识链负熵的主要因素。因此，实现知识链远离平衡态，必须引入负熵机制。

知识链的负熵机制可以用数学模型来表示[①]。

①负熵的计算公式为：

$$S_e = \sum_{i=1}^{n} K_i S_i \tag{3-2}$$

其中，$S_e$ 是知识链负熵值；$i$ 是影响知识链产生负熵的组织因素、制度因素、环境因素、政策因素和文化因素等；$K_i$ 是知识链引入负熵中各个因素的权重；$S_i$ 是产生负熵因素的负熵值。

②$S_i$ 又可以用以下数学表达式得到：

$$S_i = K_B \sum_{j=1}^{n} P_j \ln P_j \tag{3-3}$$

其中，$K_B$ 是知识链的熵系数，即，知识链每增加单位收益所追加的成本，是知识链所处的行业比值 $\dfrac{\Delta C}{\Delta E}$；$j$ 表示知识链的每个影响熵值因素中所包含的子因素，$P_j$ 表示知识链熵值变化的概率，$P_j$ 满足 $\sum P_j = 1$。

③将影响知识链负熵的组织、制度、环境、信息渠道、政策和文化等因素所产生的负熵值 $S_i$ 代入数学公式得到知识链的负熵值 $S_e$。由于知识链负熵的增加，促使知识链不断地远离平衡态，其数学表达式为：

$$y = \mathrm{Re}^x \; x = f(a_1 x_1, \; a_2 x_2, \; \cdots, \; a_n x_n, \; t) \tag{3-4}$$

其中，$y$ 是知识链的状态；Re 表示知识链的结构常数；$x$ 表示知识链产生负熵的影响因素的函数；$a_i$ 表示每个知识链负熵影响因素的权重；$x_i$ 表示具体的知识链负熵影响因素；$t$ 表示时间；在一定时间内，时间 $t$ 和权重 $a$ 可以看作是一个常数，知识链的状态 $y$ 随自变量 x 的变化而变化，这一变化过程如图 3-3 所示。

---

① 任佩瑜，张莉，宋勇. 基于复杂性科学的管理熵、管理耗散结构理论及其在企业组织与决策中的作用 [J]. 管理世界，2001（6）：142-147.

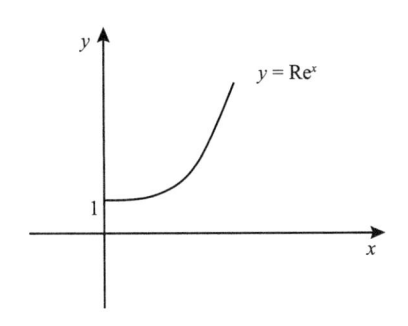

图 3-3　知识链变化状态函数

图 3-3 表明，随着知识链负熵的增加，知识链是越来越远离平衡态，逐渐趋向一个新的平衡态，形成一个新的有序结构。

（2）竞争机制。

竞争是知识链获得生存地位和市场优势的基本方式。知识链的竞争包括知识链与外界环境之间、知识链合法系统与影子系统之间、知识链内部各构成主体之间、知识与知识之间的竞争。

①知识链与外界环境之间的竞争。具体而言，知识链与外界环境之间的竞争是指知识链行业之间的竞争和知识链与知识链之间的竞争。在知识链与外界环境之间的竞争中，一方面，知识链因受到其他知识链的影响而出现分化、衰退；另一方面，为了应对行业竞争，知识链须对自身的资源进行优化合理配置，以及战略目标的调整，这样也会促进知识链进行资源整合和战略重组。经济的快速发展、市场容量的快速扩张，消费需求日益个性化，以及竞争对手的战略进攻，无时无刻不影响着知识链的运行，外界环境在给知识链带来发展机遇的同时，也充斥着各种挑战，这些机遇和挑战同时影响着知识链，使得知识链的内部分化，形成差异，管理效率递减，逐渐远离平衡态。

②知识链合法系统与影子系统之间的竞争。复杂系统内部存在两类模式，即显性模式和隐性模式，也叫合法系统和影子系统，在企业中往往表现为正式组织和非正式组织[1]。所谓合法系统是规范行为主体或系统对当前基本任务的认识，并驱使任务实现有秩序、有规律的稳态系统；而影子系统是行为主体通过非正式渠道建立起来的社会联系，它由组织中的非正式组织、个人或群体的社会联系、非正式个体行为等构成[2]。影子系统的形成以合法系统行为规则为指导建立，其行为一般受到合法系统的约束；反过

---

[1]　杨永福，黄大庆，李必强．复杂性科学与管理理论［J］．管理世界，2001（2）：167-174．
[2]　彭双，顾新，吴绍波．基于非线性相互作用视角的知识链组织间知识创造机理研究［J］．科技进步与对策，2010，27（4）：124-126．

来，影子系统的非正式行为也会对合法系统造成影响，甚至影响到合法系统的稳定性。知识链合法系统与影子系统之间的竞争一般表现在合法系统的目标与影子系统的目标之间的冲突，合法系统所追求的是知识链的共同目标和整体目标，而影子系统的目标以影子系统目标为主，甚至与合法系统的目标冲突，其行为由于受到目标的支配，而违背合法系统的行为准则，对合法系统造成破坏，使得合法系统内部出现分化和势力不均而远离平衡态。

③知识链内部各主体之间的竞争。知识链内部各主体可以被独立地看作是知识链内部的子系统，知识链主体之间的竞争就是各子系统之间的竞争。首先，为了实现知识链的知识共享和知识创造，知识链组织之间交互作用不断地促进知识在成员组织之间的流动，在知识的流动过程中也伴随着其他资源、要素、信息和能量的流动，这些知识、资源、信息和能量由于知识流动阻力的影响和流通渠道的影响，随着时间的变化，在时间和空间上逐渐出现差异性和不均衡分布，进而使得原来知识链稳定的平衡态产生偏离。其次，知识链的盟主是核心企业，但是在低位平等观念的根植下，知识链各子系统之间也会存在权利之争。权力之争必然会破坏知识链的和谐氛围，为知识链的协同带来阻碍，甚至有的成员为了获得有利地位而采取一些破坏性手段，这样的做法势必会造成知识链的分裂和混乱，降低知识链的效率，减慢知识链的发展速度，甚至造成知识链的瓦解，迫使知识链进入远离平衡态的非线性区域。最后，知识链内部各子系统之间的价值观、信仰和组织文化不同，会带来知识链内部的"争论"。由于每个子系统价值观、信仰和文化的不同，对事物的看法也有所不同，因此，在知识链的发展问题上势必会造成分歧，知识链的分化也就由此而生，远离平衡态也就成了大势所趋。

④知识与知识之间的竞争。知识与知识之间的竞争表现在新旧知识之间的竞争和不同视角下对同一问题的竞争。马克思认为，所谓发展就是新事物代替旧事物，然后，新事物代替旧事物也需要一个过程，这就是否定之否定的过程。实质上否定之否定的过程就是新旧事物竞争的过程，当新事物战胜或超越了旧事物，就会推动事物的发展。在知识链中，知识链的发展是通过不断的知识共享和知识创造进行的，知识创造的过程就是新知识代替旧知识的过程。然而，并不是所有的旧知识都是很容易被战胜的，由于知识存量、科学技术的局限，有的旧知识是难以被替代的，这些知识就成为知识链发展的阻力和亟须攻克的关键。另外，有的旧知识根深蒂固地在成员组织的心里，这些旧知识便成了成员组织判断事物的立足点，由于成员组织的地位、作用和所处的行业不一，其看待事物的角度也就不同，知识面也就不同，因此，在同一问题上往往会存在不一样的看法，造成知识链的分歧和分化，从而推动知识链远离平衡态。

知识链存在各个层面的竞争，这些竞争最后成为一个综合性的竞争，不断使得知识链各种知识、信息、资源、能量在时间和空间上都表现出差异性和非均衡性，随着时间的推移，逐渐地促使知识链偏离原有的稳定态，向近平衡态和远离平衡态发展。因此，知识链竞争的存在和结果可能造成知识链内部或知识链之间更大的差异、非均衡性和不稳定性，成为知识链远离平衡态的竞争机制。

（3）协同机制。

知识链的构成具有层次性，每一层都是独立的子系统，子系统之间存在竞争，造成不同层次的子系统内部出现分化、非均衡和不稳定，进而逐渐地促进知识链偏离原有的平衡态。但是，竞争并不能引导子系统往一致的方向偏离平衡态，竞争带来的是子系统内部出现分化、非均衡和不稳定，严重的竞争结果还会造成知识链的瓦解，知识链的协同前提是远离平衡态，如果知识链被瓦解了，何言远离平衡态。因此，促进知识链远离平衡态在竞争机制的作用下，还应引入协同机制，促进知识链各子系统内部和子系统往一致的方向偏离平衡态。

知识链的协同机制包括：相互信任机制、激励约束机制、冲突解决机制和风险防范机制。

①信任是合作的基础，也是知识链协同效应形成的基础，通过建立主体之间的相互信任机制，减少各主体之间的交易费用和机会主义，加强主体之间的合作关系，加速知识链协同效应的形成。

②知识链协同效应的实现和各主体之间利益的诉求是知识链协同的结果，但是由于知识链之间知识和技术的投入不易观测和量化，所以各主体为了追求自身利益最大化而容易产生机会主义和道德风险。为了推进知识链协同发展和协同效应的实现，知识链需要建立激励约束机制，促进知识链各主体利益诉求得到实现，知识链整体实现共赢，激励知识链主体充分发挥积极性和主动性为知识链的协同发展和协同效应的实现竭尽所能，同时采取措施约束和限制知识链主体的机会主义和道德风险。

③知识链中，冲突是一种普遍存在的客观现象，自知识链成立起，各种冲突便伴随知识链的整个生命周期，直到知识链生命的结束。知识链主体之间的冲突尤其是破坏性冲突，造成知识链主体之间相互竞争、互不信任、彼此对立、拒绝合作，破坏知识链各主体之间的关系，导致知识链主体之间的协同效率下降，主体之间的有序发展难以维持，甚至导致知识链分解，这严重地阻碍了知识链主体的协同以及知识链协同效应的实现。知识链主体之间的冲突不可避免，但可以预防和解决。通过设计一项完善的可以预防冲突发生的契约，建立知识链主体之间冲突的自我解决和第三方解决机制，在冲突的源头和冲突发生过程中给予解决，清除不利于知识链主体协同和协同效

应实现的各种冲突。

④事物发展的不确定性和所受环境因素的不确定性决定了知识链面临风险的不可预测性和必然性。风险的大小，以及即将给知识链带来的损失和危害是无法估量和预测的，破坏性的风险甚至导致知识链的解体。但是，通过科学的方法，风险是可以防范的。因此，构建知识链的风险防范机制，通过对知识链风险的识别和评估，制定相应的风险防范对策，避免、降低和转移风险为知识链带来的危害，维持知识链的有序发展。

通过建立知识链主体之间的相互信任机制、激励约束机制、冲突解决机制和风险防范机制，使知识链各主体找到"价值观和谐一致、合作顺畅高效"的归属感，保障知识链的有序运行。

（4）学习机制与自反馈机制。

①知识链具有较强的学习能力和学习机制。在知识链中，知识链的学习方式一般表现为交互学习，所谓"交互学习"（Interactive Learning）可以被理解为参加创新过程的要素之间发生学习关系的过程，也可以指由创新要素共同参与的交互式的知识产生、扩散和应用的过程①。顾新、郭耀煌和叶苏等（2003，2007）阐述了知识链的交互学习的内涵，他们认为，知识链中的知识流动是一个复杂的交互学习过程②，从组织之间学习的角度，分析了知识链成员之间交互学习的过程和影响知识链成员间交互学习的因素，他们认为知识链成员之间交互学习的过程实质上就是知识在知识链中流动、获取、运用、创新和反馈的无限循环③。由此可见，知识链的知识流动与知识链的交互学习有直接的密切关系，甚至在某种意义上，知识流动可以被视为是交互学习的过程。知识链的交互学习过程中，知识链成员组织的激励机制、知识链成员接受和传播知识的能力、知识链成员的知识存量、知识的种类、知识结构的互补性、知识链成员之间的利益分配、知识链成员之间的信任水平等影响着知识链的交互学习的效率[2]。这些影响因素也影响着知识在知识链成员组织之间的流动，造成知识链知识流动障碍，导致知识链的效率降低，从而促使知识链远离平衡态。

②知识链的自反馈机制。自反馈是指系统在演化过程中，可以不断将自身内部的某些信息以及系统与外界环境相互作用所产生的信息加以再吸收，以调节系统内部各局域的关系以及根据环境的变化调整自身同外界的关系，导致系统内部诸要素之间关系的不

---

① Doloreux D. What we should know about regional systems of innovation [J]. Technology in Society, 2002, 24 (3): 243–263.
② 顾新, 郭耀煌, 李久平. 社会资本及其在知识链中的作用 [J]. 科研管理, 2003, 24 (5): 44–48.
③ 叶苏, 顾新. 知识链成员之间的交互学习研究 [J]. 科技进步与对策, 2007, 24 (3): 139–142.

断自我调整[①]。知识链协同的自组织演化过程中,知识链不断地与外界环境输入输出物质、信息、能量和知识,有些负面的影响因素会破坏知识链的完整性和阻碍知识链的发展,甚至有的因素威胁到知识链的生存,为了抑制或减弱破坏性因素的影响,知识链内部会自动形成一个协调机制,有效的控制和抑制破坏性因素对知识链造成的破坏,促进知识链远离平衡态。在知识链协同的自组织过程中,知识链的协调机制是通过反馈机制实现的,在反馈机制作用下,初始条件、随机事件或扰动因素往往对经济系统具有重大影响,并最终选择一种结构,将系统"锁定"[②]。对于知识链而言,知识链的自反馈是指在外界环境的影响下,知识链会对外界环境同自身相互作用的结果有所反应,知识链内部的各子系统也会随着知识链的反应作出相应的反应。由于知识链构成的复杂性和层次性,使得在知识链协同自组织过程出现的各种随机事件和扰动因素,为了抑制和减弱这些随机事件和扰动因素对知识链造成的毁灭性破坏,知识链便通过自反馈机制将这些因素控制在一定范围内,然而,知识链并不能完全消除这些因素,被自反馈机制限定的因素也会造成知识链内部的分化和无序,使得知识链无规则地发展,直到远离平衡态。

### 3.3.2 知识链协同演化的动力机制:非线性相互作用

物质世界中不同层次各类系统内部及其与外部环境之间的一切真实的相互作用都是非线性相互作用,非线性相互作用具有绝对的意义[③]。自组织理论认为,系统从无序向有序演化的根本机制是系统中各要素或子系统间的非线性相互作用。知识链作为一个复杂的开放系统,其内部子系统之间和外界环境之间存在非线性相互作用,并推动着知识链协同的自组织演化。知识链的非线性作用包括知识链与外部环境之间、知识链合法系统与影子系统之间、知识链内部各构成主体之间、知识与知识之间的非线性作用。

#### 3.3.2.1 知识链与外界环境之间的非线性相互作用

知识链与外界环境之间的非线性相互作用表现在知识链与外界环境的关系上。显而易见,知识链与外界环境之间的关系是输入输出关系,外界环境向知识链输入知识流、物质流、信息流和能量,用以维持知识链的正常运行和推动知识链协同的自组织演化;

---

① 湛垦华,孟宪俊,张强. 自组织与系统演化 [J]. 中国社会科学, 1986 (6): 211-217.
② 李霞,严广乐. 供需网系统自组织演化条件分析 [J]. 统计与决策, 2009 (23): 60-63.
③ 王宝英. 供应链复杂系统企业社会责任的自组织演化 [J]. 经济问题, 2013 (9): 93-96.

同时，知识链将外界环境输入的知识、物质、信息和能量加以利用，经过吸收、消化，创造出新的知识、新的物质、新的信息和能量输出到外界环境中，改造并推动外界环境的发展。

知识链与外界环境之间的非线性相互作用还表现在外界环境给知识链带来的机遇与挑战。外界环境的机遇和挑战是知识链制定和选择发展战略的依据，知识链可以结合自身的优势和劣势，适宜的选择机会。知识链可以根据SWOT分析理论（见图3-4）和波士顿矩阵理论（见图3-5）制定和选择自身的战略。

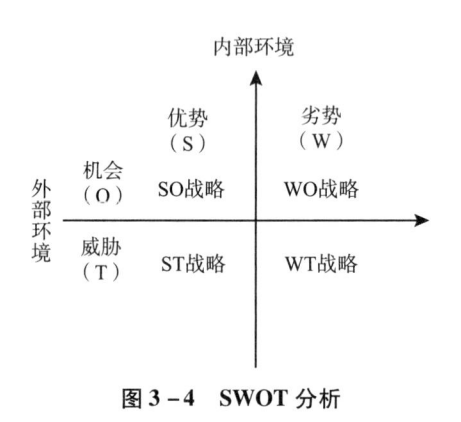

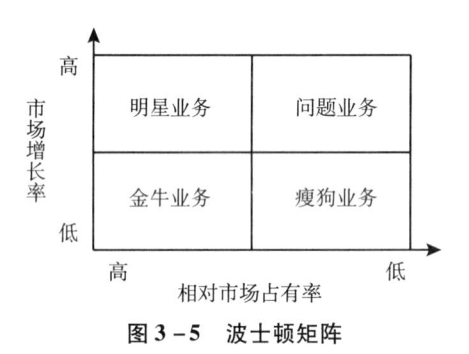

图3-4 SWOT分析

图3-5 波士顿矩阵

事物的发展在一定程度上受到外界环境的影响，因此，事物发展战略的选择应该综合考虑外界环境和自身能力来选择战略方案。SWOT分析将外界环境分为机会（opportunities）和威胁（threats），将自身能力分为优势（strengths）和劣势（weaknesses），依照矩阵排列形式和系统分析的方法，将机会、威胁、优势和劣势四个因素组合起来进行分析，为战略的选择提供依据。从SWOT分析矩阵中可以得出四种战略组合，即机会与优势的战略组合—SO战略（利用自身优势把握住机会）、机会与劣势的战略组合—WO战略（尽量避免劣势，做短暂的投资）、威胁与优势的战略组合—ST战略（回避威胁，发挥自身优势）和威胁与劣势的战略组合—WT 战略（放弃，不做任何行动）。当机会来临时，如果自身具有驾驭机会的优势时，适合选择 SO 战略，反之，选择 WO 战略；当面临外界环境带来的威胁时，如果自身具有驾驭威胁的优势时，适合选择 ST 战略，反之，选择 WT 战略。

波士顿矩阵认为企业的业务结构由外在和内在两个基本因素决定，即决定业务结构的外在因素市场引力和内部因素企业实力。在现实社会，能够反映市场引力和企业实力的指标众多，但是其中最能反映两者的指标是业务的市场增长率和相对市场占有率。然而，这两个指标相互作用形成四种不同的业务结构：当市场增长率和相对市场占有率都较高时，适合选择明星业务（具有很好发展前途的业务）；当市场增长率较低，相对市场占有率较高时，适合选择金牛业务（企业自身的优势业务）；当市场增长率较高，相对市场占有率较低时，适合选择问题业务（前途未卜，风险较大的业务）；当市场增长率和相对市场占有率都低时，适合选择瘦狗业务（落后、即将被淘汰的业务）。

当知识链面临着外界环境的机遇和挑战时，可以综合运用 SWOT 分析和波士顿矩阵选择知识链的发展战略。面对外界环境带来的机遇时，如果知识链具有驾驭机遇的优势时，知识链选择 SO 战略，发展明星业务，培养潜在的优势业务；反之，选择 WO 战略，根据自身的能力，尽量避免自身的劣势，适时选择发展问题业务。面对外界环境带来的挑战时，如果知识链具有应对挑战的优势时，知识链选择 ST 战略，发展自身具有优势的金牛业务，等待时机；反之，则选择 WT 战略，放弃瘦狗业务，采取收购和兼并的战略，开发新业务。从知识链选择战略的过程可以看出，外界环境对知识链发展的影响是显著的，面对外界环境的影响，知识链也会选择适宜的应对策略去适应外界环境的变化，这一过程也体现了知识链与外界环境产生非线性相互作用。

#### 3.3.2.2 知识链合法系统与影子系统之间的非线性相互作用

简单而言，合法系统是系统内部的正式组织，影子系统是系统内部的非正式组织，两种组织同时存在系统内部。在知识链内部也同样存在这两类系统，并发生非线性的相互作用。知识链的合法系统与影子系统之间的非线性相互作用有三种基本形式[1]：

（1）当知识链有个防御较强的合法系统时，合法系统在知识链的运行中起着十分严格的领导作用，此时，合法系统禁止成员表达对当前合法系统的异议，组织中的群体和个人都不能从事双环学习，系统墨守成规，在合法系统的统一领导下进行生产作业，

---

[1] 彭双，顾新，吴绍波. 基于非线性相互作用视角的知识链组织间知识创造机理研究 [J]. 科技进步与对策，2010，27（4）：124-126.

完全不能表达自己的思想和看法，一些创新和创造意识被忽略。

（2）当知识链的合法系统没有足够的空间容纳影子系统时，影子系统此时如果被超常的思维所支配，那么知识链就进入一种高维混沌状态，如果这种混沌状态突破了合法系统的承受限度，就会导致知识链瓦解崩溃。此时知识链内部表现为：各种信息、思想在知识链中快速传播，而知识链来不及处理；知识链内部充斥着各种基本假定行为和精神幻想，而合法系统无法约束成员的行为，知识链无法协同运行，知识链内部出现混沌。

（3）当影子系统不断地对抗合法系统，企图颠覆合法系统，而合法系统又可以控制影子系统时，知识链就处于模棱两可的矛盾状态，即一方面，合法系统为了有效地完成当前的任务而需要保持现有的显性模式；另一方面，影子系统不断地形成潜在的能量，并试图颠覆合法系统。这种能量的不断积聚会导致组织焦虑的增加。在两个系统的对立斗争中，潜在的能量一直隐藏在知识链的隐性模式中，在显性模式中并不显现。随着潜在能量的不断加大，两个系统之间的斗争逐渐激烈；当达到一定的临界值时，隐性模式会取代显性模式，影子系统会取代合法系统，潜在的能量凸显出能引起合法系统重大改变的革命性行为；新的合法系统可以控制焦虑时，组织将运行到更高级的稳定区域。

#### 3.3.2.3 知识链内部各构成主体之间的非线性相互作用

知识链是由核心企业、供应商、高等院校、科研院所、客户，甚至是竞争对手构成的，每个构成主体之间相互协同，共同推进知识链的运行和发展。知识链各构成主体之间的协同是在非线性相互作用中产生的。知识链各构成主体之间的非线性相互作用主要包括知识链各构成主体之间的竞争、冲突和协同。

（1）知识链各构成主体之间的竞争。

知识链的形成虽然是基于构成主体之间的共同目标和实现知识链的共同利益，但是作为独立的运行机构和生命体，知识链的各构成主体之间又具有相互的竞争。知识链各构成主体之间的竞争可以分为对知识链协同有益的正当竞争和对知识链协同有害的非正当竞争。

知识链各构成主体之间的非正当竞争也叫直接竞争，是一方为了保证自己的势力或利益而损害另一方利益或以击败另一方为目的的竞争，这一类竞争是具有破坏性和损害性的，其竞争的结果是促进知识链远离平衡态，甚至迫使知识链崩溃瓦解。在知识链中，这类竞争一般体现在核心企业和竞争对手之间，在机会主义的存在下，其他构成主体之间也会出现。

知识链各构成主体之间的正当竞争是在一定契约和准则的约束下，一方的行为不应伤害另一方主体利益，反而是为了共同利益而进行的竞争。如资源利用性竞争，竞争双方是以资源掠夺和利用为竞争目的，其竞争结果是充分利用外部资源壮大自身的竞争优势。在知识链中，知识链各构成主体为了抢占和获得更多的知识、物质、信息和能量，一方面，在内部成员之间进行知识共享、资源互补；另一方面，在知识链的整体利益和共同目的的前提下，向知识链外部进行知识、物质、信息和能量的扩充。这样竞争的结构是有利于知识链的发展、成长和壮大，促进知识链之间共同努力实现协同效应。

（2）知识链各构成主体之间的冲突。

知识链各构成主体大部分是异质性，异质性主体之间往往存在不同的价值观、组织文化、意识和行为准则。价值观、组织文化、意识和行为准则的不同，导致针对同一问题而出现不同的思维模式、思考角度和处理问题的方法。因此，在知识链的协同过程中，冲突便成为了一个无法避免的普遍存在的现象。并不是所有的冲突都具有消极作用，冲突也具有积极作用，前者称为破坏性冲突，后者称为建设性冲突。

所谓破坏性冲突，是指因为认识的不一致而出现的相互抵触、互不相让，甚至是相互攻击，导致组织的效率降低，甚至崩溃的冲突。知识链中也存在破坏性冲突，主要表现为在某一些问题上不愿意听取别人的意见，以问题为中心的争论市场发生，甚至会出现一些相互攻击的极端行为，有时为了坚守自己的意见和看法而不愿意与其他人交流，甚至断绝来往，严重地阻碍了知识链的健康发展。破坏性冲突虽然具有一定的消极作用，但也是促进知识链远离平衡态不可或缺的条件。

所谓建设性冲突，是指目标一致，但是实现目标的方法和途径不一样。在知识链协同的自组织演化过程中，建设性冲突起了积极的作用。知识链成员愿意了解彼此之间的意见和看法，并为找到有效解决问题的办法而交换意见和广泛交流，以便更加全面和深入地分析潜在的问题和解决问题的方法。在建设冲突过程中，知识链成员通过相互的交流而彼此增进凝聚力，加快了知识链的知识共享，同时也产生了一些新的想法和新的主意，这些新的想法和新的主意促进了知识链的知识创造。知识链的建设性冲突还可以增进知识链成员之间的交互学习，提升知识链的知识存量和知识水平，从而获得知识链的知识优势。

（3）知识链各构成主体之间的协同。

在知识链协同的自组织演化过程中，知识链各构成主体之间的协同是极其重要的一个环节。由于单个成员组织的知识存量、处理问题的能力、技术水平等在时间和空间上的有限，使得单个成员组织无法完成知识链协同演化的各种要求，更无法实现知识链的协同效应，因此，知识链协同的自组织演化要求知识链各构成主体之间的协同。知识链各构成主体之间的协同包括主体战略协同、文化协同、组织协同、制度协同,通过战略、文化、组织和制度四方面协同将整个知识链构成主体协同起来,达到"价值观和谐一致、合作顺畅高效"的协同效应。

3.3.2.4 知识与知识之间的非线性相互作用

知识链内部要素之间的非线性相互作用最直接的表现就是知识与知识之间的非线性作用。在知识链中,同时存在着各类知识,这些知识之间的非线性作用是知识链协同的自组织演化过程中不可缺少的动力。归纳起来,知识链内部知识之间的非线性相互作用主要包括隐性知识与显性知识之间、新知识与新知识之间、新知识与旧知识之间的非线性相互作用。

(1) 隐性知识与显性知识之间的非线性相互作用。

隐性知识与显性知识之间的非线性相互作用表现在隐性知识与显性知识的相互转化过程中,野中郁次郎和竹内弘高(1995)用四种模式来描述隐性知识与显性知识的转化过程,这四种模式分别为:社会化模式(Socializatlon);外部化模式(Externalization);组合模式(Combination);内部化模式(Internalization),即知识转化的 SECI 模型。其中,社会化模式是从隐性知识向隐性知识转化的过程;外部化模式是从隐性知识向显性知识转化的过程;组合模式是从显性知识向显性知识转化的过程;内部化模式是从显性知识向隐性知识转化的过程[①]。在 SECI 过程中,通过隐性知识与显性知识之间的转化实现知识之间的非线性相互作用,这种作用是相互的也是动态的,将原来隐性的知识显性化,实现知识链知识共享,促进知识流动的均衡分布,推动了知识链的协同演化;同时,这一动态的过程也是知识螺旋上升的过程,知识链成员组织中的个人将自己的隐性知识通过知识的四种转化模式,将隐性知识逐渐显性化,为整个知识链所共享,提高了整个知识链的知识水平,从而实现知识链的协同效应。

(2) 新知识与新知识之间的非线性相互作用。

实质上,知识链隐性知识转化为显性知识的过程也是知识链创造新知识的过程,创造出来的新知识有的有助于推动知识链的协同演化,有的却阻碍知识链的协同演化,因此,在将新知识链进行应用之前,需要对新知识进行甄选,选择对知识链协同演化有益的新知识。因此,新知识与新知识之间的选择可以被看作是一种竞争,其结果不是一个新假说战胜另一个新假说,就是两个新假说长期共存,或者是两个新假说归并成一个综合性假说,而归并通常是两种片面性理论或虚拟冲突理论竞争的结果;此外,新知识之间的竞争同时还伴随着新知识之间的协同,即新知识之间相互吸收有利于自身的内容,

---

① Ikujiro Nonaka, Hirotaka Takeuchi. The Knowledge – Creating Company [M]. USA: Oxford University Press, 1995.

并逐渐修正、改进和补充竞争中暴露出来的缺陷与不足,从而达到相互促进、相互渗透、共同发展。新知识之间的竞争加快了知识增长的速度,新知识之间的协同缩短了知识创造的时间;新知识之间相互吸收有益于自己的内容,并改进和补充自身的不足,从而达到相互促进、共同发展的目的[①]。由此可见,知识链新知识与新知识之间的非线性相互作用表现在新知识之间的竞争和协同关系上。

(3) 知识链新知识与旧知识之间的非线性相互作用。

新旧知识之间的非线性关系表现在两方面:一方面表现为新知识与旧知识之间的对抗。新知识的出现是为了弥补旧知识存在的不足或解决旧知识不能解决的问题,新知识要替代旧知识需要一个新旧知识对抗的过程,即旧知识为了继续存在会阻碍和延迟新知识的发展和应用,新知识为了战胜旧知识反过来也会促进旧知识进行调整、发展或被遗弃。在新知识与旧知识的对抗过程中,如果新知识战胜了旧知识,那么旧知识就会被遗弃,取而代之的是新知识;如果旧知识战胜了新知识,那么新知识就会被重新进行不断的修正,直到被大家所认同。另一方面表现为新知识与旧知识的协同发展。新知识的出现有时会取代旧知识,但有时新知识与旧知识会和谐相处,同时存在知识链的协同演化过程中,此时,旧知识会作为新知识的基础,不断地进行修正和完善,使旧知识不断地深化和发展。除此之外,当某一问题还不能被新知识所解决时,旧知识依然可以被作为解决新问题的主要方法,一直存在于知识链协同演化过程中,直到被新知识战胜;或者被作为经典一直传承下去。由此可见,知识链新知识与旧知识之间的非线性相互作用表现在新旧知识之间的对抗和协同发展关系上。

## 3.3.3 知识链协同演化的诱因:随机涨落

所谓涨落,是指在系统的自组织演化过程中,某一可测的宏观量在平均值上的波动或偏差。涨落是无规则的、随机的、偶然的,它的出现没有规律可遵循。在正常情况下,微小的涨落可以自我耗散掉而保持宏观量在平均值附近波动,也不会对宏观量产生影响,是可以忽略的;然而,当涨落靠近临界点(阈值)时,不但不会自生自灭,反而会被不稳定的系统放大,促使系统达到新的平衡态。正如自组织理论认为,一个远离平衡态的开放系统从无序走向有序的演化是通过随机涨落实现的,即涨落导致有序。当随机达到一定的阈值,系统会发生突变而形成新的有序的结构。由此可见,在远离平衡

---

① 彭双,顾新,吴绍波. 基于非线性相互作用视角的知识链组织间知识创造机理研究[J]. 科技进步与对策,2010,27(4):124-126.

态的开放系统中,在非线性相互作用下,涨落是系统有序的诱因。涨落有内外之分,由内部各子系统的随机运动而造成系统的涨落叫内涨落;由外界环境的随机变化而引起的系统在某一值上的波动叫外涨落。

诱导知识链协同演化的内涨落。知识链协同演化的内涨落来自知识链内部影响各子系统运行的各类因素,这类因素主要有:知识流动、交互学习、技术创新、企业文化、管理理念、生产资料的投入和信息的获取等,这些因素不断地影响着知识链各子系统之间的相互作用,造成知识链内部各子系统在知识存量、学习能力、技术水平、信息和资源等数量或质量上的变化,这种变化导致了知识链内部出现涨落,这些涨落由于相互作用和影响效果的不同,使得知识链的内涨落大小不一,带来了知识链的无规律、无序的运行。

诱导知识链协同演化的外涨落。知识链协同演化的外涨落来自外界环境对知识链的各类影响,这类因素有:社会制度、国家政策、经济方针、文化制度和市场等,这些因素不断地影响着知识链的发展战略、文化氛围、研发方向等,促使知识链的协同演化过程中不断出现涨落。

知识链的协同演化过程不断地受到内外涨落的影响,这些涨落在知识链的非线性相互作用和连锁效应下不断被放大,慢慢地形成"巨涨落",当"巨涨落"达到或超过一定的阈值时,知识链就会发生相变而形成一个新的稳定的结构。

### 3.3.4 知识链协同演化路径:相变与分叉

相变(phase transition),原意是物态由于分子层次上的重新组织而发生的宏观变化。自组织理论认为,相变是系统自组织演化过程中由于微观层次的重新组织而形成的宏观层次的状态变化。系统相变的过程在时间和空间上的表现形式是不一样的,在时间上,相变是系统自组织演化过程中在某一临界点的转变,相变所需要的时间比系统自组织演化所需要的时间要短很多,所以,相变的尺度小于系统自组织演化的尺度;在空间上,系统相变过程涉及微观层次的系统内部子系统和个人的行为,以及系统在宏观层次的状态变化,相变主要体现在宏观层面,而系统的自组织主要体现在微观层面。知识链的协同是整个知识链的宏观状态,只有知识链内部各子系统协同起来才能产生集体行为,达到知识链的协同状态。

突变理论认为,系统的突变反映质变,但质变并非一定要采取突变的方式,突变并不等于质变,质变可以通过突变和渐变两种方式进行。渐变的形式是指系统从无序向有序演化的过程较长,自组织过程较缓慢。突变的形式是指系统从无序向有序演化的时间短，自组织过程迅速、激烈。知识链的协同演化过程是渐变和突变同时作用的过程。知识链是一个复杂的系统，其内部存在一层又一层的子系统，子系统之间相互作用，关系复杂，知识链要实现整体协同之前要将各层次的子系统协同起来，那么，知识链内部子系统的协同是一个渐变的过程，当内部子系统协同一致达到或超过临界值时，整个知识链发生突变，完成整个知识链的协同演化过程，实现知识链的协同。

自组织演化的途径具有多样化和不确定性，这些多样化和不确定性集中表现在系统经过临界点时存在的丰富多彩的分叉现象上，这些分叉又使系统的演化呈现出一种树形结构（见图 3-6）。

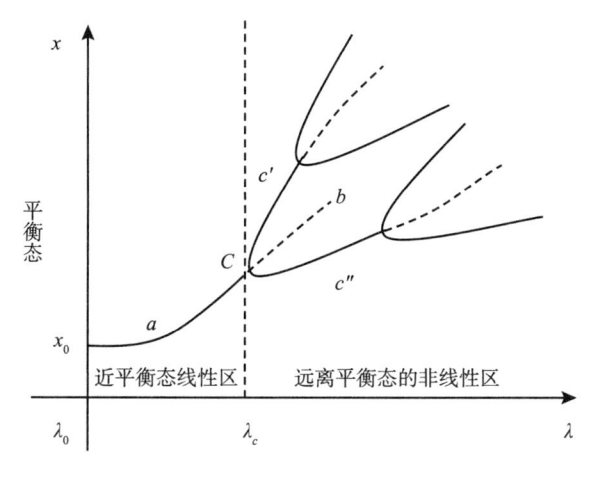

**图 3-6 知识链协同演化趋势**

从图 3-6 可以看出，在知识链的协同演化过程中，当自组织演化到达临界点 $C$ 时，知识链内部出现了分叉，将知识链的协同演化过程一分为三，即稳定的分支 $c'$ 和 $c''$，以及不稳定的分支 $b$；稳定的分支 $c'$ 和 $c''$ 持续发展又出现更多的分支，就这样长期地周而复始，形成一个树形结构。由此可见，首先，分叉意味着知识链的协同演化过程可能进入一种新的有序的稳定态，也有可能退化到一种无序的非稳定态。其次，知识链经过临界点 $C$，便出现一对具有对称性的新的有序的稳定态，知识链只要选择进入其中一个稳定态，便意味着进入一个不可逆的演化过程，原有的对称性也便消失。最后，知识链协同演化的趋势最开始是简单的线性的发展过程，到了临界点 $C$ 便开始出现分叉，随着知识链协同演化过程的继续，知识链的发展趋势又在分叉的基础上再次出现分叉，并周而复始。这一过程是一个由简单到复杂的演化过程，分叉的结构也是一种分形结构，反过来又成为度量知识链协同演化复杂程度的标准。

### 3.3.5 知识链协同演化形式：超循环

系统的自组织演化过程是从无序到有序，从低级有序到高级有序，在不同水平与层次上的循环发展。超循环理论指出，循环是分等级的，从低级到高级依次为：反应循环、催化循环、超循环。超循环就是一个循环的循环，它本身又可分为不同的等级，如基本的超循环和复合的超循环，等等①。其中，反应循环，在整体上是自我再生过程，是普通催化剂在催化过程中的循环；催化循环，在整体上是简单的自我复制过程，催化循环是比反应循环更高级的循环组织形式，只要在反应循环中存在一种中间物能够对反应本身进行催化，这个反应循环就成了催化循环；超循环，是催化循环在功能上循环耦合联系起来的循环，是一种更高级的循环，或者是说是循环中的循环，其显著特征是有整合性，允许相互竞争的子系统之间形成协同作用②。超循环系统是有等级性的循环发展系统，这个系统中的每个元素既能自我复制，又能对下一元素的产生提供催化作用，超循环系统通过组织内各个单元间的相互作用形成自组织机制，从而使系统向更高的有序状态进化。简而言之，就是简单的反应循环构成催化循环，若干催化循环又构成更高级的超循环。知识链的协同演化过程也是一个超循环的进化过程，超循环促进了知识链内部各子系统之间的协同，增加了知识链的稳定性，为实现知识链协同效应起到了积极作用。

#### 3.3.5.1 知识链的反应循环

在反应循环中，反应物通过催化剂的作用形成中间物，然后转化为生成物，最后又从生成物中分离出来回到起始状态，这样就构成了反应循环③。在知识链中，各个子系统都存在反应循环。如在核心企业中，生产部门存在生产反应循环，生产部门将采购来的原材料，投放到生产设备当中，经过生产作业和加工，生产出商品；在高等院校和科研院所中，研究团队也存在研发反应循环，研究团队将国内外有关论点，进行内部思想交流和深入研究，通过引进、消化、吸收，然后创造出新的知识；在供应商中，供应商从知识链外采购到原材料，然后根据供应链下游企业的需要，加工成下游企业生产商品所需的半成品等。如图3-7所示，描述了知识链的反应循环模型。

---

① 沈小峰，曾国屏．超循环理论的方法论问题［J］北京师范大学学报（自然科学版），1988（2）：79-84．
② 艾根 M．超循环论［M］．沈小峰，曾国屏译．上海：上海译文出版社，1990：22-30．
③ 沈小峰，曾国屏．超循环论的哲学问题［J］．中国社会科学，1989（4）：185-194．

第3章 知识链的协同演化

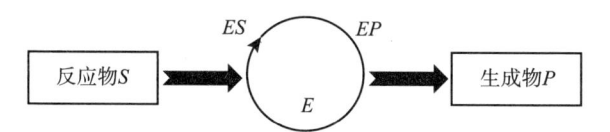

图3-7 知识链的反应循环模型

知识链的反应循环模型（见图3-7）中，$E$ 表示催化剂，$S$ 表示反应物，$ES$ 表示催化剂 $E$ 与反应物 $S$ 形成的中间物，$EP$ 表示由中间物 $ES$ 转化来的生成物，$P$ 表示由生成物 $EP$ 分离出来的产物，但是，$P$ 既可以是知识链某个反应循环的产物，又可以是其他反应循环的反应物。

#### 3.3.5.2 知识链的催化循环

催化循环是由多个反应循环组合而成的，比反应循环更高一级的循环，它要求反应循环过程中至少有一步是自催化反应，即至少有一个中间产物是自催化剂[1]。所谓自催化是指反应的产物本身又作为催化剂，加速或延缓反应物向产物变化。催化循环相当于具有新陈代谢作用和自复制的机制。在知识链中，各主体之间是具有一定联系的组织，一个组织内部的反应循环可能与其他成员组织的反应循环组合成知识链的催化循环。如，在供应商和核心企业之间，供应商从外界采购原材料，经过加工生产出核心企业所需的零件或半成品；然后，将零部件或半成品移交给核心企业进行生产，核心企业根据客户需求生产出成品；客户从市场购买核心企业生产的商品，经过使用，反馈有效意见给核心企业；核心企业从客户的反馈意见中，合理地完善和修正产品的功能或服务或者将客户的意见进一步反馈给供应商，供应商和核心企业再经过生产部门加工生产出更加符合客户需求的商品。知识链的这一催化循环组合了供应商、核心企业和客户的反应循环。如图3-8所示，描述了知识链的催化循环模型。

知识链的催化循环模型（见图3-8）中，$F_1$、$F_2$、$F_3$……$F_n$ 表示 $n$ 个知识链反应循环，每个反应循环内的字母表示的含义同图3-7，但是，其中 $P$ 表示某一反应循环的生成物，但是同时它又是连接下一个反应循环的反应物 $S$，由此可得，$S_n = P_{(n-1)}$。若用 $I$ 表示知识链的催化循环，则可以得到知识链催化循环的表达式：$I = F_1 + F_2 + F_3 + \cdots + F_n$。

#### 3.3.5.3 知识链的超循环

知识链的超循环又叫催化超循环，是指由催化循环在功能上循环耦合联系起来的循环，即催化超循环。在超循环组织中，每一个组元既能自复制，又能催化下一个组元的

---

[1] 沈小峰，曾国屏. 超循环论的哲学问题 [J]. 中国社会科学，1989（4）：185-194.

自复制[①]。知识链内部各子系统的各催化循环在功能上耦合起来，在自复制的同时又提供相互的催化支持，从而形成知识链的超循环。如图 3-9 所示，描述了知识链的超循环模型。

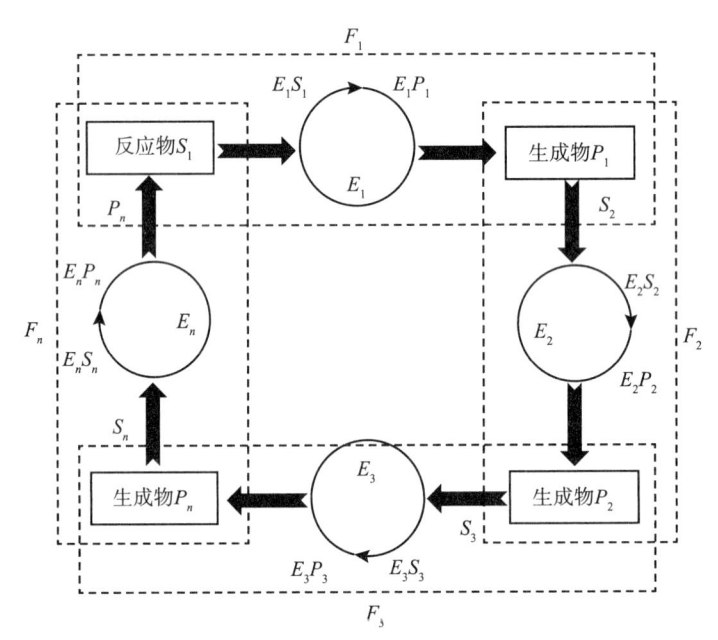

**图 3-8　知识链的催化循环模型**

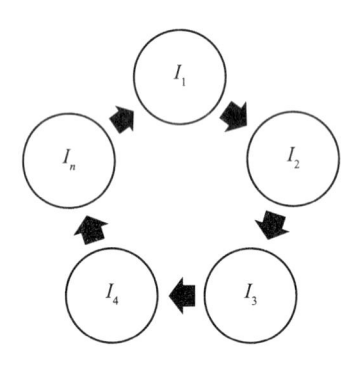

**图 3-9　知识链的超循环模型**

图 3-9 中，$I_1$、$I_2$、$I_3$、$I_4$……$I_n$ 表示 $n$ 个知识链的催化循环，$n$ 个催化循环又构成了一个知识链超循环。若用 $O$ 表示知识链的超循环，那么可得知识链的超循环的表达

---

① 沈小峰，曾国屏. 超循环论的哲学问题 [J]. 中国社会科学，1989（4）：185-194.

式：$O = I_1 + I_2 + I_3 + I_4 + \cdots + I_n$。

综上所述，根据自组织系统理论，可以将系统协同深化概括为：在开放的、远离平衡态的和有外接物质、能量、信息的非特定输入输出的条件下，系统以其内部子系统之间的非线性相互作用为动力，即以其子系统之间的竞争和协同为动力，同时受到内外涨落的随机启动，产生出集体运动的协同效应，其协同关联所产生的"序参量"（即集体运动的基本模式）又进一步支配了系统内各子系统的竞争和协同，从而使系统走入循环、交叉作用并关联于放大的循环链圈之中，于是，通过这种有效利用物质、能量和信息的循环过程，系统便经历多种突变、渐变从无序跃变为有序或使有序程度进一步得以提高；于是，系统便从混沌（平衡态）走向有序，又进一步演化为包含有序结构的非平衡混沌；于是，呈现在人们面前的，便是一幅系统从简单到复杂、从无序到有序、从低级到高级的自然演化的图景。

# 第 4 章

# 知识链的协同效应形成机理

知识链协同效应的形成机理是揭示知识链协同效应形成过程的规律和原理。本章分析了协同效应形成的过程,探索跨(多)组织联合体协同效应形成机理的共性特征,通过结合知识链的个性特征,构建知识链协同效应形成的机理框架。

## 4.1 协同效应形成的过程

协同效应的形成过程实质上是系统内部子系统和要素协同的过程,这一过程是将原来无序的系统向有序的方向发展,最终使得系统的整体效用大于各子系统的效用之和。从协同效应形成机理的研究方向出发,目前有关协同效应形成机理的研究主要集中在组织内部和跨组织联合体内部。

(1) 组织内部协同效应形成机理。这一层面的研究是把组织看成一个复杂的系统,分析组织内部构成要素,以及组织与要素之间的相互关系,将组织内部的各要素协同起来实现组织的协同效应。如克拉克和布伦南(Clarke & Brennan,1990)认为考察一个公司内的协同关系,可以从产品市场协同、资源协同、客户协同和技术协同入手[1]。朱正萱(1999)认为企业创造的"协同效应"可以按照企业经营的三个层次划分为:生产经营协同、管理经营协同和资本经营协同[2]。应可福和薛恒新(2004)从协同学的角度,分析了企业集团管理中的协同效应,包括组织协同、财务协同、资产协同、信息协同、管理协同、业务协同、技术协同[3]。任红亚和杜宏巍等(2005)将协同效应划分为

---

[1] Clarke C J, Brennan K. Build Synergy in the Diversified Business [J]. Long Range Planning, 1990, 23 (2): 9-16.
[2] 朱正萱. 企业集团与"协同效应"[J]. 南京理工大学学报:社会科学版, 1999, 12 (4): 66-69.
[3] 应可福,薛恒新. 企业集团管理中的协同效应研究[J]. 华东经济管理, 2004, 18 (5): 135-138.

两大类：一类是以人力资源协同、财务资源协同、销售渠道协同、采购渠道协同和生产设备协同为主的有形资产的协同效应；另一类是以品牌协同、信息协同、知识协同和制度协同为主的无形资产的协同效应[①]。毛克宇和杜纲（2006）将企业协同效应机理划分为五类：知识协同、资源协同、制度协同、流程协同和关系协同[②]。组织内部协同效应形成机理依赖于组织活动的协同和要素的支持，基于与组织发展有密切关系的活动或要素，学者们研究了独立组织的协同效应形成机理，包括组织的采购、生产、经营、财务、业务、销售等组织生产经营活动协同，以及资源、信息、资本、技术、客户和市场等要素协同。因此，就组织内部协同效应形成机理而言，组织生产经营活动的过程也是管理的过程，故此可以将企业的组织活动协同看作是管理协同，将与组织协同效应有关的要素看作是要素协同。

（2）跨组织联合体的协同效应形成机理。这一层面的协同效应形成机理研究主要研究对象为集群企业、虚拟企业、敏捷企业、供应链组织、战略联盟等跨（多）组织联合体，这类联合体一般由多个组织构成，每个组织是独立的系统，各独立系统所在行业、性质、文化观念、组织结构等不相同，使得内部子系统之间相互作用复杂，协同难度较大，联合体的协同效应实现较为困难。鉴于跨（多）组织联合体协同效应的特殊性和复杂性，学者们从联合体的特点出发，探索了不同联合体协同效应形成机理的研究。如巴尼（Barney，1991）从企业资源角度将协同效应划分为战略协同、文化协同、人力资源协同、供应链协同和财务协同五个方面[③]。杜马（Douma，2000）认为联盟成员协同的成功需要战略协同、组织协同、人员协同、文化协同和管理协同五个方面的良好协同[④]。周和荣和李海婴（2003）研究了敏捷企业的协同效应形成的机理，认为敏捷企业协同效应的形成应该采取战略协同、资源协同、组织协同、创新协同、采购协同、设计协同、生产协同和营销协同八项基础协同，并制定相应的协同机制实现敏捷企业的协同效应[⑤]。陈甲华和邹树梁等（2005）认为战略联盟协同效应的形成机理包括采购协同、基础设施协同、技术协同、生产协同和市场协同[⑥]。李玲鞠（2006）认为，供应链

---

[①] 任红亚，杜宏巍，高翔. 协同战略的测度与实施 [J]. 理论探讨，2005（3）：101-105.
[②] 毛克宇，杜纲. 基于协同产品商务的企业协同能力及其评价模型 [J]. 内蒙古农业大学学报：社会科学版，2006（2）：165-167.
[③] Barney J. Firm Resources and Sustained Competitive Advantage [J]. Journal of Management，1991，17（1）：99-120.
[④] Douma MU. Strategicallianees: Managingthedynamiesoffit [J]，Long Range Planning，2000（33）：579-598.
[⑤] 周和荣，李海婴. 敏捷企业协同模型及机理研究 [J]. 武汉理工大学学报：信息与管理工程版，2003，25（6）：148-152.
[⑥] 陈甲华，邹树梁，刘兵，等. 基于价值链的战略联盟协同效应评价指标体系与模糊综合评价 [J]. 南华大学学报：社会科学版，2005，6（3）：46-49.

管理信息系统的协同效应形成，包括管理协同、财务协同、信息协同和业务协同等，并提出了供应链系统中信息协同的风险控制机制[1]。李辉和张旭明（2006）认为集群企业从分工协同、制度协同、集聚协同和竞争协同等四方面形成协同效应[2]。魏世红和谭开明（2007）从系统协同效应的视角，认为通过资源协同、制度协同、集聚协同和竞争与协作协同共同作用，以及制定协同机制，以实现集群协同效应[3]。王鹏和汪波（2012）认为，协同模式中的资源、管理、组织和文化等四要素的协同是协同效应形成的核心要素，并从外激力和自发力两方面制定了协同机制，促进协同效应的实现[4]。王举颖和赵全超（2013）认为，中小企业集群协同效应的形成经历"信息协同—资源协同—能力协同—战略协同"演进四阶段[5]。

从研究内容来看，跨（多）组织联合体的协同效应形成机理主要集中在战略协同、文化协同、资源（人力资源、财务、信息、技术等）协同、组织协同、管理（采购、设计、生产、营销、业务、制度、流程等）协同，等等；以及促进协同效应形成的协同机制。从研究目的来看，学者们这样划分协同效应类型的目的是将内部各个子系统和要素协同起来，并制定相应的协同机制，以推动跨（多）组织联合体的协同效应形成。跨（多）组织联合体的子系统是构成联合体的各个主体，那么，各子系统的协同则为主体协同，可以通过战略协同、文化协同、组织协同、管理（采购、设计、生产、营销、业务、制度、流程等）协同等实现主体协同；各要素的协同，即资源协同，包括知识、人力资源、资本、信息、技术等资源协同；另外，协同效应的实现离不开机制的支撑，可以通过制定各种协同机制共同作用于主体协同和要素协同过程，以加快和推动协同效应的形成。因此，可以将跨（多）组织联合体的协同效应形成机理归纳为主体协同、机制协同和资源协同。其中，主体协同的目的是通过战略协同、文化协同、管理协同和组织协同等，将跨组织联合体的构成主体协同起来，共同实现联合体的目标；机制协同的目的是通过制定协同机制，为促进联合体的协同提供动力支撑；资源协同的目的是为联合体的有序运行提供资源保障。由此，跨（多）组织联合体的协同效应形成机理则可以描述为：在机制协同和资源协同的支撑和保障下，促进联合体主体协同，从而使联合体从无序走向有序，最后形成整体效益大于各部分效应之和的协同效应。如图4-1所示。

---

[1] 李玲鞠. 供应链管理信息系统中的信息协同效应分析 [J]. 情报科学, 2006, 24 (1): 100-103, 118.
[2] 李辉, 张旭明. 产业集群的协同效应研究 [J]. 吉林大学社会科学学报, 2006, 46 (3): 43-50.
[3] 魏世红, 谭开明. 高新技术产业集群协同效应分析 [J]. 中国科技论坛, 2007 (5): 71-74.
[4] 王鹏, 汪波. 协同战略的实现机制研究 [J]. 山东社会科学, 2012 (3): 167-170.
[5] 王举颖, 赵全超. 基于IRCS-ANP的中小企业集群协同效应测度研究 [J]. 山东大学学报：哲学社会科学版, 2013 (3): 102-107.

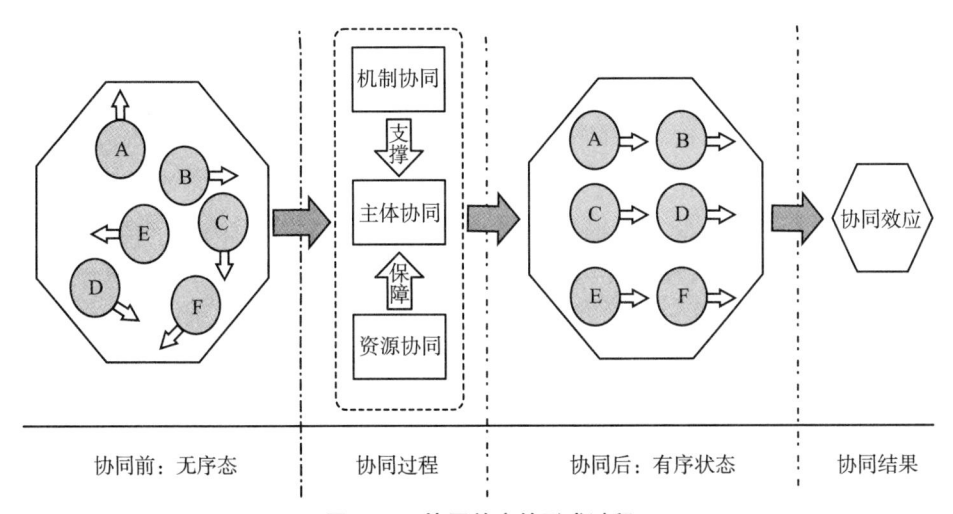

图 4-1 协同效应的形成过程

克劳修斯的热力学第二定律中熵定律认为，系统的能量沿着不断衰减的方向不可逆地转化。系统发展的过程也是一个熵增效的过程，当系统内部各要素之间的协调发生障碍时，或者由于环境对系统的不可控输入达到一定程度时，系统就很难继续围绕目标进行控制，从而在功能上表现出某种程度的紊乱，表现出有序性减弱，无序性增加[1]。任佩瑜等（2001）将熵定律和熵增效应引入到管理学，解释组织结构中管理效率递减规律，并提出了管理熵的概念，管理熵是指任何一种管理的组织、制度、政策、方法等，在相对封闭的组织运动过程中，总呈现出有效能量逐渐减少，而无效能量不断增加的一个不可逆的过程[2]。由此可见，图 4-1 中，跨组织联合体的协同效应形成之前系统是处于混乱、无规则运动的，经过主体协同、机制协同和资源协同过程后，系统由原来的无序变为有序运行，最后实现联合体的协同效应。其中，跨组织联合体的协同过程是联合体协同效应机理形成的过程，这一过程展现了跨组织联合体协同效应形成机理的相互作用，以及对协同效应形成做出的贡献。

## 4.2 知识链的协同效应形成机理框架

知识链属于跨组织联合体的范畴，其协同效应形成机理与跨组织联合体协同效应形

---

[1] ［美］杰里米·里夫金，特德·霍华德. 熵：一种新的世界观 [M]. 上海：上海译文出版社，1987.
[2] 任佩瑜，张莉，宋勇. 基于复杂性科学的管理熵、管理耗散结构理论及其在企业组织与决策中的作用 [J]. 管理世界，2001（6）：142-147.

成机理相似，但是，由于知识链有其特殊的性质，其协同效应形成机理又有特殊性。结合跨（多）组织联合协同效应的形成机理共性和知识链的特殊性，将知识链协同效应形成机理描述为：主体协同、机制协同和知识协同。其中，主体协同是知识链协同效应形成的基础，本章通过知识链主体之间的战略协同、组织协同、管理协同和文化协同实现知识链的主体协同；机制是维持知识链健康运行和知识链主体相互关系的动力和支撑，知识链的机制协同是促进知识链主体协同和协同效应形成的动力和支撑，本章通过建立知识链之间的相互信任机制、激励约束机制、冲突解决机制和风险防范机制等四维机制，实现知识链的机制协同；知识链是由知识流动而形成，在知识链所有资源要素中，知识是知识链最主要和最关键的资源，因此，在协同效应形成机理中，资源协同在知识链中主要表现为知识协同，通过识别知识协同机会、知识流动、交互学习、知识共享和知识创造协同实现知识链的知识协同。因此，通过知识链主体协同、机制协同和知识协同实现知识链的协同效应（见图4-2）。

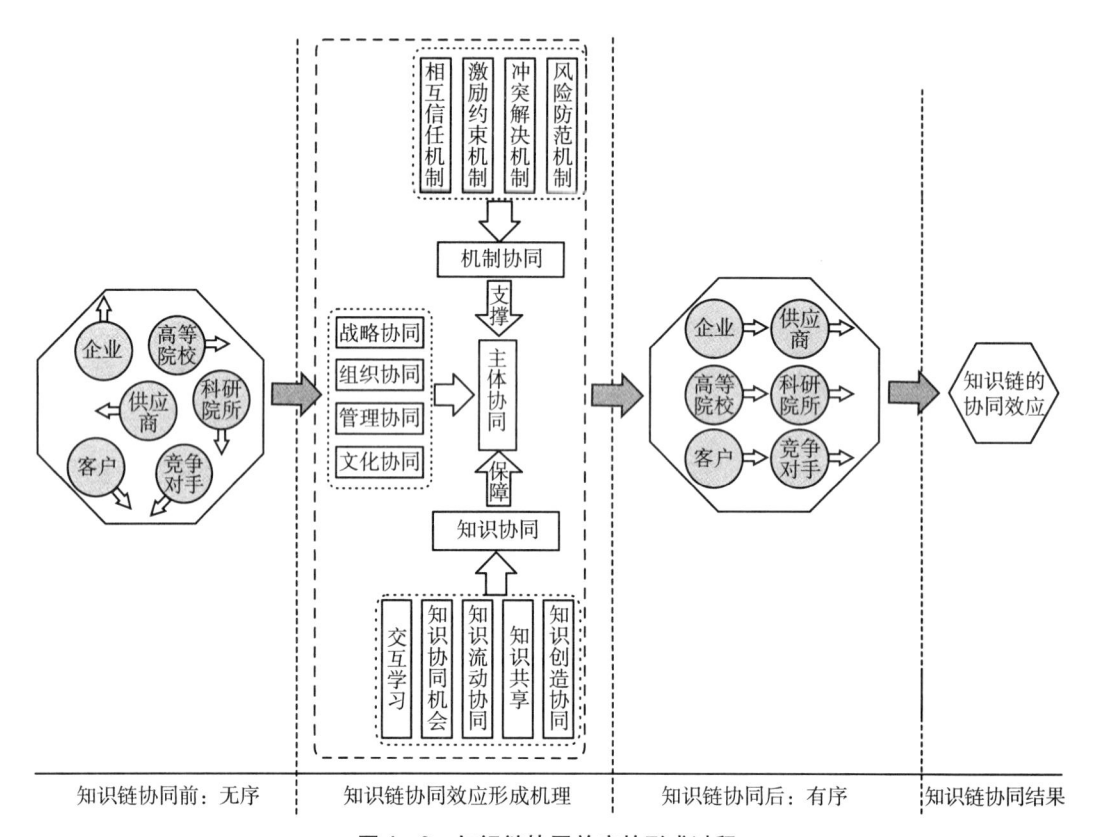

图4-2 知识链协同效应的形成过程

具体来讲：

（1）知识链的构成主体是系统运行的骨架，知识链的生存和发展离不开各个构成主体。知识链的协同效应是由知识链内部各主体的相互非线性作用促进知识链由无序向有序，从低级有序向高级有序发展，最终使得系统的整体功能大于各子系统功能之和，知识链主体协同在知识链协同效应形成过程中起到了积极的重要作用。因此，知识链的主体协同是知识链协同效应形成的基础，是知识链协同效应的主要形成力量。

但是，由于知识链是由不同类型、不同文化、不同管理方式、不同组织结构的主体构成，这加大了主体之间协同的难度，为了促进知识链主体协同，需要从以下四个方面入手：

第一，在主体协同过程中，企业间的战略协同在竞争实践中会产生协同效应[1]。战略事关组织生存、发展和壮大，具有全局性、长期性、决定性等特点。当前，外部环境充斥着各种不确定因素和负面因子，不断地影响知识链的生存和发展，导致知识链效率逐渐递减，知识链内部出现不可逆的无序运动，严重阻碍了知识链的有序发展。然而，战略具有目标导向性和行为指导性，可以正确地引导知识链各主体的行为，制订有助于目标实现的计划、方法和措施，维持主体行为的一致性，引导各主体沿着目标方向行事，最终实现组织的有序发展，推动组织的成长、发展和壮大。因此，知识链战略协同为知识链主体协同提供发展方向和目标。

第二，一个良好的组织结构能够保证知识、信息、物质等资源在系统内部有序的流动，这种有序性能够稳定和提升系统对资源的利用率和系统的绩效。知识链是一个跨（多）组织联合体，由于构成主体规模和性质不同，其所采用的组织结构也不同，这严重地阻碍了各主体之间的知识、物质、信息等资源要素的流动和共享，导致主体之间协同的低效率。由于各主体的组织结构是多年生产经营活动过程形成的适用于主体本身的稳定结构，进行组织结构的重组和变革需要巨大的成本。因此，知识链的组织协同并不要求各主体重组或变革自身的组织结构，而是在知识链各主体之间建立新的组织结构，这种组织结构有效地将各主体联系在一起，方便了各主体之间的知识、信息、物质等资源要素的流动，以及各主体之间的沟通和交流，为知识链协同效应的形成提供组织保障。

第三，系统的有效运行离不开管理，管理水平的高低直接影响系统的绩效。由于知识链各主体之间的文化、管理制度、战略目标等不同，影响了主体之间的沟通与交流，也容易滋生内部矛盾和冲突，增加了知识链主体协同的难度，最终导致知识链协同效率

---

[1] 彭正银，何晓峥. 企业网络组织协同竞争的理论与效应解析[J]. 现代财经，2007，27（1）：41-45.

的低下，协同效应难以形成。为此，知识链应该引入协同管理思想和方法，在统一的协同管理方法指导下，引导和协调主体之间的协同合作行为，优化配置协同资源，通过对知识链协同过程的有效管理，促进和维持知识链主体协同的有序进行。

第四，组织文化主要是指组织的精神文化，即在长期的经营活动中形成的共同持有的理想、信念、价值观、行为准则和道德规范的综合[①]。可以对员工的偏好产生影响，减少组织监督个人的成本，是对正式制度的有效补充[②]。组织文化一旦模式化后，就具有很强的稳定性和感染性，渗透到整个组织氛围中，整个组织的行为都深受组织文化的影响，并根深蒂固于组织成员心智中，成为组织成员心理结构中的基本部分，在较长时间内影响成员的价值观、情感、思想和行为。知识链各主体拥有其独特、专属的文化。在知识链知识流动过程中，由于主体之间不同的文化分歧与对立，导致了知识链主体之间文化冲突的形成，严重影响到知识链知识流动、知识共享和知识创造，破坏知识链主体之间的协同关系，阻碍知识链主体之间的协同。

（2）知识链的机制协同，也叫协同机制，是指知识链制定和实施的，以促进知识链协同效应形成的机制。知识链机制协同是知识链协同效应形成的制度化手段和方法，它不仅为知识链主体协同提供动力，而且为知识链协同效应的实现提供了保障。在整个知识链的生命周期内，知识链的组建和运行阶段是知识链管理和知识链协同过程中最关键的阶段。知识链的组建是建立在相互信任的基础上，知识链的顺利运行有赖于对知识链主体的积极性和主动性的调动，以及主体之间冲突的解决和知识链潜在风险的防范。只有知识链组建成功，运行顺利，才有知识链协同效应的实现。另外，知识链在协同演化过程中，伴随着机会主义、组织之间的冲突和运作风险等危及知识链协同效应的实现，甚至破坏知识链合作关系的各类因素。基于此，本章将从相互信任机制、激励约束机制、冲突解决机制和风险防范机制的四维角度促进知识链的机制协同，一方面为了保障知识链协同演化的顺利进行，另一方面有利于防范和解决阻碍知识链协同效应实现的各种威胁。具体来讲：

第一，信任是合作的基础，也是协同的基础。知识链主体之间的信任关系是指知识链各主体在面向未来不确定性时，彼此间的一种承诺和相互信赖，由此而产生的各方心理上认可[③]。知识链的相互信任是保证知识链良好运转的"润滑剂"。知识链成员之间的相互信任可以促进沟通和理解，避免不必要的摩擦与矛盾，降低成员之间的协调工作

---

① 宋冬英．企业文化与企业经营业绩关系探讨［J］．北京工商大学学报：社会科学版，2004，19（4）：51-54．
② 梁晓雅，卢向华．产品创新、架构变革与文化协同——基于多案例比较的电子企业可持续成长分析［J］．研究与发展管理，2010，22（3）：58-66．
③ 顾新，李久平．知识链成员之间的相互信任［J］．经济问题探索，2005（2）：37-40．

量，并促使各成员以灵活的方式相互调整彼此的合作态度和行为，树立长期导向并自觉作出具有信任性特征的行为，从而促进成员之间合作关系的发展[1]。建立知识链主体之间的相互信任机制可以降低知识链主体协同的交易费用，减少协同合作的不确定性，化解主体之间的冲突等从而促进知识链的主体协同；同时，知识链的相互信任机制可以促进知识链主体之间的交互学习，实现知识链的知识流动和知识共享等促进知识链的知识协同。

第二，各主体的协同是导致知识链协同效应形成的主要力量。但是由于理性人假设的存在，各主体的行为受到利益和需求的支配，另外，由于主体之间知识和技术投入不易观察和量化，导致知识链主体之间难免会滋生机会主义和道德风险，将主体行为引到偏离协同目标的方向。为了推进知识链协同发展和协同效应的实现，知识链需要建立激励约束机制，激励知识链主体充分发挥积极性和主动性为知识链的协同发展和协同效应的实现竭尽所能，同时采取措施约束和限制知识链主体的机会主义和道德风险，以满足知识链各主体的利益诉求，实现知识链整体利益共赢。正如钱颖一（1999）所言，激励机制就像汽车的发动机，汽车要走必须要有发动机；但是仅有发动机汽车照样也不能开上路，还必须要有刹车装置①。

第三，冲突普遍存在于我们的社会生活中，是一种广泛存在的社会现象，不仅存在于正式组织的各项活动之中，而且存在于人类社会活动的各种形式、各个层面、各个领域和所有主体之中。知识链内部各主体之间也存在冲突。所谓知识链主体之间的冲突，是指两个或两个以上的知识链主体之间，由于不相容的行为或目标所产生的矛盾积累到一定程度所表现出的一种不和谐状态②。这种不和谐的状态严重阻碍了知识链协同效应的形成，甚至会导致知识链解体。建立知识链的冲突解决机制，目的是化解各主体之间的矛盾和冲突，推动知识链的有序发展。

第四，在知识链协同过程中，除了冲突之外，风险也是难以避免的，并且处理不当会给知识链带来重大的损失，阻碍知识链协同效应的形成。知识链的风险是难以预测的，其造成的结果也无法预计，然而，面对这样的情况，知识链并不是束手无策，而是通过建立科学的风险防范机制，对风险进行评估，然后根据评估结果采取积极的应对措施，保证知识链协同效益的顺利实现。

（3）协同合作是发挥资源最大效益的方法③。在知识链中，知识是知识链协同过程

---

① 钱颖一. 激励与约束 [J]. 经济社会体制比较，1999（5）：6–12.
② 何铮，顾新. 知识链中组织之间冲突的形成与演化过程 [J]. 科技进步与对策，2009，26（18）：140–143.
③ 陈继祥，霍沛军，王忠民. 超竞争下的企业战略协同 [J]. 上海交通大学学报：社科版，2000，8（4）：86–89.

最重要和最关键的资源。知识链的协同就是发挥知识在知识链协同过程中的最大效应。因此，知识链的知识协同是知识链协同效应实现的关键内容之一。知识链的知识协同是指在知识链各主体的互相协作与配合过程中，通过整合各主体的知识资源，使知识链中知识要素的运动从无序走向有序，从差异走向协调一致，从而实现知识链的整体效益大于各部分效益之和的过程[①]。在这一过程中知识链各主体根据自身的知识需求和优势，通过一系列的知识协同机会识别、知识流动、交互学习、知识共享和知识创造等知识活动，将原来无序、无规则运动的知识要素协同起来，往一致的方向运行和发展，提高知识的获取效率，增加各主体之间的相互信任，减少知识协同带来的风险，降低知识创新的成本，促进知识链知识要素的有序发展，最终实现知识链的"共赢"。

综上所述，本章将知识链协同效应形成的机理描述为：知识链通过主体之间的战略协同、组织协同、管理协同和文化协同促进知识链主体协同；通过建立知识链的相互信任机制、激励约束机制、冲突解决机制和风险防范机制促进机制协同；通过知识协同机会识别、知识流动、交互学习、知识共享和知识创造活动促进知识链的知识协同；最后，将知识链主体协同、机制协同和知识协同统一起来，共同作用于知识链，支撑和保障知识链内部子系统和要素协同有序运行，从而实现知识链的协同效应。

---

① 吴绍波，顾新. 知识链组织之间合作的知识协同研究 [J]. 科学学与科学技术管理，2008 (8)：83 - 87.

# 第 5 章

# 知识链的主体协同

知识链由多个不同的主体构成,虽然各主体的协同目标均是为了通过知识链实现"知识投入—知识转移—知识创造"这一无限循环的过程,从而达到自身的发展目标。但不同主体在发展战略、组织结构、管理方法、主题文化等方面存在的差异,容易导致知识链在协同作用过程中形成各主体各自为政的局面,最终阻碍知识链的协同过程[①]。主体差异是影响知识链协同效应的关键因素,为了避免主体差异影响知识链协同过程中知识流、信息流、物质流的合作,需要将知识链内部各主体协同起来,最大限度地控制其主体差异所带来的影响,推进知识链产生协同效应以达到知识链知识共享和知识创造的目的。主体协同作为知识链协同效应形成的主要力量和基础,主要通过战略协同、组织协同、管理协同和文化协同共同促进知识链的主体协同。

## 5.1 战 略 协 同

知识链是一个复杂的系统,系统内部由多个不同性质的子系统构成,其复杂程度远远超过单个组织的复杂程度,其主体之间的协同难度也相对较困难。各主体在价值观、发展战略存在的差异会对各主体协同合作过程的合作机制与模式产生影响,进而影响整体的协同创新效果[②]。从效用理论视角来看,协同创新时各主体的效用在其协同创新目标与协同创新整体目标协同一致时达到最大[③]。战略协同是指组织通过战略制定确定未来发展方向、目标,组织内部根据所制定的战略将其内部不同单元有机地联系起来,确

---

① 胡园园,顾新,程强. 知识链协同效应作用机理实证研究 [J]. 科学学研究,2015,33 (4): 585-594.
② Leea K-J, Ohtab T, Kakehib K. Formal boundary spanning by industry liaison and the changing pattern of university-industry cooperative research: the case of the University of Tokyo [J]. Technology Analysis & Strategic Management. 2010, 22 (2): 189-206.
③ 杨陈. 效用理论视角的产学研协同创新机制有效性的影响因素研究 [D]. 重庆:重庆理工大学,2015.

保各单元协同行动,实现资源有效共享的协作模式①。为避免由于知识链各主体的战略不同对知识链主体协同造成严重的阻碍,各主体需要通过战略协同,解决知识链协同合作时因战略差异而出现不和谐、不合作现象,在充分考虑影响各主体的协同要素下,制定统一的协同战略、实施战略协同,以保证及时对内外部环境变化做出反应,保证主体间的战略合作关系不受破坏,保证知识链的完整性、系统性和稳定性。因此,构建知识链主体之间的战略协同体系,分析知识链战略协同形成机理和形成过程,对知识链实施有效管理,实现知识链的主体协同具有重要意义。

战略是组织应对环境变化而做出的应对性策略,是对外界环境变化的反应。战略本质上是企业与环境互动的机制,是一个高度复杂的适应性系统②。这种适应性是一种自适应性,主要表现在:当知识链所处的外部环境发生变化时,知识链的战略能够很快地感知变化,并对这些变化进行吸收和筛选,识别对知识链发展有益和有害的信息,结合知识链自身能力条件对变化做出适当的反应,保证知识链对环境的适应性,提高知识链与环境的互动,这一过程又被叫作"刺激—意识—反应"过程③。"刺激—意识—反应"模式以组织与环境的互动为出发点,描述了战略形成的过程。这也可以解释知识链主体战略协同的形成过程,如图5-1所示。知识链是一个开放的系统,不断地与外界环境进行物质、知识、信息和能量的互动,这些物质、知识、信息和能量不断地刺激着知识链,促进或阻碍知识链的发展。知识链为了自身的发展需要及时地对这些刺激进行吸收和筛选,识别其中的有益和有害物质、知识、信息和能量等,将其划分为知识链发展的动力(机会)和阻力(威胁),并在这些动力消失或变质之前,或者在阻力危及知识链生存、发展之时,迅速并合理地作出反应。其中,知识链的外界环境是知识链主体战略协同的起点和基础,吸收和筛选是知识链主体战略协同的过滤系统,知识链战略协同是对外界环境刺激做出的反应,也是该模型的终点。

战略管理的过程一般分为战略环境分析、战略制定、战略实施和战略评估四个阶段。根据战略管理的一般规律将知识链战略协同过程分为:识别协同机会、制定协同战略、实施协同战略和协同效应评价四个阶段。

协同学理论指出,复杂系统内部子系统总是存在着自发的无规则的运动,同时又受到其他子系统对它的共同作用。子系统的运行是由许多控制参量支配着,这些控制参量分为"快变量"和"慢变量",其中快变量是指在临界处阻尼大、衰减快的快弛豫参量,这类变量虽然在系统向着有序结构转变的过程中此起彼伏、活跃异常,但它们对系

---

① 冯晓青. 企业知识产权战略协同初论 [J]. 湖南社会科学, 2015 (2): 58-64.
② 张铁男, 张亚娟, 韩兵. 基于惯例的适应性企业战略机制分析 [J]. 学术交流, 2009 (9): 88-92.
③ 张铁男. 适应性企业战略管理 [M]. 北京: 中国发展出版社, 2006.

统演化的整个进程没有明显的影响；慢变量是指在临界处由于平衡状态的破坏，某种偶然的因素就会导致临界涨落，其中一个或几个变量会产生临界慢化，出现临界无阻尼现象，它们不仅不衰减，而且决定了系统相变的形式与特点，支配了其他变量的变化，推动系统走向新的有序，对系统演化的整个过程起决定作用。因此，在系统从无序走向有序的运动过程中，"慢变量"才是影响系统有序性的关键因素，于是又将"慢变量"称为系统的"序参量"，即反映系统有序程度的参量。序参量在系统的运动过程中处于主导地位，它决定了系统的协同演化。由此推论：协同的过程也是序参量产生的过程。知识链战略协同的过程也可以解释为知识链战略协同"刺激—意识—反应"过程中序参量的产生过程，如图5-2所示。

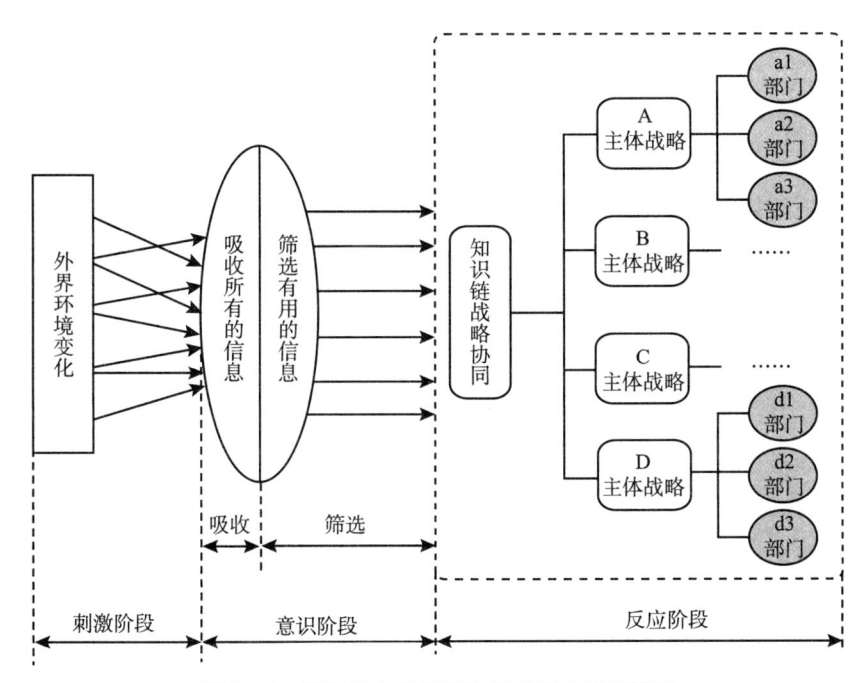

图 5-1　知识链主体战略协同的形成机理模型

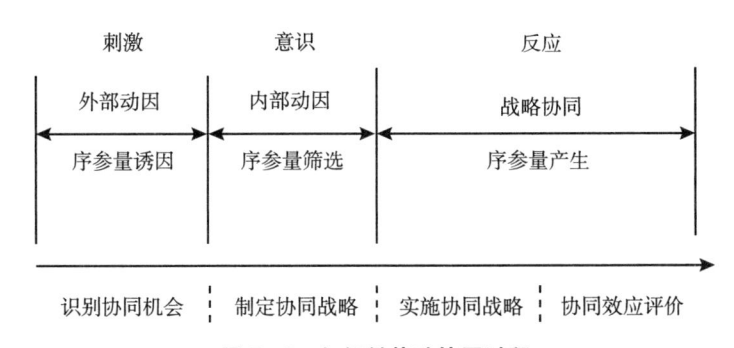

图 5-2　知识链战略协同过程

### 5.1.1 识别战略协同机会

识别协同机会是战略协同过程的开端,正确识别知识链战略协同的机会是正确制定知识链协同战略的基础和外部动因。知识链所处的外界环境中包含了有益和有害的刺激,其中有益的刺激可能是有利于知识链健康发展的机会,有害的刺激可能是阻碍知识链发展的威胁。识别协同机会意味着知识链主体要在众多的外界环境刺激中准确地识别出其中有利于知识链发展的因素,同时,也要准确识别出阻碍知识链发展的不利因素,以抓住机会避免威胁。

知识链协同机会的识别具体操作可以采用战略环境分析矩阵中的外部因素评价矩阵(external factor evaluation matrix,EFE 矩阵),以准确找出知识链的外部机会与威胁。具体步骤为:第一,确定关键因素。综合分析知识链所处的政治、经济、物质、技术、社会、国家、世界等外界环境,并从中确认 10~20 个影响知识链发展的外部因素。第二,赋予权重。依据外部影响对知识链发展的重要程度,赋予每个因素权重,其数值由 0.0(不重要)至 1.0(非常重要)。其中,机会往往比威胁得到更高的权重,但是,当威胁因素严重威胁到知识链的生存、发展时,也可得到较高的权重。第三,关键因素打分。按照知识链现行战略对各个关键因素的有效程度,为关键因素打分,打分范围为 1~4 分。其中,4 分代表反应很好,3 分代表反应超平均水平,2 分代表反应为平均水平,1 分代表反应很差。评分反映了现行知识链战略的有效性,是以该知识链运行情况为基准,赋权重是以知识链所处的行业情况为基准。第四,计算关键因素加权分数。用每个因素得到的权重乘以它的得分,即可得到每个关键因素的加权分数。第五,计算总加权分数。将所有因素的加权分数相加,得到知识链的总加权分数。无论矩阵中包含了多少因素,总加权分数的范围都是从最低的 1.0 到最高的 4.0,如果分数高于 2.5 则说明知识链对外部影响因素能做出有效反应。需要特别指出的是,所列因素个数不影响总加权分数的范围,总和永远等于 1。

### 5.1.2 制定协同战略

制定协同战略是知识链战略协同的第二个阶段,也是战略协同形成的意识阶段,在这一阶段中,知识链对外界环境中的刺激进行吸收和筛选,将外界环境对知识链的刺激通过识别分为机会和威胁,然后根据自身的能力(优势和劣势),合理地制定协同战略方案。这一阶段的主要目的是分析自身的优劣势,结合第一阶段对外界环境的分析,制定出有利于知识链主体协同的协同战略。

知识链的内部分析是制定知识链协同战略的内部动因，寻找内部动因的具体操作可以采用环境分析矩阵中的内部因素评价矩阵（Internal Factor Evaluation Matrix，IFE 矩阵）。具体步骤为：第一，分析知识链自身的优势和劣势。从知识、物质、技术、信息、资金和人力等方面确定自身的优势和劣势。第二，赋予权重。依据自身优劣势对知识链发展的重要程度，赋予每个因素权重，其数值由 0.0（不重要）至 1.0（非常重要）。其中，优势往往比劣势得到更高的权重，但是，当劣势因素严重阻碍到知识链协同效应实现时，也可得到较高的权重。第三，关键因素打分。按照知识链现行战略对各个内部因素的有效程度打分，关键因素打分范围为 1~4 分。其中，4 分代表非常重要，3 分代表相当重要，2 分代表一般重要，1 分代表不重要。评分反映了现行知识链战略的有效性，是以该知识链运行情况为基准，赋权重是以知识链所处的行业情况为基准。第四，计算关键因素加权分数。第五，计算总加权分数。如果分数高于 2.5 则说明内部因素对知识链的发展具有重要影响。

SWOT 分析是组织战略制定和环境分析等应用比较广泛的战略管理理论，于 20 世纪 80 年代由旧金山大学海因茨·韦里克（Heinz Weihrich）教授创立，是集合了能力学派的企业资源能力观和安德鲁斯与迈克尔·波特教授的产业竞争理论而形成的结构化的平衡系统分析体系。其主要作用是分析企业所处环境带来的机会（Opportunities）和威胁（Threats），以及企业自身内部条件和能力的优势（Strengths）及弱点（Weaknesses），通过组合排列形成四种战略方案，企业综合考虑内外关键因素进行战略选择。

根据知识链 EFE 矩阵和 IFE 矩阵，确定制定知识链协同战略的内外因素，利用 SWOT 分析矩阵制定知识链协同战略方案。从 SWOT 分析矩阵中可以得出四种战略组合，如图 5-3 所示：机会与优势的战略组合——SO 战略（利用自身优势把握住机会）、

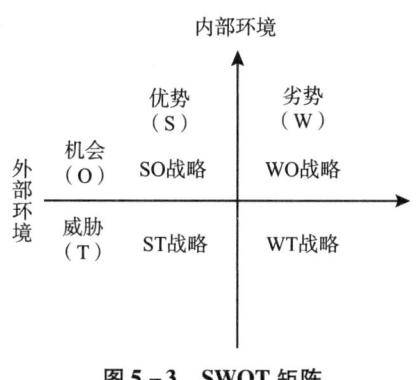

图 5-3 SWOT 矩阵

机会与劣势的战略组合——WO 战略（尽量避免劣势，做短暂的投资）、威胁与优势的战略组合——ST 战略（回避威胁，发挥自身优势）、和威胁与劣势的战略组合——WT 战略（放弃，不做任何行动）。当机会来临时，如果自身具有驾驭机会的优势时，适合选择 SO 战略，反之，选择 WO 战略；当面临外界环境带来的威胁时，如果自身具有驾驭威胁的优势时，适合选择 ST 战略，反之，选择 WT 战略。

### 5.1.3 实施协同战略

知识链战略协同的反应阶段是知识链战略协同形成的最后阶段，是知识链对外界环境变化做出应对策略的阶段。这一阶段包括知识链协同战略的实施和知识链战略协同效应的评价。

知识链实施协同战略是实现知识链战略协同的关键环节，知识链协同战略制定后，并不是马上就可以付诸实施，而是要经过再一次的筛选，对所列战略进行选择，选择最符合协同要求的战略实施。基于 SWOT 矩阵制定的战略，可以采用定量战略计划矩阵（Quantitative Strategic Planning Matrix，QSPM 矩阵）对协同战略进行选择。具体步骤为：第一，首先在 QSPM 矩阵中列出影响知识链的外部机会与威胁和内部优势与劣势。这些信息都可以直接从 EFE 矩阵和 IFE 矩阵中获得。QSPM 矩阵中应该至少包括 10 个外部关键因素和 10 个内部关键因素。第二，给每个外部关键因素和内部关键因素赋予权重，这些权重应该与 EFE 矩阵和 IFE 矩阵的权重相同。第三，考察战略分析阶段各矩阵并确认知识链可考虑实施的备选战略。第四，确定吸引力分数（Attractiveness Score，AS），即用数值表示每个战略的相对吸引力。这是内外关键因素对各战略相对于其他战略的吸引力评分，吸引力的评分范围分为四个等级：4 分表示该战略很有吸引力，3 分表示该战略有相当吸引力，2 分表示该战略有一些吸引力，1 分表示该战略没有吸引力。如果上述问题的回答是否定的，则说明该关键因素对待定战略的选择没有影响，那么就不给改组战略以吸引力分数，用"——"（破折号）表示关键因素并不影响所进行的选择。第五，计算吸引力总分（Total Attractiveness Score，TAS）。吸引力总分等于步骤二获得的权重乘以步骤四获得的吸引力分数。TAS 表示对相邻外部或内部关键因素而言，各备选战略的相对吸引力，TAS 越高，战略的吸引力就越大。需要强调的是，TAS 只考虑相邻关键因素。第六，计算吸引力总分和（Sun Total Attractiveness Score，STAS）。吸引力总分和是 QSPM 矩阵中各战略的吸引力总分相加的结果。吸引力总分和表明了在各组供选择的战略中，哪一种战略最具有吸引力。分数越高，说明战略的吸引力越强。各备选战略组中各战略吸引力"总分和之差"表明了各战略相对于其他战略的可取性。

确定协同战略方案后，就要付诸实施。在知识链协同战略的实施过程中，需要采取一些必要的措施保障知识链协同战略的顺利实施。根据战略实施八项任务[①]，制定了知识链协同战略实施的八项任务：第一，在组织结构上，建立一个与协同战略相匹配的协同化组织，有利于组织成员之间的协同作业，保障协同战略的顺利实现。第二，在资源配置上，保证有足够的知识、物质、信息和能量资源投入对知识链协同战略实施至关重要的价值链活动中，支持知识链协同战略的实施，为知识链协同战略的运行提供充足的动力。第三，在政策配套上，制定系列支持战略实施的相关政策，推动知识链协同战略的顺利实施。第四，从技术支持上，依靠先进的信息科学技术和互联网技术，建立知识链协同战略实施的技术和信息系统，在技术上给予支持。第五，在生产运作上，面向市场，持续改进知识链主体的生产技术和运作模式，实时监控生产运作的流程，必要时进行流程改造和结构重组，不断提高价值链各个环节的生产和运作水平。第六，在考核制度上，建立与战略目标相适宜的绩效考核指标和业绩考核制度，完善知识链主体的激励机制和薪酬制度，充分激励知识链主体成员的积极性和主动性，为知识链协同战略的实施注入活力。第七，在文化塑造上，塑造一种"和谐一致，协同合作"的工作环境和企业文化，不断将这种协同文化根植于知识链成员内，为知识链协同战略的实施提供良好的软环境。第八，在战略指挥上，知识链协同战略的实现离不开一个科学的领导，积极发挥知识链主体的战略领导作用，合理运用权力指导下属为实现协同战略目标而努力，不断提高知识链协同战略实施的水平，促进知识链上下协同一致实现知识链协同效应。

### 5.1.4 评估战略协同效应

知识链战略协同效应的评价是知识链战略协同过程的最后阶段，其主要任务是采用科学的评价工具或方法，对知识链战略协同过程和结果进行评估。从评估结论中，找出知识链战略协同过程中出现的问题和优势，为知识链的主体协同提供决策参考和建设性意见。

知识链战略协同效应评价需要遵循一定的评价原则，评价指标和评价工具。知识链战略协同效应评价一般要求遵循科学、客观、公正、可操作和普遍适用的原则，评价指标的选取一定要具有代表性、全面性、系统性和经济性，评价工具的选取一定要注重科学、公正和适用。知识链战略协同效应评价主要评价知识链主体之间的战略是否协同，

---

① 高红岩. 战略管理学 [M]. 北京：清华大学出版社，北京交通大学出版社，2007.

在这里本部分采用宋玉斌和汤海燕等（2006）推导出的协同度评价模型对知识链的战略协同效应进行评价，那么，知识链战略协同效应评价数学模型表达式为[①]：

$$D = \sqrt{C \times T} \qquad (5-1)$$

其中，$D$ 表示知识链的战略协同程度，其取值范围为 $0 \leq D \leq 1$，当 $D=0$ 时，说明知识链主体之间没有实现战略协同；当 $D=1$ 时，说明知识链主体之间的战略协同状态达到最佳；当 $0 < D < 1$ 时，$D$ 值越大说明知识链主体之间的战略协同状态越好，反之，越差。$C$ 表示知识链战略协同与环境之间的关系，知识链协同战略的制定是对外界环境变化的反应，其实施也很大程度上受到内外环境的影响；反过来，外界环境也受到知识链的影响，知识链与外部环境之间是非线性的协同作用，知识链实施协同战略过程也是不断的影响和改造外部环境的过程，因此，知识链战略协同程度 $D$ 是相对环境变化而言的，反映的是知识链战略协同与外界环境之间的互动，其数学表达可以描述为：

$$C = \left\{ f(x) \times f(y) \times f(z) \times f(m) \times f(n) \times f(k) \Big/ \left[\frac{f(x)+f(y)+f(z)+f(m)+f(n)+f(k)}{6}\right]^6 \right\}^h \qquad (5-2)$$

其中，$h$ 是调节系数（$h \geq 6$），可以证明 $0 \leq C \leq 1$；$f(x)$、$f(y)$、$f(z)$、$f(m)$、$f(n)$ 和 $f(k)$ 表示知识链的六个主要主体的效用函数，即核心企业、高等院校、科研院所、供应商、竞争对手和客户。其函数表达式为：

$$\begin{cases} f(x) = \sum_{i=1}^{p} a_i \bar{x}_i \\ f(y) = \sum_{i=1}^{p} b_i \bar{y}_i \\ f(z) = \sum_{i=1}^{p} c_i \bar{z}_i \\ f(m) = \sum_{i=1}^{p} d_i \bar{m}_i \\ f(n) = \sum_{i=1}^{p} e_i \bar{n}_i \\ f(k) = \sum_{i=1}^{p} g_i \bar{k}_i \end{cases} \qquad (5-3)$$

其中，$a_i$、$b_i$、$c_i$、$d_i$、$e_i$、$g_i$ 为主体的权重，一般来说，在所有主体中，对知识链

---

[①] 宋玉斌，汤海燕，倪才英，等. 南昌市生态环境与经济协调发展度分析评价 [J]. 环境与可持续发展，2007（1）：39-41.

战略协同具有重要影响的主体子战略的权重应该比其他主体子战略的权重系数较大,对知识链战略协同贡献较大的主体的权重也应该比其他主体的权重较大。$\bar{x}_i$、$\bar{y}_i$、$\bar{z}_i$、$\bar{m}_i$、$\bar{n}_i$、$\bar{k}_i$ 分别是 $x_i$、$y_i$、$z_i$、$m_i$、$n_i$、$k_i$ 的规范值,其计算公式为:

$$\begin{cases} \bar{x}_i = \begin{cases} x_i/\lambda_{\max x_i} \\ \lambda_{\min x_i}/x_i \end{cases} \\ \bar{y}_i = \begin{cases} y_i/\lambda_{\max y_i} \\ \lambda_{\min y_i}/y_i \end{cases} \\ \bar{z}_i = \begin{cases} z_i/\lambda_{\max z_i} \\ \lambda_{\min z_i}/z_i \end{cases} \\ \bar{m}_i = \begin{cases} m_i/\lambda_{\max m_i} \\ \lambda_{\min m_i}/x_i \end{cases} \\ \bar{n}_i = \begin{cases} n_i/\lambda_{\max n_i} \\ \lambda_{\min n_i}/n_i \end{cases} \\ \bar{k}_i = \begin{cases} k_i/\lambda_{\max k_i} \\ \lambda_{\min k_i}/k_i \end{cases} \end{cases} \quad (5-4)$$

其中,$\lambda_{\max}$ 和 $\lambda_{\min}$ 是相应指标的标准值,$\lambda_{\max}$ 取最大标准值,相应变量的取值越大越好;$\lambda_{\min}$ 取最小标准值,相应变量的取值越小越好。

知识链战略协同效应评价模型中的 $T$ 是知识链各主体战略效应的综合评价指数,其数学表达式为:

$$T = \alpha \cdot f(x) + \beta \cdot f(y) + \chi \cdot f(z) + \delta \cdot f(m) + \varepsilon \cdot f(n) + \gamma \cdot f(k) \quad (5-5)$$

其中,$\alpha$、$\beta$、$\chi$、$\delta$、$\varepsilon$ 和 $\gamma$ 为相应主体函数的权重。通过将各个指标带入模型,计算可以得到知识链战略协同效应评价结果。

知识链战略协同效应评价模型是将知识链主体的战略与知识链外界环境变化两者的协同效应进行综合评价,评价形成不同的结果,每一个结果代表知识链战略协同的效果。知识链战略协同效果可以参照由管理专家和调研企业共同制定的协同效果评价等级[1],他们将战略协同评价效果分为五个等级:优秀、良好、中级、过渡和初级。如表 5-1 所示。

---

[1] 张浩. 基于混沌理论与协同学的企业战略协同机制优化研究 [D]. 哈尔滨:哈尔滨工程大学,2009.

表 5-1　　　　　　　　　知识链战略协同评价等级

| 等级 | 评判标准 | 说明 |
| --- | --- | --- |
| 优秀 | (0.9, 1.0] | 知识链战略协同机制运行效果显著,知识链内外战略协同程度很高,协同效应很好 |
| 良好 | (0.8, 0.9] | 知识链战略协同机制运行效果良好,物质、知识、信息和能量等要素资源在知识链中得到良好配置,知识链各主体内部部门战略和知识链主体战略之间协同性明显,知识链战略协同效应较好 |
| 中级 | (0.6, 0.8] | 战略协同机制刚刚进入良性运行阶段,知识链各主体内部部门战略和知识链主体的战略之间协同性较强 |
| 过渡 | (0.4, 0.6] | 战略协同机制运行由初级阶段向良性运行阶段过渡,战略协同程度比较低,初步体现战略协同效应。知识链内外部物质、知识、信息和能量等要素资源处于重新配置之中,知识链各主体内部部门战略和知识链主体战略相互之间的关系也处于调整之中 |
| 初级 | [0.0, 0.4] | 战略协同机制运行处于初级阶段,战略协同程度很低,战略协同效应不明显 |

知识链将评价结果对照等级表,可以判断知识链战略协同的程度,并根据结果优化配置物质、知识、信息和能量等,调整知识链战略与各主体、各部门之间的战略,保证知识链战略协同的实现,从而促进知识链主体协同。

## 5.2　组织协同[①]

对于庞大、复杂的协同创新而言,各主体任务分工越细,参与协调创新的成员越多,协同创新的效率就越高[②]。在知识链组织内部构建起一个为各主体进行协调、联系、交流的组织结构,以合理分配资源,促进主体之间协同合作,其本质是为实现知识链协同效应而采取的一种在职务、业务、责任和权力等方面形成的分工协作体系。这不仅有利于知识在知识链内的有效转移,使系统内的多个利益相关主体在解决共同问题时进行的合理的职责分配[③],同时也可以通过内部调整,协调各成员上下位置关系,以保证信息资源高效传递,优化知识链协同效应的实现[④]。知识链协同效应的实现很大程度

---

① 程强,顾新,全力.知识链的知识协同模式研究 [J].图书馆,2018 (3):44-48,67.
② 钟小斌.面向创新主体间协同创新的科研评价研究 [J].科技创业月刊,2020,33 (8):1-6.
③ 何思源,刘越男.科学数据和科研档案的管理协同:框架和路径 [J].档案学通讯,2021 (1):49-57.
④ 程强,鞠红岩,万洁.知识链战略协同对知识协同的影响研究 [J].科技管理研究,2022,42 (19):151-157.

上取决于知识链各主体组织结构的配合，组织协同的好坏可以直接影响知识链主体间的协调合作、信息交流及资源共享等。有的学者将组织协同等同于主体协同，有的则将组织协同看作是组织结构上的协同。如张新民（2012）认为，组织协同是两个或两个以上组织通过有效的组织间互动，实现整体效益增大的社会化活动[①]。这里的组织实质就是活动主体。而许庆瑞和蒋键等（2005）提出，创新要素的协同体现在技术与市场两大核心要素及战略、文化、制度、组织等支撑要素的有机匹配整合，通过复杂的非线性相互作用产生的单独所无法实现的整体协同效应。其中的组织协同就是指组织的结构与流程[②]。李玲鞠（2006）认为，组织协同是通过组织规模、组织结构以及人力等实现的[③]。许强和郑晓丹（2010）认为，组织结构的协同主要体现在有利于主体双方互动的结构特征方面，如组织结构的扁平化和灵活性等[④]。本部分所阐述的组织协同也是从组织结构上讲的，目的是构建一个协同性组织结构以促进知识链主体协同。

知识链组织主要由核心企业、高等院校、科研院所、供应商和客户，甚至是竞争对手组成，这些被称为知识链的主体或成员。在这些主体中，核心企业与高等院校、科研院所、竞争对手构成了产学研联盟组织；同时，核心企业又与供应商、客户构成供应链组织。由此可以看出，知识链是产学研组织和供应链组织的集合体，知识链组织协同形成的基础在于知识链中产学研组织协同和供应链组织协同。其中，知识链中的产学研组织是知识链组织的纵向协同，知识链中的供应链组织是知识链组织的横向协同，纵横交叉便形成了知识链组织协同，即知识链组织协同 = 产学研组织协同 + 供应链组织协同。如图 5-4 所示。

知识链组织协同拓宽了产学研和供应链组织的边界，加速了物质、知识、信息和能量等在异质性组织之间的流动和传输，实现了知识在主体之间的共享。同时，通过组织协同，模糊了知识链中产学研和供应链组织的边界，形成了新的知识链组织协同边界，使得产学研和供应链中的嵌入性资源、专有性资源和隐性知识突破原有的组织边界进入到新的组织边界中，促进了知识链的知识共享，同时这些资源和知识与知识链创新要素结合时，又可以增加知识链知识创造的机会。

---

① 张新民. 社会网络、组织协同与价值创造——基于组织间制度距离的视角 [J]. 天津商业大学学报，2012，32（5）：9-14.
② 许庆瑞，蒋键，郑刚. 各创新要素全面协调程度与企业特质的关系实证研究 [J]. 研究与发展管理，2005，17（3）：16-21.
③ 李玲鞠. 供应链管理信息系统中的信息协同效应分析 [J]. 情报科学，2006，24（1）：100-103，118.
④ 许强，郑晓丹. 母子公司组织协同、知识协同与创新绩效的关系研究 [J]. 科技进步与对策，2010，27（16）：143-146.

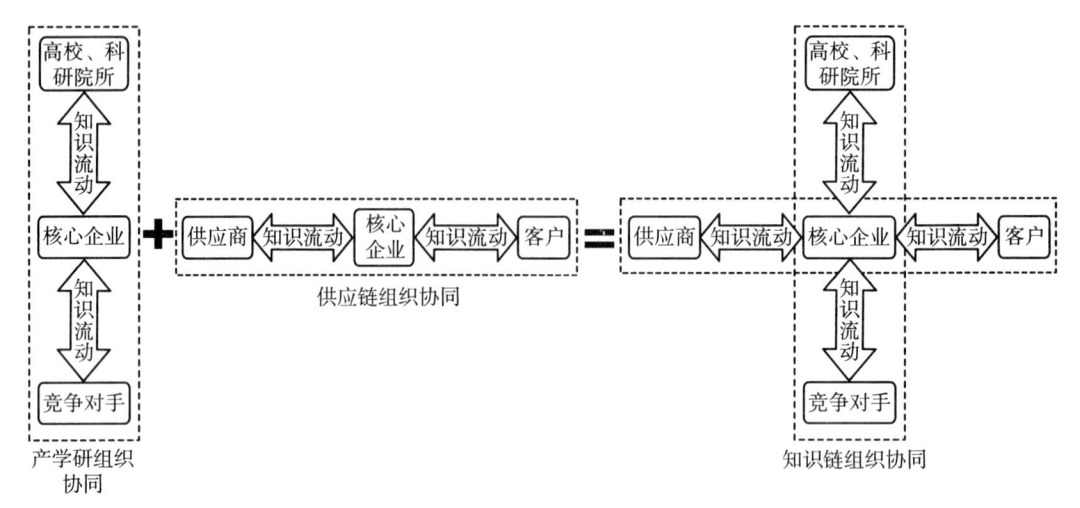

图 5-4 知识链组织协同形成机理

知识链组织协同是产学研组织协同和供应链组织协同的混合模式。结合产学研组织协同模式和供应链组织协同模式，又可以将知识链组织协同模式划分为实体组织协同模式和虚拟组织协同模式。由此，知识链可以根据自己的具体情况选择协同模式，从而促进组织协同。

## 5.2.1 基于产学研的组织协同模式

产学研主要由企业、高等院校和科研院所等主体构成，各主体之间知识互补，各自发挥自身知识优势，协同合作，相互配合，形成强大的集研究、开发、生产一体化的先进系统。其中，企业是产学研的核心，以市场需求为导向，是知识和技术的需求方，同时也是产学研的商品生产系统和知识应用系统；高等院校和科研院所是产学研的动力支撑，以企业需求为导向，为企业提供知识和技术，是产学研的知识、技术生产系统和商品研发辅助系统。产学研是知识链的组成部分，各主体的功能类似。

产学研的组织协同模式较多，主要包括：知识（技术）转移转让、知识（技术）联合开发攻关、共建研发机构或实验室、共建经营实体、共建知识（技术）共享平台等，典型的有产学研合作研究中心（CRC）、产学研工程研究合作中心（ERC）、产学合作研发中心（IUCRC）、孵化器、科技园、技术工业园、产学研共建研发中心、共建实验室、国家计划项目合作、技术转移办公室（TTOs）、大学科技园、国家工程（技术）研究中心、技术服务平台、国家科技项目联合重大攻关项目等。这些知识协同模式以企业为主导，高等院校、科研院所或者其他中介机构协同发展，利用各主体的专业优势和学科优势致力于共同开发产业共性技术和关键技术,克服了传统产学研中的个人行为和非正式行为,促进知识协同模式正式化、规范化和官方化,大大提高了知识协同效率,创造出突破性、跨学科、探索性的合作研究项目,推动知识创新,实现知识增值,实现经济效益和社会效益多赢。

### 5.2.2 基于供应链的组织协同模式

供应链是由上下游企业和客户共同构成的链式结构。在知识链组织结构中,知识资源随着上下游企业和客户的互动而进行流动、扩散与共享。其中,供应商是供应链的上游企业,为核心企业提供原材料或半成品;核心企业是供应链的下游企业,主要负责对原材料和半成品进行生产、加工成商品;客户是供应链的终端,由核心企业生产出来的产品销售到顾客手里,完成整个商品的原料采购、生产、销售的过程。供应链组织虽然主要是以物质资源的运转为主要手段,但是知识资源是物质资料的附加成分,通过供应链运作传输到整个知识链,促进知识流动和共享,推动知识协同,最终形成协同效应。

实现供应链的组织协同要求建立通畅的组织间沟通交流渠道,加强组织之间的相互交流与学习,树立"共赢"意识,营造有利于组织协同的平台和环境,建立促进供应链组织协同的机制和政策体系,设计一个利于供应链组织协同的流程等。

实现供应链的组织协同主要由三个层次的协同作为保障:信息层面的协同、流程层面的协同及组织层面的协同。第一,信息层面的协同。在供应链内部充斥着各类信息,如供应商的库存信息、发货信息、出库信息和收货信息等;生产企业的商品生产工艺信息、制造流程信息、顾客反馈信息、市场需求信息等,保证这些信息的准确获取和传递是实现供应链信息协同的基本要求。供应链主体可以通过采用电子网络或计算机软件系统,如采购管理系统（PMS）、供应与库存管理系统（IMS）、销售管理系统（SMS）、应收应付管理系统（PRS）、客户关系管理系统（CRMS）、生产计划管理系统（MPS）、车间生产管理系统（EMS）、财务管理系统（FMS）、物流与配送管理系统、供应商关系管理系统（SRM）等,搭建协同信息平台实现供应链信息协同。第二,供应链组织流程层面的协同。流程层面的协同是以信息协同为基础的,通过任务协作流程,将各个具有不同业务的异质性主体连接到一起,打破主体之间的分割和业务界限,将封装在主体职责内的业务流程和功能进行解冻,以供应链组织的总目标为导向,将总目标凌驾于各主体业务流程之中,进行跨主体业务流程改造和重组,构建一个灵活、柔性,上下和谐一致的组织结构,实现主体之间的无缝对接,最终实现供应链的知识协同。第三,供应链组织层面的协同。供应链以信息协同为基础,以流程协同为手段,将各个主体协同起来，形成一个统一往有序方向发展的系统。

### 5.2.3 实体组织协同模式

实体组织协同是以契约为纽带，将企业、供应商、高等院校、科研院所和客户等协同合作，在协同合作过程中，组织成员各自发挥自己的优势和功能，相互配合、相互支撑，以实现组织的"共赢"为目标进行物质、知识、信息和能量的交流，促进组织的有序发展。在知识链组织协同发展实践中，由于知识链主体的发展目标不同、基础不同、优势不同、功能不同和所在行业不同，其组成的实体组织协同模式也不同。知识链组织协同实体模式主要有：共建经营实体和共建研发机构，两种知识链组织协同实体模式满足了知识链主体的协同合作诉求，充分地发挥了各主体的优势，扩大了知识链各主体的规模和实力，促进了知识链的协同效应。

#### 5.2.3.1 共建经营实体

共建经营实体是知识链组织协同比较成熟的协同方式。其主要以资本为纽带，市场为导向，充分利用高等院校和科研院所的知识和技术开发优势，供应商、企业和竞争对手的生产、销售和市场优势，共同投资组建经营实体。这种模式是科技、教育与经济一体化、理论与实践相结合的具体体现。高等院校和科研院所作为知识和技术的源头，担负着知识和技术传承、发展和创造的使命，为经营实体提供知识和技术动力，同时也为经营实体提供人力资源；供应商、企业和竞争对手基于共同利益和目标，联合起来扩大企业生产、销售规模，负责商品的生产和销售，为高等院校、科研院所提供科研资金、研发设备和生产场地，同时负责产品市场的开发和销售，是知识和技术的应用终端；共建经营实体的各方联合起来形成研究、开发、生产、销售一体化发展。

在产品的投入上，高等院校和科研院所主要以无形资产入股，如知识和技术等；供应商、企业和竞争对手主要以固定资产入股，如生产设备、厂房和资本等。在实体运营管理上，供应商、企业、竞争对手、高等院校和科研院所共同进行管理，制定管理制度和运行机制，但各个主体的作用不同，管理上的侧重点不同。高等院校和科研院所主要提供人才输入、管理培训和战略指导，是宏观上的引导和辅助；供应商、企业和竞争对手是实体运营管理的主要操作者，提供管理经验，具体指导各部门的生产、财务、运输、营销、人力资源等管理，三种主体各派业务骨干进行协同配合管理。在利益分配上，经营实体的合作伙伴基于契约规定产权、责任、权力、利益和风险分配，一般来说共建经营实体产权明晰，各方权责分明、风险共担、利益共享。

共建经济实体建立的基础在于三点：①供应商、企业和竞争对手之间具有共同的利益诉求，相互坦诚，相互开放，能够为目标的实现而共同努力，抛弃原有的"你死我活"的竞争关系，形成"你中有我，我中有你"的合作关系。②高等院校和科研院所在科学研究、技术开发方面具有优势；供应商、企业和竞争对手在产品投入、生产、销售和管理方面具有优势；各方能够优势互补，为了共同目标的实现各自发挥自身优势，将优势与产品结合，增加产品的附加值和科技含量，生产出适销对路的产品。③实体各方具有一致认同的价值观，良好的合作意愿和合作基础，能够为实体目标的实现付出努力，克服不同组织之间文化和价值观的冲突。

#### 5.2.3.2 共建研发机构

共建研发机构是知识链实体组织协同模式的高级模式，企业牵头发起号召，选择具有知识、技术、人才和科研条件优势的高等院校或科研院所共同建立产品研发机构，充分利用高等院校和科研院所的优势。这种协同模式中，企业是发起者，以资本投入为主，高等院校和科研院所是合作对象，以知识、技术、人才和科研实力投入为主，研发机构独立运作，自主经营，一般实行委员会或理事会的管理体制，研发成果的知识产权和利益分配按契约规定分配。企业与高等院校和科研院所共建研发机构主要有三种模式。

（1）共建技术研发中心。这种模式主要以市场导向为主，根据市场需求和企业发展战略，知识链主体之间共同围绕目标进行技术攻关和开发，研发出具有市场竞争力的新产品、新技术和新工艺，满足市场需求，同时增强企业的核心竞争力。共建技术研发中心中企业占主导地位，是研发资金和研发主题的主要提供者，负责提供研发活动所需要的资金和设备等条件；高等院校和科研院所是研发活动的主要参与者，负责提供研发活动所需的人才、知识和技术。共建技术研发中心的研发结果偏向于市场应用，最终成果面向市场。

（2）共建工程研究中心。这种模式主要以共性技术和关键技术开发为主，主要是对科技研究成果进行工程化和系统集成化应用研究和二次开发，有的以企业牵头成立，有的以高等院校或科研院所牵头成立，还有的在政府指导下成立。中心成员为技术攻关提供自身优势的知识、物质、资源和信息，共享科研成果和利益。共建工程研究中心为联盟企业提供成熟配套的技术指导和科技成果，培养高水平的工程技术人才，可以为行业发展提供咨询服务。

（3）共建科学实验室。这种模式主要以技术发展和科技创新为主，主要是对应用性技术的开发、发展，以及某领域类科学技术的创新。实验室的成立一般需要政府支持，相关企业、高等院校和科研院所为主要成员。政府提供指导或财政资金，企业、高等院校和科研院所提供科研知识、技术、设备和人员。共建科学实验室有的以高等院校或科研院所为主要依托成立，有的以企业为主要依托成立。共建实验室不仅可以为科学的发展提供发展平台和环境条件，加强高等院校和科研院所的学科发展和科研实力，也加快了科技成果转化为直接生产力或商业化的速度，从而获得持续经费，支持实验室的运作和科学技术的发展。企业将科研成果应用于实践，加快了新知识、新技术向企业流动的速度和频率，不断增强企业的创新能力和核心竞争力。

### 5.2.4 虚拟组织协同模式

虚拟组织是一种新的组织形式，其主要以现代信息技术和通信技术为支撑，以信息化平台为基础，围绕协同目标，将知识链主体联系起来，通过建立信息共享平台实现物质、信息、知识和技术等资源的共享，加强主体之间的协同合作，增强主体的知识和技术创新能力，实现知识链的协同目标。

知识链虚拟组织协同模式以信息技术和通信技术为支撑，信息技术和通信技术成为了知识链各主体之间协同的纽带，各主体之间不再受地域范围的限制，与知识链有关的组织都可以通过以信息技术和通信技术搭建的信息共享平台联系起来，同时也扩大了知识链组织协同的规模，为知识链吸纳了更多的物质、知识、信息和能量，壮大了知识链的队伍，增强了知识链组织协同的开发、运输、生产、销售等能力。这种模式突破了传统组织协同模式受地域和空间的制约，扩大了知识链的规模和实力，为知识链带来了规模经济和范围经济，实现了知识链的协同效应。

数据、信息传播速度快是信息技术和通信技术的优势之一，知识链组织可以借助知识链信息共享平台，实现信息的快速共享和市场信息的快速获取，能够为知识链协同战略的制定提供及时的信息，同时也可以获得更多的市场消费信息，实现组织快速商业化的拓展目标，第一时间生产出满足顾客需求的商品，快速占领市场获取竞争优势。通过知识链信息共享平台也可以提高知识链知识共享和知识创造的效率，信息共享平台取代了传统组织之间信息传递的中间环节，信息可以不用通过复杂的传输层级直接将信息传递到目标组织，避免了信息传递过程中的信息失真和失效。通过知识链信息共享平台直接将信息"一对一"或"一对多"地传递，大大增加了信息的传递速度和效率，使得信息能够顺利、真实、有效地及时传递到目标组织手中，实现了知识链的知识共享，也提高了知识链知识创造和组织协同的效率。

虚拟组织协同模式也有利于知识链组织之间的交互学习。知识链信息共享平台也是知识链交互学习平台，通过建立虚拟组织，知识链主体之间可以快速地进行交流和学习，大大缩短从知识到技术的转化时间，节约了知识链的时间成本和学习成本。知识链虚拟组织协同模式也突破了传统知识传递的模式,加速了知识在主体之间的流动和共享,为主体之间的交互学习提供了新的途径,为知识链实现知识创造提供了良好的平台。

## 5.3 管 理 协 同[①]

知识链主体从无序发展走向有序发展需要经历一个过程,这个过程决定了知识链主体协同效率的高低。只有进行管理协同,才能保证知识链获得最大的创新效率、最低的创新成本,保证知识链各主体间的有序交流,维持协同过程的稳定运行。从网络组织的视角来看,管理协同即联盟网络组织成员间进行相互协作、共享资源的所有活动的集合[②]。知识链的管理协同是主体协同的重要内容之一,通过对知识链内各主体、各环节进行统筹管理、优化合作方式及途径,实现对知识链主体协同过程的管理,其目的是维持知识链主体的有序发展,加强各主体间协同合作,有效整合创新资源,达到各主体资源和目标的协同[③]。管理协同是运用协同论的基本思想和方法,研究管理对象的协同规律并实施管理的一种理论体系,其目的是更加有效地实现系统的整体功能效应[④]。这里的管理协同是针对整个系统提出的,涉及整个系统内部子系统的协同,其主要思想是以协同理论为指导,综合运用管理方法促使系统内部各子系统或要素协同,实现他们之间的优化组合与配置,促进系统实现自组织而产生一个在结构和功能等方面超越原有组织系统的、具有新的生命力的系统,并使系统产生整体作用大于各要素作用力之和的系统管理方法。然后,知识链的管理协同是知识链主体协同的主要内容之一,是促进知识链主体协同的一个分支,是由管理协同实施主体围绕知识链主体协同而进行的一系列管理活动,其目的是实现知识链主体协同。在知识链管理协同过程中,起主要作用的是知识链管理协同实施主体,他们是管理协同活动的主要参与者和主要完成者。管理协同实施主体包括知识链管理人员和劳动人员。其中,知识链管理人员对协同成本进行评估,通过对资源的合理配置来维持知识链的有序发展,对知识链主体协同过程进行领导、指挥、监督和控制,制定一些制度来激励下属的行为和约束有悖知识链主体协同行为的发生。劳动人员在管理人员的领导和指挥下,进行分工协作和对业务能力的有效整合。故

---

[①] 程强,顾新,全力. 知识链的知识协同管理研究 [J]. 图书馆学研究,2017 (17):2-7.

[②] Wassmer U, Dussauge P. Network resource stocks and flows: how do alliance portfolios affect the value of new alliance formations? [J]. Strategic management journal, 2012, 33 (7): 871-883.

[③] Hill W R, Roberts B J, Francoeur S N, et al. Resource synergy in stream periphyton communities [J]. Journal of Ecology, 2011, 99 (2): 454-463.

[④] 潘开灵,白列湖,程奇. 管理协同倍增效应的系统思考 [J]. 系统科学学报,2007,15 (1):70-73.

此，知识链主体协同的实现离不开管理协同实施主体，依据管理人员和劳动人员对管理协同活动做出的行为，将知识链管理协同的实现分为管理协同成本评估、协同资源的优化配置、劳动分工与协作、协同流程的监督控制、管理协同绩效评估等阶段。

### 5.3.1 管理协同成本评估

协同效应很大程度上可以用系统的管理绩效水平来表示，管理绩效是管理投入与管理成果产出的比值。那么，管理协同效应可以理解为管理协同投入与管理协同成果产出之间的比值。管理协同的投入即管理协同成本，是影响管理协同效应的重要因素，实现最佳管理协同效应必须付出最少的管理协同成本生产出最多的管理协同成果。因此，管理协同成本的评估是实施管理协同的重要内容之一。

提到管理协同成本，必须分清管理成本和交易成本两个概念。首先，诺贝尔经济学奖得主罗纳德·哈里·科斯（Ronald H. Coase）认为，市场交易是有成本的，主要体现"通过价格机制组织生产的最明显的成本""市场上发生的每一笔交易的谈判和签约的费用"及利用价格机制存在的其他方面的成本[1]。简而言之，所谓交易成本就是市场交易过程中所产生的一切费用，包括搜集商品信息和交易对象信息的搜寻成本，取得商品信息、交易对象信息及与交易对象进行信息交换所需要的信息成本，针对契约、商品价格、品质讨价还价的议价成本，进行相关决策和签订契约所需的决策成本，监督交易对象是否依照契约内容进行交易、产品追踪、监督和验货等所产生的监督交易成本，以及违约时所需支付的违约成本等[2]。其次，管理成本来源于交易成本，是交易成本的延伸。交易成本发生在商品交易的整个过程中，这个过程主要在市场中完成，是组织与外部市场之间的相互作用过程中产生的成本。然而，管理成本主要发生在组织内部，是组织为了保证组织的健康运行，实现组织目标而从事各项管理活动所付出的代价。根据经济学一般原理，组织从事各项管理活动的过程也是组织获取稀缺资源的过程，获取稀缺性资源需要付出相应的成本，那么这些成本也就是管理成本。李元旭（1999）将组织的管理成本划分为四类：内部组织成本、委托代理成本、外部交易成本和管理者时间的机会成本。其中，组织内部管理成本是指经理利用企业内部的行政力量有效组合企业内部资源、进行创造性活动而付出的成本，如订立内部"契约"活动带来的成本；委托代理成本是指因为委托代理关系的存在而不可避免产生的费用，如委托人对代理人实施激

---

[1] Coase R H. The nature of the firm [J]. Economica, N. S. 1937, 4 (16): 386 – 405.
[2] Williamson OE. Markets and Hierarchies: Analysis and Antitrust Implications: A Study in the Economics of Internal Organization [M]. New York: Free Press, 1975.

励和监督产生的费用，代理人保证不损害委托人利益而支付的保证成本，以及委托人在支付激励和监督成本或者代理人支付保证成本之后，代理人没有按照委托人的利益要求行事而造成的偏差，这种偏差导致委托人的福利受损，即"剩余损失"，这也是一种成本支出；外部交易成本是指企业在生产要素购买、签订合同和生产过程中雇佣要素所需的有价值的信息，包括搜寻交易信息的搜寻成本，签订合同时需要支付的谈判成本，合同执行、监督和违约时支付的履约成本等；管理者时间的机会成本是指管理者时间资源因为用于管理而不能用于其他用途的最大可能损失[①]。最后，管理协同成本来源于管理成本，是管理成本的一个细分，管理成本是组织管理过程中付出的成本，包括管理协同成本。知识链的管理协同是知识链主体协同的主要内容之一，其目的是通过对知识链主体的协同管理促进主体协同的实现，那么，知识链的管理协同成本就是管理协同参与者在实施协同管理过程中所产生的一切费用。

知识链是一个复杂的系统，系统内部包含了多个具有性质不同、行业不同、文化观念不同和组织结构不同的子系统，各子系统之间相互交流和作用必然会产生冲突和矛盾，给知识链的主体协同造成困难，同时也产生了巨大的管理协同成本。知识链管理协同成本是知识链主体协同过程进行管理而付出的成本。知识链管理协同过程包括协同资源的优化配置、协同流程的监督控制、管理协同绩效评估、劳动分工与协作等。那么，知识链管理协同成本包括知识链管理协同参与者在优化配置协同资源、监控协同流程、制定协同制度、评估协同绩效等管理过程中产生的费用。

根据知识链管理协同的过程，将管理协同成本划分为：管理协同前支付的成本、管理协同中支付的成本和管理协同后支付的成本。其中，管理协同前支付的成本主要有：第一，选择合作伙伴和签订合作契约所支付的成本，如搜集目标合作伙伴的信息、签订合作契约以及签订合作契约过程中契约谈判所需要支付的费用；第二，搜寻、筛选协同资源的成本，即搜寻和筛选有助于促进知识链主体协同的物质、知识、信息和能量等协同资源付出的成本。管理协同中支付的成本主要有：第一，配置协同资源所需的成本，如运输协同资源的费用。第二，履行契约所支出的成本。如企业负责生产所支出的费用，包括购买生产所需的原材料、修建生产场地、添置生产设备等；高等院校和科研院所负责开发知识和技术、培养人才所支出的费用，包括组建实验室、购买实验设备和实验用品，举办学术交流会和研讨会等；供应商提供原材料所支付的成本，如原材料的采集成本、储存、运输、加工成半成品等承担的费用等。第三，管理协同过程管理人员进行管理活动而付出的成本，如对知识链主体进行指挥、协调、监督、控制和激励等管理

---

① 李元旭. 管理成本问题探讨 [J]. 中国工业经济，1999 (6)：74-76.

活动而付出的成本。管理协同后支付的成本主要有：第一，知识链管理协同评估成本，即对从管理协同绩效进行评估而付出的成本，如，邀请专家进行指标体系的打分，不同主体之间的考核等所付出的费用。第二，评估反馈所付出的成本，如将评估结果反馈给各主体所耗费的时间成本、传播成本以及重新对管理协同措施进行修改和完善而支付的成本。第三，支付管理协同参与人员的劳动报酬而付出的成本等。

管理协同成本的评估是对管理协同过程所产生费用的评估，这些费用一定程度体现在为知识链管理协同效应实现而提供的价值和贡献上。通过对知识链管理协同成本的评估，一方面可以得出管理协同成本对知识链管理协同效应的贡献率，有助于完善和调整知识链管理协同成本支出方案，确定出对管理协同过程有巨大贡献的管理协同活动，在对知识链管理协同具有重要作用的活动环节可以增加投入成本，对知识链管理协同具有较少影响的活动环节适当减少成本支出，从而达到节约知识链管理协同成本，优化管理协同成本支出，以最少或最佳的成本投入取得最多或最优的成功产出，实现最佳的知识链主体协同效应。另一方面通过知识链管理协同成本的评估，可以判断出知识链管理协同成本对主体协同效应的贡献和价值，有助于合理有效的分配协同效应所带来的利益，保证后续协同行为的顺利进行。

### 5.3.2 协同资源优化配置

经济学原理告诉我们，资源具有稀缺性，协同资源也不例外。对稀缺资源的获取和优化配置是组织管理的重要内容之一，在知识链管理协同过程中，通过协同资源集中管理，实现协同资源优化配置是提高协同资源利用率的重要保证，并且关系到知识链主体协同健康、有序、高效地运行。所谓协同资源的优化配置，在知识链主体之间，为了促进知识链主体协同而对协同资源进行不同用途的分配，将协同资源分配到相匹配的主体，以实现资源的最佳利用。

关于资源的配置方式，划分依据不同，配置方式也有不同。按照资源配置范围划分，资源配置可以分为一个厂商（firm）内部的微观配置和厂商之间的社会配置[1]。其中，一个厂商内部的微观配置是资源在组织内部各部门和劳动者之间的微观分配；厂商之间的社会配置是资源在组织与组织之间的宏观分配。从资源配置的层次上划分，资源配置具有Ⅰ次配置和Ⅱ次配置等多个层次[2]。其中，资源的Ⅰ次配置是指在一定时期

---

[1] 吴敬琏. 论作为资源配置方式的计划与市场 [J]. 中国社会科学，1991 (6)：125 - 144.
[2] 夏兴园，万东铖. 我国资源配置方式的理性选择 [J]. 经济研究，1997 (1)：66 - 71.

内，社会资源在部门之间、地区之间、企业之间的配给；资源Ⅱ次配置，是指继Ⅰ次配置之后，各种资源在部门之间、地区之间、企业之间的流动及其重组所形成的再一次的配置。这种划分标准与前种资源配置划分标准类似，不同的是这种划分标准不仅局限在这两种配置方式，还存在多层次的配置方式。按照经济体制下社会资源配置形式划分，资源配置可以分为市场方式和计划方式，这与经济体制类型相一致①。其中，市场配置资源的方式是以市场经济的发展为基础，主要通过市场机制对资源的分配和组合起调节作用，资源的配置是通过市场价格信号的变动实现的；计划配置资源的方式是以传统的计划经济的建立为基础，主要通过指令性计划决定资源的分配和组合。总的来说，传统上习惯将资源的配置方式划分为两种基本类型：一种是依靠市场这只"无形的手"进行的资源配置方式；另一种是依靠政府这只"有形的手"进行的资源配置方式。

（1）市场对资源的配置。市场对资源的配置是通过市场机制中的价格机制实现的。市场的价格机制是在市场竞争过程中形成的，与市场供求关系有密切联系的市场价格形成和运行机制，也是市场机制中最敏感和最有效的调节机制，其作用主要是调节市场的供求关系，即商品的生产和消费。价格机制的机理如图5-5所示：当商品供大于求时，即在一定时间内，商品生产的数量远远超过人们对该商品的需求量，商品供给大于需求，使得商品滞销，为了减轻滞销带来的损失，一般采取降价销售的策略。因此，供大于求，价格降低。当商品供不应求时，即在一定时间内商品生产的数量远远不能满足人们对该商品的需求量，商品供给不足，出现销售断货，为了追求利益最大化，一般会采取高价销售的策略。因此，供不应求，价格上涨。

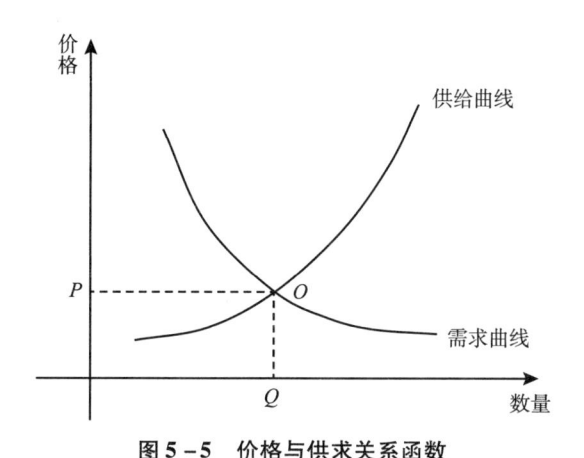

图5-5 价格与供求关系函数

---

① 周叔莲，郭克莎. 资源配置方式与我国经济体制改革［J］. 中国社会科学，1993（3）：19-32.

市场供求关系影响市场价格，市场价格反映了市场供求关系。在利益的驱动下，生产者纷纷转入到具有较高利润的行业，这样促使价格机制启动了市场的竞争机制，带来了新一轮的资源配置。正如新古典经济学派认为，在完全竞争的条件下，由市场供求形成的均衡价格，能够引导资源作有效的配置，使任何两种产品对于任何两个消费者的"边际替代率"都相等、任何两种生产要素对于任何两种产品的"边际技术替代率"都相等和任何两种产品对任何一个生产者的"边际转换率"同"边际替代率"都相等，从而任何资源的配置达到最佳的"帕累托最优"状态①。但是，市场本身具有一定局限性，如市场存在不完全竞争、信息不对称、外部效应、公共产品和交易成本等，仅仅依靠价格机制来配置资源无法实现效率—帕累托最优，资源配置效率最大化难以实现，出现了市场失灵。

（2）政府对资源的配置。政府对资源的配置又叫计划资源配置，是通过采取行政手段实现的。政府主要通过规定投资结构的长期规划和年度计划进行资源分配，很大程度上体现的是政府的意向和偏好。其配置过程一般为：计划—财政拨款—获得资源—配置于生产过程②。是一种从中央到地方再到企业，按层级一层一层、自上而下的分配过程，这种配置过程，带有浓厚的行政色彩，割断了生产者与市场之间内在的有机联系，资源的配置一般是一次分配，带有行政指令的资源很难通过市场进行选择和重新组合。

政府配置资源的方式，在一定程度上具有一定的作用，如经济危机为了救市而进行的资源配置，为了发展高新技术产业而进行的配置，等等。这种资源配置方式，有利于培育出新的产业业态，支持支柱产业发展，扶持特色产业和优势产业等。但是，由于缺少价格机制和竞争机制的调节作用，引导资源有效配置的内在机制也就不存在，资源的流向也只能是计划式的，按指标分配，不一定流向生产率较高的产业或行业部门。另外，在一定程度上，政府自身也有一定的局限性，如政府决策失误、政府寻租、机构扩张和机会主义的存在导致政府失灵，使得配置效率低下，大大降低了资源配置的有效性和合理性，甚至对经济增长造成阻碍。

（3）市场和政府相结合的资源配置方式。除了市场和政府对资源配置的方式外，在现实的资源配置过程中，还存在第三种资源配置方式，即市场和政府相结合的资源配置方式。这种资源配置方式充分结合了市场和政府资源配置的优点，弥补了市场失灵和政府失灵带来的资源无效配置。

市场和政府因其本身的局限性，仅仅依靠一方进行资源配置，并不能完全实现资源

---

① 吴敬琏. 论作为资源配置方式的计划与市场 [J]. 中国社会科学，1991（6）：125 – 144.
② 夏兴园，万东铖. 我国资源配置方式的理性选择 [J]. 经济研究，1997（1）：66 – 71.

的最优化配置。原因在于：一方面，就市场而言，①市场采取的是自由交易、自发运行模式，在这种模式下，资源随价格机制自行调节，当资源集中在少数一个或几个企业手中，任由企业控制支配，使得产品价格由该企业操控，便形成了垄断。垄断的形成，使得资源集中在少数企业手里，其他企业无法获得资源，导致资源配置不合理，市场调节机制失效。②市场具有外部性，即市场在带来外部经济的同时，也带来了外部不经济，这样反而增加了市场交易成本，并对社会产生了一定的不利影响。市场本身是无法解决外部不经济的，需要借助外部力量。③有的公共产品，如公共设施和国防用品，因其具有非排他性和非竞争性，市场无法自行进行有效配置，只有政府才有配置公共产品的权利和能力。④由于市场参与主体掌握的有效信息具有差异性，导致具有信息优势的企业事先获利，在利益的驱使下，其他企业没有考虑到自己优势而盲目跟进，由于信息的滞后，可能不会带来更多的利益，甚至会导致企业投资失败。或者，当某个行业市场已经趋于饱和，出现供大于求时，许多企业会选择退出市场。而此时，如果具有信息优势的企业，获取了准确的市场供求信息，选择仍然停留在此行业时，由于行业规模的骤然缩减，使得产品供不应求，而获得市场优势。这些都是由于信息不对称带来的结果，使得市场供应不稳，导致资源配置不均。另一方面，就政府而言，①政府机构自上而下，等级森严，层级众多。在资源的配置过程中，往往因为资源的传递或运输时间过长，导致错过了资源优势发挥的最佳时效，造成资源配置的低效率。②政府内部也存在机会主义，当机会主义产生时，政府便实施寻租，在利益的诱惑下，导致真实信息无法准确地传递到有关部门，从而使得计划部门不能合理进行资源配置。③由于政府不能及时、准确、充分地获得全部有关资源配置的信息，因而无法作出准确的判断和决策，难免会作出错误的资源配置政策，造成资源的浪费和低效率配置。④企业过多依赖政府行政式、计划式的资源配置，久而久之缺乏竞争机制，对政府资源配置产生依赖，失去自主性和积极性，企业上下缺乏活力，产品质量低下，研发创造能力差，无法形成竞争力。由此，可以看到，在资源配置上，市场和政府各有优点，也各有缺点，市场并非万能，政府也不能包办一切，优化资源配置，需要将市场和政府结合起来，充分发挥各自在资源配置上的优势，取长补短，在相互配合下高效优化配置资源。

  知识链的成果最终要面向市场，以市场为导向，因此知识链的协同资源配置方式必须采取市场与政府相结合的方式，以市场配置为主，政府配置为辅，在政府的宏观指导下，充分发挥市场对协同资源的配置作用。通过知识链协同资源的优化配置使知识链协同资源获取总量与使用总量平衡，资源的供需结构一致，各类资源得其所归、各尽其用，整条知识链内部协同资源配置合理。

### 5.3.3 劳动分工与协作

合理有效的劳动分工与协作是知识链管理协同得以实现的基础。分工与协作是一对密不可分的联合体，分工的产生必然导致协作的出现，分工的发展也必然要求协作跟进[1]，协作能带来意想不到的利益。知识链是一个由多主体构成的复杂系统，各主体所属行业不同，工作的内容和性质不同，对于知识链健康运行来说，分工是十分必要的，对于知识链管理协同来说，分工是必不可少的。首先，分工可以促进知识链各主体的专业化，增强主体的功能优势，使得各主体在各自的领域内更熟练、更专业。其次，分工可以减少知识链主体的监督成本。分工的同时赋予相应的责任，分工程度越高，责任权限越清楚，自觉性越高，监督成本就越少。最后，分工可以促进生产力的发展。主要优势有[2]：第一，协作可以使相互间的劳动差别相互抵消，形成社会的平均劳动；第二，协作可以同时从多方面对劳动对象进行加工而缩短总劳动时间；第三，协作可以使许多人的同种作业具有连续性而提高劳动生产率；第四，协作不仅可以提高个人生产力，还可以创造出集体力；第五，协作可以提升个人竞争意识、自信心和工作效率；第六，协作可以使生产资料因共同消费而得到多项节约；第七，协作可以集中力量在短时间内完成紧急的任务；第八，协作可以集中劳动力以缩小生产场地，从而节约生产费用；第九，协作可以扩大劳动的空间范围，使筑路等大型工程得以进行。

知识链之间的分工协作是通过自愿互利来实现的。首先，在知识链中，分工与协作可以减少重复工作，提高知识、信息等资源利用率。供应商有市场销售部门、核心企业有市场销售部门、竞争对手也有销售部门，这些部门的工作和服务对象可能存在重复或不协调，造成工作重复，资源浪费。采取分工与协作的方式，将重复的部门划归某一个具有业务优势的部门执行，集中资源优势，避免资源浪费，提高资源利用率。其次，分工与协作还可以提高主体的业务能力和专业优势。一方面，专有资源分配给专业的业务部门或主体，不断支持其业务上的发展和创造，进而不断地提升其专业优势。另一方面，专业化分工使得同种业务由固定的业务人员进行专业化操作，久而久之该业务人员便成为该业务领域内的专业人才，提高了主体的业务能力，进而使得主体具有专业优势。再次，分工与协作为知识链带来了规模经济。规模经济是知识链协同效应的具体表现之一，分工与协作可以形成集体力，这种集体力扩大了知识链的边界，壮大了知识链

---

[1] 陈赤平，丁建军. 分工、协作与企业合作剩余创造——马克思企业理论分析框架的一般化 [J]. 教学与研究，2008 (4)：35-41.

[2] 马克思. 资本论（第1卷）[M]. 北京：人民出版社，1975.

联盟力量，节约了知识链的时间成本、缩短了知识链生产的劳动时间，给知识链带来了规模经济。最后，分工与协作有利于知识链有序发展，和谐一致。主体之间各自发挥自己的专业优势，各负其责，在共同利益的引导下，各尽其能，维持知识链的有序发展，进而在知识链内部形成和谐一致的文化氛围，带领知识链主体走向协同。

知识链主体的合理分工与协作是知识链有序发展的重要保证，也是管理协同的重要内容之一。加强知识链主体的分工与协作，核心企业应该发挥其核心作用，深入了解知识链各主体的功能优势和专业优势，制定分工与协作制度、机制和考核指标，促进知识链主体的分工与协作。第一，知识链分工协作中，各主体各尽其能、各负其责。高等院校和科研院所负责提供智力支持和人才培养，产品的研发知识和技术支持，以及知识的创新和共性技术的攻关等；核心企业、供应商和竞争对手负责科研成果的商业化转变，即产品原材料的提供、加工、生产、运输和销售等；客户提出能满足物质文化需求的商品或服务，对产品或服务提出修改或完善性反馈意见等。第二，核心企业要充分发挥其核心领导作用，仔细识别各主体的协同能力，优化配置协同资源，充分挖掘各主体的专业优势和业务能力，积极引导主体发挥其能力和优势，为促进知识链主体协同而相互协作，搜寻、甄别和吸纳有潜力的组织，将知识链的分工与协作持续细化，弥补知识链的劣势和弱点，使知识链因优势互补而产生协同效应。第三，协商制定知识链主体分工与协作的制度、机制和考核指标。制定分工协作制度，规定各主体的工作内容、工作流程、成果标准和考核指标等，保证知识链主体分工合理、权责明晰，工作流程和成果质量符合知识链发展要求。制定激励机制，制定合理的惩罚制度，以充分调动各主体的工作积极性和主动性，引导各主体发挥最佳作用，对工作中表现突出或考核优秀的主体进行奖励，对工作中不够努力，出现重大失误和考核不合格的主体进行惩罚。第四，建立相互协作平台，实现知识共享。在知识链内部建立一个基于计算机技术或网络通信技术的协作平台，建立知识链内部数据库，公开知识链各主体的工作内容和工作进度，让知识链主体了解其他主体成员的工作内容和进度，以便能够及时对自己的工作内容和进度进行调整，实现知识链的协同作业。同时，通过平台了解到各主体的优势，鼓励知识链内部相互学习，实现知识共享。

### 5.3.4 管理协同流程监控

所谓管理协同流程是指知识链实施管理协同的程序。知识链管理协同实施程序是指导知识链主体从无序走向有序的程序，该程序是否有效实施，对知识链主体协同具有重要影响。因此，知识链管理协同流程的监控是知识链实现主体协同的重要内容。

对知识链管理协同流程进行监控是通过采用流程管理的科学方法和管理策略来实现的，其目的是保证知识链管理协同的顺利实施。第一，对知识链管理协同流程的监控，其前提是要制定知识链管理协同标准流程。这种标准是由知识链各主体根据知识链的总体运行情况和各主体的优势，协商制定。第二，对知识链管理协同流程的设计。知识链主体高层之间对管理协同流程进行讨论、商定，最后达成一致的认同，知识链管理协同流程设计除了知识链管理协同流程的设计，也包括知识链主体的管理协同任务的分配，以协助完成知识链管理协同。第三，确立标杆。这是知识链管理协同流程的终端，也是知识链管理协同的目标，指引知识链各主体往一致的方向努力，保证管理协同流程不偏离管理协同目标。第四，知识链管理协同风险控制。知识链及知识链各主体所处的外界环境充斥着大量的不确定性因素和信息，由于有限理性的限制，知识链主体内部也存在机会主义，导致知识链内外充满了风险。这些风险严重阻碍了知识链知识流动、知识共享和知识创造，也为知识链的有序发展带来威胁，甚至给知识链各主体造成损失。做好知识链组织之间风险的识别、预测、评估与控制，降低风险的发生概率和频率，是知识链管理协同流程顺利进行的重要保证。第五，建立知识链管理协同流程反馈机制。公开知识链管理协同流程的信息和各环节的任务，让知识链各主体充分了解知识链管理协同的流程、标准、内容和目的，让大家都参与到知识链管理协同流程的监控活动中。对于流程运行过程中存在的问题，提出修改和完善的反馈意见，以促进知识链管理活动的有序进行。

总之，知识链管理协同流程的监控，是维持知识链管理协同有效进行的保证，需要知识链各主体及其主体成员共同参与，控制知识链管理协同过程中存在的风险，降低知识链管理协同成本，实时实地监控知识链的管理协同流程，发现流程运行的问题和瓶颈，及时反馈有效信息，优化知识链管理协同流程，必要时对知识链管理协同流程进行重组或改造，以提高知识链管理协同的有效性，促进知识链主体的有序发展。

### 5.3.5 管理协同制度制定

知识链管理协同制度是知识链管理协同有效进行的制度保证和动力支撑。管理协同制度的制定有助于规范知识链主体的协同行为，赋予主体在管理协同过程的权利与义务，保证和推动知识链主体的协同发展。

管理协同制度有别于知识链的管理制度和知识链各主体的管理制度。知识链的管理制度是针对整个知识链运行而制定的规范知识链各主体行为的管理制度，知识链各主体的管理制度是根据主体本身情况而制定的有助于主体健康发展的管理制度，而知识链管理协同制度是为了促进知识链主体协同而制定的管理制度，具有一定的适用范围和针对性。知识链管理协同制度是知识链管理制度的分支，其又凌驾于知识链主体的管理制度之上，知识链各主体在管理协同制定的指导下进行规范化运作，保证知识链的协同发展和运行。知识链管理协同制度主要有奖惩制度和分配制度。

#### 5.3.5.1 奖惩制度

所谓奖惩制度是对组织成员实施奖励和惩罚的制度，包括实施奖惩的原则、条件、种类、方式、程序等。首先，制定合理的管理协同奖惩制度需要遵循一定的原则，即奖惩分明的原则、奖惩结合以奖为主的原则、奖惩公开的原则、奖惩及时的原则、物质奖励与精神奖励相结合的原则、教育与惩罚相结合，以教育为主的原则等。其次，奖惩制度的实施具有一定的条件。在知识链协同发展过程中表现突出、忠于职守，对知识链管理协同具有突出贡献或在绩效考核中表现优秀的成员给予奖励；对在知识链协同发展过程中不按照管理规定行事，或破坏知识链管理协同行为和渎职行为，造成一定经济损失的成员给予惩罚。再次，完善的奖惩制度要明确奖惩的种类，如将奖励分为：记功、通令嘉奖、发送奖金，或授予先进、模范等荣誉称号。将惩罚分行政处分和经济制裁两种。行政处分可以分为：警告、记过、降级、降职、停职、撤职、开除等。经济制裁，主要是给予一次性罚款，或者扣发一定数额的工资。最后，实施奖惩要注重一定的方式和程序。如实施奖励时，可以通过举办专门的奖励大会，或在特殊的会议上公开表彰；实施惩罚时，对违反纪律不同程度者，采取不同的惩罚措施，情节轻微者可以通报批评，情节严重者除了公开实施相应的处罚外，如果涉及触犯国家法律还应移交相关部门进行处罚等。

实施合理的奖惩制度对知识链管理协同具有激励和控制双重作用。合理的奖励制度可以产生激励作用，刺激成员的行为，调动成员的主动性和积极性，引导成员朝着有利于知识链协同的方向发展；适当的惩罚制度可以产生控制作用，规范成员的行为，将成员的行为与其权利义务和责任挂钩，控制成员的行为不偏离管理协同的目标，维持知识链的有序发展。对有利于知识链协同的行为给予奖励，以进行强化；对不利于知识链协同的行为给予惩罚，以进行约束。二者相辅相成，结合使用才能促进知识链管理协同的顺利进行。

#### 5.3.5.2 分配制度

所谓分配制度是对劳动产品进行分割、配给的制度，其主要表现形式为组织成员劳动所得的工资、福利、奖金等，常常与组织的绩效、工人的劳动量和贡献率挂钩。在我国主要实行的是以按劳分配为主体、多种分配方式并存的分配制度，即以劳动者的劳动量（数量和质量）为个人消费品分配的主要标准和形式，辅之以其他生产要素（如知识要素、技术要素、资本要素和管理要素等）的贡献率参与个人消费品的分配制度。在按劳分配为主体、多种分配方式并存的分配制度指导下，知识链各主体应该在知识链运行情况下制定适合知识链本身的分配制度，制定知识链的分配制度必须要遵守一定的原则，即多劳多得、少劳少得；效率优先、兼顾公平的原则。分配的结果一定要与劳动者付出的劳动量和贡献成正比，不然很容易打击劳动者的积极性。另外，合理的分配制度是社会公平的重要体现，在分配时，既要反对平均主义，又要防止差距悬殊，体现公平正义。除此外，生产要素在劳动生产过程中，有的生产要素会起到决定性作用，如资本要素，没有资本组织无法正常运行。有的生产要素对组织绩效起到重要作用，如知识要素和技术要素，在市场上，含有高科技的产品往往具有更高的竞争优势和经济收益，等等。因此，在实施按劳分配为主的同时，要重视生产要素的在劳动过程的贡献和重要地位，实施按生产要素分配。

合理的分配制度，有利于协调劳资关系，维持知识链各主体的和谐有序发展，从而推动知识链的主体协同。把按劳分配和按生产要素分配结合起来，鼓励知识、资本、技术等生产要素参与收益分配，可以调动各主体的积极性，激励各主体为了知识链的主体协同而尽其所能，贡献其优势，促进知识链经济效率的提高，推动知识链有序发展。

### 5.3.6 管理协同绩效评估与反馈

知识链管理协同绩效评估是对知识链管理协同行为和各阶段效用的评价，评价结果有利于发现知识链管理协同过程中存在的问题和甄别有效的管理协同活动，从而针对不同的管理协同行为给出不同的反馈信息。如一些行之有效的管理协同活动可以成为知识链管理协同经验加以继承和发展，成为下一阶段管理协同活动的重要依据；将一些低效的管理协同活动，作为成反馈信息用以修正或完善知识链管理协同，不断提高管理协同效率；如一些行而无效的管理协同活动，直接予以取消或被其他管理协同活动取代。

管理协同绩效评估结果的客观、公正依赖于评估过程的科学、公开、公正、公平。

（1）制定管理协同绩效评估需要遵循一定的评估原则。第一，三公原则，即评估过程要公开、公正和公平。第二，客观原则，即以事实为依据进行评价与考核，避免主观臆断和个人情感因素的影响。第三，科学原则，即评估指标体系的建立和评估方法的选取一定要具有科学性。第四，差别对待原则，即对不同的考核对象，评估内容要有差别性，尤其是知识链中不同行业、不同性质和不同作用的主体。第五，及时反馈原则，即评估过程如有不妥之处，应及时调整评估方法；评估结果也要反馈到相应的部门、环节和主体；等等。

（2）需要建立科学的管理协同绩效考核指标体系。根据关键绩效指标法（Key Performance Indicator，KPI），制定知识链管理协同绩效评估指标。第一，明确知识链实施管理协同的目的，知识链主体之间利用头脑风暴法和鱼骨分析法找出知识链管理协同实施要点和重点。然后再确立知识链管理协同绩效评估的一级指标（知识链管理协同的联盟级指标）。第二，知识链各主体通过知识链管理协同一级指标建立与管理协同有关的二级指标（知识链各主体的指标）。第三，知识链各主体再将主体级的指标进一步分解，细化到主体内部与管理协同活动有关部门，建立知识链管理协同的三级指标（部门级指标）。第四，确定相关要素的目标任务，分析影响知识链管理协同目标的关键因素，确定知识链管理协同流程和各个环节，必要时可以细化到相关的负责人和员工，以便建立起科学的评估指标体系。第五，指标体系建立后，还需对关键指标进行审核。审核主要是为了确保这些关键绩效指标能够全面、客观地反映被评价对象的绩效，而且易于操作。

（3）采用公正、客观、科学的管理协同绩效评估方法。绩效评估方法有很多，如业绩评定表法、目标管理法（MBO）、关键绩效指标法（KPI）和平衡计分卡（BSI），以及层次分析法（AHP）、模糊综合评价法等。选取适用知识链具体情况，且简单易操作、结果公正的评价方法才是最好的方法。

## 5.4 文化协同[①]

文化协同就是在知识链的协同合作过程中形成区别于各主体文化却又包含各主体文化共同点的全新文化模式，是在各主体协同合作过程中形成的受到各主体一致认同的共同文化[1]，从而降低文化冲突的影响，加强知识链各主体之间的合作伙伴关系。知识链由不同的主体组成，其每个主体都拥有其专属的文化，在知识链主体协同合作的过程，知识链各主体之间的文化差异难免会出现文化冲突，进而影响知识链协同效应的产生。知识链主体之间的文化冲突，也增加了知识链对不同文化管理的难度。所谓知识链的文化冲突是指，结成战略合作伙伴关系的知识链各成员组织在基本价值观、思维方式、综合行为模式等方面的分歧、对立或排斥，表现为不同形态的文化或者文化要素之间相互

---

① 程强，顾新，昌彦汝. 基于文化协同的知识链知识协同研究 [J]. 图书馆，2019（2）：33–38.

对立，相互排斥的过程[1]。为了缓解知识链主体之间的文化冲突，解决知识链对不同文化管理的困难，加拿大学者阿德勒（Adler）研究提出了一个有效管理组织内不同文化的方法——文化协同（Cultural Synergy）。他认为，实现不同文化的平衡可以通过五种策略[2]：文化支配、文化顺应、文化妥协、文化回避和文化协同。其中，文化支配是指一个组织的文化凌驾于另一组织的文化之上，强势组织文化在全部组织中占据主导地位，支配着弱势组织文化；弱势组织在强势组织文化的支配下被迫接受强势组织文化的价值观、思想和行为模式。文化顺应是指弱势组织为了迎合强势组织而效仿强势组织的文化，并试图将二者融合为一体。文化顺应策略与文化支配策略相反，文化支配策略是一种被动接受的文化平衡策略，而文化顺应策略是一种主动迎合的文化平衡策略。文化妥协是指两个很强的组织合作时，为了实现合作目标而采取的组织文化折中或让步的文化平衡策略。这种文化策略优于文化支配和文化顺应策略，体现了合作双方的意愿。文化回避强调的是为对方留情面而表现出似乎没有文化冲突的存在。文化协同是指在尊重所有组织文化的同时，经过文化有序整合而形成的一种新的文化模式。文化协同并不忽略和压抑各种组织文化的差异，而是尊重各种组织文化的不同，通过对各种文化的相互补充和整合而形成的新的组织文化，它是五种文化策略中最高层次的文化融合模式，集成了全部文化的优点。

  德国心理学家克雷尔（Krewer）也提出了一种文化协同模型，该模型分析了不同文化协同之前，不同文化成员对待文化的几种不同态度[3]：征服、善变者、普遍者和协同增效者。其中，征服（Conquest）类似于阿德勒的文化支配策略，是指在不同文化协同之前，协同一方具有强硬的立场，并将这种立场绝对化凌驾于其他合作伙伴的立场上。善变者（Chameleon）类似于阿德勒的文化妥协策略，是指在不同文化协同之前，组织成员的行为模式依据自身的文化特点和标准进行的。虽然具有不同组织文化的成员在合作过程中其外显行为相似，但是他们内心也不会改变其自身文化标准来考虑问题，他们仅仅是像变色龙一样随环境的改变而改变，但这仅仅是外表上的，其内心还是不能真正地接受其他组织文化的入侵。普遍者（Universalistic）类似于阿德勒的文化回避策略，是指在不同文化协同之前，不同文化之间存在潜在的共同点和交集，普遍者的目的就是积极寻找不同文化之间的交集和共同点。协同增效者（Synergist）类似于阿德勒的文化协同策略，是指不同组织文化之间通过对话相互接近，最后在不同文化之间产生一种新

---

  [1] 廖杰，顾新. 知识链组织之间的文化冲突分析 [J]. 科学管理研究，2009，27（5）：54-57，78.
  [2] Adler N J. International dimension of organizational behavior [M]. Boston：PWS Kent，1986.
  [3] Krewer D. Cultural standard as medium of self and others reflection. In：A Thomas（Hrsg.），Psychology intercultural trades. Göttingen：Hogrefe，1996：147-164.

的第三种文化模式以实现不同组织之间的文化协同,从而加强了对不同文化共同点的理解,提高组织成员对不同文化的适应能力。

阿德勒和克雷尔在分析不同文化之间采取的策略和态度时,都提出了一个共同的认识,即创造一个包含了所有不同文化共同点的新的文化模式,这个文化模式就是文化协同。阿德勒认为,实现文化协同需要三个步骤[①]:第一,情景描述。各组织站在自己的文化立场上,对当前面对的问题进行描述,每个问题带有该组织独特的文化特点。第二,文化解释。通过文化身份互换,分析找出不同文化之间的异同点和共同点,以达到不同文化之间的相互认识和理解。第三,文化创新。创造一种全新的文化模式以解决不同文化之间的差异,文化创新并不是效仿任何一种文化,而是一种新的文化模式。由此可得,知识链主体之间的文化协同就是在知识链各主体之间创造一种不同于任何主体文化的,且包含各主体文化共同点的全新的文化模式。文化协同是实现知识链主体协同的驱动力与重要支柱,企业文化具有导向、约束、凝聚、激励及辐射等功能,可以激发员工的热情,统一企业成员的意志及欲望[②]。知识链要实现主体协同,必须有优秀的组织文化来导航和支撑,以此提升知识链的核心吸引力和凝聚力,推动知识链的有序发展。然而,知识链文化协同形成也不是一蹴而就,而是要经过一系列的文化整合过程。即分析知识链主体之间的文化差异,找出知识链主体之间的文化共性;树立知识链核心价值观,建立知识链主体之间的文化愿景;鼓励知识链主体之间的相互沟通与交流,促进知识链知识流动与知识共享;求同存异,创新文化模式,形成知识链共同文化。

### 5.4.1 求同存异

不同组织之间由于性质、类型和专业领域不同,导致不同组织之间存在文化差异。文化差异之根据在于文化生境与文化进化两个方面[③]:文化生境是指,人们所处的自然环境影响着人们的思维模式和行为方式,不同的思维模式和行为方式产生不同的价值观、行为习惯和生活方式。文化生境是文化产生的根源,体现了文化差异的生成元。文化进化是指在文化发展进程中,文化与实践相结合产生了具有实践特征的文化,并在互

---

[①] Adler NJ. International dimension of organizational behavior [M]. Boston: PWS Kent, 1986.
[②] 张浩,崔丽,侯汉坡. 基于协同学的企业战略协同机制的理论内涵 [J]. 北京工商大学学报:社会科学版,2011, 26 (1): 69-75.
[③] 周忠华,向大军. 文化差异·文化冲突·文化调适 [J]. 吉首大学学报:社会科学版,2011, 32 (2): 152-153.

动过程中彰显出文化的个性，这种个性慢慢地表现为文化差异。文化进化是文化发展的途径，体现了文化的生成性。知识链由多个具有不同性质、不同类型和不同专业优势的主体构成，每个主体处在不同的生存和发展环境，孕育着文化的产生；在实践过程中，经过不断的改造和影响，生成具有组织特色的组织文化，根深于组织成员心理，影响着组织成员的行为。

文化差异体现不同组织的形象、身份和特点，知识链各主体的文化差异体现知识链主体的内涵、特点和优势，实现知识链文化协同的首要前提是要承认知识链各主体的文化差异。知识链各主体都有其自身的文化，其中，核心企业、供应商和竞争对手的组织文化主要体现在其经营理念、服务意识和价值主张上；高等院校和科研院所的组织文化主要体现在科研精神、学习态度和学术氛围上；顾客的文化属于个人文化，其因人而异，体现出丰富多彩的文化差异。总的来说，知识链的文化差异主要体现在不同组织的价值观念、语言与沟通、工作态度、受教育程度、风俗传统、宗教信仰、种族优越感、伦理体系和社会风气等方面。

文化差异是导致文化冲突的重要原因，在承认知识链各主体的文化差异的同时，更应该认真分析知识链各主体之间的文化差异，知识链各主体文化差异越大，冲突就越容易发生，甚至导致知识链解体。因此，认真分析知识链各主体之间的文化差异便成为解决知识链文化冲突的重要问题，也成为了实现知识链文化协同的重要问题。

个性与共性是一切事物固有的本性，每个事物既有个性也有共性，其中，个性是指一事物区别于他事物的特殊性质，揭示的是事物之间的差异性；共性是指不同事物之间的普遍性质，揭示的是不同事物之间的共同点和交集，决定事物的基本性质；共性存在于个性中，并大致包含了个性，而个性体现并丰富着共性，两者不能脱离事物而单独存在。在知识链中，知识链各主体之间的文化差异就是他们文化的个性，知识链各主体之间文化存在的共同点和交集就是他们文化的共性，知识链文化的差异性和共同性都不能脱离知识链而单独存在。知识链各主体之间文化的共同点和交集是知识链各主体在某一问题、价值观、思维和行为决策上所达成的共识，这有利于避免形成知识链各主体之间的文化冲突。因此，解决知识链的文化冲突除了需要认真分析知识链各主体之间的文化差异，还需要找出知识链各主体之间的文化共性。从知识链各主体之间的文化共性出发，深入分析知识链各主体之间的文化差异，在各主体的文化差异中找出知识链各主体之间文化的共同点和交集，并在这些共同点和交集基础上，通过协商形成知识链的共同文化，缓解知识链各主体之间文化冲突，提高知识链各主体之间的凝聚力，从而促进知识链的主体协同和有序发展。

### 5.4.2 塑造核心价值观

核心价值观（core values）通常是指深深根植于组织内部和成员心理的一系列处理问题的准则、看法和态度。一般来说，组织的核心价值观包括四方面的内容：一是事务的判断标准；二是对事业和目标的认同，尤其是认同组织的追求和远景；三是在认同基础上形成的目标追求；四是形成一种共同的境界。组织的核心价值观，在组织的发展和运行过程中不断的渗透，并逐渐地内化为组织成员的心智模式，外化为组织成员的行为模式，固化为组织的规章制度，成为组织处理事务的标准和准则，不断的引领和指导组织的各项活动。组织的核心价值观是一种软实力，是组织文化中不可或缺的核心部分，其体现了组织文化的精华，是组织文化形成的基石，并贯穿于整个组织活动。

知识链要实现文化协同离不开对知识链核心价值观的塑造。知识链的核心价值观代表着知识链各主体之间的经营理念、活动准则、处事态度和行为方向，在核心价值观的指导下，影响知识链各主体的心智模式，规范知识链各主体的行为模式，强化知识链各主体活动的一致性和有序性，减少主体之间的矛盾和冲突。塑造知识链的核心价值观要充分考虑和结合各主体之间的文化特色，在公平、公正、公开的原则上，吸取各主体之间的看法和意见，塑造一种既体现知识链各主体的文化特色，又具有统一影响力的知识链核心价值观，以推动知识链的文化协同和有序发展。

知识链核心价值观的树立是基于知识链各主体之间的知识链目标和价值认同，这种认同是发自知识链各主体内心的、体现知识链各主体共同价值观的意愿，它能激发知识链各主体的工作激情和积极性，自愿为实现知识链的共同愿景而做出奉献。那么这种能够激发知识链各主体为了实现这一意愿而承担的任务、事业或使命就是知识链的共同愿景。知识链共同愿景的建立遵循以下步骤：第一，善于聆听各主体的愿景表达。知识链各主体依据自身的发展方向和目标，纷纷建立了适合自身发展的愿景。在愿景指导下形成了独特的行为方式和思维方式，体现了不同主体之间的文化差异。如核心企业、供应商等追求的是商业价值，而高等院校和科研院所追求的是科学价值，顾客追求的是商品实用价值等。知识链必须承认和正视各主体之间愿景差异的客观存在，鼓励各主体表达各自的愿景，并充分聆听各主体的愿景表达，在各主体的愿景表达中求同存异，寻求共同对话。第二，建立知识链共同愿景。知识链的共同愿景来源于知识链各主体的愿景，是各主体愿景的整合。冗余知识链的共同愿景是在各主体愿景基础上形成的，其凌驾于各主体愿景之上，对知识链具有统领和指导的作用。供应商、核心企业、竞争对手、高等院校和科研院所等之所以能够合作形成知识链，必然有支撑各方价值和愿景实现的共同基础，即通过主体协同、机制协同和知识协同实现知识链的协同效应，从而带来巨大的整体效益，使各方获得更多的经济效益和社会价值。如核心企业可以从供应商那里获得更加低廉的原材料和半成品，从高等院校和科研院所获得专业知识和技术支撑，以及更优秀的人才，从竞争对手那里获取更有利的商业信息等；高等院校和科研院所从核心企业、供应商那里获得技术研发所需的资金和人才实践基地等；顾客从核心企业那里获得能满足自身物质文化需求的商品等。第三，愿景共享和推广。知识链是一个整体，要使整体有序发展，必须使每个成员往共同的目标方向发展，也必须在统一的行为准则下行事。知识链共同愿景的分享和推广是一个将共同的价值认同和目标追求根植于每一个知识链成员内心的过程，由此激励知识链各主体自愿为实现知识链的共同愿景而投入自己的热情和积极性，为实现知识链的共同目标而奉献。

知识链的共同愿景能够创造巨大的凝聚力，是知识链实现文化协同和有序发展的动力来源。知识链共同愿景促进知识链文化协同表现在：第一，形成知识链的共同目标和行为准则。知识链共同愿景是知识链文化的具体体现，规范知识链各主体的行为方式，引导知识链各主体的行为方向。第二，形成共识，强化各主体关系。知识链共同愿景是在知识链各主体的共识上建立的，体现的是知识链各主体的共同意愿，因此在一些问题上可以避免不必要的冲突，形成知识链各主体之间的认同感，同时也增进了各主体之间的关系，使知识链内部充满和谐的氛围，促进知识链的文化协同。第二，调动各主体的积极性和创造性。知识链共同愿景形成的同时，也标志着知识链各主体拥有了各自的任务和使命，为了完成各自的使命和任务，知识链各主体充分地调动自己的积极性和创造性，发挥自己的优势和能力，为实现知识链的共同愿景而做出奉献，同时也加速了知识链文化协同的步伐。第四，激励各主体勇于创新，承担责任和风险。知识链共同愿景的实现可以激发知识链各主体的创造力和创新热情，在共同愿景的激励下知识链各主体勇于探索实践，创造出新技术、新知识和新事物。同时，也赋予了知识链各主体相应的责任、义务、权利和风险，有利于分散化解知识链文化协同过程中带来的风险，促进知识链文化协同。

### 5.4.3 鼓励沟通与交流

沟通与交流有利于知识、信息等传递和共享。坎特（Kanter，2000）指出沟通交流是实现协同的关键要素[①]。知识链各主体之间的良好沟通与交流有利于知识链各主体对

---

① Kanter RM. When Giants Learn to Dance [M]. London: Simon & Schuster, 1989.

不同组织文化的认知,促进知识链知识流动和知识共享,化解知识链各主体之间的文化冲突,消除知识链各主体的协同障碍。

知识链各主体之间的沟通与交流是知识链知识流动和知识共享的主要途径,那么,良好的沟通与交流方式,顺畅的沟通与交流渠道和平台是知识链知识流动和知识共享的重要保证。①知识链各主体之间的沟通与交流的主要方式有:面对面方式、互发信函方式、网络邮件方式、信号通信方式和头脑风暴等方式。②知识链各主体之间的沟通与交流渠道主要有:正式渠道与非正式渠道、直接渠道与间接渠道①。其中,第一,正式渠道包括专人负责联络,跨组织的特定任务小组、跨组织的委员会等,也称为正式整合机制(formal integrative mechanism)。加尔布雷斯(Calbraith,1973)以及纳德和图什曼(Nader & Tushman,1987)将有专人负责的协调联络、跨公司的任务小组以及永久性跨公司委员会视为把一个组织中不同单位整合在一起的正式整合机制。显然,正式整合机制运用越多,组织之间沟通越密切,沟通途径越丰富(Paff & Lengel,1986)。因此,组织之间的整合越依赖于正式整合机制(设立专人负责联络、任务小组、委员会),组织之间的知识流动越多。第二,非正式渠道则主要是指组织之间管理者或关键人员之间的交流,从而统一认识的各种机制,也成为社会化机制(socialization mechanism)。社会化机制是指密切个人关系,使来自不同组织的人能统一认识的各种机制(Von Manen & Schein,1979)。个人之间越熟悉,关系越密切,相互交流就越开放,从而相互沟通也就越丰富。因此,社会化机制的运用有利于丰富组织间知识的传输渠道②③。第三,直接流动渠道是指知识在两个主体之间直接进行交换。知识由知识的传出方直接传输给知识的接收方。第四,间接流动渠道是指知识在两个主体之间不是直接进行交换。知识的传输经过一个中转点进行知识的流动,这个中转点可以是公共知识库、知识共享平台或者中介服务机构。知识由知识传出方途经中转点,最后传给知识的接收方。

### 5.4.4 创新文化模式

知识链各主体文化之间既存在差异性也存在共性,知识链实现文化协同之前必须要正视和承认知识链各主体之间的文化差异,找出知识链各主体之间的文化共性,力争做到求同存异,兼顾多方文化。知识链的文化协同实质上是创造出一种新的文化模式,这种文化模式并不是要消除知识链各主体之间的文化差异,而是在认同各主体文化差异的

---

① 程强,顾新. 论学习型区域主体之间交互学习的主要影响因素 [J]. 华东经济管理,2013,27 (8):59 – 63.
② 徐金发,刘翌. 母子公司之间知识流动的决定因素研究 [J]. 科研管理,2002,2 (2):122 – 126.
③ 刘翌,徐金发. 母子公司知识流动:一个理论分析框架 [J]. 科研管理,2002,23 (3):6 – 11.

基础上形成的，具有各主体文化共同特征，又适用知识链整体的共同文化。共同文化的形成一定要注意知识链协同效应的最大化，核心企业一定要担负其核心作用和主导作用，综合各方利益，强化各方的协同优势，营造一个知识链内外和谐一致、协同合作的知识链共同文化。

知识链的文化协同与知识链的共同文化具有密切的联系，知识链共同文化一旦形成便会对知识链各主体的思想、价值观和行为方式造成影响。知识链共同文化可以强化不同主体之间的关系，增强知识链的凝聚力，并将知识链的目标和发展方向内化为各主体的任务和使命，引导知识链各主体的行为方向，维持知识链的有序发展。知识链的共同文化为知识链创造了一个协同合作的文化氛围，赋予各主体归属感和荣誉感，并调动各主体的工作积极性和主动性，提高各主体的工作热情，推动知识链的有序发展。

总而言之，知识链的文化协同是一个不同文化整合的过程，这个过程中，知识链要承认和正视各主体的文化差异，然后在此基础上形成一个全新的、兼顾各方利益的共同文化。知识链文化协同过程也是推动知识链主体协同的过程，这一过程中体现了知识链文化的自主融合、发展和完善的自组织过程。

# 第 6 章

# 知识链的机制协同

从企业发展来看建立完善的行为约束机制,能够有效降低组织内部的运营成本,实现资源利用最大化、经济绩效最大化,从而推动企业经济绩效的提升[①]。机制协同作为知识链各主体在协同合作过程产生协同效应的关键要素,构建起完善的机制体系,不仅为知识链产生协同效应提供了制度化的手段、方法及保障,同时,也为知识链的主体协同提供了动力和支撑[②]。本章从相互信任机制、激励约束机制、冲突解决机制和风险防范机制四维角度探索构建知识链的协同机制,促进知识链机制协同,确保知识链协同效应的实现。

## 6.1 相互信任机制

知识链的知识流动过程需要各成员不断地投入知识资源才能不断地进行下去,因此,让各成员积极地进行知识资源投入是实现知识链协同效应的关键所在。合作主体间相互信任是各主体进行交流协作的基础,在知识链协同过程中也不例外。主体间的相互信任是各方保持长期、良好合作的基础,能够使知识链各成员间形成一种互相信任、积极投入的氛围,完善的相互信任机制对促进知识链成员间的协同合作具有关键作用,其不仅可以减少知识链主体间的合作顾虑、增强友好合作伙伴关系,从而有效提高各主体间的协同合作意愿,促使各主体投入更多资源参与知识链。

知识链主体之间的信任关系属于组织之间的信任范畴,是指知识链各主体在面向未来不确定性时,彼此间的一种承诺和相互信赖,由此而产生的各方心理上认可[③]。具有以下特征:第一,不可或缺性。没有信任也就没有合作,信任是合作的基础,知识链合

---

[①] 邹志勇,武春友. 企业集团管理协同能力理论模型研究 [J]. 财经问题研究, 2008 (9): 99 - 102.
[②] 胡园园,顾新,程强. 知识链协同效应作用机理实证研究 [J]. 科学学研究, 2015, 33 (4): 585 - 594.
[③] 顾新,李久平. 知识链成员之间的相互信任 [J]. 经济问题探索, 2005 (2): 37 - 40.

作的成功离不开知识链主体之间的相互信任，相互信任是知识链合作成功和稳定发展的关键。第二，经验性。信任的形成也是人们对过去经验的总结，是长期交往的实践经验的结果。知识链中的核心企业依靠自身直接和间接的经验来选择可信任的对象，并发展成为合作伙伴。第三，感染性。当知识链中一方主体信任另一方主体时，那么另一方主体也会信任该主体；当另一方主体作出不信任的行为时，该主体便也不会再信任它。这样的行为会感染到知识链中其他主体对该主体的信任程度，这就是知识链主体之间信任的感染性。第四，一致性。知识链中各主体建立信任关系后，其行为应该与信任建立前的承诺一致，这样可维护知识链的共同利益，促进知识链的稳定发展。第五，风险性。由于机会主义的存在，一方的失信行为会给知识链带来损失，甚至导致知识链的瓦解。因此，知识链主体之间的信任是有风险的。第六，非对称性。知识链主体之间信任关系的不对称性表现为各主体之间的信任程度不同，这种非对称性会被其中的某个主体利用，而给其他主体带来损失。

根据信任的不同程度可以将信任划分为低度信任、中度信任和高度信任，随着知识链生命周期的推进，知识链也会经历一个信任度由低到高的过程。王涛和顾新（2010）以相互信任的建立和演化过程为划分依据，依时间维度将知识链主体之间的相互信任关系划分为：尝试性信任、维持性信任和延续性信任[①]。三种信任的关系和发展变化如图6-1所示。

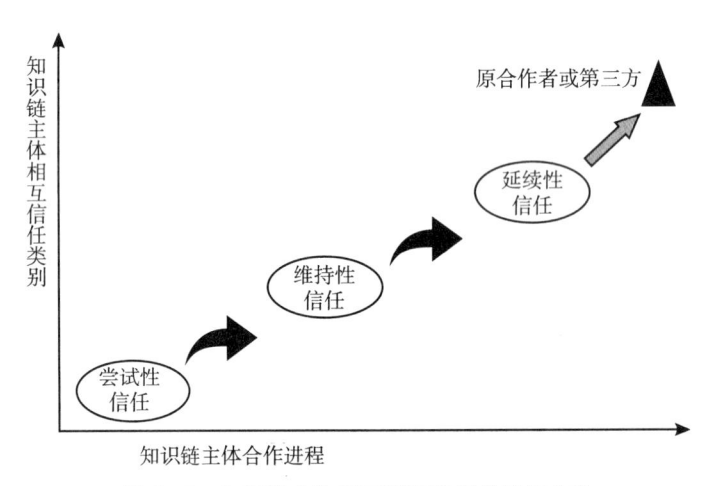

**图6-1 知识链主体相互相互信任类别与上升**

资料来源：Barney J B, Hansen M H. Trustworthiness as a source of competitive advantage [J]. Strategic management journal, 1994, 15 (S1): 175-190.

---

① 王涛，顾新. 基于社会资本的知识链成员间相互信任产生机制的博弈分析 [J]. 科学学与科学技术管理，2010（1）：76-80，122.

其中，第一，尝试性信任一般发生在知识链合作初期，由于合作各方彼此都是初步了解和接触，在理性思维引导下，合作各方出于对自身利益和安全的考虑，彼此之间采取试探性的合作态度，建立尝试性信任关系。第二，当合作继续进行，各方在互动中有了深入的了解，在相互的磨合和切磋中形成了共同的价值观念、协同文化、行为方式和共同目标，知识链合作各方便从尝试性信任关系发展到维持性信任关系，企图以持续维持各方的合作关系以实现共同的价值和目标，相互之间的信任程度增强。第三，当合作接近尾声或结束时，合作各方实现了目标并获得了相应的利益，这是信任得到稳固，合作的结束并不意味着信任关系的分解，而是信任关系得到了延续，这种延续包括时间上和空间上的延续，即主体之间的相互信任可以延续到双方的下次合作，或通过网络声誉传递机制传递给第三方。这三种信任关系是随着知识链生命周期的演进而逐步演化，信任的程度由低到高不断上升，但是当知识链主体之间的信任关系是由延续性信任发展而来时，则合作一开始的信任程度会比完全陌生的双方初次合作时高，合作成本降低，合作效率提高。

### 6.1.1 建立以契约为基础的信任保障体系

契约具有法律效力，受法律的保护。契约在信任建立的过程中发挥着重要的作用，可以约束各主体之间的投机行为，预防失信带来的损害。信任建立前，为了保护各主体的利益，维护各主体的知识产权和商业机密，通过考察和权衡各主体的信誉、结构、性质和收益等，与合适的主体共同协商签订契约。契约规定了信任关系各主体的权利、义务、职能、责任和任务等，通过正式的契约约束和监督信任各方的行为，防止机会主义的产生，并对失信行为采取惩罚措施。

### 6.1.2 建立有利于主体沟通与交流的渠道和方式

沟通和交流是知识链各主体之间知识流动和信息交流的主要方式，尤其是隐性知识的流动。由于知识链各主体性质、背景、文化、价值观和目标等不同，各主体作为经济人在理性思维引导下，在合作之初会怀着对其他主体的戒备和防卫心理，不愿意与别人进行更多的交流和沟通，也不愿意将自己的知识和技术与其他主体分享。随着合作的深入，知识链各主体之间的交流和互动越来越频繁，彼此之间有了较深的了解和沟通，信任度也越来越高。由此可见，知识链主体之间的相互信任并不是一开始就有的，而是通过各方的投入和培养发展起来的，频繁深入的交流和沟通是建立相互信任关系的重要手段。

通过频繁深入的交流和沟通，彼此之间更加了解对方的思维模式和行为方式，其透明度越高，也避免了机会主义的行为。因此，在知识链中建立正式和非正式的沟通渠道，提高各主体行为的透明度，公开知识链各主体的战略、文化、组织结构和管理制度等，促进各主体之间的相互了解，从而增加了各主体之间相互监督的程度，降低不确定因素和机会主义等对知识链主体协同带来的威胁。建立良好的信息网络，保持知识链各主体沟通与交流渠道的通畅，以多方式、多层面加强主体之间的沟通与交流，使主体之间能够相互了解对方，降低彼此之间的防备心理，引导各主体自愿公开自己的知识，促进知识链的知识流动和知识共享。只要各方长期关注沟通与交流的改善，随着时间的推移，知识链各主体的信任会越来越高。

### 6.1.3 塑造主体之间公平的合作理念

公平是知识链主体之间建立相互信任关系的重要来源，公平的缺乏会破坏知识链主体之间的信任。塑造知识链主体之间的公平是指知识链地位的公平、程序的公平和利益分配的公平。

首先，地位公平是指在知识链合作中，各主体的权利、义务和责任的分配要公平。地位公平意味着主体不能因为在知识链中处于劣势而受到不公平的待遇，其在知识链中的地位是平等的，与其他主体一样拥有公平的权利、义务和责任。

其次，程序的公平是指知识链各主体在处理问题及其在相互交往的过程中程序和政策的公平。程序公平意味着知识链各主体不论其实力的强弱，在交流和沟通中不存在歧视性的政策和处事方式。如果在政策的制定和程序的设置上偏向实力较强的一方，那么实力较弱的一方就会因为受到不公平的待遇而缺乏积极性和安全感，从而对知识链失去信任。

最后，利益分配的公平是指知识链对利益的分配要公平，主体的投入与获得的回报应该相适应。利益分配的公平对知识链各主体做出的承诺和各主体行为的积极性有很大的影响。知识链各主体按照承诺行事，如果他们在最终的利益分配上得到了不公平的待遇，那么就会使他们对知识链的信任降低，甚至对知识链产生不信任的想法。实际上，对公平的认识能从总体上增加目标的一致性，促进各主体遵循承诺，为目标的实现而积极努力，彼此之间的关系得到进一步的加深，信任度也会提高。因此，在知识链中塑造公平的合作理念，建立相互忠诚、信守承诺的道德规范和公平、公正合理的制度规范。

## 6.1.4 建立失信行为的防范和惩罚机制

知识链各主体都是理性的经济人,在有机会主义和追求利润最大化的诱导下,往往会产生背叛其他主体的失信行为,仅仅依靠契约的约束也无法避免,这将给知识链的整体效益和知识链协同效应带来巨大的损失。因此,为了防范知识链主体的失信行为,必须建立失信行为的防范和惩罚机制以维持主体之间的相互信任。失信行为的防范机制包括两个方面:提高欺骗的成本和增加合作收益[1]。可以通过提高退出壁垒,利用知识链主体不可撤回性投资,和相关的法律法规等,锁定对方,将知识链各主体的利益与知识链整体的利益绑定在一起,一旦一方发生失信行为将"一荣俱荣,一损俱损",并将承担相应的责任,情节严重者将得到相应法律的制裁。这样知识链各主体在巨大的欺骗成本的压力下,根除机会主义心理,提高对其他主体的信任度。另外,若知识链可以为主体提供无形资产上的隐性"担保"(如加入知识链可以轻易树立良好的商誉和品牌形象),则合作收益远远大于独立行动的收益,合作行为受到鼓励,知识链各主体之间的信任加强,知识链协同效应更容易形成。

## 6.1.5 形成统一的知识链协同文化

文化是一个企业的灵魂,也是组织行为的内在体现,知识链的协同文化是知识链主体的共同文化,是推动知识链主体协同不可或缺的重要内容。知识链由于各主体之间的战略、组织结构、文化和管理制度和方法的不同,导致知识链主体之间潜在冲突的存在,阻碍了知识链主体协同的形成。朱克(Zucker,1986)在研究信任的来源时指出,组织之间具有的共同文化或伦理等共同特征容易产生信任[2]。知识链的协同文化是在承认各主体之间的文化差异上,经过树立核心价值观,建立知识链的文化愿景,鼓励主体之间的相互沟通与交流,形成的包含知识链不同主体文化差异的新的文化模式。知识链的协同文化是知识链各主体的共同文化,影响着主体的价值观、思维模式和行为方式,有助于密切各主体之间的联系,增强彼此之间的信任,减少主体之间的冲突。因此,建立知识链主体之间的相互信任机制必须建立知识链的协同文化,通过协同文化的形成,促进知识链各主体之间的交流与沟通,消除各主体之间的隔阂,使知识链各主体的文化

---

[1] 王蔷. 论战略联盟中的相互信任问题(下)[J]. 外国经济与管理, 2000, 22 (5): 21-24.
[2] Zucker L G. Production of trust: Institutional sources of economic structure, 1840-1920 [J]. Research in Organizational Behavior, 1986 (8): 53-111.

差异得到其他主体的认同和理解,并创造出新的彼此认同的文化模式,在知识链各主体中相互渗透、交融,形成知识链的协同文化,确保知识链有一个促进相互信任的文化基础。

## 6.2 激励约束机制[①]

知识链各主体之间的非线性协同合作是知识链协同效应形成的前提,各主体之间非线性协同合作的程度直接影响知识链协同效应的形成。但是由于知识链之间知识和技术的投入不易观测和量化,所以各主体为了追求自身利益最大化而容易产生机会主义和道德风险。为了推进知识链协同发展和协同效应的实现,知识链需要建立激励约束机制,促进知识链各主体利益诉求得到实现,知识链整体实现共赢,激励知识链主体充分发挥积极性和主动性为知识链的协同发展和协同效应的实现竭尽所能,同时采取措施约束和限制知识链主体的机会主义和道德风险。

知识链协同过程是知识链各主体分工协作,相互作用和互动的过程,各主体以自身的优势知识、技术和专属资源作为协同活动的投入,以优势互补的方式促进知识链的协同运行。知识链的激励约束机制通过调整经济效益的分配模式,来促进知识链各主体自愿加大知识、技术和专属资源等投入,以推动知识链的协同发展和协同效应的实现。

### 6.2.1 模型假设

知识链各主体的协同合作与互动是知识链协同效应实现的关键环节。知识链主体之间的协同与互动主要通过各主体的知识、技术和专属资源的投入来推动。为了便于模型构建,选取知识链两个主体进行讨论,记作主体 A 和主体 B。

假设 1. 知识链主体 A 和主体 B 是通过知识、技术和专属资源来参与知识链的协同活动,以推动知识链协同发展,因此,其参与协同活动的收益可以采用"柯布—道格拉斯生产函数"来描述。即,

$$\phi(A, B) = kA^a B^b + \mu \tag{6-1}$$

其中,$A$ 为主体 A 投入的知识、技术和专属资源等,$B$ 为主体 B 投入的知识、技术

---

[①] Cheng Q, Liu Y-L, Chang Y-R. The incentive mechanism in knowledge alliance: based on the input-output of knowledge [J]. Journal of Innovation & Knowledge, 2022, 7 (2): 100175.

和专属资源等，$a$ 为主体 A 的投入产出弹性系数，$b$ 为主体 B 的投入产出弹性系数，$k$ 为合作收益价值，$\mu$ 为随机干扰的影响。

知识链主体 A 和主体 B 在知识链协同过程中，其行为也是符合边际效应，即随着主体 A 和主体 B 投入加大时，产出持续增长，但是产出增长速度会随投入的增加而变缓。因此，公式（6-1）满足：

$$\frac{\partial \phi(A, B)}{\partial A} > 0, \frac{\partial \phi(A, B)}{\partial B} > 0; \frac{\partial^2 \phi(A, B)}{\partial A^2} < 0, \frac{\partial^2 \phi(A, B)}{\partial B^2} < 0$$

其中，主体 A 和主体 B 的投入产出弹性系数 $a$，$b$ 满足 $0 < a < 1$，$0 < b < 1$。随机干扰量 $\mu$ 服从正态分布 $N \sim (0, \sigma^2)$。由此，可得主体 A 和主体 B 的产出期望值，即，

$$E\phi(A, B) = kA^a B^b$$

假设 2. 知识链主体 A 的投入成本为 $C(A) = \frac{\lambda A^2}{2}$，主体 B 的投入成本为 $C(B) = \frac{\varphi B^2}{2}$。其中，$\lambda$ 和 $\varphi$ 分别为主体 A 和主体 B 的投入成本系数[①]。

假设 3. 知识链协同效应实现带来了整体的收益大于单个主体独立运营获得的收益，出现了剩余收益，那么，按照分配原则，知识链的剩余收益应该作为各主体参与协同活动的红利进行再分配，以激励各主体积极、持续参与协同活动，促进知识链有序发展。因此，知识链各主体的收益，除了获得投入所产生的基本收益份额外，还应该获得参与协同活动的红利。结合基于博弈论的合作模型以及霍姆斯特姆和米尔格罗姆的参数化扩张模型，设定主体 A 的收益函数为：

$$\theta(\phi) = \omega + \beta \phi$$

其中，$\theta(\phi)$ 为主体 A 在协同过程中获得的收益，$\omega$ 为主体投入的协同资源所获得的基本分配份额，$\beta$ 为主体参与协同活动获得的红利系数，且 $0 < \beta < 1$。

### 6.2.2 模型建立

（1）知识链主体 A 通过与主体 B 协同合作所得到的收益期望为：

$$E(R_A) = E[\theta(\phi) - C(A)] = \omega + \beta k A^a B^b - \frac{\lambda A^2}{2} \tag{6-2}$$

主体 A 通过对协同资源的调整，以获取最优收益期望，对式（6-2）求为偏微分，得：

$$a\beta k A^{a-1} B^b - \lambda A \tag{6-3}$$

---

[①] 张维迎. 博弈论与信息经济学 [M]. 上海：上海人民出版社，2004.

令式（6-3）为0，则可以得到主体A收益期望最大化的一阶条件。

（2）知识链主体B通过与主体A协同合作所得到的收益期望为：

$$E(R_B) = E[\phi(A, B) - \theta(\phi) - C(B)] = (1-\beta)kA^a B^b - \omega - \frac{\varphi B^2}{2} \quad (6-4)$$

在协同过程中，主体B通过对协同资源的调整，以获得最优收益期望，对式（6-4）求偏微分，可得：

$$b(1-\beta)kA^a B^{b-1} - \varphi B \quad (6-5)$$

令式（6-5）为0，则可以得到主体B收益期望最大化的一阶条件。

（3）联立式（6-3）和式（6-5），可以得到，在收益函数确定情况下，主体A和主体B协同资源的最优投入条件，即：

$$\begin{cases} a\beta k A^{a-1} B^b - \lambda A = 0 \\ b(1-\beta)kA^a B^{b-1} - \varphi B = 0 \end{cases} \quad (6-6)$$

知识链要激励各主体发挥积极性和主动性，参与知识链协同活动，实现知识链协同效应，就必须要保证各主体的收益期望大于参与协同的机会成本。即：

$$\begin{cases} E(R_A) \geqslant C_A \\ E(R_B) \geqslant C_B \end{cases}$$

其中，$C_A$ 和 $C_B$ 分别是主体A和主体B的机会成本。

### 6.2.3 模型求解

知识链的激励约束机制是通过利益分配来激励各主体，但是根据边际效应规律，当激励超过最优解时，知识链没有必要支付更多的利益给各主体，因此，知识链主体A受到的约束可以表示为：

$$E(R_A) = C_A$$

则有：

$$\omega + \beta k A^a B^b - \frac{\lambda A^2}{2} = C_A$$

变形可得：

$$\omega = C_A - \beta k A^a B^b + \frac{\lambda A^2}{2} \quad (6-7)$$

将式（6-7）代入式（6-4）中，可得：

$$E(R_B) = kA^a B^b - C_A - \frac{\lambda A^2}{2} - \frac{\varphi B^2}{2} \quad (6-8)$$

式（6-8）为目标函数，求解其最大值，约束条件为式（6-6），为等式约束条件。因为知识链主体 A 和主体 B 的协同资源投入不为 0，即 $A \neq 0$，$B \neq 0$。为了使运算简便，可以将式（6-6）变形，将式（6-3）乘以 A，式（6-5）乘以 B，可以得到：

$$\begin{cases} a\beta kA^aB^b - \lambda A^2 = 0 \\ b(1-\beta)kA^aB^b - \varphi B^2 = 0 \end{cases} \quad (6-9)$$

根据假设 1 可知，目标函数存在极值，因此，使用拉格朗日乘数法，构造广义拉格朗日函数 $F(A, B)$，可得：

$$F(A, B) = kA^aB^b - C_A - \frac{\lambda A^2}{2} - \frac{\varphi B^2}{2} - m(a\beta kx^a - \lambda A^2) - n[b(1-\beta)kA^aB^b - \varphi B^2]$$

$$(6-10)$$

其中，$m$，$n$ 为拉格朗日乘子。分别对 $A$，$B$ 求偏微分，并令其等于 0，可得：

$$\begin{cases} akA^{a-1}B^b - \lambda A - a^2m\beta kA^{a-1}B^b + 2m\lambda A - nb(1-\beta)kaA^{a-1}B^b = 0 \\ bkA^aB^{b-1} - \varphi B - abm\beta kA^aB^{b-1} + 2n\varphi B - nb^2(1-\beta)kA^aB^{b-1} = 0 \end{cases} \quad (6-11)$$

联立式（6-9）和式（6-10），可得：

$$\begin{cases} \dfrac{1}{\beta}(1 - nb) - 1 - am + 2m + nb = 0 \\ \dfrac{1}{1-\beta} - 1 - am\dfrac{\beta}{1-\beta} - nb + 2n = 0 \end{cases} \quad (6-12)$$

将式（6-10）对 $\beta$ 求导，并令其等于 0，可得：

$$ma = nb \quad (6-13)$$

联立式（6-12）和式（6-13），可得：

$$\begin{cases} (2ab + 2a^2 - 4a)m^2 - 2abm + b = 0 \\ (2ab + 2b^2 - 4b)n^2 - 2abn + a = 0 \end{cases} \quad (6-14)$$

根据二次函数求根公式，可得：

$$\begin{cases} m = ab \pm \sqrt{ab(a-2)(b-2)}/2a(a+b-2) \\ n = ab \pm \sqrt{ab(a-2)(b-2)}/2b(a+b-2) \end{cases} \quad (6-15)$$

根据式（6-10），当 $m$ 和 $n$ 都取负值时，可得 $F(A, B)$ 的极大值，此时，最优红利系数为：

$$\tilde{\beta} = \frac{1}{1 + \sqrt{b(2-a)/a(2-b)}} \quad (6-16)$$

将式（6-16）代入式（6-6），可求得在最优红利系数条件下，主体 A 和主体 B 协同资源投入的最优解，即：

$$\begin{cases} a\tilde{\beta}kB^b = \lambda A^{2-a} \\ b(1-\tilde{\beta})kA^a = \varphi B^{2-b} \end{cases} \quad (6-17)$$

将式 (6-17) 进行 $a$ 次方，下式进行 $(2-a)$ 次方，可得：

$$B^{4-2b-2a} = \frac{(a\tilde{\beta}k)^a [b(1-\tilde{\beta})k]^{2-a}}{\lambda^a} \quad (6-18)$$

等式两边同时取自然对数，可得：

$$(4-2b-2a)\ln y = a\ln(a\tilde{\beta}k) + (2-a)\ln[b-(1-\tilde{\beta})k] - a\ln\lambda - (2-a)\ln\varphi \quad (6-19)$$

式 (6-19) 变形，等式两边以 $e$ 为底，求指数函数，可以得到在最优红利系数条件下，主体 B 的协同资源投入为：

$$\tilde{B} = e^{\frac{a\ln(a\tilde{\beta}k) + (2-a)\ln[b(1-\tilde{\beta})k] - a\ln\lambda - (2-a)\ln\varphi}{(4-2b-2a)}} \quad (6-20)$$

同理，主体 A 在最优红利系数条件下的协同资源投入为：

$$\tilde{A} = e^{\frac{b\ln[b(1-\tilde{\beta})k] + (2-b)\ln(a\tilde{\beta}k) - b\ln\varphi - (2-b)\ln\lambda}{(4-2b-2a)}} \quad (6-21)$$

将式 (6-20) 和式 (6-21)，同时代入式 (6-8)，可得：

$$\omega = C_A - \tilde{\beta}k\tilde{A}^a\tilde{B}^b + \frac{\lambda A^2}{2} = C_A - \tilde{\beta}k\tilde{A}^a\tilde{B}^b + \frac{a\tilde{\beta}k\tilde{A}^a\tilde{B}^b}{2} = C_A - \frac{(2-a)\tilde{\beta}k\tilde{A}^aB^b}{2} \quad (6-22)$$

$\omega$ 为知识链主体 A 获得的基本收益份额，其中 $\frac{(2-a)\tilde{\beta}k\tilde{A}^aB^b}{2}$ 为主体 A 获得的红利收益。

基于上述分析，使用 MATLAB 软件中的建模语言来验证我们的假设并进行假设检验。模型求解的代码如下（仿真结果如图 6-2 所示）。

```
syms x y;
k = 6;a = 0.5;b = 0.5;lamda = 2;phi = 3;C_A = 1;
z = k.* x.^a.* y.^b - C_A - lamda.* x.^2./2 - phi.* y.^2./2;
dzx = diff(z,x);dzy = diff(z,y);
format short;
[xx,yy] = solve(dzx,dzy,x,y);
A = diff(z,x,2);B = diff(diff(z,x),y);C = diff(z,y,2);
D = A* C - B^2;
A1 = subs(subs(A,'x',xx),'y',yy);D1 = subs(subs(D,'x',xx),'y',yy);
if((A1 <0)&&(D1 >0))
    disp('the local maximum');
```

```
elseif((A1 >0)&&(D1 >0))
    disp('the local minimum');
elseif(D1 <0)
    disp('not existed');
    else
        disp('not definite');
end
A0 = vpa(xx)
B0 = vpa(yy)
```
The output shows that:

A0 =1.3554030054147672479433270793372

B0 =1.1066819197003215924087902734403

And we use the following code segment to simulate the result and draw the picture:

```
A =0:0.005:2.5;B =0:0.005:2.5;
[X,Y] = meshgrid(A,B);
k =6;a =0.3;b =0.5;lamda =1;phi =3;C_A =.5;
E = k.* X.^a.* Y.^b - C_A - lamda.* X.^2./2 - phi.* Y.^2./2;
mesh(X,Y,E);
xlabel('A');ylabel('B');zlabel('E(R_B)');
```

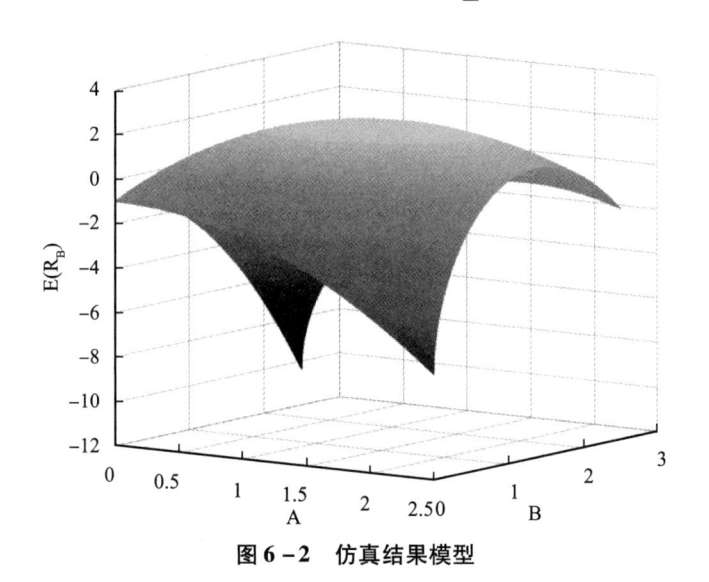

图 6 -2  仿真结果模型

### 6.2.4 模型分析

（1）由 $\tilde{\beta} = \dfrac{1}{1+\sqrt{b(2-a)/a(2-b)}}$ 可知，知识链主体 A 和主体 B 的红利系数只受到主体产出系数 $a$ 和 $b$ 的影响，与合作产出价值无关，说明红利系数与合作产出的数量、规模等无关，只与知识链主体的协同资源投入弹性系数有关。同时，与成本系数 $\lambda$ 和 $\varphi$ 无关，说明红利系数与投入成本没有直接联系，而是由投入产出效能决定。因此，知识链的激励约束机制的构建要充分考虑到各主体的投入产出比例，尽可能保证知识链利益分配的公平，这样才可以激发各主体参与知识链协同活动的积极性和主动性，从而推动知识链协同的有序发展。

（2）由 $\tilde{\beta} = \dfrac{1}{1+\sqrt{b(2-a)/a(2-b)}}$ 可知，红利系数 $\tilde{\beta}$ 与知识链主体 B 的产出弹性系数 $b$ 称负相关，与主体 A 的产出弹性系数 $a$ 呈正相关。说明在知识链协同合作中，主体 B 投入越多，主体 A 的收益就会减少，主体 A 的收益与参与协同活动所投入的协同资源成正比，投入越多，收益越多，与其他主体的投入无关。因此，知识链可以通过提高主体红利收益来激励各主体加大协同资源的投入，促进协同活动的顺利进行，从而加快知识链协同效应的实现。

（3）由 $\omega = C_A - \tilde{\beta} k \tilde{A}^a \tilde{B}^b + \dfrac{\lambda \tilde{A}^2}{2}$ 可知，知识链支付给主体 A 的基本收益份额 $\omega$，与主体 A 的成本系数 $\lambda$ 呈正相关，说明知识链主体的投入与产出成正比，投入越多收益越多。因此，为了激励主体积极参与知识链协同，知识链要保证各主体利益分配的公正和公平，即主体获得收益要与其投入相适应，这样才会促进知识链主体自愿参与知识链的协同活动，如果知识链得到的收益低于投入的成本，那么该主体就会拒绝参与知识链协同活动，导致知识链协同无法形成，知识链协同效应无法实现。

### 6.2.5 模型的合理性验证

（1）投入产出比与合作效益。

在科技研发领域，科技成果转化率被认为是绩效评价的重要指标，它对社会经济的发展起着重要的推动作用。徐政等（2021）科普投入产出技术效率的提高和规模效率的波动将提高科普投入产出效率，进而促进区域社会经济发展[1]。因此，在今后的科普工作中，我们不仅应该重视提高科普资源的投入，而且应该更加重视在有限的投入规模下提高科普资源的投入产出效率[2]。

基于以上，提出假设1：

H1：知识联盟成员的知识产出投入比对成员的效益有显著激励作用。

（2）投入规模与合作效益。

卡布雷拉等（2002）指出，知识是一种有价值的资源，但从单个企业来看，分享知识可能会带来巨大的成本，甚至可能暴露自己的竞争优势的秘密，从而使知识贡献者在利润或竞争中处于不利地位，导致"囚徒困境"和逆向选择[3]。在自组织的知识共享中，联盟成员的知识贡献会产生一个挤出效应和"囚徒困境"，而在其他组织的知识共享中，在联盟激励机制的存在下，成员的知识共享行为会随着合作伙伴知识贡献的增加而增加[4]。蒋雪琳等（2016）指出，知识投入是影响企业合作创新动态变化的关键因素，基于知识投入的合作创新演化路径可能比完全合作创新战略和完全非合作创新战略更稳定[5]。此外，该策略最终达到的均衡状态与知识资源投入、知识投入、合作创新收益系数等参数密切相关。宗等（2014）对合作网络中的知识共享进行了进化博弈分析，发现知识共享概率与超额结果呈正相关，与知识共享成本呈负相关[6]。在研发领域，研发投入的强度不能直接影响企业的绩效，研发投入可以提高科研成果的产出效率，但与企业的整体发展效率没有显著关系[7]。

基于以上，提出假设2：

H2：知识联盟成员的知识投入规模对成员的效益无显著激励作用。

（3）产出规模与合作效益。

现有研究表明，建立基于组织的激励机制是促进团队合作、提高团队绩效的重要手

---

[1] 徐政，党梦雅. 经济发展水平与科普资源投入产出效率的关系研究——基于三阶段DEA模型[J]. 现代管理科学，2017（3）：19-30.

[2] 刘广斌，李建坤. 基于三阶段DEA模型的我国科普投入产出效率研究[J]. 中国软科学，2017（5）：139-148.

[3] Cabrera, A., & Cabrera, E. F.. Knowledge-sharing dilemmas[J]. Organization Studies, 2002, 23（5）：687-710.

[4] 龙跃，顾新，张莉. 产业技术创新联盟知识共享的两阶段博弈分析[J]. 科技进步与对策，2016，33（20）：69-75.

[5] 蒋雪琳，何建佳. 基于知识投入的企业合作创新策略演化路径研究[J]. 技术与创新管理，2016，37（1）：11-17.

[6] Zong S, Cai Z, Qi M. Evolutionary Game Analysis on Enterprise's Knowledge-Sharing in the Cooperative Networks[C]//Springer Berlin Heidelberg, 2014：359-367.

[7] 董明放，韩先锋. 研发投入强度与战略性新兴产业绩效[J]. 统计研究，2016，33（1）：45-53.

段，但回报差异的存在可能阻碍未来持续合作的组合①。工资被认为是衡量产出的一种尺度。学者们研究了工资不平等对合作的影响。有研究人员认为工资差异对合作有负面影响②，也有认为工资差异对合作没有显著影响③。这表明，单纯的产出价值不会对双方的合作产生影响。

基于以上，提出假设3：

H3：知识联盟成员的知识产出规模对成员的效益无显著激励作用。

### 6.2.6 样本描述

样本对象是来自企业、高校、科研院所等与其他机构有合作关系的工作人员。由于知识具有内在性和隐藏性，尤其是隐性知识是根深于内心的一套技能或经验，难以挖掘，较为抽象，不可能像企业的业绩那样容易获取。因此，选择了最合适的调查方法。通过对调查问卷归一化、规范化处理，对每个问题项的效度和信度进行严格测试。此外，除了量化的资料外，问卷调查法也期望获得以属性、品质和态度为标志的资讯。本部分的采样对象是在四川省企业、高校和科研院所工作的教职工，因此，社交媒体是一种方便可行的数据收集方式。问卷通过网站、电子邮件和亲自访问等多种渠道发放。此外，问卷数据以在线形式记录，有助于数据处理工作，保护受访人员的个人信息。

考虑到研究中选择合适样本的困难，我们采用了方便的抽样方法来收集数据。然而，一些回答分布异常的问卷，例如，所有的答案都完全同意或完全不同意，或者没有完成整个问卷就提交的问卷，被视为无效问卷。因此，本次问卷总共完成了280份，其中26份为无效问卷，剩下264份样本为有效问卷，可供实证分析。受访者人口统计信息如表6-1所示。

---

① Qin F, Mai F, Fry M J, et al. Supply-chain performance anomalies: Fairness concerns under private cost information [J]. European Journal of Operational Research, 2016, 252 (1): 170-182.

② Cherry, T., Kroll, S., Shogren, J. The impact of endowment heterogeneity andorigin on public good contributions: Evidence from the lab [J]. Journal of EconomicBehavior & Organization, 2005, 57 (3): 357-365.

③ Bartling B, Siemens F A V. Wage inequality and team production: An experimental analysis [J]. Journal of Economic Psychology, 2011, 32 (1): 1-16.

表6-1　　　　　　　　　　　样本调查情况描述

| 问题 | 频率 | 百分比（%） |
| --- | --- | --- |
| 组织背景 | | |
| 企业 | 123 | 48.43 |
| 高等院校 | 37 | 14.57 |
| 科研院所 | 23 | 9.06 |
| 政府部门 | 20 | 7.87 |
| 金融机构 | 20 | 7.87 |
| 其他 | 31 | 12.20 |
| 机构成员数量（人） | | |
| 300以下 | 89 | 35.04 |
| 300~500 | 76 | 29.92 |
| 500~1000 | 54 | 21.26 |
| 1000以上 | 35 | 13.78 |
| 联盟成立时间（年） | | |
| 3年以下 | 36 | 14.17 |
| 4~5年 | 86 | 33.86 |
| 6~10年 | 56 | 22.05 |
| 10年以上 | 76 | 29.92 |
| 合作时间（年） | | |
| 半年以下 | 31 | 12.20 |
| 少于1年 | 69 | 27.17 |
| 少于2年 | 68 | 26.77 |
| 超过2年 | 86 | 33.86 |

## 6.2.7　问卷设计

问卷包括三个部分：相关概念、样本基本情况和问卷的主要内容。第一部分介绍了本书的理论和实践目的，并向接受者解释了相关概念，包括知识链、知识协同、知识投入与产出的定义。第二部分为描述性结果，如表6-1所示。样本的基本信息有助于进行描述性分析，了解样本的基本分布情况。问卷的主要内容，采用5点Likert量表设计。每个问题都用陈述句来描述。被调查者需要判断每一个项目，并通过评分来表达他们的认可程度。分数从1到5分不等，分别表示完全不同意、不同意、中立、同意和完全同意。

问题项是测量相应的假设变量。具体来说，从假设陈述来看，自变量是投入产出比（$IO$）、投入规模（$IS$）和产出规模（$OS$）。因变量为激励机制（$IM$）。因此，我们设置了一系列问题，对五个变量（四个自变量和一个因变量）进行多维测量。此外，为了验证假设，我们接下来的分析工作是证明四个自变量的问题得分与因变量的问题得分是正相关还是负相关。问卷的具体内容请参看"附录1　知识链协同效应形成的激励机制研究调查问卷"。

### 6.2.8　信度和效度分析

采用验证性因素分析（CFA）对问卷进行信度和效度检验。可靠性反映了数据的内部一致性。单位信度的内部一致性系数是项目得分的加权和。Cronbach α 系数是检验信度的标准之一，它是所有可能的量表项目划分方法得到的半分信度系数的平均值，一般在 0 到 1 之间。因此，Cronbach α 系数越大，信度越高。经检验，所有变量的 Cronbach's α 值均达到 0.803，超过了 0.8 的阈值，说明样本数据的可靠性很高，具有很好的稳定性和可靠性。有效性是指工具真正衡量其意图的程度。有效性有两个方面：

一是 Kaiser–Meyer–Olkin（KMO）值和 Sig 值，如表 6-2 所示。我们进行了 Bartlett 球度检验并计算了 KMO 统计量，Bartlett 球度检验是检验变量间相关性的一种方法，KMO 统计量用于比较变量间的简单相关系数和偏相关系数。这两个标准是检验问卷模型有效性所必需的预检验，也是下一部分因子分析的预检验，如果检验结果显示变量之间有很大的相关性，那么这些变量就可以支持因子分析。在本书中，Bartlett 的球度检验显著（$p<0.0001$），KMO 统计量为 0.753，高于阈值 0.7，说明个体抽样充分性测度总体较高，变量间存在较强的相关性。

表 6-2　　　　　　　　　　　样本数据信度和效度检验结果

| 基于标准化的 Cronbach's α | KMO 值 | Sig. 值 |
| --- | --- | --- |
| 0.803 | 0.753 | 0.000 |

二是通过因子分析。因子分析的基本目的是用几个因子来描述各指标之间的联系。同一类中的变量，有着更密切的联系，成为一个因素。由于较少的因素反映了大部分原始数据信息，我们很容易找出主要的影响因素。在表 6-3 中，所有因子负荷均超过 0.7 的阈值，具有良好的代表性。

表 6-3　　　　　　　　　　　描述性分析和因子分析结果

| 题项 | No. | Mean | St. D | Factor loading |
|---|---|---|---|---|
| **激励机制** | IM | | | |
| 最佳分红率 | IM1 | 3.91 | 0.706 | 0.758 |
| 最佳生产规模 | IM2 | 3.98 | 0.801 | 0.758 |
| **投入产出比** | IO | | | |
| 组织本身的投入产出比 | IO1 | 3.85 | 0.952 | 0.769 |
| 组织自身的投入产出比应该高于知识链其他联盟成员 | IO2 | 3.51 | 1.064 | 0.769 |
| **投入规模** | IS | | | |
| 知识和技术的投入无法起到激励作用 | IS1 | 3.86 | 0.922 | 0.809 |
| 时间投入无法起到激励作用 | IS2 | 3.89 | 0.921 | 0.809 |
| **产出规模** | OS | | | |
| 知识链的总产出无法起到激励作用 | OS1 | 3.79 | 0.916 | 0.834 |
| 产出的财务价值无法起到激励作用 | OS2 | 3.85 | 0.893 | 0.834 |

## 6.2.9　实证结果与分析

如表 6-3 所示，$IO2$、$IS1$、$IS2$、$OS1$ 和 $OS2$ 均以相反的方式表达，以合理反映可能的负相关。通过因子分析，本书做了初步的总结。但要进一步了解影响因素之间的密切程度和因果关系，还需要进行相关分析和回归分析。因此，先对因子分析提取的三个因子进行相关分析。

如表 6-4 所示，$IM$、$IO$、$IS$、$OS$ 的 Pearson 相关系数在 0.420~0.596 变化，均大于 0.4，均通过显著性检验，表明模型具有很强的内在一致性。所有的正相关系数表明 $IO$、$IS$ 和 $OS$ 与 $IM$ 呈正相关。

表 6-4　　　　　　　　　　　Pearson 相关系数

| 变量 | 激励机制（$IM$） | 投入产出比（$IO$） | 投入规模（$IS$） | 产出规模（$OS$） |
|---|---|---|---|---|
| 激励机制（$IM$） | 1 | | | |
| 投入产出比（$IO$） | 0.420*** | 1 | | |
| 投入规模（$IS$） | 0.552*** | 0.434*** | 1 | |
| 产出规模（$OS$） | 0.455*** | 0.596*** | 0.569*** | 1 |

注：*** 显著性水平为 1%（$P<0.01$）。

为了验证这三个假设,我们构建了以下回归模型:

$$IM = \beta_0 + \beta_1 IO + \beta_2 IS + \beta_3 OS + \varepsilon$$

其中,$\beta_0$ 是常数。$\beta_1$,$\beta_2$ 和 $\beta_3$ 是三个自变量的回归系数。$\varepsilon$ 表示剩余误差。

这两类变量在相关分析中没有划分为自变量和因变量,不能进一步反映各种影响因素之间的因果关系和激励机制的作用。因此,为了探讨各种影响因素对 $IM$ 的具体影响,本部分采用逐步回归的方法进一步分析变量关系的方向。如表 6-5 所示,使用最小二乘法对我们的模型进行回归的结果。校正后的 $R$ 平方值和 $F$ 值均通过显著性检验（P<0.01）,说明回归模型具有显著性。

表 6-5　　　　　　　　　　　回归结果

| 自变量 | 因变量 | | |
|---|---|---|---|
| | 标准化系数 | T 值 | Sig. 值 |
| Constant | | 7.944 | 0.000 |
| IO | 0.170 | 2.646 | 0.009 |
| IS | 0.410 | 6.544 | 0.000 |
| OS | 0.121 | 1.725 | 0.086 |
| $R$ 平方值 | | 0.353 | |
| 校正后的 $R$ 平方值 | | 0.345 | |
| $F$ | | 45.245 *** | |

注：*** 显著性水平为1%（P<0.01）。

标准化系数均为正,但正如我们前面所说的,即操作系统被表示为反向问题,从结果可以得出结论:投入产出率与激励机制呈正相关,投入规模和产出规模与激励机制均呈负相关。所有这些结果都与我们最初的假设一致。

## 6.2.10　结论

基于上述激励机制对知识链协同效应形成的重要性分析。主要调查结果总结如下:

（1）激励机制的核心组成部分在于利益分配比例,也就是本部分所称的利益系数,最佳效益系数有助于企业效益最大化。知识链主体的投入产出比与收益系数呈正相关。

（2）知识链作为协同效应形成的载体,有效地扩大了整个知识链的收益规模。知识链的每个成员都有自己的最优收益系数,以获得最优收益。

（3）本部分中所指出的效益系数，只能由投入产出弹性系数 $\beta$ 来决定。效益系数与投入产出弹性系数正相关，不仅意味着生产效率的提高意味着更多的效益，而且比其他联盟伙伴更大的生产效率，因为效益系数与其他联盟伙伴也存在负相关。

（4）从数学模型中还讨论了效益系数与单一投入产出量没有直接关系。实证研究也为最初的假设提供了证据。因此，提高整条生产线的效率，提高生产效率，对于提高联盟成员的收益比例更为有利。

（5）尽管实证研究结果都符合研究假设，但研究工作也受到研究对象和研究样本数据的局限。组织文化、管理制度、员工行为等也有可能影响到知识链成员的激励。

## 6.3 冲突解决机制

知识链主体之间的冲突，是指两个或两个以上的知识链主体之间，由于不相容的行为或目标所产生的矛盾积累到一定程度所表现出的一种不和谐状态[①]。冲突各方都发生在知识链中主体之间，各主体之间是相互联系的，但由于各主体战略目标、文化、组织结构和管理制度和方式有差别，因此各主体之间又存在矛盾，各方既是对立的关系又是相互联系的统一体。

知识链作为一个包含多种异质性主体的联盟，在各主体协同合作的过程中难免产生矛盾冲突，知识链主体之间的冲突具有以下特征：第一，客观性。知识链由于各主体之间存在的各种差异，导致各主体在知识链的整个生命周期中，普遍存在冲突的现象。这些冲突是客观存在的，任何个人或组织都不能改变。第二，普遍性。知识链各主体之间的冲突自知识链组建之初就伴随着整个知识链的生命周期，贯穿在知识链各主体之间的知识流动、知识共享和知识创造活动中。知识链主体之间的冲突无时不在，无处不有，普遍存在于知识链各主体之间、各主体内部以及个人之间等各个层面。第三，动态性。知识链主体之间的冲突不是一成不变，而是随着知识链发展、运行而动态地演化。在知识链知识流动、知识共享和知识创造过程中，冲突的表现形式也不相同。知识链主体之间的冲突随时间和地点的变化而变化，其形式不同强度也不相同，呈现出动态的变化。第四，二重性。知识链主体之间冲突的二重性表现在冲突的建设性和破坏性两方面。知识链主体之间的建设性冲突对知识链的运行和发展具有积极作用：①通过冲突增加知识

---

[①] 何铮，顾新. 知识链中组织之间冲突的形成与演化过程[J]. 科技进步与对策，2009，26（18）：140－143.

链各主体之间的合作关系，使彼此关系更加密切，为知识链主体带来归属感。②通过建设性的意见、思想、观点、看法等之间的相互碰撞，可以产生新的知识，以维持知识链的知识创新。③通过冲突可以发现很多深层次的问题，以及新产生的问题，有助于知识链发现问题并制定解决方案。在知识链中，建设性冲突往往是利益分配不平衡的表现，它迫使主体之间通过互相妥协让步和互相制约监督来调节利益关系，使各方利益得到满足，维持知识链的相对平衡。知识链主体之间的破坏性冲突对知识链的运行和发展具有消极作用，它会使主体之间的关系恶化，产生恶性竞争，使知识链运作失调，运行效率降低，甚至导致知识链解体。

知识链主体之间的冲突既有复杂性也有多样性，其多样性在知识链中表现为多种类型的冲突，根据知识链协同效应形成机理，可以将知识链主体之间的冲突划分为：战略目标冲突、组织结构冲突、管理制度冲突、文化冲突和知识冲突。其中，知识链主体之间的战略目标冲突是指知识链中，某一主体的战略目标与其他主体的战略目标存在差异，导致该主体与其他主体之间存在某种形式的竞争、对立或对抗，进而造成双方利益受损，战略目标难以实现。知识链主体之间的组织结构冲突是指由于知识链各主体的组织结构存在差异，造成主体之间知识和信息沟通与交流不畅通，从而产生各种误解、不信任，甚至不利于一方主体利益的冲突。管理制度冲突是指由各主体之间管理经验、制度和解决问题的方式、方法不同而产生的分歧，导致各主体意见不一，在某种观点上出现对立、争论，甚至是对抗竞争、拒绝合作等冲突。文化冲突是指由于知识链各主体在长期的经营过程中形成了各具特色的组织文化，导致了各主体之间的文化存在差异，对某一事物的看法、经营理念、思考模式和判断标准产生分歧和对抗。知识链主体之间的知识冲突就是由知识固有特性，流动过程的复杂性与不确定性、知识链自身特性等原因所引发的一种冲突[1]。知识链主体之间的冲突自知识链成立之初，便伴随知识链的整个生命周期，直到知识链生命的结束。

知识链主体之间的冲突是时刻存在、不可避免的，在知识链主体协同过程中，也不例外。因此，知识链组织应建立相应的冲突解决机制，甄别不同性质的冲突，并给予相应的解决手段，有效提升知识链化解矛盾冲突的能力，为知识链协同效应的实现提供保障。杨东升和张永安（2007）提出了冲突分析的基本程式，并建立了冲突分析过程模型如图6-3所示[2]，认为冲突分析由以下环节构成：①找出参与者；②列举出每个参与者的可能选择方案；③局势的表示和简化；④构造参与者的优先结构向量；⑤稳定性分

---

[1] 王实，顾新，杨立言. 知识链组织之间冲突类型分析与冲突管理管理策略探讨 [J]. 软科学，2010，24 (12)：48-51.

[2] 杨东升，张永安. 冲突分析理论在产学研合作中的应用 [J]. 研究与发展管理，2007，19 (6)：134-137.

析。按照这样的冲突分析方法，知识链主体协同过程中的冲突也可以采用这样的分析方法：①对知识链各主体的战略、组织结构、文化、管理制度及方式等进行分析找出差异；②根据各主体之间的各种差异，预测差异可能产生的冲突，并制定出解决冲突的各种方案和备选措施；③按照冲突对实现知识链主体协同的破坏程度和导致的严重性将冲突的危险等级从大到小排序；④分析按照冲突的危险程度从到小依次解决的方案；⑤根据每个主体的实力、立场和要求排列出解决冲突的能力及其冲突改善效果；⑥对每个主体解决冲突能力及其冲突改善效果的稳定性进行分析；⑦综合分析影响知识链主体协同冲突的危险程度、主体解决冲突的能力及其效果，选择解决最佳的冲突解决方案和措施，以实现知识链主体之间的平衡，从而维持知识链的有序发展。

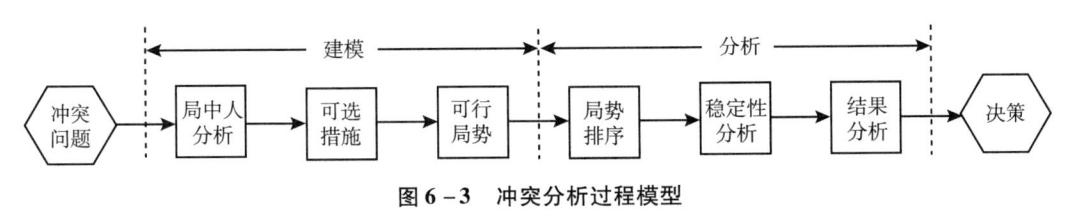

图 6 – 3　冲突分析过程模型

资料来源：杨东升，张永安. 冲突分析理论在产学研合作中的应用 [J]. 研究与发展管理，2007，19（6）：134 – 137.

知识链主体之间的冲突尤其是破坏性冲突，造成知识链主体之间相互竞争、互不信任、彼此对立、拒绝合作，破坏知识链各主体之间的关系，导致知识链主体之间的协同效率下降，主体之间的有序发展难以维持，甚至导致知识链分解，这严重地阻碍了知识链主体的协同以及知识链协同效应的实现。知识链主体之间的冲突不可避免，但可以预防和解决。通过设计一项完善的可以预防冲突发生的契约，建立知识链主体之间冲突的自我解决和第三方解决机制，在冲突的源头和冲突发生过程中给予解决，清除不利于知识链主体协同和协同效应实现的各种冲突。

### 6.3.1　设计冲突预防契约

契约是交易主体就某些权利义而达成的协议，它是联结两个及两个以上交易主体的纽带，可以协调交易主体的经济活动，在经济活动中起到了重要作用。

知识链各主体之间的合作伙伴关系是基于实现知识共享和知识创造而形成的一种跨组织的交易形式，也是以一定的契约为联结基础，通过各主体之间对实现共同目标的权利、义务、责任的协商而自愿签署契约形成的合作关系。知识链主体之间的契约有助于协调各主体之间的冲突，维持知识链的有序发展，促进知识链主体协同和知识链协同效应的实现。知识链主体之间契约的协调功能可以预防和解决知识链主体之间的冲突，其主要表现在：(1) 契约条款规定知识链的构成。知识链主体协同与知识链协同效应的实现与其成员的构成高度相关，契约条款能明确规定各成员的知识构成以及关键成员的角色，这样就能实现边缘性工作的良好衔接与配合，使合作成员合理分工、知识互补，防止组织之间发生"撞车"与"扯皮"等不利于知识链主体协同和协同效应实现的结构性功能紊乱现象[①]。(2) 契约条款可以保证知识链主体之间沟通与交流的畅通。知识链主体之间沟通与交流的障碍，容易引起知识链主体的误解和隔阂。知识链主体之间的契约可以规定各主体对知识链成员进行知识、信息的开放，定期说明项目进展状况等，让知识链各主体之间相互了解对方的进展情况，并适当地对自己的进度进行调节，使知识链各主体协同一致。(3) 契约条款可以促进知识链主体之间的交互学习。知识链规定各主体定期进行讨论，定期举办研讨会、说明会，以及一些培训项目等，各主体之间交互学习和吸收知识链主体的知识，并内化为自己的知识，同时将知识外部化、组合化，并通过知识流动实现知识链的知识共享，将主体知识上升为知识链的知识。知识链交互学习的过程也是知识链主体相互深入了解和知识链知识协同的过程，在此过程中由于受到契约的保护，在制约知识链主体冲突发生的同时，促进知识链的知识协同。(4) 契约条款的违约惩罚规定可以预防冲突的发生。知识链主体之间的契约除了规定各主体之间的权利、义务的同时，也赋予知识链主体相应的责任，即知识链主体有违约行为、机会主义和对其他主体不利行为等情况出现时，要对自己的行为承担相应的责任和后果。通过制定相关的责任和处罚条款对知识链主体进行制约，使知识链各主体在合作过程中知晓对实施冲突行为的后果，在一定程度上可以预防冲突的发生。

知识链主体之间的契约在对知识链主体之间关系进行协调的同时，对知识链主体之间冲突的发生具有一定的预防作用。因此，设计一个完善的契约可以预防知识链主体之间冲突的发生。设计一个具有预防冲突功能的契约应该做到：

(1) 契约条款要注重对知识链结构的优化。物理学的晶核理论指出，物质的内核决定其功能和性质。在知识链中，核心企业是知识链的中心，是知识链的发起者也是知识链的组建者，在知识链的成立过程中起着核心作用。核心企业可以利用契约条款正确分配知识链成员的任务，并赋予知识链相应的权利、义务和责任，使知识链之间权责明晰，任务明确，在合作过程中各尽其能、各负其责，有助于冲突的预防和知识链的有序发展。一个结构合理、协同有序的组织结构能产生大于个体能量之和的效能，因此，核

---

① 吴绍波，顾新，彭双. 知识链组织之间合作契约的功能 [J]. 情报杂志，2009，28 (5)：107 - 110, 18.

心企业在考察和吸纳成员的时候，要充分利用契约条款对目标成员进行考核和评估，从整体结构上平衡各主体的知识、文化、战略、组织结构和管理经验等，使知识链群体结构优化，各主体之间互补。

（2）契约条款要确保各主体的公平。主体的公平包括在知识链中的地位平等、程序公平和利益分配公平。地位平等是指主体在知识链中受到的待遇平等。程序平等是指主体在合作过程中感受到的过程公平。利益分配公平是指主体在合作成果分配过程中享受的公平待遇。契约中的公平条款能够有效防止知识链中优势主体与弱势主体的利益失衡，确保各主体地位平等、程序公平和利益分配的公平，弱化彼此间的地位、利益冲突，增加主体之间的信任度，密切主体之间的关系，促进知识链主体协同和协同效应的实现。

（3）契约条款要适当"锁定"合作各方的资产。知识链契约制定要规定知识链各主体的不可撤回性资产投入，将各方的专用性资产与知识链整体利益绑在一起，各主体一起承担知识链运行的成本和风险，一旦知识链解体，合作伙伴关系内的组织承受的损失会比知识链外部的组织更大。知识链契约通过锁定各主体的资产，使整个知识链成为一个整体，一旦有一方有违约或做出对知识链不利的行为都将与知识链一起"一荣俱荣，一损俱损"，并承担相应的责任。由于专用性资产被"锁定"，知识链主体重新寻找和选择合伙伙伴也会付出巨大的交易成本，从而使损失扩大。因此，通过对知识链施加压力，来促进知识链各主体的联系，提供知识链主体之间合作的稳定性，有利于知识链冲突的预防和知识链的有序发展。

（4）契约条款要适当地为知识链各主体提供"隐性担保"。知识链提供给知识链各主体的"隐性担保"是一种无形的资产，如良好的商誉、品牌形象等。知识链在长期的经营发展过程中积累了良好的声誉、品牌，如果某一组织加入知识链将可以共享知识链的声誉和品牌，这对激励知识链主体具有积极作用。知识链的"隐性担保"条款可以加强知识链主体之间的相互信任，巩固知识链的合作基础，密切知识链之间的联系，缓解知识链之间的冲突，促进知识链主体协同。

## 6.3.2　自我冲突解决机制

虽然一个尽可能完备的正式契约，在冲突问题上，合作各方能事先达成一致的共识，但是在知识链的实际运行过程中，由于事后自然随机条件无法预期，难以避免契约规定之外冲突的出现，及时对契约进行再协商和修改，也不能避免事后冲突的出现。面对这样的情况，需要建立一种知识链自我冲突解决机制，通过建立知识链主体之间的合作冲突博弈模型，掌握知识链各主体的博弈心理，通过采取措施，激励知识链各主体共同努力，自主选择合作，消除机会主义动机，以避免冲突对知识链协同和实现协同效应的不利影响。

知识链中，各主体选择组成知识链是为了追求自身利益最大化，知识链协同的目的是实现协同效应，即知识链整体效益最大化。当两者目标不一致时，就容易出现冲突，各主体为了达到自身目的而选择机会主义。那么，此时知识链就必须采取一些激励约束措施，使知识链各主体追求自身目标的行为，尽量地与知识链的目标靠拢，使双方目标协同一致，最后实现知识链的协同效应。那么，对知识链各主体最有效的激励措施就是实现知识链目标的同时主体自身利益得到最大化，实现帕累托最优。

（1）知识链各主体的成本。

知识链各主体的成本，主要表现在各主体对知识链协同效应做出的贡献上。即协同资源投入、努力程度和承担的风险。其中，协同资源投入是指主体参与协同活动而投入的专属资产、资金、知识、技术和信息等，记作 $E_i$，表示主体 $i$ 投入的协同资源成本。努力程度是一种加速知识链协同效应实现的无形的支出，可以用知识链主体完成约定任务获得基本回报之外的其他收入或处罚，如加班奖励、绩效奖励或各种罚款等，如果努力程度记作 $\theta$，则主体 $i$ 付出的努力成本为 $C(\theta_i)$。承担的风险是指主体在参与协同过程中承担风险造成的损失，记作 $r$，则主体 $i$ 为支付风险损失造成的成本为 $C(r_i)$，它是风险的增函数，即风险越大，损失越人，成本越高。

（2）知识链各主体的收益。

知识链根据各主体对实现知识链协同效应而投入的协同资源情况，确定各主体应该获得的基本回报 $I_i$。但是，由于各主体的努力程度和承担风险不同，所以，知识链根据各主体的努力程度和承担的风险设定一个综合调整系数，记作 $\lambda$，那么，主体 $i$ 的综合调整系数为 $\lambda_i$。其具体确定过程如下[①]：

①假设知识链由 $m$ 个主体构成，初步确定知识链各主体作出的努力程度和承担的风险，而获得的相应回报 $\Lambda$。那么，主体 $i$ 作出的努力和承担风险所得回报为 $\Lambda_i$。则有：

$$\Lambda_i = \theta_i \times r_i \Big/ \sum_{i=1}^{m}(\theta_i \times r_i), \quad (i = 1, 2, 3, \cdots, m) \qquad (6-23)$$

②对主体 $i$ 作出的努力和承担风险所得回报为 $\Lambda_i$ 作标准化处理，根据知识链各主体的整体情况了，将所得 $\Lambda_i$ 转化为主体 $i$ 的综合调整系数为 $\lambda_i$，且 $-1 \leq \lambda_i \leq 1$。则有：

$$\lambda_i = \Lambda_i - \overline{\Lambda}/s, \quad (i = 1, 2, 3, \cdots, m) \qquad (6-24)$$

其中，$\overline{\Lambda}$ 表示知识链主体所得 $\Lambda_i$ 的平均值，$s$ 表示知识链主体所得 $\Lambda_i$ 的标准差。则：

---

① 王雪原，蔡野. R&D 联盟——成员博弈模型设计 [J]. 科技进步与对策，2010（12）：1-5.

$$\begin{cases} \overline{\Lambda} = \dfrac{1}{m} \cdot \sum_{i=1}^{m} \Lambda_i \\ s = \sqrt{\dfrac{1}{m-1} \cdot \sum_{i=1}^{m} (\Lambda_i - \overline{\Lambda})^2} \end{cases}, \quad (i = 1, 2, 3, \cdots, m) \qquad (6-25)$$

经标准化转换后,各主体的综合调整系数 $\lambda_i$ 的平均值和方差分别是 0 和 1,且 $-1 \leqslant \lambda_i \leqslant 1$。

由此,可以得到知识链主体 $i$ 获得的总收益:

$$I_{总} = (1 + \lambda_i) \times I_i [E_i \cdot I(E, \theta, r)] \qquad (6-26)$$

其中,

$$\begin{cases} E = \sum_{i=1}^{m} E_i; \\ \theta = \sum_{i=1}^{m} \theta_i; \\ r = \sum_{i=1}^{m} r_i. \end{cases} \qquad (6-27)$$

$I$ 表示知识链获得的整体收益,$E$ 表示知识链各主体协同资源的总和,$\theta$ 表示知识链各主体努力程度总和,$r$ 表示知识链风险。那么,知识链的收益就是知识链协同资源总量、知识链各主体的努力程度和知识链风险三者的函数,即 $I(E, \theta, r)$。那么,知识链主体 $i$ 获得的基本回报 $I_i$ 是知识链收益 $I$ 与知识链主体 $i$ 协同资源投入量 $E_i$ 的函数表达。

(3)知识链主体的理性决策。

由于信息不对称的存在,知识链对各主体的努力程度无法作出准确的判断,但是根据知识链的管理能力和经验,可以对其作出偏高判断、偏低判断和正确的判断概率。假设知识链各主体的努力程度有非常努力、一般努力和不努力三种情况,排除知识链将不努力的主体判断为非常努力的主体和将非常努力的主体判断为不努力的主体情况。另外,假设某一主体的努力程度对知识链的收益影响较小,可以忽略不计,则可以得到知识链主体 $i$ 与知识链是否努力的博弈关系,如表 6-6 所示。

表 6-6　　　　　　　　　　主体与知识链在努力程度上的博弈

| 分类 | 偏低判断 | 正常判断 | 偏高判断 |
|---|---|---|---|
| 不努力 | — | $\underline{\theta}, (1+\underline{\lambda_i}) \cdot I_i, \overline{p_1}$ | $\theta, (1+\lambda_i) \cdot I_i, \overline{p_1}$ |
| 一般努力 | $\underline{\theta}, (1+\underline{\lambda_i}) \cdot I_i, p_2$ | $\theta, (1+\underline{\lambda_i}) \cdot I_i, \overline{p_2}$ | $\overline{\theta}, (1+\overline{\lambda_i}) \cdot I_i, \overline{p_2}$ |
| 非常努力 | $\theta, (1+\lambda_i) \cdot I_i, \overline{p_3}$ | $\overline{\theta}, (1+\overline{\lambda_i}) \cdot I_i, \overline{p_3}$ | — |

根据主体 $i$ 与知识链之间在努力程度上的博弈关系,可以确定主体的努力程度与实现利润最大化之间的关系。那么,不同努力程度情况下,主体 $i$ 获得的预期利润为:

①不努力的情况下,主体 $i$ 可能获得的预期利润为:

$$\begin{cases} \max H_1^i = (1+\underline{\lambda}_i) \cdot I_i \cdot \overline{p_1} + (1+\lambda_i) \cdot I_i \cdot \overline{p_1} - E_i - C(\theta_i) - C(r_i) \\ s.t. \max H_1^i \geqslant U_1^i \end{cases} \quad (6-28)$$

②一般努力的情况下,主体 $i$ 可能获得的预期利润为:

$$\begin{cases} \max H_2^i = (1+\underline{\lambda}_i) \cdot I_i \cdot \overline{p_2} + (1+\lambda_i) \cdot I_i \cdot \overline{p_2} - E_i - C(\theta_i) - C(r_i) \\ s.t. \max H_2^i \geqslant U_2^i \end{cases} \quad (6-29)$$

③非常努力的情况下,主体 $i$ 可能获得的预期利润为:

$$\begin{cases} \max H_3^i = (1+\lambda_i) \cdot I_i \cdot \overline{p_3} + (1+\overline{\lambda}_i) \cdot I_i \cdot \overline{p_3} - E_i - C(\theta_i) - C(r_i) \\ s.t. \max H_3^i \geqslant U_3^i \end{cases} \quad (6-30)$$

其中,$U_i$ 为主体 $i$ 的最低预期利润,只有在满足最低预期利润的基础上,主体 $i$ 才会愿意付出努力,与其他主体合作,共同推动知识链协同发展。如果主体 $i$ 付出相应的努力程度,而未获得相应的最低预期利润,那么就会导致主体的积极性降低,甚至感觉分配不均而产生冲突,各主体也不愿意付出更多的努力,从而使知识链向衰弱的方向发展,直到知识链解体。因此,知识链要清除主体之间冲突的产生,需要满足主体的最低预期利润,鼓励主体愿意为知识链的协同效应实现付出努力,主体愿意为知识链协同效益付出,冲突自然就解决了。

### 6.3.3 第三方冲突解决机制

通过建立知识链冲突自我解决机制,并不能解决知识链的所有冲突。当知识链主体在知识链协同过程中,出现严重的分歧或意见不一致时,主体之间可能没有办法友好协商,那么,此时有必要引入第三方中立机构参与冲突的调解。

知识链的第三方冲突管理机构一般是由政府或行业协会指定的,在经济上独立核算,对知识链主体没有依赖性,并且具有沟通协调功能,能够平衡各方利益关系,能够在知识链主体之间利益冲突的协调中发挥沟通桥梁作用的独立机构[1]。第三方冲突管理机构可以保证知识链各主体利益分配的合理和公平,保证各主体绩效评估的公正,以及保证冲突解决程序和结果的公正和公平。知识链第三方冲突解决机制是通过第三方冲突

---

[1] 顾新,吴绍波,全力. 知识链组织之间的冲突与冲突管理研究[M]. 成都:四川大学出版社,2011.

管理机构来实施，第三方管理机构可以采用模糊层次分析法对知识链各主体的收益进行分配来解决知识链的冲突。具体操作如下[①]：

（1）建立各因素重要性的判断矩阵 $A$，则有：

$$A = \begin{bmatrix} a_{11} & a_{12} & a_{13} \\ a_{21} & a_{22} & a_{23} \\ a_{31} & a_{32} & a_{33} \end{bmatrix}$$

其中，$a_{ij} = \dfrac{1}{a_{ji}}$（$i \neq j$）；$a_{ij} = a_{ji}$（$i = j$）。一般认为，组织的收益由组织的投入和贡献率决定。那么，第三方管理机构也应该按照影响组织的收益因素来确定知识链合作收益的影响因素。顾新和吴绍波等（2011）认为，知识投入、主体的努力和承担的风险是影响知识链的收益的重要因素[1]。因此，将知识链合作收益的影响因素设定为：知识资源投入，主体努力程度和所承担风险三种，分别记作 $\alpha$、$\beta$ 和 $\chi$。

假设知识链由三个主体构成，分别记作：主体 $m$、主体 $n$ 和主体 $k$，并通过8位知识链管理专家（均为该领域类的博士）打分，获得知识链合作收益影响因素的判断矩阵 $A'$，即：

$$A' = \begin{bmatrix} 1 & 2 & 5 \\ \dfrac{1}{2} & 1 & 3 \\ \dfrac{1}{5} & \dfrac{1}{3} & 1 \end{bmatrix}$$

（2）归一化处理。

首先，将矩阵按列归一化（该列的和为1），得：$b_{ij} = \dfrac{a_{ij}}{\sum a_{ij}}$。然后，按行求和，得：$v_i = \sum b_{ij}$。最后，通过计算可以得到各因素的权重：$W_i^0 = \dfrac{v_i}{\sum v_i}$。

经计算，可以得到知识链各因素的归一化矩阵 $B'$，即：

$$B' = \begin{bmatrix} \dfrac{10}{17} & \dfrac{3}{5} & \dfrac{5}{9} \\ \dfrac{10}{34} & \dfrac{3}{10} & \dfrac{1}{3} \\ \dfrac{10}{85} & \dfrac{1}{10} & \dfrac{1}{9} \end{bmatrix}$$

---

① 汪应洛. 系统工程理论、方法与应用 [M]. 北京：高等教育出版社，2004.

根据矩阵 $B'$，可得各因素的 $v_i$ 值和权重 $W_i^0$，即：

$$v_\alpha = 1.1744 \quad W_\alpha^0 = 0.582$$
$$v_\beta = 0.927 \text{ 和 } W_\beta^0 = 0.309$$
$$v_\chi = 0.329 \quad W_\chi^0 = 0.109$$

（3）一致性检验。

为了检验判断矩阵的相容性，需要计算一致性指标 $C.I. = \dfrac{\lambda_{\max} - n}{n-1}$，其中，$\lambda_{\max} = \dfrac{1}{n}\sum_i \left(\dfrac{(AW)_i}{w_i}\right)$，当 $C.I. < 0.1$ 时，判断矩阵的一致性可以被接受。经计算，知识链合作收益的判断性矩阵的一致性指标为 $0.0036 < 0.1$，说明知识链合作收益的判断矩阵可以被接受。

（4）模糊综合评价。

设知识链合作收益影响因素集为 $U = \{$知识资源投入，主体努力程度，所承担的风险$\} = \{u_1, u_2, u_3\}$，评价集 $V = \{$很高，较高，低，很低$\} = \{v_1, v_2, v_3, v_4\}$，经过专家对三种因素的打分，统计结果可得知识链主体的模糊矩阵 $R_i$，即：

$$R_i = \begin{bmatrix} r_{11} & r_{12} & r_{13} & r_{14} \\ r_{21} & r_{22} & r_{23} & r_{24} \\ r_{31} & r_{32} & r_{33} & r_{34} \end{bmatrix}$$

用各因素的权重 $W_i^0$ 乘以模糊矩阵 $R_i$，便可以得到知识链各主体的综合评价 $Z_i$，即：$Z_i = W_i^0 \cdot R_i$。经过归一化处理，将 $Z_i$ 标准化可得 $Z_i'$，如果赋予各评价集 $V$ 以量值，就可以得到各主体的分配因子 $Z_i'V^T$。

通过专家打分，可以得到知识链主体 $m$ 模糊矩阵 $R_m$，即：

$$R_m = \begin{bmatrix} \dfrac{5}{8} & \dfrac{3}{8} & 0 & 0 \\ \dfrac{1}{2} & \dfrac{3}{8} & \dfrac{1}{8} & 0 \\ \dfrac{1}{8} & \dfrac{3}{4} & \dfrac{1}{8} & 0 \end{bmatrix}$$

那么，主体 $m$ 的综合评价 $Z_m = W_i^0 \cdot R_m$。经计算，可得：

$$Z_m = [0.582, 0.309, 0.109] \begin{bmatrix} \dfrac{5}{8} & \dfrac{3}{8} & 0 & 0 \\ \dfrac{1}{2} & \dfrac{3}{8} & \dfrac{1}{8} & 0 \\ \dfrac{1}{8} & \dfrac{3}{4} & \dfrac{1}{8} & 0 \end{bmatrix} = [0.532, 0.416, 0.052, 0]$$

将主体 $m$ 的综合评价 $Z_m$ 标准化，可得：$Z'_m = (0.532, 0.416, 0.052, 0)$。如果评价集 $V = \{$很高，较高，低，很低$\} = \{v_1, v_2, v_3, v_4\}$ 的评价尺度为 $(7, 5, 3, 1)$，那么可得主体 $m$ 的分配因子的标准量值 $D_m$，则有：$D_m = Z'_m V^T = (0.532, 0.416, 0.052, 0)(7, 5, 3, 1)^T = 5.96$。

同理，可求得主体 $n$ 和 $k$ 的分配因子的标准量值为 $D_n = 1.5$，$D_k = 2.54$。假设知识链合作收益为 500，按照各分配因子的权重，可以计算出知识链各主体应该分配到的利润 $P_i$。则：

$$P_m = 500 \times \frac{D_m}{D_m + D_n + D_k} = 500 \times 0.596 = 298$$

$$P_n = 500 \times \frac{D_n}{D_m + D_n + D_k} = 500 \times 0.15 = 75$$

$$P_k = 500 \times \frac{D_k}{D_m + D_n + D_k} = 500 \times 0.254 = 127$$

## 6.4 风险防范机制[①]

除内部冲突外，知识链协同合作过程中的外部风险也不容忽视。知识链的风险是指由于知识链外部环境的不确定性、一般合作组织的特性和知识自身的特性等因素导致知识不能在知识链各主体之间有效流动、共享和创造，引发知识链主体发生损失的可能性。知识链的风险除了具有一般冲突的特征外，还具有自身的特征：第一，风险的传递性。知识链之间是通过知识流动实现知识共享和知识创造，知识流动将各主体联系在一起，形成一个知识网络。各主体是网络中的一个节点，各节点通过知识活动相互作用、相互影响，当某一节点遇到风险时，风险可能会随着节点之间的知识活动传递给与该节点有关的其他主体，其他主体又传递给另外的主体，然后风险波及整个知识链，影响知识链的正常运行。第二，风险的多样性。知识链的知识活动是多样的，主体之间交互学习的方式也是多样的。因此各主体面临的风险也是多样的。知识链在参与知识活动和交互学习的过程中可能面临知识产权风险、道德风险、技术风险等。第三，风险的变态性。知识链的构成是复杂的，相互之间是互补的，一方主体拥有的知识和优势，对其他主体来说可能是弱势。因此，面对同样的风险，知识链各主体表现出来的反应不一样。

---

[①] 程强，顾新. 基于 COSO 风险管理的知识链知识转化风险防范研究 [J]. 图书馆学研究，2015（5）：45 - 48，34.

一方主体的风险，反映到其他主体或整个知识链就会产生变态反应，即风险的性质、破坏程度、波及范围、持续时间等会发生变化，一方认为容易应对的风险，对其他主体来说是难以应对的风险，或者是简单的风险变成复杂的风险。

为了降低风险的发生概率和频率，减少知识链协同合作的不确定性，知识链组织需要建立起相应的风险防范机制，对其协同合作期间的冲突、风险进行管理，以此降低矛盾冲突、外部风险等问题给知识链带来的协同成本及冲击，保障知识链协同过程的稳定运作。具体来讲，应树立防范意识，增加对风险的识别、预测、评估与控制力度，提高风险管理效益，加强成员自身知识的合理保护。

### 6.4.1 知识链风险的识别

构建知识链风险防范机制首先要准确识别知识链运行和协同发展过程中有可能出现的风险，风险识别是制定风险防范机制的前提。知识链风险的识别是指对知识链风险类别的把握和来源的认知，即识别出知识链运行过程中可能遇到的风险及其产生风险的原因。知识链的风险可以通过一些有效的识别方法来把握，如环境分析法，通过分析知识链所在的内外环境，找出影响知识链运行和协同发展的关键因素，从关键因素中识别出知识链的风险；财务状况分析法，通过对知识链的财务报表、负债表、财产目录、损益表等财务资料挖掘知识链的潜在风险；流程分析法，通过对知识链的生产流程、运作流程、协同流程、运营流程和管理流程等排查知识链所有流程中，每一阶段、每一环节可能出现的风险，挖掘产生风险的根源；专家调查法，由风险识别专家组成专家调查组，每位专家根据自己的知识和经验畅所欲言，尽可能地说出知识链存在的风险，经过专家讨论分析得出结论；风险清单法，知识链各主体共同讨论将知识链有可能遇到的风险全部逐一列举出来，然后根据知识链的具体活动情况确定知识链可能遇到的风险；故障树分析法，按照演绎分析的原则，将知识链最不希望发生的故障作为目标风险，然后，从目标风险开始逐级向下分析出现该风险的直接原因，根据彼此间的逻辑关系，用逻辑符号连接上下因果关系，直到达到所要求的因果分析深度。故障树分析法是探究风险产生的原因和结果的一种方法；幕景分析法，这是一种利用数字、图表、曲线等符号来模拟风险发生情景和危害大小的分析方法，从模拟中识别潜在的风险和危机；等等。风险识别的方法很多，知识链可以根据具体的情况选择合适的风险识别方法，以把握自身可能遇见的风险和产生风险的原因。

根据知识链风险是否可以控制，将知识链风险分为不可控风险和可控风险。不可控风险是指超出知识链主体风险控制能力范围的风险，这类风险主要来源于知识链外部环境。可控风险是指知识链主体可以采取适当的措施进行转移、减轻和消除的风险。根据可控风险产生的影响因素，可将可控风险分为由一般合作组织特性引起的风险和由知识本身的特性引起的风险[①]。如表 6-7 所示。

表 6-7　　　　　　　　　　　知识链风险类型

| 风险类型 | 风险来源 | 具体风险 |
| --- | --- | --- |
| 不可控风险 | 知识链外部环境 | 自然风险 |
| | | 社会风险 |
| | | 经济风险 |
| | | 政治风险 |
| | | 文化风险 |
| | | …… |
| 可控风险 | 知识链内部 一般合作组织特性 | 机遇识别风险 |
| | | 动机差异风险 |
| | | 有限信息风险 |
| | | 风险差异风险 |
| | | 道德风险 |
| | | 信息风险 |
| | | 资金风险 |
| | | 契约修改风险 |
| | | 违约风险 |
| | | 利益分配风险 |
| | | …… |
| | 知识本身特性 | 知识实时传播风险 |
| | | 知识转移能力风险 |
| | | 知识吸收能力风险 |
| | | 丧失核心知识风险 |
| | | …… |

---

① 杨翠兰. 基于 Borda 序值和 RBF 神经网络的知识链风险预警 [J]. 统计与决策，2011 (17)：56-59.

### 6.4.2 知识链风险的评估

知识链的风险评估是在全面识别知识链风险种类及来源基础上，综合考虑风险发生概率、破坏程度、可能造成的损失、不可控程度和预计防控费用支出五方面对知识链风险进行评估。具体步骤如下[①②]：

(1) 估计每个风险发生的概率。

利用专家评估法或根据风险的类型与历史经验数据的结合来估计风险发生的概率，记作 $p_i$，且满足 $0 \leq p_i \leq 1$，$i = 1, 2, 3, \cdots, n$。

(2) 评价每个风险的破坏程度。

知识链风险的破坏程度是指知识链风险造成的严重程度和危险程度，其破坏程度的大小可以划分为若干等级，等级越高，破坏性越强。根据集值统计原理，将知识链风险划分为 $R$ 个等级，邀请 $m$ 个风险评估专家对知识链风险作分级标准评定，每一个分级标准设定为 $s$，由专家给出一个区间，记作 $[s_1^k, s_2^k]$，$k$ 表示第 $k$ 位评估专家的意见，则可以得到一个集值统计序列：

$$[s_1^1, s_2^1], [s_1^2, s_2^2], [s_1^3, s_2^3], \cdots, [s_1^m, s_2^m]$$

这 $m$ 个子集叠加在一起便形成覆盖在评价轴上的一种分布，如图 6-4 所示。

图 6-4 集值统计序列分布

图 6-4 的分布函数可以用以下公式表示：

$$\bar{x}(s) = \frac{1}{m} \sum_{k=1}^{m} X_{[s_1^k, s_2^k]} \quad (6-31)$$

其中，

$$X_{[s_1^k, s_2^k]} = \begin{cases} 1 & \text{当 } s_1^k \leq s \leq s_2^k, \\ 0 & \text{其他;} \end{cases}$$

---

① 张青山，游金. 企业动态联盟风险转移机制研究 [J]. 管理评论，2005，17 (12)：44-48.
② 傅鸿源. 工程项目风险评价方法的研究 [J]. 系统工程理论与实践，1995 (10)：55-58.

$\bar{x}(s)$ 称为样本落影函数。风险因素分级标准 $s$ 的取值可以由以下公式获得：

$$\bar{s} = \frac{1}{2}\sum_{k=1}^{m}\left[s_2^k \cdot s_2^k - s_1^k \cdot s_1^k\right] \bigg/ \sum_{k=1}^{m}\left[s_2^k - s_1^k\right] \qquad (6-32)$$

分级标准 $s$ 的置信程度 $b_s$ 的计算公式为：

$$b_s = \frac{1}{1+g_s} \qquad (6-33)$$

其中，

$$g_s = \frac{1}{3}\sum_{k=1}^{m}\left[(s_2^k - \bar{s})^3 - (s_1^k - \bar{s})^3\right] \bigg/ \sum_{k=1}^{m}\left[s_2^k - s_1^k\right] \qquad (6-34)$$

置信程度越高，则风险等级标准越可靠，经过计算可以逐一得出知识链风险的 $R$ 个分级标准，并赋予相应的危险系数 $\delta_r$，$r = 1, 2, 3, \cdots, R$。风险等级越高，破坏性越大，危险系数越高。

（3）估计不同等级风险的损失。

无论风险大小，都会对知识链造成一定程度的破坏，这些破坏直接或间接给知识链带来一定的损失，风险的破坏性越强，损失越大。将知识链风险造成的损失记作 $l_i$，$i = 1, 2, 3, \cdots, n$。

（4）估计每个风险的不可控程度。

知识链风险的不可控程度代表着知识链主体的风险控制能力范围，这里记作 $u_i$，且 $0 \leq u_i \leq 1$。如果一个风险超出了知识链主体风险控制能力范围，那么该风险的不可控程度较高；如果一个风险在知识链主体风险控制能力范围内，那么该风险的不可控程度较低，因此，知识链主体可以采取适当的措施进行风险的转移、减轻和消除。在风险的识别阶段，已经将知识链的风险按照可控制程度划分为不可控风险和可控风险，如自然风险、社会风险、经济风险和政治风险等，这些风险是知识链无法预防控制的，即使通过知识链各主体的努力仍然无法控制和解决，那么这些风险是不可控制的，不可控程度最大，即 $u_i = 1$。道德风险、信息风险、资金风险、违约风险、利益分配风险等通过知识链主体的努力是可以控制的，这些风险中，如道德风险、违约风险等，可以采取措施减少其发生的概率，降低其破坏程度，此类风险可控，但是不能被完全消除和控制，其不可控程度为 $0 < u_i < 1$；如利益分配风险、资金风险等，通过知识链各主体的努力和有效的防范措施，可以将其发生的可能性降低为零，是可以完全被控制的，因此这类风险的不可控程度为 $u_i = 0$。另外，有的风险是属于知识链主体自身，由于知识链风险的传递性，使得单个主体的风险波及知识链的其他主体，对其他主体造成损失。不过，这类风险属于非合作性活动面临的风险，是可以通过契约条款加以规避和防范的。

（5）估计每个风险的防控费用支出。

风险防控费用是指知识链采取风险防控措施而产生的一切费用，记作 $c_i$，$i=1$，2，3，…，$n$。费用的多少可根据拟采用的防范措施所投入的费用来计算，或者凭借以往风险管理经验，通过类比的方法来估计。风险防控费用与风险不可控程度密切相关，也与风险控制的效果密切相关，风险的不可控程度越高，付出的风险防控费用越高，如果风险完全不可控，即 $u_i=1$ 时，知识链主体仍然执意要对该风险采取防范措施，那么风险防控费用将非常大，而且风险防控的效果不明显。此时知识链最明智的选择是选择风险转移策略，这时风险转移的成本就是风险防控费用 $c_i$。

（6）综合评估风险的大小。

①没有实施风险防控措施情况下，知识链风险的大小，称作绝对风险大小，记作：$Z_{1i}$，其计算公式为：

$$Z_{1i} = \delta_r \cdot p_i \cdot l_i, \text{且 } r=1,2,3,\cdots,R; i=1,2,3,\cdots,n. \quad (6-35)$$

②实施风险防控措施情况下，知识链风险的大小，称作相对风险大小，记作：$Z_{2i}$，其计算公式为：

$$Z_{2i} = \delta_r \cdot p_i \cdot l_i \cdot u_i + c_i, \text{且 } r=1,2,3,\cdots,R; i=1,2,3,\cdots,n. \quad (6-36)$$

③当风险来临时，知识链是否采取风险防控措施的判断标准记作：$\Delta Z_i$，则有：

$$\Delta Z_i = Z_{1i} - Z_{2i} = \delta_r \cdot p_i \cdot l_i - (\delta_r \cdot p_i \cdot l_i \cdot u_i + c_i) = \delta_r \cdot p_i \cdot l \cdot (1-u_i) - c_i$$

$$(6-37)$$

当 $\Delta Z_i > 0$ 时，表明绝对风险大于相对风险，即经过采取风险防范措施使得风险小于不采取防范措施时的风险，那么此时表明对风险采取的防范措施是有效的，风险防控后的风险有所减小，损失明显降低，因此，可以采取风险防范措施。

当 $\Delta Z_i < 0$，表明绝对风险小于相对风险，即经过采取风险防范措施后的风险大于不采取防范措施时的风险，那么此时表明对风险采取的防范措施无效，且采取风险防范措施后风险更大、损失增加，因此，采取防范措施不如不采取防范措施更合理。

另外，知识链风险的不可控程度为 $u_i$，且 $0 \leqslant u_i \leqslant 1$，当 $u_i = 1$ 时，说明风险完全不可控，相反得知，$1 - u_i$ 表示风险可控程度，记作 $u'_i$，因此，可得 $u'_i = 1 - u_i$。由此可得：

$$\Delta Z_i = Z_{1i} - Z_{2i} = \delta_r \cdot p_i \cdot l_i - (\delta_r \cdot p_i \cdot l_i \cdot u_i + c_i)$$
$$= \delta_r \cdot p_i \cdot l \cdot (1-u_i) - c_i = Z_{1i} \cdot u'_i - c_i \quad (6-38)$$

式（6-38）表明，是否对风险采取必要的防范措施取决于风险的可控程度和风险防范费用的支出。当 $\Delta Z_i > 0$ 时，表明风险的可控程度较高，风险防范费用较少，一旦采取防范措施，就可以降低风险，从而减少损失；当 $\Delta Z_i < 0$ 时，表明风险的可控程度较低，而支出的风险防范费用较高，那么此时如果采取风险防范措施，可能是

费力不讨好的事，也不符合绩效优先原则，这时候知识链就需要仔细斟酌，考虑更为科学合理的风险管理办法。

### 6.4.3 知识链风险的防范机制构建

知识链协同的过程也是知识链有序发展的自组织过程，在这一过程中，知识链与外部环境、知识链各主体之间、知识链各主体内部各部门之间、知识与知识之间不断地发生非线性的相互作用，在相互作用过程中，也时刻面临着风险的威胁。知识链的风险来自外部环境、构成主体和知识本身，一旦遇到风险，就会干扰知识链的有序运行，打乱知识链的协同程序，阻碍知识链协同效应的实现。因此，对知识链风险的防范是有必要的，建立知识链风险防范机制，减少或消除风险，促进知识链有序发展和协同效应的实现。

知识链的风险是有可控程度的，因此可以将知识链的风险分为不可控风险和可控风险，针对不可控风险，无论知识链采取什么样的风险防范措施都无法改变风险的大小，反而会增加知识链的成本，造成的浪费，因此，针对这类风险，知识链可以选择随机应对不采取任何防范措施较为合理。针对可控风险，通过知识链的努力是可以在一定程度有效减少或清除风险的，那么，针对这类风险知识链可以建立风险防范机制，采取一定的风险防范措施加以减少和清除可控风险。

2004年，美国反虚假财务报告委员会（Committee of Sponsoring Organizations of the Treadway Commission，COSO）提出了《企业风险管理框架》的报告。报告指出，企业风险管理是一个过程，它由一个主体的董事会、管理当局和其他人员实施，应用于战略制订并贯穿于企业之中，旨在识别可能会影响主体的潜在事项，管理风险以使其在该主体的风险容量之内，并为主体目标的实现提供合理保证。并提出了企业风险管理的八项构成要素：内部环境、目标设定、事项识别、风险评估、风险应对、控制活动、信息和沟通、监控[①]。企业风险管理适用于企业，也适用于知识链，其实施有助于帮助知识链主体实现预期的业绩和赢利目标，防止资源的损失。因此，防范知识链风险，必须将企业风险管理要素贯穿在知识链协同过程中，以减少或消除风险对知识链带来的损失，从而促进知识链协同发展和协同效应的实现。

#### 6.4.3.1 营造有利于风险管理的内部环境

良好的风险管理内部环境是知识链主体认识和对待风险的基础。知识链的风险管理

---

① Committee of Sponsoring Organizations of the Treadway Commission. Enterprise Risk Management—— Integrated Framework [R]. 2004.

内部环境受知识链各主体历史和文化的影响，它包括知识链各主体的价值观、思维模式和行为方式，也包括主体管理风险的理念、态度，以及对风险的认识、处理方式等。知识链是一个多组织联合体，各主体的价值观、思维模式、行为方式以及其对风险管理的理念、认识都不同，因此，在营造知识链风险管理的内部环境中，要综合考虑各主体的历史和文化，承认各主体风险管理理念、对风险的认识，以及对风险的防范方式等方面的差异，在差异中找出各方对风险管理理念、认识和防范的交集，在交集中形成知识链风险管理的内部环境。这种形式的内部环境，能够得到不同主体的认同和遵循，保证知识链风险防范的协同性，促进知识链风险管理理念在各主体之间的均衡接受，从而促进知识链各主体对风险的一致识别和管理。知识链风险管理的内部环境受知识链各主体历史和文化的影响，反过来，知识链风险管理的内部环境又影响各主体对风险管理的理念、认识和行为方式，有助于维持知识链对风险的一致认识，促进知识链的协同发展。

### 6.4.3.2 设定有助于风险管理的目标

知识链风险对知识链目标的实现具有重要的影响，风险加大了知识链目标实现的难度，重大的风险甚至可以导致知识链解体。确定目标是有效的风险识别、风险评估和风险应对的前提。知识链的目标是战略制定的指南，战略是目标实现的保证，因此，知识链在制定协同战略时，要充分考虑到战略制定、实施和评价过程中的风险，分析这些风险的影响和破坏程度，以及对风险进行处理和防范。一旦协同战略形成，那么知识链各主体便会围绕协同战略和目标武装自己，优化配置资源，交互学习和知识共享，以具备实施战略和实现目标的包括风险管理能力在内的所有能力。在协同战略实施和目标实现过程中，知识链各主体应该制定一个风险管理策略或风险防范经验供知识链各主体学习和分享，如果知识链内部一主体遇到了其他主体曾经遇到的风险，就可以借鉴其他主体消除风险的经验和策略来防范风险，大大地减少了处理风险的时间、节约了防范风险的费用和降低了风险的破坏程度。由此可以看出，知识链的风险管理是目标实现的保证，同时目标也赋予了知识链各主体防范风险的能力。

在目标的设定过程中，知识链一定要考虑知识链各主体的能力和风险容量，要做到目标与主体能力和知识链风险容量相协调。目标和能力不协调会导致面对风险知识链无法控制，目标和风险容量不协调会导致知识链承受更多的风险，以致阻碍目标的实现。

### 6.4.3.3 正确识别事项里的风险与机会

事项是影响知识链协同战略实施和目标实现的各种内外因素，其可能带来积极的影响也可能带来消极的影响，具有积极影响的事项是知识链的机会，具有消极影响的事项是知识链的风险。知识链协同发展过程中的事项也是具有不确定性的，其带来的影响是好是坏不能被确认。因此，知识链要正确地识别事项里潜在的风险和机会。

正确识别事项的风险与机会，要求知识链要正确面对每一个事项，关注该事项对知识链带来的影响。但是事项有的明显，有的隐晦，其产生的影响有的微不足道，有的又意义重大，因此为了避免资源的浪费和节约识别的成本，知识链可以采取一定措施和机制判断和评估事项发生的可能性和即将带来的影响大小，从而忽略那些对知识链协同不起作用的事项，集中精力来处理对知识链协同具有重大作用的事项。在事项评估中，也要准确地判断出事项带来的风险与机会，从而做好对风险的防范措施，同时把握住知识链协同发展的机会。另外，还需要选择识别事项风险与机会的工具和方法，知识链可以通过各主体之间定期举行研讨会，来共享事项识别的经验、技术和工具；也可以采用统计的方法搜集有关事项带来的风险与机会；也可以建立数学模型去预测事项带来风险与机会的概率和大小，等等。

#### 6.4.3.4 建立风险评估体系

知识链风险评估是风险管理的重要内容，也是风险防范措施是否实施的标准。知识链的风险评估是在全面识别知识链风险种类及来源基础上，综合考虑风险发生概率、破坏程度、可能造成的损失、不可控程度和预计防控费用支出五方面对知识链风险进行的综合评估，评估结果可以作为知识链是否采取措施对知识链风险进行防范的标准。

在评估风险时，有的风险可以根据知识链各主体的经历和知识链的协同发展过程加以确定，这些已知的风险可以采用一定的方法进行评估。但是，知识链协同发展过程中还有一些不确定性的事项，这些事项也存在风险，那么针对这些未知的、不确定的风险，知识链要加以预测和评估，力争对未知风险的来临有所准备，并采取预防措施减小、回避或消除这些未知风险。

#### 6.4.3.5 制定风险应对策略

知识链风险应对策略的制定是建立在知识链风险评估基础上的，知识链根据风险的评估结果选择适当的应对策略。风险应对的策略有回避、分担、降低和承受四种。如，知识链即将开发一种新产品，根据市场调研或反馈结果，这类新产品受欢迎的程度和接受程度都较低，如果知识链执意要将该产品开发出来投入市场，那么将面临市场匮乏、产品滞销的风险，面对这样的风险，知识链果断采用回避的策略来应对风险，即退出会产生风险的活动。如知识链即将开发的新产品市场反馈不明朗，但又有盈利的可能性，风险与机会共存，那么为了把握住机会同时避免风险，知识链可以向外寻找产品开发或销售的合作者，或为此产品购买保险等分担风险的策略，即通过转移来降低风险的可能性或影响，或者让他人分担一部分风险。如果知识链面对的风险无法回避，也无人分担，那么只能采取降低风险和承受风险的策略。降低风险就是采取措施降低风险的可能性或影响，这是大多数风险的应对策略。承受风险是不采取任何措施去干预风险的可能性或影响，一般是应对不可控风险采取的策略。

风险的应对策略制定应该从整个知识链的角度去考虑，风险应对策略的制定应该由下而上，从部门到主体，再到知识链。知识链各主体首先从主体内部各部门、业务单元、职能机构的角度去认识风险，让部门责任人对本单元的风险进行复合评估，以反映该单元与知识链协同发展相关风险的评定。通过对知识链主体内部各部门、各单元风险的了解，知识链主体高层管理从整个组织角度出发，采用组合观的方式来确定主体的风险是否与知识链协同发展要求和目标相符合，各单元、各部门的风险放大到组织层面有可能变得更有威胁，也有可能对组织没有任何影响，因此，为了使知识链将风险控制在风险容量内，各主体必须对该主体的风险进行预测和评估，筛选出对知识链整体有较大影响的风险。这样，知识链就从中了解到了各主体风险对知识链的影响，并上升为知识链的风险，并参考主体防范风险的方法制定知识链的风险应对策略。

#### 6.4.3.6 开展知识链风险控制活动

知识链风险控制活动是帮助确保知识链风险应对策略得以实施的政策和程序等一系列活动。知识链的风险控制活动贯穿于整个知识链，遍布知识链各个层级，包括各主体内部各个层级。在一些情况下，一项单独的控制活动可以实现多项风险应对，在另一些情况下，一项风险应对则需要多项控制活动。更有另一些情况，知识链应该做到现有的控制活动足以确保新的风险应对得以有效执行。知识链风险控制活动是知识链致力于实现其协同目标过程的一个重要部分，包括批准、授权、验证、调节、经营业绩评价、资产安全以及职责分离等一系列有助于确保知识链风险应对策略得以实施的活动。

知识链风险控制活动一般包括两个要素：一是，确定应该做什么的政策；二是，实现政策的程序。政策的指定来源于知识链风险的大小、发生概率、波及范围和危害程度，要综合考虑到知识链政策制定的环境、资源和应对风险的能力，通过仔细分析、评估制定与知识链风险应对能力相适应的知识链风险控制政策，并保证制定出的政策按照一定的程序贯彻落实到位。

#### 6.4.3.7 促进知识链信息的沟通

知识链信息的沟通是知识链风险管理重要的环节，是知识链风险管理实施有效的重要保证。无论是营造有利于风险管理的内部环境，设定有助于风险管理的目标，正确识别事项里的风险与机会，建立风险评估体系，制定风险应对策略，开展知识链风险控制活动等都需要知识链主体之间信息的良好沟通。沟通一旦出现障碍，各方的利益和意见将得不到有效的表达，那么，对风险的认识、评估和应对策略的制定就会出现偏差，不仅增加风险管理实施成本，而且其实施结果也不一定有效。

促进知识链信息的良好沟通，知识链各主体要公开自己的信息，或者及时传递和发布有利于风险管理的有效信息。建议依托互联网的信息通信技术的信息沟通平台，保证信息及时、高效和准确地传达，以保证知识链风险的及时解决，减少知识链风险的发生概率或破坏程度。充分利用各主体的社会资源搜集一切有关知识链即将或已经面临的风险应对信息和策略，保证知识链风险的顺利应对，减少知识链的损失，维持知识链的正常运行。

#### 6.4.3.8 对知识链风险管理进行监控

对知识链风险管理进行监控就是对知识链风险管理构成要素、各环节和运行状况进行评估和反馈。这是一个持续性的，贯穿于整个知识链风险管理过程，以维持知识链风险管理的正常进行。由于风险的不确定性，致使知识链做好了十分完备的风险管理，也难免会遇到未事先预测到的新风险，面对这些突如其来、未事先预料的风险，知识链要沉着应对这些风险，审视并及时修改和完善知识链风险管理框架，以维持风险管理的有效性和知识链运行的有序性。

知识链风险管理的监控可分两种方式进行：通过持续的监控或者个别评价。持续的监控有利于对知识链风险管理的反复审视，发现知识链风险管理的漏洞，并及时进行弥补和完善。持续监控越频繁，监控有效性越高，风险管理越完善。一般情况下，知识链风险管理持续监控越频繁，也就不需要个别评价。但是，为了保证风险管理体系的完整，许多主体尽管有着良好的持续监控活动，也会定期对企业风险管理进行个别评价。个别评价是持续监控的一个补充和辅助，有时候个别评价的新思路会使得知识链风险管理更加有效，或者更加节约成本。合理的个别评价要考虑所发生变化的性质和程度以及它们的相关风险，执行风险应对和相关控制的员工的能力和经验，以及持续监控的成效。通常，持续监控和个别评价的结合会确保企业风险管理在一定时期内保持其高效性。

# 第 7 章

# 知识链的知识协同

知识是知识链的重要资源,是知识链协同效应形成的动力和保障。本章描述了知识链知识协同的含义和特征,构建了知识链知识协同过程模型;将知识链的知识协同过程分为准备阶段、形成阶段、运行阶段和终止阶段;通过建立知识协同机会识别机制、知识流动机制、交互学习机制、知识共享机制和知识创造机制等促进知识链知识协同。

## 7.1 知识协同

知识链的知识协同是指在知识链各主体的互相协作与配合过程中,通过整合各主体的知识资源,使知识链知识要素的运动从无序走向有序,从差异走向协调一致,从而实现知识链的整体效益大于各部分效益之和的过程[1]。知识链的知识协同是知识链协同效应实现的重要途径之一,也是知识链寻求外部竞争优势的一种方式,可以快速实现知识在各主体之间的流动、共享与创造,提高知识的获取效率,增加各主体之间的相互信任,减少知识协同带来的风险,降低知识创新的成本,促进知识链知识要素的有序发展,最终实现知识链的"共赢"。

知识链知识协同具有自身的特点:一是,知识互补性。知识的互补性是知识链各主体之间进行协同的基础。知识协同是一个知识请求者首先认识到自己没有能力解决某个问题,而另一个知识提供者恰好有这方面的能力,如果双方能够达成共识,则可以整合双方的知识,以弥补知识请求者的知识需求,达到解决问题的目的[2]。知识链各主体之

---

[1] 吴绍波,顾新. 知识链组织之间合作的知识协同研究 [J]. 科学学与科学技术管理,2008 (8): 83 – 87.
[2] Leijen H V, Baets W R J. A cognitive framework for reengineering knowledge-intensive processes [C]. Proceedings of the 36th Hawaii International Conference on System Sciences (HICSS), Hawaii, USA, 2002.

间具有不同的知识优势，为了实现知识链的协同效应，知识链各主体之间相互进行知识流动和知识共享，以实现知识链的知识协同，从而弥补各主体的知识缺口。二是，复杂性。知识链主要由核心企业、供应商、高等院校、科研院所、客户，甚至是竞争对手等个人或组织构成，各构成主体之间建立了紧密的联系，知识在各主体之间相互流动，形成一个复杂的知识网络。另外，每个主体又是一个独立运行的复杂系统，主体内部的知识管理活动也是错综复杂的。因此，知识链在组织构成、主体关系和知识活动等相关内容上都表现得越来越复杂。三是，进化性。知识协同是一种"此涨彼涨"的演化过程，是一个正向反馈、螺旋上升的过程，知识协同可以通过各协同主体之间的知识激荡，促使每个主体协同进化[①]。知识链的知识协同有助于知识链主体的协同进化，从而推动整个知识链协同进化，以实现协同效应。四是，协同效应涌现性。知识链的知识协同是知识要素在知识链各主体之间相互非线性作用下，进行的知识流动、知识共享和知识创造等一系列知识活动，这些知识活动的有序开展，能够使知识链产生整体效应大于各主体独立创造的绩效之和，即实现"1+1+1>3"的协同效应。

## 7.2　知识链的知识协同过程模型

知识链知识协同的过程是参与知识协同各要素相互作用的过程，通过确定知识链知识协同参与要素，构建知识链的知识协同过程模型。

### 7.2.1　确定知识协同参与要素

根据知识链知识协同的定义，知识链知识协同参与要素包括：协同参与主体、协同行为或活动、协同目标。其中，知识链知识协同参与主体为知识链各主体；知识链知识协同行为是指各主体之间相互协作与配合，整合各主体的知识资源；知识链知识协同目标是实现知识链协同效应，即实现知识链的整体效益大于各部分效益之和。另外，任何活动都离不开所在的环境，在知识链知识协同过程中，环境也时刻影响着知识链知识协同过程。因此，可以将知识链知识协同过程简单描述为：在一定的环境下，知识链各主体为了实现协同目标而进行的一系列有关知识链知识协同活动的过程。

---

① 俞竹超. 知识协同的理论框架及若干问题研究［D］. 沈阳：东北大学，2006.

## 7.2.2 定义知识链的知识协同过程

**定义 7.1** 知识链知识协同的过程模型可以描述为 4 元组：

$$KSP = \langle E, M, A, G \rangle$$

其中，KSP 是知识协同过程（Knowledge Synergy Process）的英文缩写，表示知识链知识协同过程；$E$ 表示知识链所处的环境；$M$ 表示知识链各主体；$A$ 表示知识链知识协同活动；$G$ 表示知识链知识协同目标。

那么，KSP 表示为知识链知识协同主体、活动、目标与知识链所处的外部环境之间的效用函数。$E$、$M$、$A$、$G$ 为知识链协同过程的变量。

其中，$E = \{e_1, e_2, e_3, \cdots, e_n\}$，表示知识链知识协同所处的环境和状态的集合，包括知识链所在的政治环境、经济环境、社会环境，以及知识链的运行状态等。

$M = \{m_1, m_2, m_3, \cdots, m_n\}$，表示知识链知识协同各主体的集合，包括核心企业、供应商、高等院校、科研院所、客户和竞争对手等。

$A = \{a_1, a_2, a_3, \cdots, a_n\}$，表示知识链知识协同过程中，知识链各主体所进行的各类知识协同活动的集合，包括知识链各主体在相互协作和配合中，各类显性和隐性知识的流动、共享、创造和整合等。

$G = \{g_1, g_2, g_3, \cdots, g_n\}$，表示知识链知识协同过程中的所有协同活动的目标的集合，包括实现知识创新、提高组织绩效、实现协同效应等。其中，$g_i$ 表示一个知识协同目标，也可以用一个 2 元组来表示 $g_i = \langle gs_i, gc_i \rangle$，$gs_i$ 是目标描述，$gc_i$ 是实现目标的约束条件。

然而，知识链的知识协同过程模型中，知识协同活动是核心，其主要由知识协同活动行为主体、行为实施条件和协同行为本身决定。

## 7.2.3 定义知识链的知识协同活动

**定义 7.2** 知识链知识协同过程中某一知识协同活动可以描述为一个 3 元组：

$$a_i = \langle a_m, a_c, a_b \rangle$$

其中，$a_i$ 表示知识链知识协同过程中的某一知识协同活动；$a_m$ 表示知识链知识协同活动对应的行为主体；$a_c$ 表示知识链知识协同活动实施的条件，包括活动实施的规定、制度和约束条件等；$a_b$ 表示知识链知识协同行为，可以映射为知识链知识协同活动的形式。

定义 7.1 和定义 7.2 相结合构成了知识链知识协同的过程模型，其表达式为：

$$\begin{cases} KSP = \langle E, M, A, G \rangle \\ a_i = \langle a_m, a_c, a_b \rangle \end{cases}$$

从知识链知识协同定义来看，知识链知识协同过程主要由知识链知识协同主体、协同活动、协同目标构成。知识链知识协同过程离不开环境的影响，因此，通过知识链知识协同主体、协同活动、协同目标和协同环境，构建了知识链知识协同的过程模型。该模型完好地阐释了知识链知识协同主体、协同活动、协同目标和协同环境四要素之间的内在联系，并阐释了核心要素（协同活动）在知识协同过程中的运行过程。

## 7.3 知识链的知识协同过程机理

知识链知识协同的过程是知识链实现知识要素从无序走向有序，从差异走向协调一致的过程。在这一过程中知识链各主体根据自身的知识需求和优势，通过一系列的知识流动、知识共享、知识创造等知识活动，将原来无序、无规则运动的知识要素协同起来，往一致的方向运行和发展，从而实现知识链的整体效益大于各部分效益之和。知识链知识协同的过程体现了"知识管理＋协同管理"的核心思想[1]，在这一核心思想指导下，知识链各主体围绕知识活动而实施一系列协同行为，这些行为之间相互作用产生变化，在某一时间段产生了一系列的投影，这些投影就是知识链知识协同的过程轨迹。综合借鉴李丹（2009）和吴悦等（2013）对知识协同过程的形成过程阶段划分[2][3]，将知识链的知识协同过程分为准备阶段、形成阶段、运行阶段和终止阶段，如图 7-1 所示。

### 7.3.1 准备阶段

知识链知识协同的准备阶段是知识链知识协同过程的起始阶段，也是知识链知识协同的酝酿阶段，这一阶段以核心企业发出知识协同需求信号为主要标志，以知识协同机会的识别，内外环境的分析和联盟成员的考察为主要特征。

---

[1] 李丹. 基于产业集群的知识协同行为及管理机制研究 [M]. 北京：法律出版社，2009.
[2] 李丹. 企业群知识协同要素及过程模型研究 [J]. 图书情报工作，2009，53（14）：76-79.
[3] 吴悦，顾新. 产学研协同创新的知识协同过程研究 [J]. 中国科技论坛，2012（10）：17-23.

| 主要标志 | 知识协同需求 | 组建知识链 | 知识协同活动 | 实现知识协同效应 |
|---|---|---|---|---|
| 主要特征 | 协同机会识别<br>内外环境分析<br>联盟成员考察 | 选择联盟成员<br>知识整合<br>制定协同战略<br>营造协同环境 | 知识流动<br>交互学习<br>知识共享<br>知识创造 | 协同目标完成<br>协同利益分配<br>过程终止运行 |
| 阶段 | 准备阶段 | 形成阶段 | 运行阶段 | 终止阶段 |

协同过程的延续与重建

**图 7-1　知识链知识协同过程**

在长期的知识积累和知识沉淀过程中，由于每个组织的规模、实力、能力和发展目标的不同，每个组织拥有的知识存量也是不同的。组织之间知识存量的不同往往表现为组织之间的知识势差，组织为了弥补自身与其他组织的知识差距，必须发出知识协同信号，寻求知识协同的机会，搜寻可以弥补自身知识势差的联盟成员。罗德曼（Rodermann，1999）提出了协同机会的评估关键点[①]。如表 7-1 所示，核心企业在知识协同形成以前要充分地考察周围的环境、市场、竞争对手、供应商、客户等对象，搜集与知识协同有关的信息，经过筛选、比较有用信息，借助知识链知识协同机会评估量表，准确地把握住知识协同机会。

**表 7-1　　　　　　知识链知识协同机会评估示例**

| 评估维度 | 问题描述 | 特征描述 |
|---|---|---|
| 协同点 | 哪些地方可以产生知识协同？ | 通过部门分析与价值链分析 |
| 协同效应 | 协同的潜在效应有哪些？ | 收入、成本、时间和市场等 |
| 协同的影响方向 | 对部门或组织有何影响？ | 正面影响或负面影响 |
| 协同的可能性 | 实现协同效应的可能性多大？ | 用数字表示 |
| 稳定性 | 协同效应是否稳定？ | 稳定或不稳定 |
| 延续性 | 协同效应能持续多长时间？ | 用时间长度表示 |

---

① Rodermann M. Strategisches Synergie management [M]. Wiesbaden: Dt. Univ. - Verlag, 1999.

环境与自身的能力作可行性分析,主要包括,知识协同需求发生的政治、经济、文化、社会和市场环境,对自身能力做客观评价,找出自身能够实现知识协同的优势和劣势,客观分析自身在产品研发、工艺制作、技术开发和知识创新等方面可行性和不可行性,通过可行性分析去寻找市场机遇和协同机会,通过不可行性分析去寻找能够弥补自身短板,又能提供协同可行性的组织,发展成为目标联盟成员。

对目标联盟成员进行全面考察,主要包括对联盟成员的性质、规模、能力、优势、劣势、资金储备、知识互补性、技术共同性、协同能力等方面进行考察,通过情报系统尽量搜集到目标成员的全部信息,并对搜集到的信息进行筛选、分类、比较,并制作成评估方案,以备知识协同形成阶段对联盟成员的选择做参考。

### 7.3.2 形成阶段

知识链知识协同的形成阶段是在知识链知识协同准备阶段基础上形成的,是知识链知识协同运行的前提。这一阶段以形成知识链为主要标志,以选择联盟成员、知识整合、制定知识协同战略、营造协同环境为主要特点。

知识链知识协同的形成是在外部协同机会和内部知识协同需求的驱动下启动的知识协同运作方式。在上一阶段对目标联盟成员的信息搜集的基础上,经过分析、比较选择与知识协同相适宜的联盟成员,组建成知识链。通过对知识链成员的知识进行整合、营造知识协同环境、制定知识协同战略,为知识链知识协同的运行做准备。

为了使知识链知识协同运行成功,选择一个合适的联盟成员是至关重要的[1]。在选择合适的联盟成员时,主要的评价依据是看双方是否具有互补优势,即拥有互补性知识资源、具备创新能力和协作意愿[2],以及对方的协同能力、协同目标、协同经验和知识的贡献、吸收和创造能力等,在上一阶段的考察中,综合比较各个目标联盟成员,选择通过协同能实现共赢的联盟成员。在联盟成员的选择中,关键的考核点在于双方知识的互补性,知识的互补性要求双方之间的知识一定存在差别,这是因为异质性知识能为联盟成员提供潜在的学习机会和创新思想[3],如果联盟成员之间的知识背景和优势完全相似,他们就没有必要合作,因为知识相似性的增加意味着伙伴间彼此贡献的减少[4]。而

---

[1] Hitt MA, Hardee C, Park D. Understanding strategic intent in the global marketplace [J]. Academy of Management Executive,1995,9(2):12-19.
[2] 陈剑,冯蔚东. 虚拟企业构建与管理 [M]. 北京:清华大学出版社,2002.
[3] 吴绍波,顾新. 知识链组织之间合作的知识协同研究 [J]. 科学学与科学技术管理,2008(8):83-87.
[4] Cowan R, Jonard N. Evolving Networks of Inventors [J]. Journal of Evolutionary Economics,2006,16(1):155-174.

且,联盟内知识因为重复冗余,还会造成知识资源的浪费和成本的增加,导致知识协同效率的降低,这样组建的知识链是低效率、无意义的。但是,知识链成员之间的知识差距也不宜过大,因为组织对知识的吸收也要求合作双方的知识背景有一定程度的相似性[①],否则知识在知识链成员之间难以转移。

知识链成立后,知识链内尚处于混沌状态,知识链内部充满着成员贡献的各类知识,由于此时知识链的协调机制和管理制度尚未形成,这些知识在知识链内部无规则、无方向地运动,在功能上表现出某种程度的紊乱,熵值不断增加,从而导致知识链低效率和衰落的不可逆发展。因此,知识链必须意识到问题的存在,形成知识协同危机意识,对知识链的知识进行整合、优化,为知识链知识流动、知识共享和知识创造等知识协同活动的顺利进行奠定良好的基础。

知识链知识协同战略制定是知识链知识协同运行的方向和目标。在知识链知识协同运行之前,根据知识链的内外环境,综合考虑到各成员的协同战略需求、协同能力、知识存量和利益诉求,制定知识链知识协同战略,为知识链知识协同的运行提供方向和指导。

知识链知识协同的健康运行也需要一个良好的协同环境。在知识链知识协同运行之前营造一个良好的协同环境,不仅能促进各主体之间的协同关系,而且还能维持知识链知识协同的有序进行。良好的协同环境就是在知识链主体之间营造一个共同义化,通过分析知识链主体之间的文化差异,找出知识链主体之间的文化共性;树立知识链核心价值观,建立知识链主体之间的文化愿景;鼓励知识链主体之间的相互沟通与交流,促进知识链知识流动与知识共享;求同存异,创新文化模式,形成知识链共同文化,促进知识链的知识协同。

### 7.3.3 运行阶段

知识链知识协同的运行阶段是知识链知识协同过程的核心阶段,是知识链知识协同效应实现的关键环节。这一阶段以实施知识协同活动为主要标志,以知识流动、交互学习、知识共享和知识创造为主要特点。

知识链知识协同的具体运行环节,包括知识链的知识流动、交互学习、知识共享和知识创造,是知识协同价值产生和协同效应实现的关键环节。这阶段主要由一系列的知

---

[①] Cohen W M, Levinthal D A. Absorptive capacity: A new perspective on learning and innovation [J]. Administrative Science Quarterly, 1990, 35 (1): 128 – 152.

识协同活动构成，这些活动之间存在一定的逻辑关系和时间顺序，围绕知识创新和协同效应为核心，以知识流动为主线，强调知识要素的有序、协调发展。

知识链知识协同运行初期，各成员之间初步接触和沟通，知识系统的相关性较弱，知识流动和共享主要以显性知识为主；随着知识链各成员之间交流频率的提高和交流程度的上升，各成员之间在深度了解中逐渐建立了相互信任的关系，通过交互学习等形式获取对方的隐性知识，推动整个知识链知识的创造和提升。同时，知识链各成员在知识协同过程中，知识存量也不断的积累和增加，当增加的水平达到一定的阈值时，就会产生一定的知识溢出，从而推动知识创新。

### 7.3.4 终止阶段

知识链知识协同的终止阶段是知识链知识协同过程的最后环节，但是并不是结束环节。知识链知识协同的终止阶段是这一轮知识协同的最后环节，同时也是下一轮知识协同的起始环节。这一阶段以实现知识协同效应为主要标志，以协同目标完成、协同利益分配和运行终止为主要特点。

知识链知识协同运行成果是知识链知识协同目标和协同效应的实现，此时，知识链可以考虑终止知识协同运行。知识链知识协同的终止也表明知识链通过知识协同活动获得了整体效益大于各成员知识活动带来的效益之和。

这一阶段的主要任务是对知识协同运行过程中，知识链各成员的投入与所产生的知识价值进行评估，以便进行合理的分配。另外，根据知识协同过程的知识协同程度、成员协同能力、协同运行状态、协同效应评价结果等反馈信息来确定下一轮知识链知识协同的可行性方案，并制定出下一轮知识协同的目标、协同要素、协同方案和协同活动等。

需要说明的是：首先，知识链知识协同的四个阶段并不是泾渭分明、各不相关，相反，四个阶段知识为了描述问题而采取的逻辑分段，前后阶段之间存在着相互密切的联系，前一阶段是后一阶段进行的前提，四个阶段是一个连续的过程，缺一不可。其次，知识链知识协同过程的四个阶段完成后，并不能代表知识链知识协同的永久结束，它仅仅代表一轮知识协同的完成，这一轮知识协同的终止，是下一轮知识协同的开始。最后，知识链知识协同过程是一个动态的过程，在整个过程中，任何一个阶段都可能随时会有成员的加入、资金的扩充、制度的完善等活动的输入，也有创新成果、知识溢出和技术转移等输出。

## 7.4　知识链的知识协同机制

知识资源作为知识链协同过程中的核心资源，通过知识协同过程，各主体可以在知识资源的交流、共享、转移、整合、创造、新知识应用等方面进行协同合作，进而提高整个知识链的协同创新能力[1]。知识链知识协同机制是知识链制定的促进知识协同的机制，知识协同贯穿于知识转移、知识共享、知识创新活动之中，为组织知识管理目标的实现提供战略支撑[2]。因此，知识协同的实质就是知识活动的协同，知识链知识协同机制就是促进知识活动协同的机制。吴绍波和顾新（2008）率先提出知识链的知识协同机制，他们认为知识链的知识协同机制包括协同机会识别机制与知识协同过程机制两部分，其中知识协同过程机制又包括知识共享、知识转移、组织学习和知识创造等机制[3]。在知识链知识协同过程中，与知识协同有关的关键活动主要有知识协同形成阶段的知识协同机会识别，以及知识协同运行阶段的知识流动、交互学习、知识共享和知识创造等活动。知识协同程度的提高有助于提升团队内部的知识流动和共享效率，促进知识增值，产生知识协同效应，进而形成知识优势，推动团队的创新发展[4]。知识协同通过推动成员之间的合作、共享行为，可以提高组织隐性知识的显化能力即知识合作效率，为组织创造智力资本和社会资本，从而提升组织的竞争优势[5]。因此，知识链知识协同机制的制定是为了实现协同效应，由核心企业发出知识协同需求信号，内部各成员在信号的指示下，将自身的知识水平与其他成员的知识水平进行衡量，找出存在的知识差距，通过建立知识协同机会识别、知识流动、交互学习、知识共享和知识创造等协同机制来促进知识协同，推动知识链的知识要素从无序走向有序，从差异走向协调一致，从而实现知识链的整体效益大于各部分效益之和。

---

[1] 张秋实. 黑龙江省文化产业产学研协同创新体系研究 [D]. 大庆：东北石油大学，2016.
[2] 王学东，谢辉，谢晓娇. 面向知识共享流程的虚拟团队知识协同研究 [J]. 情报科学，2011，29（11）：1608 – 1612.
[3] 吴绍波，顾新. 知识链组织之间合作的知识协同研究 [J]. 科学学与科学技术管理，2008（8）：83 – 87.
[4] Cheng Q, Chang Y. Influencing factors of knowledge collaboration effects in knowledge alliances [J]. Knowledge Management Research & Practice，2020，18（4）：380 – 393.
[5] Gao S, Guo Y, Chen J, et al. Factors affecting the performance of knowledge collaboration in virtual team based on capital appreciation [J]. Information Technology and Management，2016，17（2）：119 – 131.

## 7.4.1 协同机会识别机制

知识链知识协同机会的识别机制是指，知识链组织在确定了战略发展方向后，通过与外部市场需求的比较可以发现自身的知识差距，从而为寻找合适的合作伙伴提供指向基础[2]。从知识链的协同发展来看，知识协同机会识别也是知识链知识协同的第一步。通过知识协同机会识别，各主体可以在明确知识协同目标的基础上，根据内外部环境变化及来往信息，选择合适的知识协同合作对象，划定协同合作的深度和广度，明确协同资源的共享范围，把握协同机会。协同机会的识别就是对环境、信息和目标联盟成员进行搜寻，甄别出能够促进知识链知识协同的有利环境、有效信息和适当的联盟成员。其中，知识链联盟成员的识别是知识链知识协同机会识别的关键因素，也是知识链知识协同机会识别机制的主要作用对象。知识链中各成员组织之间、各成员内部个体之间的社会关系是社会网络的一部分，因此，知识链成员可以通过社会网络分析方法进行识别和选择。

社会网络分析理论始发于20世纪30年代，成熟于20世纪70年代，是用于研究社会中个人或组织之间关系的理论，其主要包括强弱连接理论、社会资本理论和结构洞理论。

（1）强弱连接理论是由强连接（strong ties）和弱连接（weak ties）理论的总称，由美国社会学家马克·格兰诺维特（Mark Granovetter）提出①。他认为从互动频率、感情力量、亲密程度和互惠交换四个维度可以将个人或组织的关系分为强连接和弱连接。他指出，所谓"强连接"是一种十分稳定的，且传播范围有限的社会认知，其主要发生在个人接触最频繁的人群当中，如自己的亲人、同学、朋友、同事等；所谓"弱连接"是一种比"强连接"更为广泛的，然而却是肤浅的社会认知。例如一个被人无意间提到或者打开收音机偶然听到的一个人。这两种连接在知识和信息的传递过程中发挥着不同的作用。强连接一般发生在相似性较高的群体中，他们拥有类似的经历和认识，在某一问题上具有相似的看法、价值观和共同的立场，所以通过强连接获得的知识是冗余的。弱连接一般发生在异质性个体之间，他们之间具有不同的社会经济特征，能跨越不同的信息源和知识源，将其他群体的知识和信息传递给群体之前的其他人。弱连接的分布范围比较广，能够跨越社会界限传递知识和信息，是社会网络的中间桥梁，也是无冗余的新知识获取的重要通道。

---

① Granovetter M. The strength of weak ties [J]. American journal of sociology, 1973, 78 (6): 1360-1380.

在社会网络中，虽然弱连接比强连接更能获取新的知识，但是一些高质量的、复杂的、重要的和隐性知识的传递往往发生在强连接之间，因为强连接比弱连接包含更多的信任、合作和稳定因素。知识链知识协同机会的搜寻，要充分利用和把握自身的强弱连接，在弱连接中识别能够带来互补知识的联盟成员，在强连接中选择具有高度信任、丰富知识和交易成本较低的联盟成员。

（2）社会资本（Social Capital）理论起源于20世纪60年代，成熟于20世纪90年代，由简·雅各布斯（Jane Jacobs）在《美国大城市的生命与死亡》中首次提出。随后，引起了很多学者们的讨论，但一直没有一个统一的定义。根据对社会资本的理解，顾新（2003）认为，社会资本是指两个以上的个体或组织通过相互联系和相互作用过程中形成的社会网络关系来获取稀缺资源并由此获益的能力[①]。社会资本代表个体或组织的社会关系，个体或组织的社会资本数量决定了其在社会网络结构中的地位。个人或组织参加的社会组织越多，其社会资本越雄厚，其所在社会网络规模越大，其社会资本越丰富，获取知识或信息的能力就越强。赵炎（2016）提出，管理者所拥有的知识存量、工作经验等是组织进行知识协同机会识别的重要知识基础，能够帮助组织快速判断需要哪些知识，从哪里获取这些知识以及如何获取这些知识[②]。

知识链的知识协同过程中，所有与核心企业有关系或来往的个人或组织都是核心企业的社会资本，这些资本的存在或分布不均衡，促使核心企业与不同个体或组织之间发生直接或间接的联系，从而构成了不同层面和纬度的社会关系网络，促进了知识在这个社会网络中流动，从而产生了知识链的社会资本。知识链的社会资本中充斥着大量的各种形式的知识，核心企业在识别知识协同机会时，通过社会资本，尽量选择具有高质量、高效率、异质性和具有较高声望的个人或组织组成知识链，这样才能保证知识协同的顺利、高效运行。另外，还可以通过社会资本扩大知识链的规模，反过来，知识链的规模越大，其社会资本越丰富，这样形成一个良性循环，为知识链知识协同的运行提供不竭的动力。

（3）结构洞理论是由美国社会学家伯特（Burt）于1992年提出的有关社会网络结构的重要理论[③]。他认为，结构洞是社会网络中的某个或某些个体和有些个体发生直接联系，但与其他个体不发生直接联系，无直接联系或关系间断的现象，从网络整体看好像网络结构中出现了洞穴。一个结构洞来表示两个行动者之间的非冗余的联系，这一点

---

[①] 顾新，郭耀煌，李久平. 社会资本及其在知识链中的作用 [J]. 科研管理，2003，24（5）：44–48.
[②] 赵炎，冯薇雨，郑向杰. 联盟网络中派系与知识流动的耦合对企业创新能力的影响 [J]. 科研管理，2016，37（3）：51–58.
[③] Burt R S. Structural Holes：The Social Structure of Competition [M]. Cambridge：Harvard University Press，1992.

与格兰诺维特的弱连接作用相似。因此，核心企业在搜寻知识协同机会时，应该注重自身所在的社会网络中，处于结构洞位置的机会，这样可以获得与自身知识相互补的知识和信息。而且知识链核心企业拥有的结构洞越多，具有的社会资本越多，更有利于识别和发现知识链知识协同机会。

因此，利用社会网络分析理论可以准确和快速的识别知识链的知识协同机会，建立低成本、高效率、信任度高、关系密切的知识链。正如 2000 年，IBM 知识基础组织学院（IBM Institute for Knowledge – Based Organizations，IKO）的研究发现一样：社会网络分析可以①识别组织中促进信息、知识有效流动的核心人物，注意他们有时候会成为组织工作顺利开展的瓶颈；②识别组织内部网络中的边缘人物；③辨识某一小组与整个网络的关系，判断其与整个组织的知识和信息的交流、分享情况。社会网络分析理论同样也适用于知识链知识协同机会的识别。

### 7.4.2 知识流动机制

知识流动的过程即在协同成员对新知识、新技术、工作经验等资源的不断追求下，知识在协同成员间从隐性到显性，从个体到组织的无限循环过程[1]。知识协同过程是知识有序流动过程，知识协同的实现依赖于知识流动，从某种意义上讲，知识流动可以被看作为知识协同的一个子过程[2]。知识流动是实现知识链知识协同的前提和基础，贯穿于知识链知识活动过程的始终，保证了知识有序流动、知识链主体高效获取知识，是提升各主体学习、竞争能力的必要条件，也是提高知识链整体绩效的有力保障。知识流动过程的顺利进行，能够为协同成员提供知识交流与创新场所的平台和引擎[3]；因此，只有制定知识链知识流动机制，才能实现知识链的知识协同。

知识链知识流动是指知识在知识链各主体之间扩散和转移，是知识链各主体相互作用的基本方式。在知识链中，知识流动的具体方式主要有企业之间的技术合作，企业、高等院校和科研院所的产学研合作，供应商、核心企业、竞争对手和客户的供应链合作，研发人员的流动，专利、发明和技术的转让等。

达文波特和普鲁赛克（Davenport & Prusak，1998）认为，知识流动包括两个过程：

---

[1] 赵炎，冯薇雨，郑向杰. 联盟网络中派系与知识流动的耦合对企业创新能力的影响 [J]. 科研管理，2016，37（3）：51–58.
[2] 佟泽华. 知识协同及其与相关概念的关系探讨 [J]. 图书情报工作，2012，56（8）：107–112.
[3] 苏加福，杨涛，胡森森. 基于 UWN 的协同创新知识网络知识流动效率测度 [J]. 科研管理，2020，41（8）：248–257.

第一个过程是传达知识给潜在的接受者；第二个过程是由该接受的个人或团体加以吸收①。由此，可以把知识链知识流动的基本过程看作是知识从知识发送者到知识接受者的过程，这一过程主要受到知识被传递、解释和吸收的难易程度等内容与性质；知识传输渠道；知识发送方的知识传递方式和传播能力；知识接收方的知识获取、吸收、学习和消化能力；组织间的文化差异；技术基础、法律制度和社会体制等因素的影响。

知识流动得以实现的重要决定因素是知识势能的存在。知识势能类似于物理学意义上的势能，即物体处于一定的位形而具有的能量。所谓知识势能，是某一时期或时点，某一主体相对于另一个主体所具有的知识的数量、质量和结构等，反映了主体所具有的知识优势，其主要由主体所拥有的知识的数量、质量和结构决定。在知识链中，由于各主体所拥有的知识的数量、质量和结构不同，因此，在某一时刻或在同一专业领域所拥有的知识的势能不同。主体拥有的知识的数量越多、质量越高、结构越合理，那么，其知识势能就越高。在知识链中，知识流动的轨迹就是从知识势能高的主体流向知识势能低的主体。在知识链知识协同形成之初，各主体知识的数量、质量和结构不同，导致知识在知识链内部无序、不规则地流动。为了促进知识有序流动，那么就需要调整各主体之间的知识势能，即优化配置知识链内各主体知识的数量、质量和结构，鼓励各主体之间沟通与交流，提高知识发送方的知识传播能力和知识接收方的知识吸收能力，搭建知识链知识流动渠道和平台，促进知识链内知识的流动从无序走向有序，从而实现知识链知识协同。

当然，知识链主体具有一定的知识势能表明了知识具有流动的能力，但是，仅仅有知识势能并不意味着知识链知识流动一定会发生，知识流动还取决于知识发送方和接受方的知识发送意愿和接受意愿。一般情况下，具有相同知识背景的知识流动双方都具有较低的知识流动意愿，只有具有不同知识背景或具有互补性知识的知识流动双方才具有较高的知识流动意愿。因此，需要知识链各主体相互开放自身的知识，表明协同意愿，吸引其他主体对自身经验和知识的兴趣，并积极配合知识的接收方完成知识流动，以促进知识协同。

### 7.4.3 交互学习机制

组织之间的交互学习是促进知识协同的核心动力，知识的流动、共享和创造都是在

---

① Davthport T H, Prusak L. Working Knowledge: How Organizations Manage What They Know [M]. Boston: Harvard Business School Press, 1998.

组织之间交互学习过程中实现的。建立知识链知识协同交互学习机制是知识链知识协同的知识流动机制、知识共享机制和知识创造机制的基础。通过交互学习，协同成员可以实现知识优势互补，增强自身知识获取、吸收、整合、转化的能力，提高自身的创新能力，进而提高整个创新系统的创新能力[①]。

交互学习来源于"组织学习"（Organizational Learning）理论，最开始阿吉里斯和舍恩（Argyris & Schön）于20世纪70年代中期提出，是指发现错误，并通过重新建构组织的"使用理论"而加以改正的过程[②]，其目的是通过理解和获得丰富的知识来提高行为能力[③]。阿吉里斯指出，组织学习分为发现、发明、实现和推广四个阶段。其中，组织学习的推广阶段，使学习从个人层面上升到组织水平，并贯穿组织的各个层次及边界。实际上，学习上升到组织层面后并未终止，而是继续向其他组织扩散，使学习从组织层面再次升华，上升到联盟水平，并贯穿到联盟的各个成员组织层次中。这样，可以很好地用组织学习理论来解释知识链各主体之间的交互学习。

所谓组织之间的交互学习（Interactive Learning），是指两个或两个以上组织或不同组织的员工通过面对面的相互接触、切磋而进行的互动学习。知识链主体之间交互学习的过程实质上就是知识在知识链中流动、获取、运用、创新和反馈的无限循环，在此过程中各成员的知识存量、学习能力和竞争能力都得到了不断提升[④]。从知识协同的形式来看，联合开发、正式与非正式研讨、联合培养人才、共享科技资源等多种形式均是协同成员进行交互学习的方式[⑤]。知识链主体之间的交互学习是获得主体之间隐性知识的有效途径，通过主体之间或主体员工之间的面对面交互学习，交流经验，实现隐性知识的相互交换。知识链主体之间的交互学习是一个复杂的学习过程，涉及知识链各个层面的人员，根据组织和个人的利益不同，知识链中存在竞争性的交互学习和合作性的交互学习行为。在竞争性交互学习中，知识链各方主体为了在知识链中占据支配地位，将尽可能获得更多知识作为首要任务，而忽略了知识链的共同利益，甚至损害知识链其他主体的利益。竞争性交互学习是一种主体考虑到自身利益诉求，毫不在乎合作各方共同利益的学习过程，在这样的学习状况下，知识链主体的交互学习变为不对等的学习，学习的结果造成了学习优势方占据大量知识和信息，学习弱势方占据少量知识和信息，导致

---

[①] 张秋实. 黑龙江省文化产业产学研协同创新体系研究 [D]. 大庆：东北石油大学，2016.
[②] Argyris C, Schön D A. Organizational learning: A theory of action perspective [M]. Reading: Addison-Wesley, 1978.
[③] Fiol C M, Lyles M A. Organizational learning [J]. Academy of management review, 1985, 10 (4): 803-813.
[④] 叶苏，顾新. 知识链成员之间的交互学习研究 [J]. 科技进步与对策，2007, 24 (3): 139-142.
[⑤] Schartinger D, Rammer C, Fischer M M, et al. Knowledge interactions between universities and industry in Austria: sectoral patterns and determinants [J]. Research policy, 2002, 31 (3): 303-328.

知识链的知识和信息分配不均衡，进而导致知识链知识协同难以进行，各方感到合作状态难以维持，并逐渐由合作伙伴转为竞争对手，最终导致知识链合作关系的破裂。当知识链主体之间以共同学习、共同成长为交互学习的目标，那么知识链主体之间就不存在竞争行为，此时的交互学习更多的是合作性交互学习。合作性交互学习是知识链各主体相互学习或者共同学习，各方为了知识链共同目标的实现而愿意出让自己的经验、技术，公开自己的数据、工作流程和管理制度等，甚至是自动调派技术人员到其他主体中，指导其他主体的工作，让知识链其他主体学习到自身没有的、更先进的知识。或者知识链各主体互派人员形成系统学习，建立学习团队，在共同接触和交流中实现系统思考和共同学习，在相互交流和切磋中产生新思维和新知识，进一步促进知识链的知识协同。因此，在知识链主体之间的交互学习过程中，应大力倡导、支持和鼓励知识链主体之间的合作性交互学习，抑制、避免和杜绝知识链主体之间的竞争性交互学习。

知识链主体之间的交互学习是否能取得良好的学习效果，不仅受到交互学习方式的影响，还受到知识链主体的学习意图、学习能力和学习过程的透明度等影响。其中，知识链主体的学习意图影响知识链各主体交互学习方式的选择，只有将知识链视为学习新知识和新技术的机会，并希望通过共同学习实现知识链知识协同的学习意图，才能引导知识链主体选择合作性交互学习方式。知识链主体的学习能力影响到知识链主体获得知识的数量和质量，能够帮助知识链中的技术落后方快速缩短与其他主体的技术差距，帮助技术先进方更具有先进技术优势，同时，知识链中具有优势学习能力的主体会吸引到其他主体纷纷向其学习，进而促进单个主体的学习转变为整个知识链的学习机制。知识链主体学习过程的透明度是指知识链中各主体知识流动和技术转让的开放程度。只有当知识链各主体对知识流动和技术转让持开放的态度，其他主体才有机会接近和加入，交互学习才有可能发生。开放程度在很大程度上取决于组织边界的渗透性、知识链主体之间的相互信任和组织的排他性影响。

知识链的交互学习机制决定了各主体之间交互学习的效果，进而影响到知识协同过程中的知识流动、知识共享和知识创造的效率。良好的知识链交互学习机制是知识链主体之间和谐有序学习的保证，也是知识在知识链中有序流动、共享和实现知识创新的保证。建立有效的交互学习机制，就必须营造一种共同学习的文化，搭建知识链主体之间交互学习的平台，鼓励个人和组织自主地学习、交流和分享知识和技能，不断提高个人和组织的知识水平和认知能力，从而有效地促进知识流动、知识共享和知识创造，实现知识协同。

（1）确定正确的学习目标。正确的学习目标是组织进行有效学习的前提，正确的学习目标有助于知识链各主体明确学习的方向，选择适当的学习方式，避免出现各自为中心的竞争性交互学习。知识链主体进行交互学习，必须以知识链主体的共同利益为基础，以共同学习为基本目的，不论学习是否是合作契约规定的行为，学习的方向要朝着有利于知识链知识流动、共享和创造的方向发展，学习的动机也应对知识链知识协同有利，创造的价值和学习的成果应为知识链各主体共同分享。在知识链中，核心企业应根据联盟的管理经验和成员拥有的知识和技术，评估知识链各主体学习的潜力和能力，结合知识链发展战略和已有知识库的互补程度来确定知识链主体交互学习的学习目标。

（2）提升各主体的学习能力。知识链主体的学习能力包括其获取、消化、吸收、创造和应用知识的能力。在知识链中，高等院校和科研院所是知识提供的主要来源，其主要任务就是通过对传统知识的去粗取精和去伪存真来完善和延续知识体系，不断创造和传播新的知识，为知识链提供学习的来源。知识链中的企业是知识的主要应用者和学习的执行者，它将吸收来的知识进行消化并应用于实践，然后再经过创新，将对知识链发展有利的知识或新知识进行推广，与知识链其他主体交流，共享成功的知识；而其他主体将对外吸纳的知识进行消化、创新、再推广。使学习的层次超越了单环学习的层次，学习也从个人上升到组织，再升华到整个知识链层面。提高知识链主体的学习能力可以通过"五项修炼"，即"自我超越""改变心智模式""建立共同愿景""团队学习"和"系统思考"，成长为"学习型组织"，增强整体的学习能力。

（3）搭建交互学习平台[①]。知识链主体之间交互学习平台是知识的聚集地和发散地，也是连接知识发送者和知识接受者的中间桥梁，在交互学习过程中起到汇聚知识和传播知识的作用，同时也起到了连接知识链主体的纽带作用。构建知识链主体之间的交互学习平台，要解决下几个问题：①知识的来源和准确性。交互学习平台中最关键最核心的要素就是知识，知识是交互学习平台的基础，交互学习平台是知识的归宿，没有知识就不可能成功搭建交互学习平台，知识是交互学习平台的重要内容。交互学习平台的知识来源一部分来自知识链内部各主体，一部分来自知识链外部。在知识链中，主要担任知识提供方的是高等院校和科研院所，所以，高等院校和科研院所是交互学习平台中主要的内部知识来源，其次是知识链其他主体的实践经验和技能，另外还有一些知识来自知识链以外的其他组织。当然，知识的准确性也非常重要，知识的准确性会严重影响知识链主体之间交互学习的效率和成果，所以，交互学习平台的知识在广泛收集后要进行"去粗取精，去伪存真"的筛选，吸纳准确、有用的信息和知识。②知识的传输渠道和传输速度。良好的交互学习平台除了要有广泛的知识来源和准确无误的知识，还需要畅通无阻的知识传输渠道和持续稳健的知识传输速度。畅通无阻的知识传输渠道是知

---

① 程强，顾新. 论学习型区域主体之间交互学习的主要影响因素[J]. 华东经济管理，2013，27（8）：59-63.

识顺利转移、扩散的保证，持续稳健的知识传输速度是知识链主体持续学习的动力支撑，畅通无阻的知识传输渠道和持续稳健的知识传输速度对知识链主体之间交互学习的效率有重要影响。③知识的传播方式和输出对象。交互学习平台建成后，还要考虑知识的传播方式和知识的输出对象。交互学习平台的知识传播方式主要有：面对面交流传播、网络传播、信号通信传播和信函传播等方式；在知识链中，交互学习平台知识的输出对象就是知识链各主体，即核心企业、供应商、高等院校、科研院所、竞争对手或客户。由此，可以看出高等院校和科研院所既是知识的输入者同时也是知识的输出对象。另外，根据知识的所属领域不同其输出对象亦不同。④交互学习平台还要注重学习的方式，大力倡导、支持和鼓励知识链主体之间的合作性交互学习，抑制、避免和杜绝知识链主体之间的竞争性交互学习。

（4）塑造学习型文化。塑造知识链交互学习的学习型文化，要求知识链主体进行系统思考、交互学习，改变原有的世界观和学习思想，树立共同学习、促进知识协同的意识，将交互学习的理念深植于每个主体内部，改变区域主体的心智模式，建立共同愿景，实现知识链知识协同。塑造知识链交互学习的学习型文化，具体要求：①积极鼓励知识链主体转变传统的学习思想。改变"一学定终生"和"学习、工作相分离"的学习观念，秉持与时俱进的学习态度，灌输最新的学习思想和观念，倡导"终生学习"和"干学相结合"的学习观念。②主体内部建立学习型组织。将参加交互学习的知识链主体和主体内部各成员联系在一起，倡导共同学习、相互交流、知识共享，在主体内部先形成一个学习型组织。③树立知识链交互学习的目标。围绕学习目标来统一知识链主体的学习动机和行为，树立共同的价值观和世界观，在学习目标的驱动和价值观的指导下，知识链主体之间进行交互学习。④打破原有知识链主体之间相对独立和封闭的情况。赋予各主体之间共同的使命感，将知识链主体团结在一起，淡化知识链各主体的组织边界，打破各主体之间的独立和封闭，这样更有利于区域主体之间交互学习。

### 7.4.4 知识共享机制

知识共享是指知识要素在知识链中相互流动，将合作对象彼此的经验、资源、信息等进行共享与整合。知识共享的过程是众多知识主体进行知识协同的过程[①]。知识共享机制是知识协同实现的关键环节，也是其他机制运行的前提条件。从企业层面来看，通过知识共享，企业能够实现推动员工对拥有的知识进行交流讨论，并由此建立起内部的

---

① 佟泽华. 知识协同及其与相关概念的关系探讨[J]. 图书情报工作，2012，56（8）：107-112.

知识网，从而减少资源浪费，降低交流成本，助力企业取得创新性突破[1]。从知识链角度来看，知识共享可以促进协同成员间的知识消化吸收及高效产出，丰富组织整体的知识存量，进而提升组织的协同创新能力和应变能力，增强知识链的整体竞争优势和绩效[2]。知识链的知识共享是指知识链各主体的知识（包括显性和隐性知识）通过知识流动和交互学习扩散到知识链各个层面。蒂斯（Teece，2000）指出，存储在核心员工头脑中、文件库和数据库中的知识如果不适时适地地提供给所需的人，无疑是一堆废品[3]。知识链各主体来自不同行业不同领域，其所具有的知识也具有专有性和私有性，在某些问题上，仅仅靠单独某一主体的知识，不能完全解决问题，那么则需要发挥知识链中各主体知识的优势，通过集思广益，汇聚各方面的知识来解决问题。因此，这就要求知识链各主体之间实现知识共享。

实现知识共享要求知识链各主体公开自身的知识，包括其数量、质量和结构，方便其他主体能够接触和学习，从而使一方的知识扩散到整个知识链的各个层面，被知识链各个层面的个人或组织所共享，从而提高了知识链的整体知识水平和解决问题的效率和能力。在主体的知识中，显性知识主要通过组织的正式机制实现共享，这种正式的机制是知识链合作过程中所制定的知识共享的程序、规则、方法与信息技术手段。通过正式的机制获取的知识是经过组织编码化的知识，这些知识以文字、图像、声音和视频的形式储存在组织的知识库中，知识链其他主体通过正式渠道获得这些显性知识。如在知识链的技术交流平台中，知识链各主体一般都是通过正式会议的形式，将自己的观点、看法和技术疑问以文字资料、图像资料和声音、文字演示等形式提供给参会各方。然而，正式的机制对实现知识共享的作用是有限的，在知识链中个人所拥有的隐性知识通过正式的机制是很难实现共享的。那么，隐性知识的共享依赖于知识链合作中的非正式机制，这种非正式机制是通过在知识链中的非正式组织、交互学习过程中组织成员的互动而建立起来的。如知识链中的实践社区，知识链中的一些人因为对某一主题怀有热情而成立的非正式组织，他们通过持续的互相沟通和交流增加自己在此领域的知识和技能[4]，实现隐性知识的共享。知识链各主体的交互学习过程中，面对面的交流和切磋也是隐性知识共享的有效途径。

---

[1] 刘冰峰，王笑梅. 研发团队知识治理能力与突破性创新绩效关系探析 [J]. 企业经济，2019（6）：35-43.
[2] Rajabion L, Sataei Mokhtari A, Khordehbinan M W, et al. The role of knowledge sharing in supply chain success: Literature review, classification and current trends [J]. Journal of Engineering, Design and Technology, 2019, 17（6）: 1222-1249.
[3] Teece D. Strategies for managing knowledge assets: the role of firm structure and industrial context [J], Long Rang Planning, 2000.
[4] Wenger E. Communities of practice: Learning, meaning, and identity [M]. Cambridge university press, 1998.

在知识链中，知识作为客体，在知识链主体之间交互学习和知识流动过程中扩散到知识链各个层面，形成了知识链的知识共享网络。知识链的知识共享网络是具有层次性的，但是这种层次性并不明显，知识共享的层次经过个人或组织的内部化和外部化过程，又可以相互转化。具体表现在：①个人层面的知识共享。这一层面的知识共享一般发生在主体内部员工之间。主体内部员工之间通过知识共享的正式机制和非正式机制实现显性和隐性知识的共享。②组织层面的知识共享。这一层面的知识共享一般发生在知识各主体之间。某个主体的知识，通过知识共享的正式机制和非正式机制实现显性知识和隐性知识的共享。③组织知识被个人共享。这一共享过程是从组织层面到个人层面的知识共享，是组织知识的内部化过程。知识链主体在经过长期的积累和实践基础上，形成了一些生产、经营、销售和管理等经验，这些经验经过编码转化为组织的规章制度、员工手册、经营手册和管理手册等资料，员工通过岗位培训、资料学习等形式获得这些知识，并在实际工作中得以内部化成为自己的经验和技能。组织知识被个人共享的过程实质上是组织的隐性知识通过编码转化为显性知识，再通过员工的学习成为个人隐性知识的过程。④个人知识被组织共享。这一共享过程是从个人层面到组织层面的知识共享，是个人知识的外部化过程。组织员工在长期的工作中积累了大量的工作经验和技巧，这些经验和技巧是高度个人化的隐性知识，当这些经验和技巧对知识链各主体的生产、经营、管理和发展等有重要意义和价值时，组织就会向员工学习，并将这些个人经验和工作技巧转化为文字、声音和图像等储存到组织的知识库中，分享给知识链的其他组织，其他组织通过学习获得了该员工的工作经验和技巧，使个人隐性知识上升为知识链的知识。个人知识被组织共享的过程实质上是个人的隐性知识通过编码转化为显性知识，通过外部化将显性知识上升为组织的显性知识，然后被其他组织共享的过程。

实际上，知识链的知识共享并非想象中的一帆风顺，在知识共享过程中也存在一些障碍。达文波特和普鲁赛克（1998）系统地研究了知识共享中的障碍和解决方法[①]（见表7-2）。

由此可以得出，建立有利于知识链知识协同的知识共享机制，需要在知识链内部营造有利于知识共享的共同文化，在此基础上，鼓励非等级知识观念和知识链主体之间面对面地交流，建立相互信任的关系，培养知识链接受新知识新观念的能力，并对知识共享中表现突出和对知识共享做出贡献的个人或组织给予嘉奖。在这样的知识链知识共享

---

① Davenport T H, Prusak L. Working knowledge: How organizations manage what they know [M]. Boston: Harvard Business School Press, 1998.

机制作用下，知识链各主体之间交互学习，知识流动从无序走向有序，知识链的自组织方式将知识进行优化配置，使知识在最大限度地得到共享，并为下一阶段的知识创造奠定基础。

表 7-2　　　　　　　　　　　知识共享障碍与解决方法

| 序号 | 知识共享障碍 | 解决方法 |
| --- | --- | --- |
| 1 | 缺乏信任 | 通过面对面的交流建立关系和信任 |
| 2 | 不同的文化和基准框架 | 通过教育、讨论和工作轮换建立共同基础 |
| 3 | 知识拥有者独享地位和奖励 | 根据分享情况评估工作表现给予奖励 |
| 4 | 受教者缺乏接受能力 | 培养灵活性、接受新观念能力 |
| 5 | 认为知识特属某一群体 | 鼓励非等级知识观念 |

### 7.4.5　知识创造机制

知识链的知识创造和知识协同是一对能动关系，知识链的知识创造是知识链知识协同的最高形式，知识创造推动知识协同的实现；反过来，知识链的知识协同是知识链知识创造的终极体现，知识协同又进一步促进知识的有序流动和持续创造。知识链的知识创造，是知识链在已有的知识基础上，开放和创造出新知识的过程。新知识不同于知识链中个人或组织原有的知识，它可能是一套新的知识体系或新的思想，也有可能只是一个新的概念或者新观点。

知识链知识创造要经历四个转化和五个阶段才能实现。

（1）知识链知识创造的四个转化是指知识链所拥有的显性知识和隐性知识两类知识之间的相互转化。隐性知识在知识链的发展过程中具有重大的价值和意义，只有通过将隐性知识转化为显性知识，才可以被知识链各主体应用，从而产生知识的增值和推动知识链的发展。因此，知识链的显性知识和隐性知识的相互转化是知识链知识创造的核心环节。知识创造的四个转化是日本知识管理专家野中郁次郎提出的，也称知识转化SECI模型[1]，如图7-2所示。知识通过社会化（Socialization）、外部化（Externalization）、组合化（Combination）和内部化（Internalization），实现显性知识和隐性知识的相互转化。

---

[1] Nonaka I, Takeuchi H. The Knowledge - Creating Company [M]. NY: Oxford University Press, 1995.

```
        隐性知识         隐性知识
   ┌─────────►──────────┬──────────────────┐
   │                    │                  │
   │     社会化         │     外部化       │
隐 │  (Socialization)   │ (Externalization)│ 显
性 │                    │                  │ 性
知 │                    │                  │ 知
识 ├────────────────────┼──────────────────┤ 识
隐 │                    │                  │ 显
性 │     内部化         │     组合化       │ 性
知 │ (Internalization)  │  (Combination)   │ 知
识 │                    │                  │ 识
   │                    │                  │
   └──────────────◄─────┴──────────────────┘
        显性知识         显性知识
```

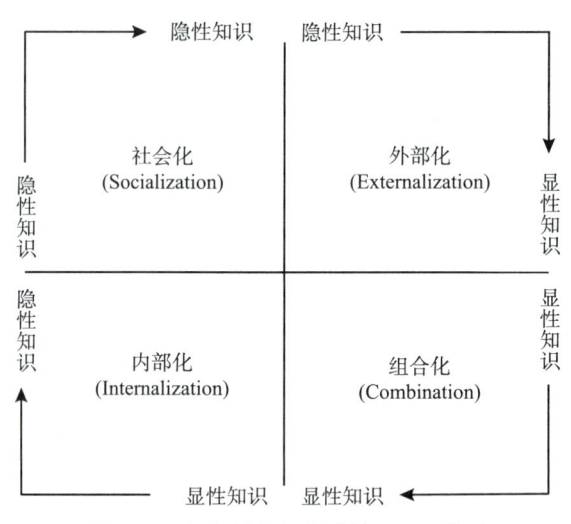

图 7-2　知识链知识创造的 SECI 模型

资料来源：Nonaka I, Takeuchi H. The Knowledge - Creating Company [M]. NY: Oxford University Press, 1995.

具体而言，第一，社会化阶段。社会化阶段表现的是隐性知识转化为隐性知识的过程，通过观察、模仿他人的行为进行自我实践和总结，形成自我的技能、经验和诀窍。社会化过程是某个人或组织的隐性知识向另一个人或组织转化的过程，这一过程中参与者不使用语言、文字等形式也可以从他人那里获得隐性知识，如在师傅带徒弟的过程中，徒弟跟着师傅，观察师傅的言行举止，然后进行模仿，通过不断的实践而逐渐掌握了师傅的手艺和技巧，这一过程中师傅可以不用说话，徒弟也可以逐渐地获得师傅的隐性知识，这一过程就是师傅的隐性知识转化为徒弟的隐性知识的过程。类似的还有老师的课题展示，专家的当众演示等。

第二，外部化阶段。外部化阶段表现的是隐性知识转化为显性知识的过程，通过隐喻、类比、模型、假设、倾听、对话、讨论等形式将经验、技能和诀窍等隐性知识进行编码，以文本、资料、手册、说明书、影像和声音的形式而被人们所理解和共享。外部化过程是某个人或组织的隐性知识向显性知识转化的过程，这一过程中主要是将难以表达和描述的隐性知识编码成为人们所理解和接受的显性知识。如教授将多年的教学经验和积累的知识——这些经验和知识是深藏在教授头脑中，通过编著教科书和读物的形式传递给其他人，这一过程就是教授的隐性知识转化为显性知识的过程。类似的还有员工的工作经验总结，学生的学习心得体会等。

第三，组合化阶段。组合化阶段表现的是显性知识转化为显性知识的过程，将零散的显性知识通过采取、组织、分析和总结的形式进行整合，并用专业的语言描述出来，形成正式的语言、文字、图像等，转化为更高级的、系统化的显性知识。这一过程是显性知识向更高级、更系统化的显性知识转化的过程。如公司制度的制定,是通过收集各部门的意见和建议,将收集来的意见和建议进行筛选、整理和编辑,成为一个规范化的公司规章制度,用文字的形式让公司成员熟悉和了解,这一过程就是部门零散的显性知识转化为整个公司系统化显性知识的过程。类似的还有部门的工作总结,公司的年度报告,行业报告等。

第四,内部化阶段。内部化阶段表现的是显性知识转化为隐性知识的过程,组织的系统化知识通过成员的"干中学""用中学"和工作培训,吸收、消化组织系统化的显性知识转为自身的经验、技能和诀窍,从而将组织的系统化知识转化为自身知识的一部分,进一步完善自身的知识结构,实现自我的超越和突破。这一过程就是他人或他组织的显性知识转化为自身或自组织的隐性知识的过程。如在企业的培训活动中,员工通过阅读有关企业或个人的手册、文件可以使显性知识转变为自己的隐性知识,或者说扩充了他们的隐性知识库。类似还有团队学习,项目合作和职业培训等。知识创造的四个转化起源于个人的隐性知识,组织内的个人通过社会化获取他人的隐性知识,通过外部化将自己的隐性知识转化为显性知识,再通过组合化将个人零散的显性知识转化为系统化、组织化的显性知识,最后通过内部化将系统化、组织化的显性知识转化为组织各层次新的隐性知识。在显性知识和隐性知识的四个转化中,个人知识逐渐上升为组织知识,在相互作用、相互补充和循环转化中,形成了知识创造的螺旋上升。

(2) 知识创造的五阶段是野中郁次郎在知识的四个转化基础上提出的,即共享隐性知识、创造概念、验证概念、建立原始模型和跨层级的知识共享五个阶段[①],如图7-3所示。第一阶段,共享隐性知识。个人的隐性知识主要是通过长期的经验总结和技能诀窍所得,其难以用文字、声音、图像等形式表达。个人的隐性知识是知识创造的基础,是等待挖掘的新知识的源泉,不同背景、价值观和动机的个体共享其隐性知识便成为了知识创造的关键步骤。第二阶段,创造概念。一旦共享的心智模式在一定群体中形成,那么群体成员便可以进行持续性的交流,通过群体的系统思考,将共享的心智模式用文字或语言表达出来,转化为明晰的概念。这一阶段是显性知识和隐性知识互动最强烈的阶段,相当于知识转化的外部化过程。第三阶段,验证概念。新概念被创造出来以后,必须要经过全面的验证加以确认。在这一阶段,个人可以反复确认或筛选信息和知识,然而组织必须以明确的方式执行验证概念的工作,以判断新概念是否能表达组织原有的意图和符合社会的需要。概念验证的标准可以是定量的,也可以是定性的。第四阶段,建立原始模型。建立原始模型是一个复杂的过程,要求组织内部各个成员共同努

---

① Nonaka I, Takeuchi H. The Knowledge – Creating Company [M]. NY: Oxford University Press, 1995.

力，将已经验证的概念转化为有形的、具体的原始模型。如在产品开发的个案中，产品模型就是原始模型。经过验证的概念是显性的，转化之后的原始模型也是显性的，因此可以说，建立原始模型是将新创造的显性知识与转化后的显性知识相结合的结果，相当于知识转化的组合化过程。第五阶段，跨层次知识流动。知识创造是一个不断自我提升、自我完善和自我超越的过程。新概念经过创造、验证和模型化并不意味着知识创造结束，而是继续向前发展，原始模型建立后，需要不断地循环、交互作用和螺旋发展才能不断的完善，这就是知识的跨层次流动。在跨层次知识流动和螺旋过程中，知识的流动既发生在组织内部也发生在组织之间。知识的创造是一个渐进的、曲折的过程，显性知识和隐性知识在经过四个转化和五个阶段后，螺旋上升，循环反复，实现新知识的创造。

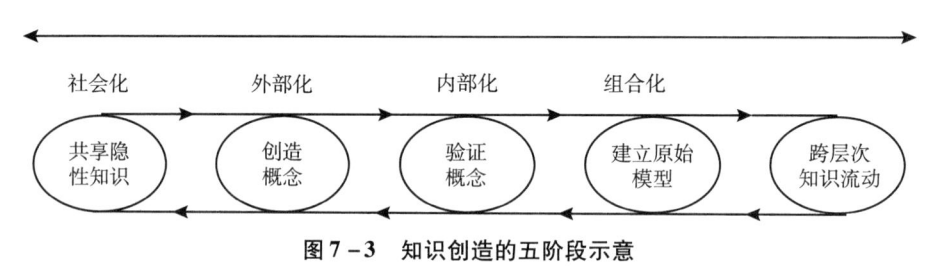

图 7-3 知识创造的五阶段示意

资料来源：吴翠花，万威武. 基于自主创新的组织知识创造机制研究 [J]. 科研管理，2007，28 (3)：31-37.

(3) 知识创造螺旋认为，知识创造是一个由员工到员工的一维知识循环演进的螺旋过程[①]。但是，在知识链中，知识创造具有多维性互动过程，主要由个人知识创造、组织知识创造和知识链知识创造三维知识循环演进的螺旋过程，如图 7-4 所示。其中，①个人知识创造是组织创造的基础，主要发生在组织内部的个人，他们将自身的隐性知识和显性知识通过转化和知识螺旋而创造出新的知识。②组织知识创造是在个人知识创造的基础之上进行的，是知识链层面知识创造的基础，主要发生在知识链各主体组织中。组织知识创造一部分来自组织本身，是组织作为一个整体创造知识的能力，将知识创造出来在组织内各层次流动和共享，并贯穿于组织的整个研发、生产、经营、销售等活动中。组织的知识创造另一部分来自组织内的个人，是个人创造的新知识在组织内部各层次的流动和共享。因此，组织的知识创造来源于组织和个人的知识创造，是组织新知识和个人新知识的总和。③知识链知识创造是在知识链各主体知识创造基础上进行的，是知识创造的最高层面，主要发生在知识链中。知识链的知识创造一部分来源于知识链本身，是知识链作为一个整体创造知识的能力，将创造出来的知识在知识链各主体

---

① 陈天阁，张道武，汤书昆，等. 企业知识创造机制重构 [J]. 科研管理，2005，26 (3)：44-50.

之间相互流动，各主体通过优化配置和交互学习获得知识链创造的新知识。知识链的知识创造另一部分来自知识链各主体，各主体将所创造出来的新知识分享给其他知识链主体，是各主体创造出来的新知识在整个知识链中相互流动。由此可以得出，每一层次的知识创造都是上一层次知识创造的基础，每一层次的知识流动和共享，都会促进知识创造层次的升级。知识链中知识创造的三个层次并不是泾渭分明、相互分割的，而是每一层次的知识创造都能与低一层次的知识产生交集，在相互的交集中产生共鸣进而创造出优于上一层次知识的新知识。知识链的知识创造就是在这样多维度的知识创造主体的互动和相互作用中，促进知识经历各个层面螺旋上升，最终实现知识链的知识创造。

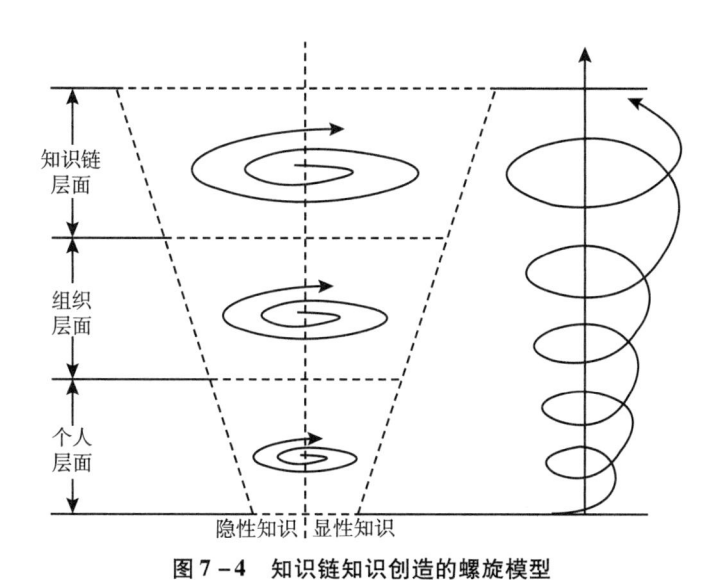

图 7-4 知识链知识创造的螺旋模型

# 第8章

# 知识链协同效应形成机理的实证与案例分析

实践是检验真理的唯一标准。根据主体协同、机制协同、知识协同与知识链协同效应形成四者之间的关系,构建了知识链协同效应形成机理概念模型,并提出相关研究假设。通过调查问卷,搜集有关信息和数据,利用 SPSS 19.0 统计软件对数据进行相关分析,并借用 AMOS 21.0 软件分析了主体协同、机制协同、知识协同与知识链协同效应四者之间的关系,并验证了知识链协同效应形成机理模型的拟合程度。以 TD – SCDMA 技术创新产业联盟为例,分析了 TD – SCDMA 技术创新产业联盟的协同效应形成机理,做到理论与实践相结合,验证理论的合理性。

## 8.1 知识链协同效应形成机理的实证分析[①]

### 8.1.1 理论框架与研究假设

#### 8.1.1.1 模型构建

知识链协同效应形成机理包括:主体协同、机制协同和知识协同。其中,主体协同是知识链协同效应形成的基础,机制协同是促进知识链协同效应形成的动力支撑和保障,知识协同是知识链协同效应形成的直接动力。其中,知识链的主体协同主要通过战略协同、组织协同、管理协同和文化协同来实现;机制协同主要通过建立知识链主体之间的相互信任机制、激励约束机制、冲突解决机制和风险防范机制来实现;知识链的知识协同通过识别知识协同机会、知识流动、交互学习、知识共享等来实现。知识链的协同效应可以通过

---

① 胡园园,顾新,程强.知识链协同效应作用机理实证研究 [J]. 科学学研究,2015,33 (4):585 – 594.

知识链的规模经济效应、范围经济效应和学习经济效应来反映,根据上述分析和相关学者讨论,构建了知识链协同效应形成机理的概念模型,如图8-1所示。

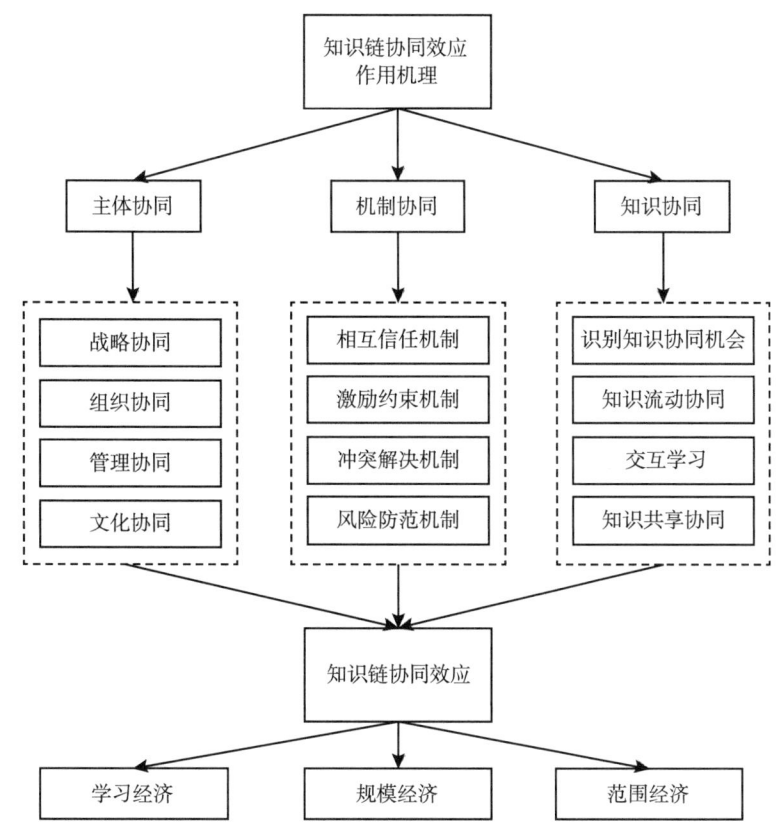

**图 8-1 知识链协同效应形成机理的概念模型**

#### 8.1.1.2 研究假设的提出

知识链的主体协同是知识链协同效应形成的基础,没有知识链的主体协同,知识链的协同效应也不会形成。借鉴安索夫(1965)[①]、巴尼(1991)[②]、杜马(2000)[③]、周和荣和李海婴(2003)[④]、李勇和杨秀苔等(2004)[⑤]、应可福和薛恒新(2004)[⑥]、李

---

[①] Ansoff I. Corporate Strategy, an Analytic Approach to Business Policy for Growth and Expansion [M]. New York: Mcgraw Hill, 1965.
[②] Barney J. Firm Resources and Sustained Competitive Advantage [J]. Journal of Management,, 1991, 17 (1): 99-120.
[③] Douma MU. Strategicallianees: Managingthedynamiesoffit [J]. Long Range Planning, 2000 (33): 579-598.
[④⑥] 周和荣,李海婴. 敏捷企业协同模型及机理研究 [J]. 武汉理工大学学报:信息与管理工程版, 2003, 25 (6): 148-152.
[⑤] 李勇,杨秀苔,张异,等. 论供应链管理中的战略协同 [J]. 经济与管理研究, 2004 (4): 57-60.

玲鞠（2006）[1]、何郁冰（2012）[2] 等研究成果，认为战略协同、组织协同、管理协同和文化协同对协同效应的形成具有相关性或积极作用。然而，战略协同、组织协同、管理协同和文化协同能够促进主体协同，由此可得，主体协同对协同效应的形成具有积极作用。另外，解雪梅和曾塞星（2009）[3]、王松（2013）[4] 等学者直接提出了主体协同可以促进协同效应形成的观点。基于上述分析，可以提出以下假设：

H1：知识链组织之间的主体协同与知识链协同效应呈正相关。

知识链机制协同是知识链协同效应形成的动力和保障。借鉴孟琦和韩斌（2008）[5]、傅元略和屈耀辉（2009）[6] 等研究成果，认为协同机制可保障协同效应的形成。由此，可以提出以下假设：

H2：知识链组织之间的机制协同与知识链协同效应呈正相关。

知识链的知识协同是知识链协同效应形成的直接动因。巴泽尔和盖尔（1987）[7]、魏世红和谭开明（2007）[8] 等学者分析了资源协同对协同效应形成的重要性和积极性。然而，在知识链中，知识是知识链协同效应形成过程中的重要资源和关键资源，知识链的资源协同很大程度上可以直接表现为知识协同。因此，知识协同对协同效应的形成具有积极作用。卡伦齐格（Karlenzig，2002）[9]、陈昆玉和陈昆琼（2002）[10]、安克拉姆（Anklam，2006）[11]、李一楠（2009）[12]、李丹（2009）[13]、许强和郑晓丹（2010）[14]、吴悦和顾新（2012）[15] 等直接分析了知识协同与协同效应之间的关系，认为知识协同与协同效应的形成直接相关。知识链的知识协同可以加速知识链的知识流动、共享和创造，促

---

[1] 李玲鞠. 供应链管理信息系统中的信息协同效应分析 [J]. 情报科学，2006，24（1）：100 – 103.
[2] 何郁冰. 产学研协同创新的理论模式 [J]. 科学学研究，2012，30（2）：165 – 174.
[3] 解雪梅，曾塞星. 都市圈技术创新主体协同的演化博弈分析 [J]. 上海交通大学学报，2009，43（9）：1362 – 1365.
[4] 王松. 我国区域创新主体协同研究 [D]. 武汉：武汉理工大学，2013.
[5] 孟琦，韩斌. 获取战略联盟竞争优势的协同机制生成分析 [J]. 科技进步与对策，2008，25（11）：1 – 4.
[6] 王举颖. 集群企业生态位态势互动与协同进化研究 [J]. 北京理工大学学报：社会科学版，2010（4）：57 – 60.
[7] Buzzell RD, Gale BT. The PIMS principles: Linking Strategy to Performance [M]. USA: The Free Press, 1987.
[8] 魏世红，谭开明. 高新技术产业集群协同效应分析 [J]. 中国科技论坛，2007（5）：71 – 74.
[9] Karlenzig W. Tap into the power of knowledge collaboration [EB/OL]. http://www.tmcnet.cow./, 2002.
[10] 陈昆玉，陈昆琼. 论企业知识协同 [J]. 情报科学，2002（9）：986 – 989.
[11] Anklam P. Knowledge management: the collaboration thread [J]. Bulletin of the American Society for Information Science and Technology, 2002（6）：8 – 11.
[12] 李一楠. 企业集团知识协同机制研究 [J]. 东岳论丛，2009，30（3）：130 – 133.
[13] 李丹. 企业群知识协同要素及过程模型研究 [J]. 图书情报工作，2009，53（14）：76 – 79.
[14] 许强，郑晓丹. 母子公司组织协同、知识协同与创新绩效的关系研究 [J]. 科技进步与对策，2010，27（16）：143 – 146.
[15] 吴悦，顾新. 产学研协同创新的知识协同过程研究 [J]. 中国科技论坛，2012（10）：17 – 23.

进主体之间的交互学习，实现知识链的学习经济效应。由此，可以提出以下假设：

H3：知识链组织之间的知识协同与知识链协同效应呈正相关。

知识链协同效应的形成实质上是各主体、各要素之间的非线性相互作用的结果。知识链各主体之间的非线性相互作用导致知识链主体协同，知识是知识链协同效应形成过程中最关键的要素，知识之间的非线性相互作用导致知识链知识协同，在知识链协同演化过程中，相互信任机制、激励约束机制、冲突解决机制和风险防范机制是知识链协同效应形成的动力和保障，促进和维持知识链的主体协同和知识协同。故此，知识链的协同效应是主体协同、机制协同和知识协同三者相互作用的结果。另外，在主体协同过程中，时刻伴随着知识的流动、交互学习和知识共享，主体协同与知识协同有部分是交叉运行，共同推动知识链协同效应的实现。吴伟（2012）认为，制定一定的激励等机制可以促进主体协同[1]。尼尔森（Nielsen，2005）指出，与知识相关能力的协同能够以增强知识创新的方式提升联盟中各主体的协同水平[2]。由此，可以提出以下假设：

H4：知识链组织之间的机制协同与主体协同呈正相关。

H5：知识链组织之间的机制协同与知识协同呈正相关。

H6：知识链组织之间的主体协同与知识协同呈正相关。

### 8.1.1.3 变量设计

根据知识链协同效应形成机理的概念模型，本部分对问卷调查涉及的变量包括主体协同、机制协同、知识协同和知识链协同效应。在变量的测度上，由于变量难以量化，因为需要设计对应的观测变量如表8-1所示，采用主观感知的模糊评价方法进行测量。为便于被调查者对各题项做出倾向于同意或不同意的不同判断，本书采用李克特（Likert Scale）7级量表打分法进行变量测量，在每个二级指标下又设置了三级指标对其进行衡量和说明。

知识链主体协同的衡量，现有研究并没有相关成熟的量表，本部分主要根据学者们对于供应链、产业集群、虚拟企业以及联盟等不同形式跨组织合作体的主体协同的表现形式以及其作用方式（比蒙，1999[3]；桑德斯，2007[4]；曾文杰和马士华，2010[5]），并结合知识链中知识流动和知识共享的特性，提出从战略协同、组织协同、管理协同和文化协同来

---

[1] 吴伟. 企业技术创新主体协同的系统动力学分析 [J]. 科技进步与对策，2012，29 (1)：91-96.

[2] Nielsen B B. The role of knowledge embeddedness in the creation of synergies in strategic alliances [J]. Journal of Business Research，2005，58 (9)：1194-1204.

[3] Beamon B M. Measuring Supply Chain Performance [J]. International Journal of Operations & Production Management，1999 (19)：275-292.

[4] Sanders N R. An empirical study of the impact of e-business technologies on organizational collaboration and performance [J]. Journal of Operations Management，2007，25 (6)：1332-1347.

[5] 曾文杰，马士华. 供应链合作关系相关因素对协同的影响研究 [J]. 工业工程与管理，2010 (2)：1-7.

衡量知识链主体协同，并在这四个二级指标下构建了八个观测指标对其进行描述。

表 8-1　　　　　　　　　　　　变量指标及指标描述

| 研究变量 | 测量指标 | 指标描述 |
| --- | --- | --- |
| 主体协同 A | 战略协同 A1 | 不同组织进行协同时战略目标的一致性 a1 |
| | | 协同过程中战略目标的制定和实施的同步性 a2 |
| | 组织协同 A2 | 不同组织协同时部门之间衔接紧密 a3 |
| | | 与其他组织共建经营实体 a4 |
| | 管理协同 A3 | 不同组织之间的资源能够得到优化配置 a5 |
| | | 在协同合作过程中分工与协作明显 a6 |
| | 文化协同 A4 | 组织之间的管理和经营风格彼此相容 a7 |
| | | 组织之间建立了共同的远景和价值观 a8 |
| 机制协同 B | 相互信任机制 B1 | 合作组织之间由于信任关系交易成本降低 b1 |
| | | 合作组织之间由于信任关系沟通效率提高 b2 |
| | | 合作组织之间由于信任关系使机会主义减少 b3 |
| | 激励约束机制 B2 | 激励约束机制使得合作组织间合作积极性提高 b4 |
| | | 激励约束机制能够激发合作成员参与创新的意识 b5 |
| | 冲突解决机制 B3 | 冲突解决机制缩短了合作组织间冲突持续时间 b6 |
| | | 冲突解决机制促使合作组织能共同协商解决面临的冲突 b7 |
| | | 冲突解决机制减少组织及成员间冲突数量 b8 |
| | 风险防范机制 B4 | 风险防范机制有助于减少风险发生的概率 b9 |
| | | 风险防范机制能够提高组织合作的稳定性 b10 |
| 知识协同 C | 识别协同机会 C1 | 企业能够识别具有相同或类似特征的合作成员 c1 |
| | 知识流动协同 C2 | 组织之间知识流动的频率增加 c2 |
| | 交互学习 C3 | 组织之间隐性这是或核心技术得到交流 c3 |
| | 知识共享协同 C4 | 组织之间知识共享效率提高 c4 |
| 协同效应 D | 学习经济 D1 | 通过协同，组织技术得到改进 d1 |
| | | 通过协同，现有产品功能得到改善 d2 |
| | | 通过协同，学到了更多技能和专长 d3 |
| | 规模经济 D2 | 通过协同，企业数量和产量增加 d4 |
| | | 通过协同，企业影响力提高 d5 |
| | 范围经济 D3 | 通过协同，生产单位产品的成本降低 d6 |
| | | 通过协同，获得比原来更多的收益 d7 |

知识链机制协同的衡量，尽管没有对其直接测量的量表，但现有学者对跨组织联合体协同机制做了大量研究，本书主要借鉴了孟琦和韩斌（2008）[①]、卡马里尼亚－马托斯（Camarinha－Matos，2009）[②]、顾新和吴绍波等（2011）[③]、杨翠兰（2011）[④] 等学者相关研究，提出可以从相互信任机制、激励约束机制、冲突解决机制和风险防范机制促进知识链的机制协同，并将四种机制作为知识链机制协同的二级指标，在这四个二级指标下分别构建了十个观测指标对其进行描述。

知识链知识协同的衡量，本部分主要从知识链知识协同的过程这个角度出发。在这一过程中知识链各主体根据自身的知识需求和优势，通过一系列的知识流动、交互学习、知识共享和知识创造等知识活动，将原来无序、无规则运动的知识要素协同起来，往一致的方向运行和发展，从而实现知识链的整体效益大于各部分效益之和。综合借鉴李丹（2009；2009）[⑤⑥]、孙新博和张波（2012）[⑦]、吴悦和顾新（2013）[⑧] 等对知识协同过程相关研究，提出从识别知识协同机会、知识流动协同、交互学习和知识共享协同四个方面对知识链的知识协同进行衡量。

关于知识链协同效应，本部分主要根据杨玉香和周根贵（2012）[⑨] 以及研究团队成员吴绍波（2008）[⑩] 对知识链协同效应来源的研究，运用知识链中知识协同的学习经济效应、规模经济效应和范围经济效应这三个二级指标，七个观测指标来衡量知识链中各成员组织的知识系统相互作用以及相互协调运作产生的协同效应。

## 8.1.2 数据收集与描述分析

### 8.1.2.1 调查问卷设计

问卷调查法是通过书面的形式，以严格设计的心理测量项目或问题，向研究对象收

---

[①] 孟琦，韩斌. 获取战略联盟竞争优势的协同机制生成分析［J］. 科技进步与对策，2008，25（11）：1－4.
[②] Camarinha－Matos L M, Afsarmanesh H, Galeano N, et al. Collaborative networked organizations－Concepts and practice in manufacturing enterprises［J］. Computers & Industrial Engineering, 2009, 57（1）: 46－60.
[③] 顾新，吴绍波，全力. 知识链组织之间的冲突与冲突管理研究［M］. 成都：四川大学出版社，2011.
[④] 杨翠兰. 基于 Borda 序值和 RBF 神经网络的知识链风险预警［J］. 统计与决策，2011（17）：56－59.
[⑤] 李丹. 基于产业集群的知识协同行为及管理机制研究［M］. 北京：法律出版社，2009.
[⑥] 李丹. 企业群知识协同要素及过程模型研究［J］. 图书情报工作，2009，53（14）：76－79.
[⑦] 孙新波，张波，罗能. 基于生命周期理论的知识联盟激励协同成熟度研究［J］. 科学学与科学技术管理，2012（1）：60－68.
[⑧] 吴悦，顾新. 产学研协同创新的知识协同过程研究［J］. 中国科技论坛，2012（10）：17－23.
[⑨] 杨玉香，周根贵. 闭环供应链网络整合协同效应量化模型研究［J］. 管理工程学报，2012，26（4）：112－118.
[⑩] 吴绍波，顾新. 知识链组织之间合作的知识协同研究［J］. 科学学与科学技术管理，2008，29（8）：83－87.

集研究资料、数据或是征询意见的一种调查方法，按照问卷填答者的不同，可分为自填式问卷调查和代填式问卷调查。而问卷设计的恰当与否直接影响到研究结果，因此作者在参阅大量文献的基础上对问卷内容进行了认真考虑和反复修改，并征求了导师和相关学者的意见，力求做到问题简单易懂，同时具有针对性，以便于调查对象能够清楚地了解问题的本质并选择出相应的答案。通过问卷调查，获取知识链中的组织能否通过主体协同、机制协同和知识协同来实现知识链的协同效应，从而验证知识链协同效应形成机理的有效性和拟合度。遵从问卷设计构建测量变项体系的三个步骤，即构造测量项、测量项的修正和检验测量变项体系，本部分的测量问卷分为以下三个部分：

（1）问卷前言及填写说明。这部分主要是阐明本次调查的目的，填写规则以及对涉及相关学术用语做出解释，帮助调查对象了解调查内容。

（2）被调查对象以及其所在机构基本情况的了解。主要包括：机构的性质、机构规模、机构成立时间、机构中研发人员的数量和研发投入等基本信息。有助于筛选有效问卷，并获取样本描述性特征。

（3）问卷主体部分。这一部分主要包含对知识链相关特征描述，知识链协同效应的形成机理，以及知识链协同效应相关测量指标的设计。其中，对机构能力及知识链中主体协同、机制协同、知识协同和协同效应测量的所有问题，均采用七级量表的形式予以反应，评价等级中数字1~7分别代表被调查者对表中所陈述事实的判断"完全不符合""比较不符合""稍微不符合""一般""稍微符合""比较符合""完全符合"。问卷的具体内容请参看"附录2：知识链协同效应形成的机理研究调查问卷"。

#### 8.1.2.2 数据收集

本书采用的主要数据收集方式是问卷调查，研究的是知识链协同效应形成机理的问题。根据对知识链的定义，凡与其他组织之间有过知识合作活动的科研机构、企业、咨询机构、中介机构以及政府部门都可作为调查对象。本着调研的可行性与就近原则，为了减少调研的工作量，保证问卷的回收率，因此本部分将调查对象范围主要选择在四川大学商学院MBA学生，成都市高新开发区内知识密集型企业、科研机构以及管理人员，辅之通过网络在全国范围内进行随机调查。主要原因在于：第一，四川大学商学院开展了MBA专业学位教育，MBA学员多为川内企业的中高层管理人员以及技术型人才，可以在他们课程期间进行集中调研，便于面对面交流沟通调研问题，并能及时发放和集中收回问卷。第二，作者在成都学习和生活多年，有同学和朋友在相关机构以及科研单位任职，通过他们的帮助，能够降低调研对象的防范心理，提高问卷的有效性。并且作者家住成都市高新区附近，便于对相关知识型企业进行调研，降低调研成本。第三，网络是目前不受地域限制，高效、便捷的沟通和交流方式，通过互联网可以在全国范围内开展调研。

8.1.2.3 样本描述

此次问卷调查主要采用两种方式进行，一是现场对问卷进行集中发放和回收，选择四川大学商学院 MBA 学员集中授课时间，当场发放问卷并收回答卷，准确性和效率较高；二是采用网络问卷调查，将问卷网址信息发布给相关企业以及研究机构工作的同学、同行、朋友以及调研对象，请他们直接填写或是邀请所在机构目标调研对象参与此次调研。本次问卷调查的发放与回收情况如表 8 – 2 所示：

表 8 – 2    问卷发放与回收情况统计

| 发放方式 | 现场集中发放 | 网络问卷调查 | 总计 |
| --- | --- | --- | --- |
| 发放数量（份） | 200 | 150 | 350 |
| 回收数量（份） | 178 | 138 | 316 |
| 有效问卷数量（份） | 151 | 138 | 289 |
| 有效回收率（%） | 75.5% | 92% | 82.57% |

通过对有效问卷进行整理，本书做了如下初步统计分析：

（1）调研对象基本信息。

问卷最开始的部分是有关调研对象的基本信息，主要包括所在机构的性质、工作的领域、机构规模、机构科研人员的数量、科研投入等。以上信息可以在一定程度上保证本次调研数据的效用，因为知识链协同效应的研究需要对知识链中不同合作组织的性质进行了解，尤其是其科研机构相关信息越多，越能更好了解其在知识链中的运行和知识共享的情况。

①样本组织类型分布。

本书调研的主要对象为知识链组织，依照本书对知识链的定义，将样本组织类型分为 7 类。如表 8 – 3 所示，在有效样本中，大专院校 48 份，占 16.61%；科研机构 16 份，占 5.54%；企业 117 份，占 40.48%；政府部门 62 份，占 21.45；金融机构、咨询机构和其他组织共 46 份，占 15.92%。

②样本组织规模分布。

知识链的协同效应主要依靠不同组织之间知识流动而创造的价值。因此，以知识作为直接工作使命的研发人员在知识链的运行中扮演重要角色，所以此次样本组织从两个方面衡量，一是组织职工人数，二是研发人数。如表 8 – 4 所示，组织职工人数在 300 人以下的组织有 128 份，占 44.29%；301～500 人的有 30 份，占 10.38%；501～1000

人的有27份，占9.34%；1000人以上的有104份，占35.99%。

表8-3　　　　　　　　　　　样本组织类型分布

| 组织类型 | 样本数量 | 百分比 | 累计百分比 |
| --- | --- | --- | --- |
| 大专院校 | 48 | 16.61 | 16.61 |
| 科研机构 | 16 | 5.54 | 22.15 |
| 企业 | 117 | 40.48 | 62.63 |
| 政府部门 | 62 | 21.45 | 84.08 |
| 金融机构 | 13 | 4.50 | 88.58 |
| 咨询机构 | 7 | 2.42 | 91.00 |
| 其他组织 | 26 | 9.00 | 100.00 |
| 总计 | 289 | 100.00 | |

表8-4　　　　　　　　　样本组织规模一：职工人数统计

| 职工人数 | 样本数量 | 百分比 | 累计百分比 |
| --- | --- | --- | --- |
| 300人及以下 | 128 | 44.29 | 44.29 |
| 301~500人 | 30 | 10.38 | 54.67 |
| 501~1000人 | 27 | 9.34 | 64.01 |
| 1000人以上 | 104 | 35.99 | 100.00 |
| 总计 | 289 | 100.00 | |

如表8-5所示，组织研发人数10人及以下的有129份，占44.64%；11~50人的有57份，占19.72%；51~100人的有32份，11.07%；100人以上的有71份，占24.57%。

表8-5　　　　　　　　　样本组织规模二：研发人数统计

| 研发人数 | 样本数量 | 百分比 | 累计百分比 |
| --- | --- | --- | --- |
| 10人及以下 | 129 | 44.64 | 44.64 |
| 11~50人 | 57 | 19.72 | 64.36 |
| 51~100人 | 32 | 11.07 | 75.43 |
| 100人以上 | 71 | 24.57 | 100.00 |
| 总计 | 289 | 100.00 | |

③样本组织成立时间分布。

知识链协同效应的产生决定于不同组织之间的合作过程与合作时间,因此组织本身的成立时间对于与其他组织建立合作起着至关的作用。如表8-6所示,样本中,组织成立时间3年及以下,样本数量44份,占15.22%;4~5年组织的33份,占11.42%;6~10年组织的36份,占12.46%;10年以上176份,60.9%。

表8-6　　　　　　　　　　　样本组织成立时间统计

| 组织成立时间 | 样本数量 | 百分比 | 累计百分比 |
| --- | --- | --- | --- |
| 3年及以下 | 44 | 15.22 | 15.22 |
| 4~5年 | 33 | 11.42 | 26.64 |
| 6~10年 | 36 | 12.46 | 39.1 |
| 10年以上 | 176 | 60.9 | 100.00 |
| 总计 | 289 | 100.00 | |

④样本人员构成分布。

样本人员构成通过其所在部门进行辨识。如表8-7所示,样本调查的所在部门中,管理部门的有108份,占37.37%;技术研发部门的有59份,占20.42%;在后勤保障部门的有51份,占17.65%;在职能部门的有71份,占24.57%。

表8-7　　　　　　　　　　　样本人员构成分布

| 人员构成 | 样本数量 | 百分比 | 累计百分比 |
| --- | --- | --- | --- |
| 管理部门 | 108 | 37.37 | 37.37 |
| 技术研发部门 | 59 | 20.42 | 57.79 |
| 后勤保障部门(人事、财务、后勤) | 51 | 17.65 | 75.43 |
| 职能部门(采购、生产、销售) | 71 | 24.57 | 100.00 |
| 总计 | 289 | 100.00 | |

(2) 知识链特征描述。

为了更好地解释知识链协同效应的形成机理,本部分对知识链特征进行了抽样调查,如表8-8所示,调研的企业与行业内的企业均有知识互动行为,其中与供应商合作数量1~5家的比例占到了40.83%,合作的主要客户的数量20家以上的比例为35.64%;与同行和供应商合作持续的时间两年以上的比例分别为60.90%和60.55%。按照知识链的含义,样本企业的特征与知识链特征基本一致。

表 8-8　　　　　　　　　　　　样本知识链特征描述

| 供应商数量 | 样本数量 | 百分比 | 累计百分比 |
| --- | --- | --- | --- |
| 1~5 家 | 118 | 40.83 | 40.83 |
| 6~10 家 | 69 | 23.88 | 64.71 |
| 11~20 家 | 28 | 9.69 | 74.39 |
| 20 家以上 | 74 | 25.61 | 100.00 |
| 总计 | 289 | 100.00 | |
| 主要客户数量 | | | |
| 1~5 家 | 96 | 33.22 | 33.22 |
| 6~10 家 | 56 | 19.38 | 52.60 |
| 11~20 家 | 34 | 11.76 | 64.36 |
| 20 家以上 | 103 | 35.64 | 100.00 |
| 总计 | 289 | 100.00 | |
| 同行竞争者数量 | | | |
| 1~5 家 | 114 | 39.45 | 39.45 |
| 6~10 家 | 49 | 16.96 | 56.41 |
| 11~20 家 | 34 | 11.76 | 68.17 |
| 20 家以上 | 92 | 31.83 | 100.00 |
| 总计 | 289 | 100.00 | |
| 与供应商关系持续时间 | | | |
| 不到半年 | 31 | 10.73 | 10.73 |
| 不到一年 | 35 | 12.11 | 22.84 |
| 不到两年 | 47 | 16.26 | 39.1 |
| 两年以上 | 176 | 60.90 | 100.00 |
| 总计 | 289 | 100.00 | |
| 与客户关系持续时间 | 样本数量 | 百分比 | 累计百分比 |
| 不到半年 | 31 | 10.73 | 10.73 |
| 不到一年 | 35 | 12.11 | 22.84 |
| 不到两年 | 48 | 16.61 | 39.45 |
| 两年以上 | 175 | 60.55 | 100.00 |
| 总计 | 289 | 100.00 | |

## 8.1.3 相关分析

在构建 SEM 模型之前,需要检查变量之间是否存在影响。通过相关分析,可以初步判断模型和假设的设置是否合理,也有利样本的信度和效度检验。检测的标准为,$r > 0.7$ 为相关性良好,$0.4 < r < 0.7$ 中等相关性;$r < 0.4$ 弱相关性($p < 0.001$)。

运行 SPSS 19.0,对模型中所有变量做 pearson 相关分析,结果如表 8-9、表 8-10、表 8-11 所示。

表 8-9  样本总体描述性统计分析

|  | 操作变量 | 均值 | 标准差 | 方差 | N |
| --- | --- | --- | --- | --- | --- |
| 主体协同 A | a1 | 4.3910 | 1.62106 | 2.628 | 289 |
|  | a2 | 4.5087 | 1.56373 | 2.445 | 289 |
|  | a3 | 4.5329 | 1.62654 | 2.646 | 289 |
|  | a4 | 4.3010 | 1.80356 | 3.253 | 289 |
|  | a5 | 4.8062 | 1.54914 | 2.400 | 289 |
|  | a6 | 5.0484 | 1.44737 | 2.095 | 289 |
|  | a7 | 4.4983 | 1.48634 | 2.209 | 289 |
|  | a8 | 4.7059 | 1.57233 | 2.472 | 289 |
| 机制协同 B | b1 | 4.8962 | 1.53759 | 2.364 | 289 |
|  | b2 | 5.1073 | 1.52032 | 2.311 | 289 |
|  | b3 | 4.7889 | 1.42659 | 2.035 | 289 |
|  | b4 | 5.0761 | 1.42440 | 2.029 | 289 |
|  | b5 | 5.0692 | 1.47739 | 2.183 | 289 |
|  | b6 | 4.9377 | 1.46116 | 2.135 | 289 |
|  | b7 | 4.9550 | 1.36983 | 1.876 | 289 |
|  | b8 | 5.0484 | 1.33245 | 1.775 | 289 |
|  | b9 | 5.1626 | 1.47120 | 2.164 | 289 |
|  | b10 | 5.2215 | 1.37162 | 1.881 | 289 |
| 知识协同 C | c1 | 4.9654 | 1.45733 | 2.124 | 289 |
|  | c2 | 5.1003 | 1.39952 | 1.959 | 289 |
|  | c3 | 4.6817 | 1.59721 | 2.551 | 289 |
|  | c4 | 5.0761 | 1.42683 | 2.036 | 289 |

续表

| 操作变量 | | 均值 | 标准差 | 方差 | N |
|---|---|---|---|---|---|
| 知识链的协同效应 D | d1 | 5.2422 | 1.40565 | 1.976 | 289 |
| | d2 | 5.4256 | 1.39773 | 1.954 | 289 |
| | d3 | 5.3633 | 1.42260 | 2.024 | 289 |
| | d4 | 5.1453 | 1.44325 | 2.083 | 289 |
| | d5 | 5.3183 | 1.44423 | 2.086 | 289 |
| | d6 | 5.0588 | 1.46249 | 2.139 | 289 |
| | d7 | 5.3149 | 1.39983 | 1.960 | 289 |

表 8−10　　样本各变量的 Pearson 相关系数统计

| 变量 | a1 | a2 | a3 | a4 | a5 | a6 | a7 | a8 | b1 | b2 | b3 | b4 | b5 | b6 | b7 | b8 | b9 | b10 |
|---|---|---|---|---|---|---|---|---|---|---|---|---|---|---|---|---|---|---|
| a2 | 0.599 | | | | | | | | | | | | | | | | | |
| a3 | 0.530 | 0.572 | | | | | | | | | | | | | | | | |
| a4 | 0.328 | 0.373 | 0.383 | | | | | | | | | | | | | | | |
| a5 | 0.405 | 0.573 | 0.528 | 0.424 | | | | | | | | | | | | | | |
| a6 | 0.381 | 0.489 | 0.504 | 0.385 | 0.627 | | | | | | | | | | | | | |
| a7 | 0.449 | 0.517 | 0.529 | 0.391 | 0.514 | 0.487 | | | | | | | | | | | | |
| a8 | 0.421 | 0.543 | 0.446 | 0.373 | 0.515 | 0.589 | 0.657 | | | | | | | | | | | |
| b1 | 0.348 | 0.454 | 0.437 | 0.364 | 0.529 | 0.516 | 0.459 | 0.507 | | | | | | | | | | |
| b2 | 0.363 | 0.440 | 0.477 | 0.378 | 0.566 | 0.567 | 0.486 | 0.570 | 0.733 | | | | | | | | | |
| b3 | 0.294 | 0.388 | 0.469 | 0.318 | 0.516 | 0.456 | 0.495 | 0.472 | 0.626 | 0.654 | | | | | | | | |
| b4 | 0.377 | 0.500 | 0.455 | 0.420 | 0.592 | 0.498 | 0.476 | 0.543 | 0.609 | 0.702 | 0.587 | | | | | | | |
| b5 | 0.337 | 0.485 | 0.412 | 0.417 | 0.535 | 0.448 | 0.478 | 0.565 | 0.561 | 0.600 | 0.544 | 0.750 | | | | | | |
| b6 | 0.333 | 0.464 | 0.420 | 0.376 | 0.487 | 0.469 | 0.388 | 0.495 | 0.606 | 0.597 | 0.603 | 0.661 | 0.668 | | | | | |
| b7 | 0.322 | 0.463 | 0.421 | 0.296 | 0.524 | 0.526 | 0.356 | 0.405 | 0.519 | 0.546 | 0.548 | 0.610 | 0.604 | 0.722 | | | | |
| b8 | 0.300 | 0.380 | 0.403 | 0.310 | 0.425 | 0.479 | 0.384 | 0.458 | 0.579 | 0.592 | 0.524 | 0.587 | 0.554 | 0.718 | 0.635 | | | |
| b9 | 0.388 | 0.427 | 0.434 | 0.349 | 0.585 | 0.494 | 0.446 | 0.416 | 0.566 | 0.587 | 0.562 | 0.668 | 0.562 | 0.651 | 0.595 | 0.635 | | |
| b10 | 0.347 | 0.389 | 0.420 | 0.397 | 0.537 | 0.458 | 0.409 | 0.444 | 0.526 | 0.570 | 0.457 | 0.588 | 0.616 | 0.612 | 0.532 | 0.627 | 0.720 | |
| c1 | 0.336 | 0.407 | 0.362 | 0.394 | 0.471 | 0.444 | 0.367 | 0.435 | 0.434 | 0.477 | 0.431 | 0.473 | 0.464 | 0.475 | 0.450 | 0.405 | 0.501 | 0.535 |
| c2 | 0.373 | 0.397 | 0.376 | 0.277 | 0.435 | 0.443 | 0.345 | 0.421 | 0.458 | 0.421 | 0.454 | 0.491 | 0.484 | 0.477 | 0.433 | 0.437 | 0.436 | 0.450 |
| c3 | 0.308 | 0.353 | 0.310 | 0.312 | 0.340 | 0.343 | 0.401 | 0.496 | 0.341 | 0.370 | 0.365 | 0.340 | 0.404 | 0.387 | 0.301 | 0.389 | 0.372 | 0.381 |
| c4 | 0.307 | 0.381 | 0.307 | 0.327 | 0.447 | 0.296 | 0.341 | 0.364 | 0.466 | 0.488 | 0.458 | 0.508 | 0.516 | 0.485 | 0.464 | 0.553 | 0.502 | 0.524 |

续表

| 变量 | a1 | a2 | a3 | a4 | a5 | a6 | a7 | a8 | b1 | b2 | b3 | b4 | b5 | b6 | b7 | b8 | b9 | b10 |
|---|---|---|---|---|---|---|---|---|---|---|---|---|---|---|---|---|---|---|
| d1 | 0.318 | 0.416 | 0.402 | 0.312 | 0.554 | 0.469 | 0.427 | 0.471 | 0.513 | 0.568 | 0.476 | 0.589 | 0.535 | 0.537 | 0.532 | 0.504 | 0.590 | 0.523 |
| d2 | 0.267 | 0.344 | 0.407 | 0.306 | 0.463 | 0.486 | 0.347 | 0.416 | 0.500 | 0.541 | 0.397 | 0.498 | 0.534 | 0.445 | 0.454 | 0.470 | 0.544 | 0.597 |
| d3 | 0.274 | 0.352 | 0.329 | 0.354 | 0.435 | 0.421 | 0.379 | 0.419 | 0.463 | 0.502 | 0.390 | 0.507 | 0.556 | 0.457 | 0.457 | 0.505 | 0.529 | 0.576 |
| d4 | 0.207 | 0.346 | 0.264 | 0.294 | 0.370 | 0.359 | 0.371 | 0.395 | 0.436 | 0.403 | 0.396 | 0.533 | 0.627 | 0.490 | 0.486 | 0.453 | 0.528 | 0.506 |
| d5 | 0.205 | 0.385 | 0.299 | 0.356 | 0.433 | 0.519 | 0.361 | 0.497 | 0.484 | 0.519 | 0.412 | 0.589 | 0.623 | 0.462 | 0.464 | 0.481 | 0.495 | 0.499 |
| d6 | 0.289 | 0.339 | 0.315 | 0.318 | 0.388 | 0.392 | 0.258 | 0.409 | 0.539 | 0.509 | 0.389 | 0.495 | 0.509 | 0.517 | 0.433 | 0.497 | 0.578 | 0.530 |
| d7 | 0.229 | 0.341 | 0.324 | 0.297 | 0.384 | 0.385 | 0.265 | 0.407 | 0.409 | 0.454 | 0.332 | 0.510 | 0.577 | 0.509 | 0.514 | 0.446 | 0.523 | 0.510 |

表 8-11　　样本各变量的 Pearson 相关系数统计（续）

| 变量 | c1 | c2 | c3 | c4 | d1 | d2 | d3 | d4 | d5 | d6 | d7 |
|---|---|---|---|---|---|---|---|---|---|---|---|
| c2 | 0.504 | | | | | | | | | | |
| c3 | 0.444 | 0.448 | | | | | | | | | |
| c4 | 0.477 | 0.516 | 0.532 | | | | | | | | |
| d1 | 0.524 | 0.568 | 0.438 | 0.550 | | | | | | | |
| d2 | 0.553 | 0.518 | 0.366 | 0.456 | 0.684 | | | | | | |
| d3 | 0.505 | 0.465 | 0.374 | 0.503 | 0.640 | 0.710 | | | | | |
| d4 | 0.450 | 0.388 | 0.448 | 0.507 | 0.422 | 0.517 | 0.561 | | | | |
| d5 | 0.479 | 0.486 | 0.347 | 0.445 | 0.581 | 0.621 | 0.592 | 0.609 | | | |
| d6 | 0.455 | 0.418 | 0.485 | 0.530 | 0.512 | 0.572 | 0.520 | 0.637 | 0.637 | | |
| d7 | 0.570 | 0.439 | 0.399 | 0.496 | 0.554 | 0.618 | 0.539 | 0.654 | 0.649 | 0.693 | |

## 8.1.4　信度与效度检验

信度和效度是任何测量工具不可缺少的条件。信度（reliablity）反映测量结果的一致性和稳定性。效度（validity）说明了测量工具能够测量出研究所需要测量的变量，测量结果与要考察的内容越吻合，则效度越高；反之，则效度越低。

### 8.1.4.1　信度分析

信度这一指标反映测量结果的一致性、稳定性与可靠性。在李克特量表法中，一般采用 Cronbach's α 系数作为检验样本数据信度的指标[1]。通常认为，Cronbach's α 的值应该在 0~1 之间，值越大，可信度越高。社会科学研究中，一个通行规则是一个量表的 Cronbach's α 的值大于 0.60，表示量表信度则可以接受，最好大于 0.70[2]。而吴明隆（2003）总结认为，信度系数介于 0.50 和 0.60 之间可适用于先导性研究，发展测量工具为目的的信度系数应大于 0.70，基础研究为目的的信度系数大于 0.80[3]。李怀祖（2004）的观点则是：探索研究信度指标 Cronbach's α 的值应大于 0.70，应用研究则大于 0.90 为宜[4]。本部分采用 Cronbach's α 系数对研究数据进行信度进行检验，公式如下：

$$Cronbach's\ \alpha = \left(\frac{K}{K-1}\right)\left(1 - \sum_{i=1}^{n}\frac{S_i^2}{s^2}\right) \quad (8-1)$$

公式（8-1）中，$K$ 表示量表中的项目数，$S_i^2$ 是项目分数变异量，$s^2$ 是测验总分变异量。

利用 SPSS 19.0 对样本数据进行信度检验的结果如表 8-12 所示。

表 8-12　　　　样本数据信度检验（Reliability Statistics）结果

| Cronbach's α | 基于标准化项的 Cronbach's α | 项数 |
| --- | --- | --- |
| 0.961 | 0.962 | 29 |

从上表可以看出，29 项变量的 Cronbach's α 的值达到 0.961，信度非常高，表明样本数据具有很高的内部一致性，测量结果稳定可靠。

#### 8.1.4.2 效度分析

效度检验通常有三种：内容效度、效标关联效度和构建效度。因为测量难度问题，研究者通常只能选择其中一种或几种来说明变量数据的效度[5]。本部分选择内容效度和构建效度作为指标，检验样本数据。

进行因子分析前，需要首先进行 KMO 检验和 Bartlett 检验。判断数据是否适合做因子分析，标准如下：KMO≥0.9，非常适合；KMO 介于 0.8~0.9 之间，很适合；KMO 介于 0.7~0.8 之间，适合；KMO 介于 0.6~0.7 之间，不太适合；KMO 介于 0.5~0.6

---

[1] 肖冬平. 知识网络的结构与合作伙伴关系及其对知识创新的影响研究 [D]. 成都：四川大学，2010.
[2] Bagozzi R P, Yi Y. On the Evaluation of Structural Equation Models [J]. Journal of the Academy of Marketing Science, 1988, 16 (1): 74-79.
[3] 吴明隆. SPSS 统计应用实务—问卷分析与应用统计 [M]. 北京：科学出版社，2003：13-19.
[4] 李怀祖. 管理研究方法论 [M]. 西安：西安交通大学出版社，2004：263.
[5] 荣泰生. AMOS 与研究方法 [M]. 重庆：重庆大学出版社，2009.

之间，很勉强；而 KMO≤0.5 则不适合。

通过因子分析法对知识链组织之间形成协同效应的指标进行效度检验，KMO 与 Bartlett's 检验结果如表 8-13 所示。其中，KMO=0.951，$p=0.000$，说明数据适合进行因子分析。

表 8-13　　　　　　　　　　KMO 和 Bartlett 检验

| 取样足够度的 Kaiser-Meyer-Olkin 度量 | | 0.951 |
|---|---|---|
| Bartlett 的球形度检验 | 近似卡方 | 5941.841 |
| | df | 406 |
| | Sig. | 0.000 |

运用因子分析法的主成分分析法进行探索性因素分析，按照特征值大于 1 的原则和最大方差法的正交旋转进行因素提取，提取 3 个主成分因子，共解释了总体方差的 60.19%，说明本部分设置的各指标具备构建效度，具体如表 8-14、表 8-15 所示。

表 8-14　　　　　　　　　　各变量载荷矩阵

| 成分矩阵 | | | | 旋转成分矩阵 | | | |
|---|---|---|---|---|---|---|---|
| 变量 | 成分 | | | 变量 | 成分 | | |
| | 1 | 2 | 3 | | 1 | 2 | 3 |
| a1 | 0.510 | 0.477 | 0.265 | a1 | 0.116 | 0.112 | 0.729 |
| a2 | 0.639 | 0.429 | 0.195 | a2 | 0.197 | 0.244 | 0.729 |
| a3 | 0.610 | 0.454 | 0.100 | a3 | 0.122 | 0.303 | 0.694 |
| a4 | 0.524 | 0.198 | 0.175 | a4 | 0.269 | 0.182 | 0.489 |
| a5 | 0.721 | 0.283 | 0.001 | a5 | 0.260 | 0.442 | 0.580 |
| a6 | 0.686 | 0.259 | 0.042 | a6 | 0.272 | 0.388 | 0.562 |
| a7 | 0.623 | 0.438 | 0.163 | a7 | 0.167 | 0.260 | 0.714 |
| a8 | 0.695 | 0.286 | 0.180 | a8 | 0.319 | 0.284 | 0.644 |
| b1 | 0.745 | 0.094 | -0.248 | b1 | 0.292 | 0.648 | 0.346 |
| b2 | 0.781 | 0.111 | -0.236 | b2 | 0.308 | 0.661 | 0.382 |
| b3 | 0.696 | 0.172 | -0.317 | b3 | 0.181 | 0.678 | 0.351 |
| b4 | 0.806 | 0.038 | -0.224 | b4 | 0.377 | 0.664 | 0.345 |
| b5 | 0.795 | -0.071 | -0.106 | b5 | 0.493 | 0.558 | 0.307 |

续表

| 变量 | 成分矩阵 成分 1 | 2 | 3 | 变量 | 旋转成分矩阵 成分 1 | 2 | 3 |
|---|---|---|---|---|---|---|---|
| b6 | 0.774 | -0.010 | -0.366 | b6 | 0.327 | 0.756 | 0.233 |
| b7 | 0.729 | -0.009 | -0.338 | b7 | 0.311 | 0.706 | 0.223 |
| b8 | 0.735 | -0.064 | -0.343 | b8 | 0.349 | 0.712 | 0.182 |
| b9 | 0.782 | -0.057 | -0.215 | b9 | 0.428 | 0.638 | 0.265 |
| b10 | 0.761 | -0.111 | -0.115 | b10 | 0.494 | 0.543 | 0.255 |
| c1 | 0.681 | -0.105 | 0.234 | c1 | 0.591 | 0.217 | 0.365 |
| c2 | 0.658 | -0.049 | 0.178 | c2 | 0.515 | 0.250 | 0.372 |
| c3 | 0.573 | -0.042 | 0.370 | c3 | 0.542 | 0.046 | 0.415 |
| c4 | 0.679 | -0.195 | 0.065 | c4 | 0.576 | 0.347 | 0.226 |
| d1 | 0.756 | -0.140 | 0.094 | d1 | 0.600 | 0.373 | 0.319 |
| d2 | 0.728 | -0.290 | 0.183 | d2 | 0.720 | 0.278 | 0.228 |
| d3 | 0.711 | -0.284 | 0.156 | d3 | 0.694 | 0.290 | 0.214 |
| d4 | 0.678 | -0.372 | 0.106 | d4 | 0.709 | 0.307 | 0.109 |
| d5 | 0.723 | -0.307 | 0.134 | d5 | 0.707 | 0.314 | 0.193 |
| d6 | 0.703 | -0.371 | 0.119 | d6 | 0.730 | 0.311 | 0.129 |
| d7 | 0.697 | -0.426 | 0.177 | d7 | 0.788 | 0.259 | 0.108 |

表8-15　　　　　　　　　　总体方差被解释情况

| 成分 | 初始特征值 合计 | 方差的% | 累积% | 提取平方和载入 合计 | 方差的% | 累积% | 旋转平方和载入 合计 | 方差的% | 累积% |
|---|---|---|---|---|---|---|---|---|---|
| 1 | 14.227 | 49.060 | 49.060 | 14.227 | 49.060 | 49.060 | 6.517 | 22.472 | 22.472 |
| 2 | 1.944 | 6.705 | 55.764 | 1.944 | 6.705 | 55.764 | 5.929 | 20.444 | 42.916 |
| 3 | 1.283 | 4.424 | 60.188 | 1.283 | 4.424 | 60.188 | 5.009 | 17.272 | 60.188 |
| 4 | 0.960 | 3.311 | 63.499 | | | | | | |
| 5 | 0.897 | 3.093 | 66.591 | | | | | | |
| 6 | 0.858 | 2.958 | 69.550 | | | | | | |
| 7 | 0.761 | 2.625 | 72.175 | | | | | | |
| 8 | 0.670 | 2.309 | 74.484 | | | | | | |
| 9 | 0.648 | 2.235 | 76.719 | | | | | | |

续表

| 成分 | 初始特征值 ||| 提取平方和载入 ||| 旋转平方和载入 |||
|---|---|---|---|---|---|---|---|---|---|
| | 合计 | 方差的 % | 累积 % | 合计 | 方差的 % | 累积 % | 合计 | 方差的 % | 累积 % |
| 10 | 0.627 | 2.162 | 78.881 | | | | | | |
| 11 | 0.566 | 1.950 | 80.831 | | | | | | |
| 12 | 0.533 | 1.839 | 82.670 | | | | | | |
| 13 | 0.513 | 1.771 | 84.441 | | | | | | |
| 14 | 0.472 | 1.626 | 86.067 | | | | | | |
| 15 | 0.436 | 1.503 | 87.570 | | | | | | |
| 16 | 0.405 | 1.398 | 88.968 | | | | | | |
| 17 | 0.382 | 1.318 | 90.286 | | | | | | |
| 18 | 0.359 | 1.238 | 91.524 | | | | | | |
| 19 | 0.326 | 1.124 | 92.648 | | | | | | |
| 20 | 0.294 | 1.014 | 93.662 | | | | | | |
| 21 | 0.264 | 0.910 | 94.572 | | | | | | |
| 22 | 0.238 | 0.820 | 95.392 | | | | | | |
| 23 | 0.224 | 0.771 | 96.163 | | | | | | |
| 24 | 0.212 | 0.730 | 96.893 | | | | | | |
| 25 | 0.204 | 0.702 | 97.595 | | | | | | |
| 26 | 0.196 | 0.677 | 98.272 | | | | | | |
| 27 | 0.191 | 0.659 | 98.931 | | | | | | |
| 28 | 0.160 | 0.550 | 99.481 | | | | | | |
| 29 | 0.150 | 0.519 | 100.000 | | | | | | |

## 8.1.5 实证方法选择

根据回收的有效问卷对知识链协同效应形成机理的概念模型和相关假设进行验证。样本数据的统计和分析主要使用 SPSS 19.0，对模型中提出的各变量和相互关系进行有效性分析，用 AMOS 21.0 统计软件包对所提出的概念模型及其各种假设进行检验，以确定包含本书提出的各种假设关系的最终结构方程模型。

结构方程模型（Structural Equation Modeling，SEM），也称为协方差结构模型（Covariance Structure Model，CSM）是社会科学研究中一个常用的方法，是一种融合了因素分析和路径分析的多元统计方法，主要用于研究不可直接观测变量（潜变量）与可测变量之间关系以及潜变量之间的关系。它利用一定的统计分析技术，对复杂现象的理论模式进行处理，以达到对实际问题进行定量研究的目的。目前，结构方程模型主要应用于社会学、心理学、行为科学以及经济学等领域。结构方程模型主要包含几个优点：第一，能同时处理多个因变量之间的关系；第二，同时估计因子结构和因子关系以及对相关路径的分析；第三，用以比较不同模型，估计整个模型的拟合程度。结构方程模型的建立通常包含三个主要步骤，即构建模型、估计模型参数以及检验模型对数据的拟合程度。

SEM 模型通常是由测量模型和结构模型两部分构成。模型如下：

（1）测量模型：

$$x = \Lambda_x \xi + \delta \tag{8-2}$$

$$y = \Lambda_y \eta + \varepsilon \tag{8-3}$$

其中，$x$ 为外源指标组成的向量，$\Lambda_x$ 为外源指标与外源变量之间的关系，是外源指标在外源潜变量上的因子负荷矩阵，$\xi$ 为外源潜变量组成的向量；$y$ 为内生指标组成的向量，$\Lambda_y$ 是内生指标与内生变量之间的关系，是内生指标在内生潜变量上的因子负荷矩阵，$\eta$ 为结构方程内生潜变量组成的向量。

（2）结构模型：

$$\eta = B\eta + \Gamma\xi + \zeta \tag{8-4}$$

其中，$B$ 代表内生潜变量间的关系，$\Gamma$ 表示外源潜变量对内生潜变量的影响，$\zeta$ 是结构方程的残差项，反映了在方程中未能被解释的部分。

基于以上对 SME 的说明，根据本书对知识链协同效应研究所提出的假设，因此，本部分的实证分析将采用结构方程模型来达到研究目的。

### 8.1.6 SEM 模型的构建与评价

本部分选择 AMOS 21.0 软件进行 SEM 模型的构建与评价。AMOS 全称为 Analysis of Moment Structure，是一种处理结构方程模型的统计分析软件。AMOS 功能强大，可同时处理分析多个变量，利用 AMOS 软件可以检验概念模型并进行模型的改进与探索。本部分使用 AMOS 21.0 软件进行知识链协同效应 SEM 模型的构建与评价，各最佳适配度判别指标如表 8-16 所示。

#### 8.1.6.1 SEM 模型构建

SEM 模型通常采用路径图表示，由测量模型和结构模型两部分构成。测量模型描绘显变量和潜变量之间的关联，结构模型则描述潜变量之间的关联。在前文构建的知识链协同效应的形成机理概念模型基础上，根据本书需要验证的假设关系，运用 AMOS 21.0 软件建立知识链协同效应形成机理的 SEM 模型，如图 8-2 所示；通过 AMOS 21.0 的运行可得知识链协同效应形成机理 SEM 模型的运行结果，如图 8-3 所示。

表 8-16　　　　　　　　　　　　　最佳适配度判别指标

| 指标符号 | 取值区间 | 模型接受标准 | 指标含义 |
| --- | --- | --- | --- |
| CMIN（$\chi^2$）/df | 0 以上 | <3 | 说明模型整体拟合程度（不受复杂性影响） |
| GFI | 0~1 之间，但可能出现负值 | >0.90 | 模型拟合得到的方差和协方差能够解释数据资料的方差和协方差的程度 |
| AGFI | 0~1 之间，但可能出现负值 | >0.90 | 用模型自由度和参数数目来调整 GFI |
| PGFI | 0~1 之间 | >0.50 | 用模型自由度和参数数目来调整 GFI |
| RMSEA | 0 以上 | 越小越好 | 基于总体差距的指数惩罚复杂模型 |
| NFI | 0~1 之间 | >0.90 | 模型比虚拟模型改善的程度 |
| IFI | 0 以上，大多在 0~1 之间 | >0.90 | 模型的增值拟合指数 |
| CFI | 0~1 之间 | >0.90 | 既考虑假设模型与独立模型之间的关系，同时也考虑假设模型与理论预期的中央卡方分布的离散程度 |
| TLI | 0~1 之间 | >0.90 | 从自由度的角度对 NFI 进行调整 |

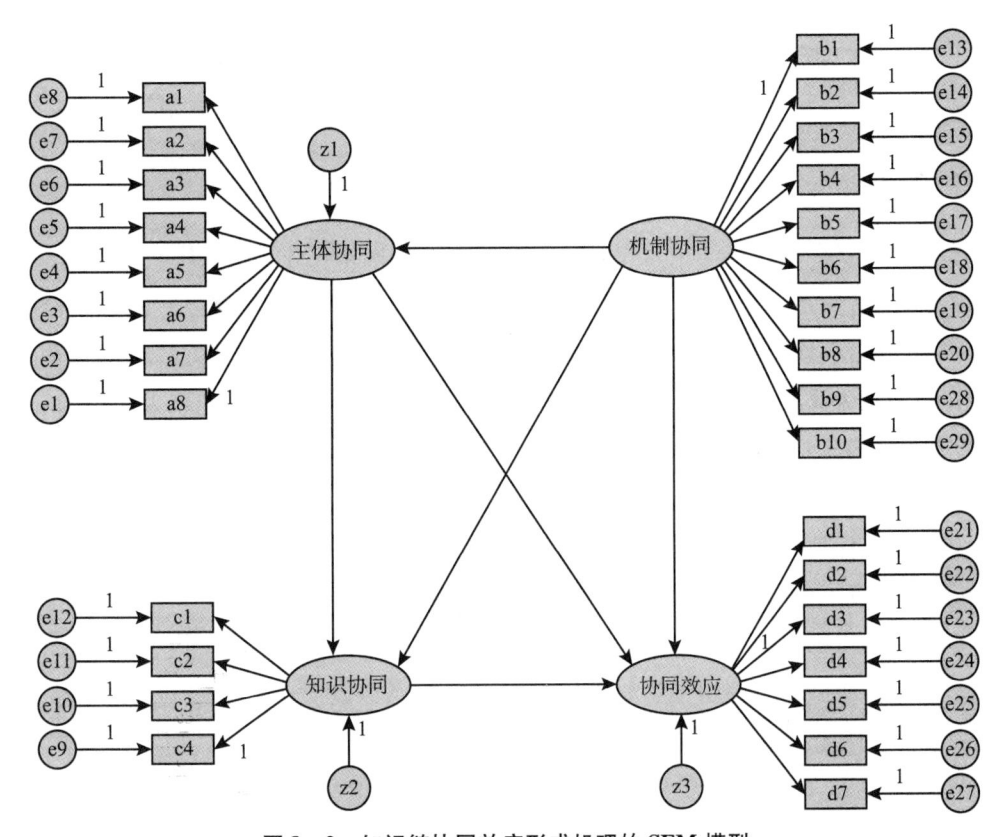

图 8-2　知识链协同效应形成机理的 SEM 模型

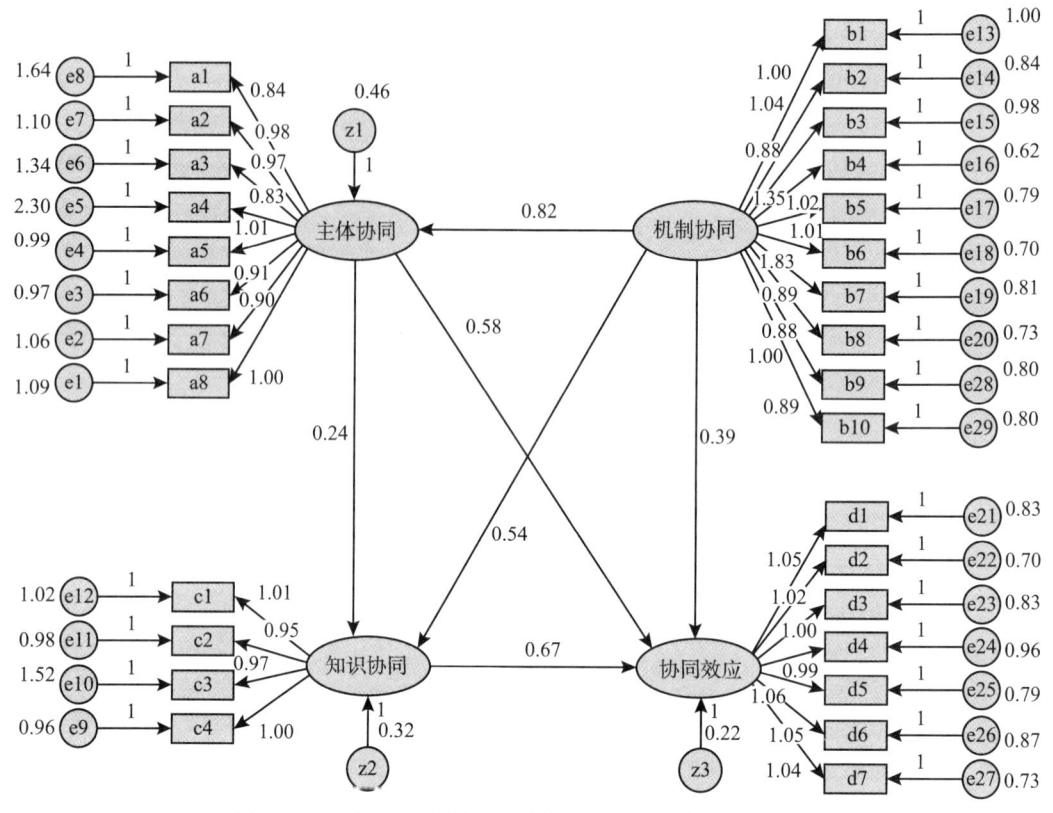

图 8-3　知识链协同效应形成机理的 SEM 模型运行结果

通过 AMOS21.0 运行结果可得表 8-17、表 8-18 和表 8-19。其中，由表 8-17 可得：CMIN（$\chi^2$）/df：卡方值与自由度的比值为 2.802，一般小于 3，说明拟合度较好；GFI：拟合优度指数为 0.945，大于 0.9 小于 1，说明模型拟合较好；AGFI：调整的拟合优度指数为 0.901，大于 0.9，拟合程度一般；PGFI：节俭调整指数为 0.676，大于 0.5，说明模型简约程度较好；RMSEA：近似误差的均方根为 0.082，越小越好，一般小于 0.08；NFI：相对拟合指数为 0.923，大于 0.9；IFI：递增拟合指数为 0.958，越接近 1，说明模型拟合越好；TLI：Tucker - Lewis 指数为 0.921，越接近 1，模型拟合越好；CFI：比较拟合指数，大于 0.9，越接近 1 表明模型拟合程度越好。通过这些参数来看，本部分提出的模型与实证数据拟合的程度较好。因此，本部分将采用这一模型，并具体分析主体协同、机制协同、知识协同之间的关系以及对知识链协同效应形成的影响，如表 8-18 和表 8-19 所示。

表 8-17　　知识链协同效应 SEM 模型拟合度指标

| 拟合指标 | CMIN（$\chi^2$）/df | GFI | AGFI | PGFI | RMSEA | NFI | IFI | TLI | CFI |
|---|---|---|---|---|---|---|---|---|---|
| 指标值 | 2.802 | 0.945 | 0.901 | 0.676 | 0.082 | 0.923 | 0.958 | 0.921 | 0.956 |

表 8-18　　知识链协同效应 SEM 模型的主要路径参数估计值

| 路径 |  |  | 未标准化路径系数估计 | S.E. | C.R. | P | 标准化路径系数估计 |
|---|---|---|---|---|---|---|---|
| 主体协同 | ← | 机制协同 | 0.824 | 0.073 | 11.25 | *** | 0.816 |
| 知识协同 | ← | 机制协同 | 0.537 | 0.092 | 5.842 | *** | 0.603 |
| 知识协同 | ← | 主体协同 | 0.238 | 0.086 | 2.761 | 0.006 | 0.27 |
| 协同效应 | ← | 机制协同 | 0.392 | 0.097 | 4.061 | *** | 0.427 |
| 协同效应 | ← | 知识协同 | 0.665 | 0.119 | 5.581 | *** | 0.645 |
| 协同效应 | ← | 主体协同 | 0.581 | 0.102 | 5.591 | *** | 0.569 |
| a8 | ← | 主体协同 | 1 |  |  |  | 0.748 |
| a7 | ← | 主体协同 | 0.912 | 0.075 | 12.212 | *** | 0.722 |
| a6 | ← | 主体协同 | 0.901 | 0.073 | 12.407 | *** | 0.732 |
| a5 | ← | 主体协同 | 1.009 | 0.077 | 13.033 | *** | 0.766 |
| a4 | ← | 主体协同 | 0.827 | 0.092 | 8.949 | *** | 0.539 |
| a3 | ← | 主体协同 | 0.969 | 0.082 | 11.828 | *** | 0.701 |
| a2 | ← | 主体协同 | 0.985 | 0.078 | 12.559 | *** | 0.74 |
| a1 | ← | 主体协同 | 0.844 | 0.082 | 10.232 | *** | 0.612 |
| c4 | ← | 知识协同 | 1 |  |  |  | 0.727 |
| c3 | ← | 知识协同 | 0.975 | 0.096 | 10.126 | *** | 0.633 |
| c2 | ← | 知识协同 | 0.951 | 0.084 | 11.273 | *** | 0.704 |
| c1 | ← | 知识协同 | 1.011 | 0.088 | 11.513 | *** | 0.72 |
| b1 | ← | 机制协同 | 1 |  |  |  | 0.757 |
| b2 | ← | 机制协同 | 1.04 | 0.073 | 14.332 | *** | 0.796 |
| b3 | ← | 机制协同 | 0.879 | 0.069 | 12.701 | *** | 0.718 |
| b4 | ← | 机制协同 | 1.017 | 0.067 | 15.093 | *** | 0.832 |
| b5 | ← | 机制协同 | 1.011 | 0.07 | 14.341 | *** | 0.797 |
| b6 | ← | 机制协同 | 1.029 | 0.069 | 14.835 | *** | 0.82 |
| b7 | ← | 机制协同 | 0.887 | 0.066 | 13.443 | *** | 0.754 |
| b8 | ← | 机制协同 | 0.877 | 0.064 | 13.711 | *** | 0.767 |

续表

| 路径 | | | 未标准化路径系数估计 | S. E. | C. R. | P | 标准化路径系数估计 |
|---|---|---|---|---|---|---|---|
| b9 | ← | 机制协同 | 1.003 | 0.07 | 14.285 | *** | 0.794 |
| b10 | ← | 机制协同 | 0.893 | 0.066 | 13.529 | *** | 0.758 |
| d1 | ← | 协同效应 | 1 | | | | 0.761 |
| d2 | ← | 协同效应 | 1.045 | 0.073 | 14.266 | *** | 0.8 |
| d3 | ← | 协同效应 | 1.02 | 0.075 | 13.584 | *** | 0.767 |
| d4 | ← | 协同效应 | 0.988 | 0.077 | 12.874 | *** | 0.733 |
| d5 | ← | 协同效应 | 1.064 | 0.076 | 14.012 | *** | 0.788 |
| d6 | ← | 协同效应 | 1.053 | 0.077 | 13.642 | *** | 0.77 |
| d7 | ← | 协同效应 | 1.037 | 0.074 | 14.102 | *** | 0.792 |

注："***"表示 $p = 0.0000$，C. R. 大于 1.96 时，$p < 0.05$；大于 2.58 时，$p < 0.01$；大于 3.29 时，$p < 0.001$。

表 8-19　　知识链初始 SEM 模型各变量的方差

| 变量 | Estimate | S. E. | C. R. | P |
|---|---|---|---|---|
| 机制协同 | 1.351 | 0.181 | 7.48 | *** |
| z1 | 0.46 | 0.074 | 6.183 | *** |
| z2 | 0.318 | 0.064 | 5.012 | *** |
| z3 | 0.218 | 0.045 | 4.858 | *** |
| e1 | 1.086 | 0.104 | 10.464 | *** |
| e2 | 1.055 | 0.099 | 10.686 | *** |
| e3 | 0.968 | 0.091 | 10.602 | *** |
| e4 | 0.988 | 0.096 | 10.279 | *** |
| e5 | 2.299 | 0.2 | 11.507 | *** |
| e6 | 1.342 | 0.124 | 10.835 | *** |
| e7 | 1.101 | 0.105 | 10.531 | *** |
| e8 | 1.637 | 0.145 | 11.278 | *** |
| e9 | 0.958 | 0.095 | 10.054 | *** |
| e10 | 1.524 | 0.14 | 10.876 | *** |
| e11 | 0.983 | 0.095 | 10.304 | *** |
| e12 | 1.02 | 0.101 | 10.139 | *** |

续表

| 变量 | Estimate | S. E. | C. R. | P |
|---|---|---|---|---|
| e13 | 1.005 | 0.09 | 11.157 | *** |
| e14 | 0.843 | 0.077 | 10.913 | *** |
| e15 | 0.984 | 0.087 | 11.335 | *** |
| e16 | 0.623 | 0.059 | 10.59 | *** |
| e17 | 0.794 | 0.073 | 10.91 | *** |
| e18 | 0.698 | 0.065 | 10.713 | *** |
| e19 | 0.807 | 0.072 | 11.175 | *** |
| e20 | 0.729 | 0.066 | 11.106 | *** |
| e21 | 0.828 | 0.077 | 10.743 | *** |
| e22 | 0.701 | 0.068 | 10.372 | *** |
| e23 | 0.829 | 0.078 | 10.693 | *** |
| e24 | 0.962 | 0.088 | 10.944 | *** |
| e25 | 0.788 | 0.075 | 10.503 | *** |
| e26 | 0.867 | 0.081 | 10.669 | *** |
| e27 | 0.727 | 0.07 | 10.458 | *** |
| e28 | 0.797 | 0.073 | 10.929 | *** |
| e29 | 0.797 | 0.071 | 11.153 | *** |

#### 8.1.6.2 SEM 模型分析

从结构方程模型实证检验的结果来看，主体协同对知识链协同效应有正向影响（标准化路径系数 =0.569，C. R. =5.591，P<0.001），临界值大于参考标准值1.96，路径系数 P 值在0.005水平上具有显著性，这说明主体协同对知识链协同效应的产生具有密切关系，因此假设1成立。而主体协同与知识协同之间的关系从表中反应的数据来看，标准化路径系数为0.27，而 P=0.006，说明在知识链中组织间主体协同并不能有效地影响知识协同的实现，因此假设6不成立。

机制协同对知识链协同效应之间有显著正向关系（标准化路径系数 =0.427，C. R. =4.061，P<0.001），临界值大于参考标准值1.96，路径系数 P 值在0.005水平之下，说明机制协同能够有效促进知识链协同效应的产生，因此假设2成立。机制协同对知识协同有正向影响（标准化路径系数 =0.603，C. R. =5.842，P<0.001），临界值大于参考标准值1.96，路径系数 P 值在0.005水平之下，说明机制协同与知识协同在知识链组织间显著相关，因此假设5成立；机制协同对主体协同的影响（标准化路径系数 =0.816，

C. R. =7.48，P＜0.001），临界值大于参考标准值1.96，路径系数P值在0.005水平之下，可以看出在知识链运行中机制协同对主体协同显著相关，因此假设H4成立。

知识协同对知识链协同效应有正向影响（标准化路径系数＝0.645，C. R. =5.581，P＜0.001），临界值大于参考标准值1.96，路径系数P值在0.005水平之上都具有显著性，说明知识协同对知识链中组织之间协调效应的产生有密切相关，因此假设3成立。

综上所述，在知识链的协同效应形成过程中，知识链的主体协同、机制协同和知识协同能够促进知识链的协同效应形成，并且知识链的机制协同可以促进知识链的主体协同和知识协同。虽然，知识链的主体协同过程中会涉及知识的流动、共享等知识协同活动，但是，两者之间并没有很明显或重要的相互作用，知识链的主体协同主要通过主体之间的战略协同、组织协同、管理协同和文化协同来实现，知识链的知识协同主要通过知识协同机会识别、知识流动、交互学习和知识共享来实现。

## 8.2 知识链协同效应形成机理的案例分析——以TDIA为例

TD产业联盟（TD‐SCDMA Industry Alliance，TDIA）成立于2002年，主要由大唐电信科技产业集团、华为技术有限公司、联想（北京）有限公司、中兴通讯股份有限公司、中国电子信息产业集团公司、中国移动通讯集团公司、工业和信息化部电信研究院、中国电子科技集团公司第十四、四十一研究所、北京邮电大学、清华大学、华中科技大学等90多家单位组成。其中，大唐、华为、中兴、普天等负责基站开发；大唐、南方高科、重邮信科、联想、凯明科技等负责终端和芯片开发；华为、中兴、普天等负责核心网络的开发；大唐、华为、中兴等从事RNC的开发，等等。在TDIA中，结合各主体的优势从事TD‐SCDMA相关业务工作，各主体之间优势互补，知识和技术在各主体间相互交流和流动，各主体共享联盟知识和技术，并致力于研发和提供TD‐SCDMA相关产品和服务，实现整体优势的提高和各主体利益的共赢。TDIA在系统设备、芯片、终端、仪表、天线、元器件、基站和网络控制器等方面基本上形成比较完整的上下游都有的多厂商的供货产业链，并具备了研发、生产、制造、销售和服务等功能。TDIA是一个典型的、规模较大的知识链组织，各主体之间相互作用、协同合作、优势互补，推动TDIA有序发展，并实现了协同效应。

## 8.2.1 TDIA 协同效应的形成机理

TDIA 协同效应的形成机理也具有知识链协同效应形成机理的一般特征，主要表现在主体协同、机制协同和知识协同三方面。

### 8.2.1.1 TDIA 的主体协同

（1）战略协同。TDIA 的战略协同是指联盟成员的战略要以 TDIA 的总战略为指导，在 TDIA 的战略指导下，制定各成员自己的战略，以实现战略协同。TDIA 的最终战略目标是以"共同完善和推动 TD - SCDMA 标准"为宗旨，以"提升中国移动通信企业的研发、生产和制造水平"为己任，整合及协调产业资源，促进 TD - SCDMA 产业的快速健康发展，实现 TD - SCDMA 在中国及全球通信市场的规模推广和应用。根据市场要求和社会发展环境，TDIA 整合各方资源，将各成员的知识和技术优势结合在一起，加强各方合作，制定了 TD - SCDMA 发展需要的一整套业务规范，分阶段实现 TDIA 的协同战略目标。

在 TDIA 成立之初，面临着严峻的国际环境，TD - SCDMA 在与美国为主导实行的 CDMA2000 和欧日为主导实行的 WCDMA 标准的竞争过程中，由于 TD - SCDMA 成长比较晚，面对 CDMA2000 和 WCDMA 的行业竞争，具有很大的压力。CDMA2000 和 WCDMA 两大标准的主导者曾经还一度企图删除 TD - SCDMA 标准，或者加强与运营商和终端供应商的合作，排挤 TD - SCDMA 产业等。在中国，高通积极向中国联盟推销 CDMA2000 标准，并借助中国联通 CDMA 的网络部署谋求在中国 3G 产业占据一席之地；WCDMA 以爱立信和诺基亚为核心，也不遗余力地通过各种途径推销 WCDMA 标准，期望能在中国继续延续 2G 时代 GSM 的辉煌[①]。两种标准通过各种途径排挤 TD - SCDMA，企图继续称霸国际移动通信标准，保持自己独有的市场份额和行业竞争优势。面对这样的国际竞争与压力，TDIA 积极制定应对策略，在战略布局方面，一方面积极向政府求助，2004 年，中国国家发展和改革委员会批复了 TD - SCDMA 的研究开发和产业化专项，TD - SCDMA 标准得到了中国政府政策、资金的强力支持。政府为 TDTD - SCDMA 产业的发展提供了专项资金，并通过银行帮助 TDIA 贷款。2002 年 10 月，信息产业部通过〔2002〕479 号文件，为 TD - CDMA 标准提供了总计 155MHz 的非对称 TDD 频段，以强力支持 TD - SCDMA 技术标准。另一方面 TDIA 还不断地充实和扩大联盟的实力，坚持开放合作的原则，欢迎正在从事 TD - SCDMA 研发、制造和服务的国内外

---

① 谭劲松，林润辉. TD - SCDMA 与电信行业标准竞争的战略选择［J］. 管理世界，2006（6）：71 - 84.

企、事业单位加入TDIA，完善TD-SCDMA的产业链，营造良好的TD-SCDMA供应环境。TDIA积极与行业内的知名企业展开合作，如2005年，西门子与华为成立了合资公司鼎桥通信；飞利浦、摩托罗拉等世界知名企业投资TDIA；爱立信与中兴合作曲线进入TD阵营；诺基亚通信围绕TD-LTE构建了全价值链，包括产品管理、研发、制造、物流、全球营销、销售和服务等，与中国电信建立了合作战略伙伴关系，并积极参与中国联通的招标等。

在手机即将步入3G时代时，TDIA希望手机设备生产企业能在2G手机都能够加上TD的功能，这样一部手机既有2G功能也有3G功能，购买手机的客户也就自动地成为3G客户，这对TDIA的运营商、生产商和客户都是有益的，手机既有2G功能又有3G功能，销量大了，成本就降低了，3G客户来源也有了。各手机生产设备商和供应商按照这一战略生产出适合TDIA战略的产品。

在即将步入4G时代时，TDIA在寻求政府扶持的同时，一方面，要扩大TD-CDMA的网络建设和经营；另一方面，要加快研发我国具有很多的自主知识产权的TD-LTE。各成员纷纷根据这一时期TDIA的战略，进行分工协作。这些都是基于TDIA各成员的发展目标、利益诉求和市场环境来制定的协同战略。各联盟成员根据TDIA的协同战略，进行分工协作，制定适合自身情况的子战略，最后在TDIA的统一指挥和领导下，达成战略协同，实现TDIA的战略目标和自我战略目标。

（2）组织协同。TDIA的组织协同是指建立一个新的组织结构来统一指导联盟成员，使成员协同合作，实现协同目标。TDIA的组织结构如图8-4所示，组织中的最高管理层为联盟大会，联盟大会是联盟的最高权力机构，由全体联盟单位组成，对联盟的重大事件进行决策。联盟大会主席由各联盟单位负责人轮值。联盟理事会是联盟大会的常设机构，对联盟大会负责，主要任务是处理和执行联盟大会的决议。联盟秘书处是在理事会决议下，建立的以专职人员为主的联盟日常执行机构，由专职秘书长领导。秘书处下设知识产权部（IPR）、产业协调部、市场部和业务发展部四个专业化部，各部门根据产业与技术发展的情况和阶段，采取由秘书处牵头组织、联盟成员派遣人员共同参与的方式开展工作。各成员选派代表参加联盟大会，由联盟大会选举产生联盟理事会，再由联盟理事会聘任秘书长、秘书长在联盟理事会的领导和监督下组织开展各项工作。由此，形成了TDIA的组织和治理结构。

共建经营实体、研发技术中心和实验室是组织协同的表现形式。TDIA成员之间成立合资公司、建立研发机构或实验室等，促进相互之间的协同发展。大唐科技与诺基亚、TI、LG、CATT、DBTEL和普天6家核心成员联合发起成立凯明信息科技股份有限公司（Commit），大唐移动、飞利浦电子和三星电子联手组建天碁科技有限责任公司，

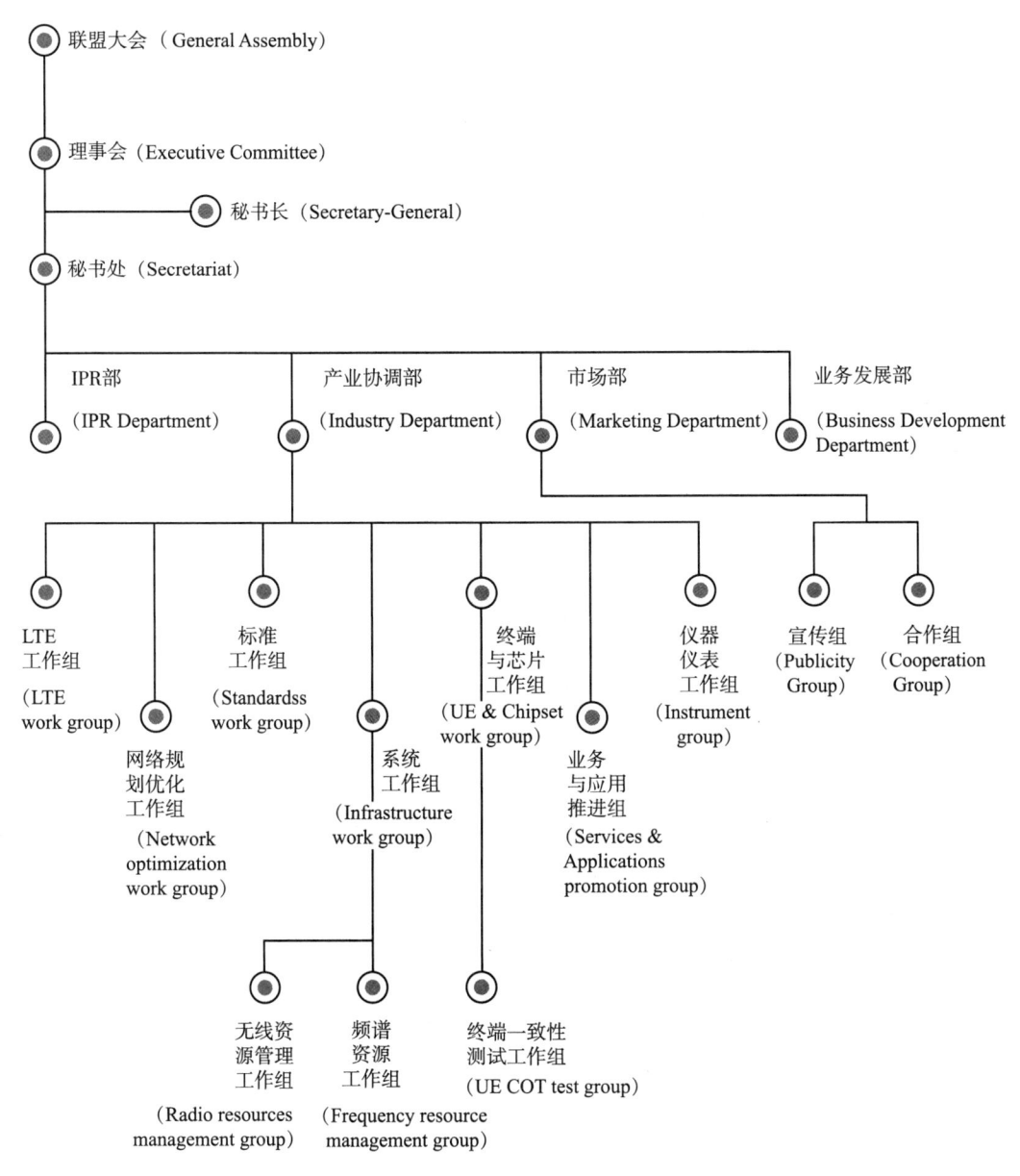

图 8-4 TDIA 的组织结构

资料来源：http://www.tdia.cn。

西门子和华为共同组建专注于 TD - SCDMA 技术及产品的开发、生产、销售和服务的合资公司鼎桥通信技术有限公司（TD Tech Ltd.），大唐移动、飞利浦电子和三星电子联手组建天碁科技有限责任公司（T3G Tech Ltd.），海天天线与大唐移动共同出资建立嘉载通信设备公司，中国普天与北电网络共同出资成立普天北电网络电信设备有限公司。

大唐移动与安捷伦公司在北京建立"大唐－安捷伦 TD－LTE－Advanced 联合研究实验室",晨讯科技与大唐移动共同成立的 TD－SCDMA 联合实验室,北电网络和大唐移动宣布成立 TD－SCDMA 联合实验室,大唐移动与 SK 电讯联共同建立 TD 联合业务开发中心,大唐与飞利浦组建 TD－SCDMA 终端联合研发中心,与西门子公司建立 TD－SCDMA 共用技术研发实验室或中心,与中国联通公司、中国移动公司、中国无线通讯标准研究组织等一起建立营销标准联盟,等等。

(3) 管理协同。TDIA 的管理协同是对各成员的统一指导和管理,其目的在于通过对 TDIA 成员的协同管理推动 TDIA 的有序、健康发展。第一,TD 资源的优化配置。"专利共享、共同开发、协同组织"是 TDIA 协同管理的原则。在这一原则的指导下,TDIA 内部成员之间实现专利交叉许可,以降低联盟企业的技术开发成本和产品生产成本,加快研发速度,共同构建、完善技术标准。TDIA 成员之间通过签订技术转让协议和专利技术授权等方式,实现知识、技术在 TDIA 转移,最后实现知识、技术共享,以促进 TD 资源的平衡分布。第二,协调成员之间的一致行动。TD－SCDMA 产业环节较多,几乎每个环节都涉及研发和生产,为了实现各环节的无缝对接,联盟秘书处牵头组织 TDIA 相关环节的成员、行业内专家就重大共性问题开展试验和讨论,组织开展一些共有技术的协作开发。其中,将 TD 技术开发工作最初普遍使用的是上下游串行开发模式,在实践中被转变为并行开发模式,这大大加快了开发和优化的速度。为了促进成员之间的协同,TDIA 还在成员企业内建立开放性的测试平台,协调系统测试。另外,联盟秘书处以终端一致性测试、业务与应用开发测试等共性技术平台为抓手,2003 年起 TDIA 便组织专门的技术人员开展共性核心技术 TD－SCDMA 终端一致性测试代码集(TTCN)的开发工作,以保障商用终端的互联互通。第三,联盟成员的合理分工与协作。复杂系统的有序进行,少不了对子系统的合理分工,以及各子系统之间的协同合作。TDIA 根据企业的优势将其配置到相关的产业研发或生产环节,以积极配合整个产业链的运行,促进 TDIA 的有序运行和健康发展。2005 年,TDIA 成员分工协作的情况:在网络设备方面,已经成为 TD－SCDMA 产业链最成熟的环节,其中,CN 主要由北电网络、华为、UT 斯达康、中兴、普天等成员负责研发和生产,RNC 主要由大唐、北电网络、阿尔卡特、UT 斯达康、中兴等负责,Node B 主要由大唐、鼎桥、中兴、普天、ASB、海天、安德鲁等负责。在芯片方面,已经初步形成群体突破局面,主要由天碁科技、重邮信科、展讯、凯明、大唐微电子、华为等负责。在终端方面,由大唐、中兴、三星、LG、夏新、海信、波导、联想等终端企业负责提出各自的商用终端解决方案。在测试仪表方面,主要有泰克、雷卡、安捷伦、众友科技、中创信测、罗德与施瓦茨等企业负责研制。在智能天线方面,主要由京信通信、西安海天、中山通宇、安德鲁等负责。在网络规划与优化方面，主要由大唐、京信通信、百林通信、马可尼、SYMENA 等负责。在业务应用方面，主要由科泰世纪、达丽星、爱可信和科大讯飞等完成①。TDIA 内部的分工与协作，充分展现了 TDIA 内部的合作与互动，以及 TD - SCDMA 产业链各环节的协同性。

（4）文化协同。对于 TDIA 这个多文化背景的组织来说，需要创造一种新的文化，来体现联盟成员的共同价值观。TDIA 的文化协同并不是否定各成员的组织文化，而是在承认各成员组织文化的差异上，寻找各成员文化的交集，在交集上创造一种新的文化模式，这种新的文化模式包含了 TDIA 的核心价值观和各成员的共同价值观的共同文化。原大唐副总裁唐如安曾说："一个组织有没有生命力，与一开始的定位、后面形成的文化都有关系。"TDIA 的协同文化对 TDIA 的发展来说也是十分重要的，TDIA 由 90 多个文化各异的组织构成，TDIA 的文化差异是客观存在的，面对 TDIA 成员的文化差异，TDIA 在文化协同方面推行"形式主义"，在 TDIA 各成员之间推行异地联网办公，统一办公的流程和形式。正如唐如安在一次高层会议上说："别看这是一个小事，每天大量的文档互相的传送是一个很大的事情，这看似一个形式，实际上是在潜移默化地影响我们的思维和习惯。"② 通过对办公形式上的统一，以形成一个统一的思维方式和行为模式，从而建立 TDIA 的共同价值观，推动协同文化的形成。另外，在 TDIA 内部，已经形成"专利共享、共同开发、协同组织"的协同文化，TDIA 秉承开放与培育合作的理念，免费向联盟成员分享自己在 TD 领域的核心知识和技术，使联盟成员能够轻松、便利地获取知识和技术，降低了知识和技术获取的成本，促进联盟内知识流动，同时，也促进了各成员的交互学习，提高了联盟整体的知识水平和技术实力，推动了联盟成员的知识协同，最终实现了 TDIA 的学习经济效应。

#### 8.2.1.2 TDIA 的机制协同

在机制协同方面，TDIA 制定了一些机制来维持成员之间的协同，是 TDIA 有序发展的保障。TDIA 成员之间的信任，最早基于大唐与西门子之间的信任关系，这种信任传导机制，促发后期联盟成员对大唐的信任，进而上升为对 TDIA 的信任，联盟成员之间的相互信任是 TDIA 得以有序发展的基础，没有这种信任也有不会产生 TDIA 的协同效应。如大唐与西门子之间关于 TD 技术演化轨道和专利共享的矛盾，大唐与华为等核心成员之间对技术市场前景的认知不同等矛盾，严重地破坏了联盟成员之间的相互信任，阻碍了 TDIA 的有序运行。

---

① 刁兆坤. 2005 年 TD - SCDMA 技术发展概况 [J]. 现代电信科技，2005（12）：10 - 13，53.
② TD - SCDMA 的产业化之路 [N]. 通信世界，2006 - 3 - 20.

为了缓解 TDIA 成员之间的冲突，在 TDIA 成员之间建立相互的信任机制，即在联盟的发展过程中，联盟成员之间树立协同作战，充分信任合作伙伴的战略构思，通过制定有效可行的要约来维持联盟成员之间的这种信任与协同关系[①]。为了避免 TDIA 内部成员之间的恶性竞争，保证 TD-SCDMA 产业健康、持续的发展，TDIA 出台《反恶性竞争规定》。该规定反对成员企业以不正当竞争手段骚扰其他企业的经营活动；维护 TD 产业整体形象，在市场推广活动中不得诋毁产业链条上其他企业；尊重其他企业的知识产权，反对知识产权滥用行为；积极开展产业上下游企业之间的合作，反对任何有损于产业整体发展的垄断行为；协商解决市场竞争中产生的争议和纠纷，理性对待市场竞争结果[②]。

在冲突协调机制上，华为开发了一个专门用于协调项目管理的专用 IT 平台——iSite，使项目成员之间的沟通率提高了 25%，增加了不同成员之间的沟通和对话，促进了项目成员之间的信任。

为了嘉奖在推动 TD-SCDMA 产业有突出贡献和业绩的成员，TDIA 设立了"TD 发展杰出贡献奖""TD 技术发展特殊贡献奖""TD 产品杰出贡献奖""TD 产品最佳合作伙伴奖""TD 终端创新发展贡献奖""TD 芯片技术创新奖""TD 仪表创新奖""TD 业务应用创新奖"等 20 多种奖项，以激励 TDIA 成员继续支持 TD-SCDMA 产业的发展。TDIA 成员为了刺激和激励其他联盟成员努力，也会制定一些激励机制，如中国移动为了激励 TD-SCDMA 手机终端的研发和生产，对终端产品实行分级分类管理等激励措施，专门成立中国移动 TD 终端激励基金联合研发项目，对推动 TD-SCDMA 终端各环节的发展具有重要激励作用。为了约束 TDIA 成员的行为，防止机会主义为 TDIA 带来的损害，同时出于对风险的防范，TDIA 成员之间签署了 TDIA 反恶性竞争规定，对违背规定的成员给予除名和收回专利共享权的惩处。

### 8.2.1.3 TDIA 的知识协同

TDIA 的知识协同为了快速实现知识、技术和专利等在各成员之间的流动、共享和创造，以增加各成员之间的相互信任、减少知识协同带来的风险，降低知识、技术和专利创新的成本，从而促进 TDIA 有序发展，实现各成员的"共赢"。TDIA 的知识流动是多层次、多渠道的，知识和技术作为生产要素和研发投入，随着联盟成员之间的互动，贯穿于 TD-SCDMA 产业的设计、研发、生产、制造、销售和服务等各个环节，也分散

---

① 周青，马香媛，毛崇峰. 产业技术创新战略联盟的阶段性冲突演化研究［J］. 软科学，2013，27（7）：57-60.
② TD 联盟拟出台反恶性竞争规定［N］. 第一财经日报，2008-09-19.

在入网、智能天线、核心网络、终端、芯片、测试等整个产业链中，在各个环节、各个产业、各个部门、每个员工当中相互流动与交流。

为了促进 TDIA 的知识协同，加速 TDIA 知识流动、共享和创造，成员之间时常进行交互学习。2000 年底，由中国移动、中国电信、中国联通、大唐电信、华为、摩托罗拉、北电网络、西门子共同发起成立了"TD – SCDMA 技术论坛"（2009 年更名为"TD 技术论坛"），截止到 2012 年 4 月，TD 技术论坛共有理事成员 15 家，高级成员 27 家，普通成员单位 400 余家，涵盖中外运营商、TD 核心研发企业、系统提供商、内容提供商、金融投资机构和科研院校等重要环节。"TD 论坛"为 TDIA 的成员提供了良好的业务知识和技术学习的平台和环境，TDIA 成员通过与其他论坛成员交流、讨论业务经验和启示，学习到更多的、深层次的业务知识和技术能力，然后经过转化变为成员自己的知识和技术，再经过内部化将论坛上获得的知识和技术传播给相应的员工和研发人员，提升组织的技术能力和创新能力。

TDIA 的学习不局限于论坛，企业在 TD – SCDMA 研发环节中也会进行自我学习。联盟成员通过多次的内外测试，进行 TD – SCDMAT 手机的通话和流媒体业务测试，并根据产品的功能选项、技术指标、实现流程以及相关的技术进行测试。各企业根据测试结果，对产品进行修改这就是一种企业双循环学习方式，通过这种学习方式，企业的技术能力和创造能力才会在原有的基础上不断地提升，最后生产出符合契约要求或者更加优质的 TD 产品。

TDIA 是一个开放的系统，系统门槛较低，带动了更多的企业进入 TD – SCDMA 产业，TDIA 内部知识和技术是免费共享的，成员在相互交流的同时实现了知识的共享。

为了降低共享和创造知识、技术和专利投入的成本，促进 TD – SCAMA 产业的快速发展，TDIA 作为枢纽建立了知识、技术和专利共享机制，减轻了 TD – SCDMA 相关企业在知识、技术和专利上的负担和成本，推动产业链各环节企业相互之间的知识、专利共享和技术许可，使各成员能迅速切入 TD – SCDMA 产业链各环节的研发和产业化工作，极大加快了 TD – SCDMA 产业化整体进程。TDIA 的知识、技术和专利在成员之间相互流动，提高了 TDIA 成员的知识存量、技术创造能力和专利商业化速度，促进了 TD – SCDMA 产业链整体实力的提升，以及知识、技术的优化配置。如在专利方面，联盟成员之间通过协议无偿或少量技术转让费合理使用专利，TDIA 一直遵循"专利共享、共同开发、协同组织"的原则，建立了专利池，在联盟内部专利是免费共享的，各成员可以通过合法和规定渠道，获取发展 TD – SCDMA 产业相关的专利，专利因此在 TDIA 各个环节和各个部门得到应用。

### 8.2.2 TDIA 的协同效应

TDIA 成员之间的通过主体协同、机制协同和知识协同等协同合作活动，不断地进行非线性相互作用，在内外环境的影响下，逐步从无序走向有序，最后实现 TDIA 的整体效益大于单个成员独立运行所取得的效益，即实现了"1＋1＋1＞3"的协同效应。

#### 8.2.2.1 形成了强大的 TD-SCDMA 产业竞争力

2000 年，ITU 正式确认 TD-SCDMA 成为继 WSCDMA 和 CDMA2000 之后的第三个国际 3G 移动通信技术标准。虽然这是由我国提出的、代表我国自主创新能力和世界地位的标准，但是，与另外两个国际标准 WCDMA 和 CDMA2000，我国提出的 TD-SCDMA 在技术成熟度和产业化程度上差距甚远，WCDMA 和 CDMA2000 已经形成了较为完整的产业链，如当时已经有上百家企业从事 WCDMA 的研发。而 TD-SCDMA 的研发投入一年不过区区数千万元人民币，且除基站外产业链的多数环节都是空白。通过成立 TDIA 和各成员之间的协同合作，短短十年间 TD-SCDMA 技术纯熟、产业化程度高，在各个环节都有较高的技术水平和研发生产能力，成为名副其实的国际标准，整个产业链的竞争能力得到不断的提高。TDIA 成员之间知识、技术和专利共享，使得 TD-SCDMA 产业各环节资源得到优化配置，各成员的知识、技术得到平衡，各成员的研发、生产能力不断提高，从而使 TDIA 和联盟成员的竞争力得到加强。

#### 8.2.2.2 实现了 TD-SCDMA 的规模经济效益

TD-SCDMA 的规模经济，是指由于 TDIA 规模的不断扩大，使 TD-SCDMA 产业的单位成本下降，从而形成长期平均成本随着产量的增加而递减的经济效益。TDIA 的规模经济主要表现在三方面：一是联盟成员数量上的增加。2002 年以前，由大唐移动独揽全局，研发 TD-SCDMA；2002 年，由大唐移动、南方高科、华立、华为、联想、中兴、中国电子、中国普天 8 家企业自愿发起并成立 TDIA，继 2002 年之后，TDIA 陆续不断地扩军，截至 2023 年，共有成员单位 111 家。成员分布在 TD-SCDMA 产业链各环节。二是 TD-SCDMA 产业产量的增加。截至 2023 年二季度末，中国 5G 基站累计建成开通 293.7 万个，新增 5G 基站 29.1 万个，年度累计新增 62.5 万个，占移动基站总数的 26%，占比全球 5G 基站部署量的 65.5%。覆盖我国所有地级市城区、县城城区，5G 用户数超过 6.76 亿[①]，占全球 5G 用户数的 55.4%，已发展成为全球规模最大的 5G 市场，5 家芯片厂商发布 23 款 5G 基带芯片，6 家芯片厂商发布 83 款 80C 芯片，我国 278 家

---

① TD 产业联盟.5G 产业和市场发展报告［R］.2023 年．https：//www.tdia.cn．

终端厂商1274款5G终端获入网许可，中国移动打造了2.3万个5G商业化项目，中国联通打造超过2万个5G规模应用的"商品房"项目及2000多个5G全连接工厂项目，服务超过5816个行业虚拟专网客户。中国电信累计发展近2万个5G 2B商用项目，等等。

#### 8.2.2.3　实现了TD–SCDMA的范围经济效益

TD–SCDMA的范围经济，是指经过组建TDIA，形成完整TD–SCDMA产业链，使得TD–SCDMA产品合并在一起生产的成本远远低于分开生产的成本。TDIA共同研发、生产、制造和运营TD–SCDMA产业的过程就是"一起把蛋糕做大"的过程，在这一过程中，成员之间相互合作、相互借鉴和相互学习，促进知识、技术和专利的流动和共享，提高了成员发现问题和解决问题的能力，也弥补了TD–SCDMA产业各环节研发和生产能力的不足，大大缩短了TD–SCDMA产业的市场化和商品化过程，从而降低了TD–SCDMA的生产成本和技术研发成本。如TD–SCDMA手机终端制造商，TD–SCDMA芯片以及其他手机元器件是手机终端的重要零部件，如果一个手机制造商要承担制造全部零部件的工作，那么这种成本是巨大的，而且获得效益也往往较小。如果该手机制造商选择加入TDIA，便获得与TD–SCDMA手机终端芯片和关键元器件供应商合作的机会，那么，该手机终端制造商可以用较低的成本来完成TD–SCDMA手机的制造，大大缩短了其生产和制造手机终端的周期，大大节约了时间成本，获得了比独自承担全部零部件生产的更低成本和更多收益。

#### 8.2.2.4　实现了TD–SCDMA的学习经济效应

TD–SCDMA的学习经济效益，是指通过TDIA内部知识、技术和专利流动和共享，因学习获得相应的知识、技术和专利而使单位成本降低的效益。TD–SCDMA学习经济效益的产生得益于以下几方面：一是TDIA内部知识、专利共享和技术许可。TDIA内部形成一个专利池，其他企业或组织可以通过加入TDIA，成为联盟成员，共享TDIA专利。因此，成员可以通过学习获得产业联盟的新技术，减少专利成本、技术转让成本和重复研发成本。其中，华为以独立TD厂商身份加入联盟后，就享受到了专利成本的甜头。二是TDIA成员之间的交互学习。TDIA成员经过长时间的合作与交流，彼此之间建立相互信任的关系，并愿意共享自己的知识、技术和专利，其他成员可以通过学习和共享成员的知识、技术和专利，提高自身知识水平和技术研发能力，从而缩短产品的研发、生产到销售的周期，大大降低了成本。三是TDIA成员的自我学习。TD–SCDMA是由我国自主研发创造的，很多知识、技术需要TDIA成员自我摸索和学习，在这一过程中，成员通过自我双环学习，不断提高学习能力，并结合相关产业环节的合作伙伴经验和意见，生产出更符合TD要求的产品，提高自我知识水平和技术能力的同时，也降低了生产成本。

# 第 9 章

# 知识链协同效应形成的主要影响因素分析

研究知识链协同效应的影响因素，对于探索知识链的协同演化规律，提高协同效率，具有重要意义。知识链通过主体协同、机制协同和知识协同，推动知识链从无序走向有序，最后形成整体效益大于各部分效应的协同效应。基于知识链协同效应的形成机理，本章认为，知识链协同效应的形成是基于主体之间的协同，即知识链的形成基于主体之间的协同意愿，寻找合作伙伴、加强沟通交流、形成共同战略。协同意愿可分为信任、互惠、相互依赖三个层次。同时，成员良好的学习能力促进主体之间的相互交流和沟通，增加知识的吸收、流动、共享和创造，通过对知识的自主学习、理解吸收和整合运用，为提升知识链主体的创新能力和推动协同效应的形成提供动力。基于知识的不同属性，实现知识链上的知识分工、流动、共享和创造，达到最终的知识协同，如图 9-1 所示。因此，本章围绕主体的协同意愿、学习能力、知识属性和知识活动探索影响知识链协同效应形成的主要因素。

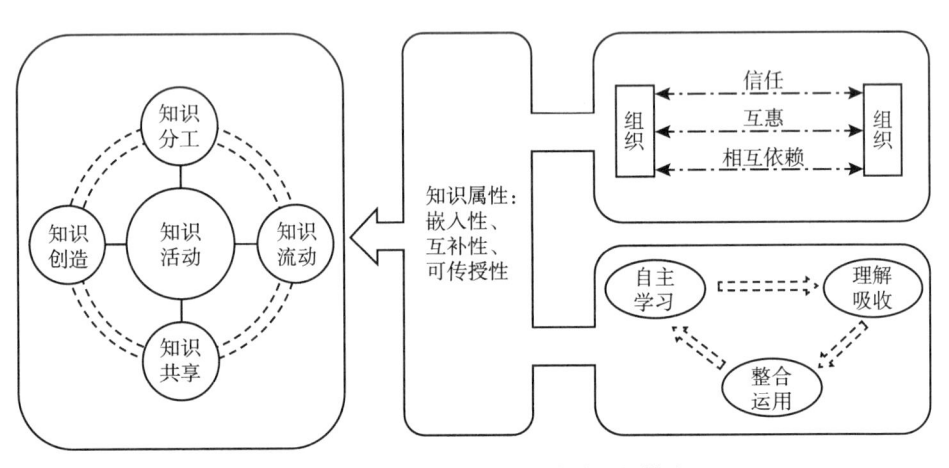

图 9-1 知识链协同效应形成的运行模式

## 9.1 研究假设

随着知识链的协同演化，主体对组织内外部的资源进行整合，使整体效益大于各独立组成部分的效益之和。协同效应的大小受到多方面的影响，分析和理解这些影响因素对知识链实现协同效应意义重大。根据以上阐述，拟从协同意愿、学习能力、知识属性和知识活动四个方面探究知识链协同效应形成的影响因素。

### 9.1.1 协同意愿

主体的协同意愿是产生协同效应的前提和基础，协同效应的产生首先需要各主体具备相互合作的协同意愿，强烈的协同意愿能够促使主体之间相互沟通、交流，使主体更容易达成合作，提高协同效率。信任度、互动频率、资源相互依赖程度和资产专用化程度通过影响知识链组织的关系强度[1]，进而影响协同效应的形成。

（1）信任程度。知识分享存在着风险，信任作为嵌入网络中的治理机制，能够降低交易费用，减少机会主义行为，促进知识分享和合作创新绩效[2]。相互信任的组织之间彼此坦诚，对对方的资源和动机充分相信，合作更透明，从而降低知识黏性，促进知识的流动与共享，提高知识转移的效率。

（2）互惠程度。在互惠原则下，合作双方处于一种平等协调的关系，互相认可、互相配合，互惠性的知识转移能够克服传统知识转移模式下的诸多障碍，从而达到一种更为完美的境界[3]。互惠性环境中，双方资源共享、优势互补，慢慢形成稳定的知识合作关系，使知识的流动更为灵活。

（3）相互依赖程度。如果某种资源因为特有和不可分割而不能在要素市场轻易获得时，联盟可以成为主要的获取渠道[4]，知识链的组织之间通过形成知识联盟，构建相

---

[1] 吴绍波，顾新. 知识链组织之间合作的关系强度研究［J］. 科学学与科学技术管理，2008，29（2）：113－118.
[2] Klijn, Erik-Hans, Edelenbos, et al. Trust in Governance Networks: Its Impacts on Outcomes [J]. Administration & Society, 2010, 42 (2): 193－221.
[3] 林昭文，张同健，蒲永健. 基于互惠动机的个体间隐性知识转移研究［J］. 科研管理，2008（4）：28－33.
[4] Gulati, R. Social structure and alliance formation: A longitudinal analysis [J]. Administrative Science Quarterly, 1995 (40): 619－652.

互依赖的合作体系，为知识和资源的流动提供了条件。

基于以上分析，提出如下假设：

H1：知识的协同意愿对知识链协同效应的形成有正向影响。

### 9.1.2 学习能力

在变幻莫测的社会环境下，组织成员的学习能力已成为影响组织发展的重要因素。善于发现学习机会的组织成员，能积极主动地吸收新知识，并将其转化为个人独有的工作经验，使组织内部的知识始终保持流动状态。提高组织的学习能力，有助于构建学习分享平台，促使组织成员分享知识，从而认清组织自身特点和外部环境，总结反思、探索未来发展方向，形成一个良性循环，确保组织的可持续发展。

（1）学习自主性。学习自主性作为一种学习能力，描述了学习行为的主动性、自觉性。在自主学习的过程中，组织成员首先明确学习方向和目标，然后在一定范围内，有意识地搜寻、筛选相关知识，选取有价值的部分学习理解，并不断反思、总结经验，形成自己的理解。通过自主学习，成员不仅吸收了专业知识，也培养了解决问题、适应环境等能力，综合素质得到提高，有助于组织实现人岗匹配，提升工作效率。

（2）理解吸收能力。对知识的理解吸收能力，可从潜在吸收和实际吸收两方面考虑，潜在吸收能力是对知识的获取，实际吸收能力是对知识的转化[1]。组织成员通过潜在吸收外部知识，了解知识的定义，但这一阶段的知识只停留在理论概念层面，知识还需运用到实践中，被内化为个人独有的工作经验、技巧等。实际吸收能力决定了成员对知识的理解程度，通常与个人接受新事物的能力、思维能力有关。提高成员对知识的理解吸收能力，尤其是实际吸收能力，有助于外部知识在组织内部传播，促进知识的协同。

（3）整合运用能力。成员将知识应用到组织实际业务中，这是知识协同的重要一环，因为获得的知识不一定能得到充分利用，抽象的知识只有经过重组整合，才能转化为有针对性的实践操作方法、技巧和经验，体现知识的实用价值。组织成员良好的实际运用能力体现在能对知识灵活应用、举一反三，通过学习新知识、结合旧知识，触类旁通，在实践中实现知识迁移，充分发挥知识的价值，减少组织的决

---

[1] Zahra S A, George G. Absorptive capacity: A review, reconceptualization, and extension. Academy of Management Review [J], 2002, 27 (2): 185-203.

策成本。

基于以上分析提出假设：

H2：主体的学习能力对知识链协同效应的形成有正向影响。

### 9.1.3 知识属性

在知识链中，知识作为协同效应形成的最重要的资源，其属性更强调可利用性和适宜性。知识属性除了由知识的显隐性决定的可传授性之外，还包括由于特定环境导致的嵌入性，以及知识差异所产生的知识互补性，这些因素从不同的维度影响知识链的协同效应。

（1）嵌入性。知识的嵌入性，又称"知识驻留""依附性"或"根植性"[1]，是指由于知识产生于不同组织，具有不同的形成条件和作用范围，而形成的不同知识位势间的势差[2]。在联盟网络中知识的嵌入性体现在知识在联盟网络中的位置、深度及其具备的异质性[3]，因此，知识的嵌入性往往依附于特定工作领域和社会环境来发挥作用，而在其他情况下可能难以适用。高度的知识嵌入性表现为知识的黏性和依附性，使得知识可能被某个组织单独占有，难以被其他组织借鉴模仿，从而增加了知识的转移成本。知识的嵌入性越高，知识协同就更为困难，故知识的嵌入性要求组织有指向性地选择与自身目标相符的知识。

（2）互补性。知识的互补性是知识各个局部之间通常存在着的互相解释或互为强化的关系，其存在有两种形式：同类知识的不同部分沿着时间经验表现出来的互补性，和不同类型知识沿着空间经验表现出来的互补性[4]。知识链协同效应形成过程中，知识的互补大多属于空间互补，不同组织基于各自的知识储量和知识诉求，达成共识，彼此分享所掌握的知识，弥补自身的知识缺陷，同时也满足对方的知识需求，各取所需、优势互补，不断完善知识体系，实现共同愿景。获取互补性知识不仅能够满足主体在创新发展过程中所需的异质性知识要求，促进内外部知识整合；同时，知识互补性越高，主体对新知识进行创造性利用的能力就越大[5]。因此，组织应基于各自的知识储量和知识

---

[1] 王明华，王长征. 市场知识能力与企业竞争优势 [J]. 中国软科学，2004（10）：88-92.

[2] Szulanski G. The process of knowledge transfer: A diachronic analysis of stickiness [J]. Organizational behavior and human decision processes, 2000, 82 (1): 9-27.

[3] Erkelens R, van den Hooff B, Huysman M, et al. Learning from locally embedded knowledge: Facilitating organizational learning in geographically dispersed settings [J]. Global Strategy Journal, 2015, 5 (2): 177-197.

[4] 汪丁丁. 知识沿时间和空间的互补性以及相关的经济学 [J]. 经济研究，1997（6）：70-78.

[5] 宋耘，王婕. 网络特征和知识属性对企业创新绩效的影响 [J]. 管理科学，2020，33（3）：63-77.

诉求达成共识，选择拥有互补性知识的合作伙伴，形成知识联盟，彼此分享所掌握的知识，弥补自身的知识缺陷，各取所需、优势互补，不断完善知识体系，保持稳定的知识输入与输出，实现知识链的高度协同。

（3）可传授性。知识的可传授性是指知识信息传递过程中可理解吸收的难易程度。知识可传授性越高，各主体对内外部知识资源的学习、转化、应用的效率就越高，知识链协同效率就越高。根据可被传授的难易程度，知识被划分为显性知识和隐性知识。其中，显性知识的可传授性较高，隐性知识的可传授性较低，隐性知识存在的隐匿性和模糊性负面影响着知识流动过程[①]，进而阻碍知识链协同效应的产生，但随着隐性知识的重要程度日益凸显，知识链组织需要积极推动隐性知识向显性知识的转换，不断推进知识链知识协同的实现过程。显性知识能够从一方直接转移到另一方，容易被获取吸收；而隐性知识要被共享传授，则必须经过外部化，被编码为易于理解的形式。要想推动知识的流动和转化，组织不仅应该主动获取显性知识，还要积极推进隐性知识向显性知识的转换，通过标准化的程序对隐性知识开发管理，如开设培训班、举办分享会等，提高知识的可传授性，实现知识的均匀分布，提升整个组织的学习效果。

基于以上分析提出假设：

H3：知识属性对知识链协同效应的形成有正向影响。

### 9.1.4　知识活动

知识链协同效应的形成离不开知识协同的驱动和支撑作用，知识通过一系列的知识活动促进知识从无序走向有序，最终达到的知识协同。因此，除了依赖主体的协同意愿、学习能力和知识的固有属性之外，知识链成员之间的知识活动也至关重要。知识活动包括知识分工、知识流动、知识共享和知识创造四个阶段，知识被细分为各个具体领域，由知识链的不同成员或组织专门负责，由此产生知识势差，推动知识的流动，加快知识的共享，促进知识的重组，将分散的知识整合创造出全新的知识，最终实现知识协同。

（1）知识分工。在知识分工下，知识链中的每个成员都在知识的某个方面有所专注，每个成员只需掌握有限的知识，投身于知识活动中。通过知识分工，形成遍布各行各业的知识分支，每个分支上的组织具备不同方向和存量的知识，通过互相交换知识，

---

① 李海海，杨柳. 知识属性、网络结构与装备制造企业集成创新——基于结构方程模型的研究 [J]. 科技管理研究，2019，39（8）：172－177.

使得整个知识链的知识趋于均匀分布，实现效益最大化。

（2）知识流动。知识流动是指知识在参与创新活动的不同主体之间的扩散和转移[①]。知识流动按照流动的范围，可划分为组织成员之间的知识流动，以及跨组织的知识流动。由于知识分工和知识势差，知识链成员有必要进行组织内部或跨组织的交流活动，推动知识从一方向另一方传播，以完善各自的知识体系，促使知识双向流动，实现知识的创新和重组。

（3）知识共享。知识共享是指组织的员工或内外部团队在组织内部或跨组织之间，彼此通过各种渠道进行知识交换和讨论，其目的在于通过知识的交流，扩大知识的利用价值并产生知识的效益[②]。知识共享与知识流动密不可分，知识流动促进知识在知识链组织之间扩散，是知识共享的前提；知识共享则是对所获知识的深入研究，是知识流动的后续发展阶段。

（4）知识创造。知识链组织之间的知识创造是协同作用的终极体现和最高阶段，只有在知识协同发展到一定阶段才会出现。知识的创造表现在隐性知识和显性知识的互相转换，日本学者野中郁次郎提出 SECI 模型，将组织中知识创造与传播的过程划分为社会化、外部化、组合化和内部化四个阶段[③]。具体而言，社会化是指组织成员通过亲身体会、模仿、感悟，收获经验；外部化表现在接收他人教导，将隐性知识有形化、概念化；组合化是将显性的知识重新整合，形成全新知识；内部化是指成员将重组后的新知识，再次运用到工作实践中去。整个过程是循环往复、螺旋上升的，知识经历分工、流动和共享，最后达到知识创造，实现知识协同。

基于以上分析提出假设：

H4：知识活动对知识链协同效应的形成有正向影响。

## 9.2 问卷调查

### 9.2.1 调查对象和数据来源

本次研究主要调查对象为各企业和大专院校的工作人员，问卷主要是通过个人关系

---

① 顾新，李久平，王维成. 知识流动、知识链与知识链管理 [J]. 软科学，2006，20（2）：10-16.
② 林东清（李东改编）. 知识管理理论与实践 [M]. 北京：电子工业出版社，2005.
③ Nonaka I, Takeuchi H. The Knowledge - Creating Company [M]. NY: Oxford University Press, 1995.

发放和好友代为发放，以问卷星的形式在微信、QQ 等社交媒体进行随机抽样调查。本次收回问卷 268 份，经人工筛选有效问卷 221 份，问卷有效率为 82.5%，具有较强的代表性。

### 9.2.2 样本特征

回收的 221 份有效问卷属于较大样本，应对样本特征进行分析概括。从组织性质看，企业占比较大，为 40.83%，大专院校占 17.43%，科研机构为 11.47%，其余为政府部门、金融机构和咨询机构等其他组织。从组织成立年限来看，成立 10 年以上的组织最多，占比 52.29%。成立 6~10 年、4~5 年和 3 年及以下的组织分别占 16.06%、19.74% 和 11.93%。从被调查者性质来看，40.37% 的调查者属于技术研发部门，27.52% 的调查者属于管理部门，职能部门和后勤保障部门的人员分别占调查者的 16.51% 和 15.6%。从与客户进行知识交流的时间来看，55.05% 的组织与客户建立知识交流时间为两年以上，而与客户进行知识交流不到半年的组织占比最小，为 11.01%。

### 9.2.3 问卷设计

问卷主要分为三部分：第一部分相关概念、第二部分样本的基本信息和第三部分问卷主要内容。本书采用 Likert 五级量表法进行对问题项进行度量，数字 1~5 分别代表"完全不同意""不同意""中立""同意"和"完全同意"，被调查者根据实际情况做出选择。结合相关文献，本部分针对知识链协同效应的影响因素设计 27 个问题项，具体题项描述如表 9-1 所示。问卷的具体内容请参看"附录 3：知识链协同效应形成的影响因素调查问卷"。

表 9-1　　　　　　　　知识链协同效应的影响因素调查问卷

| 研究变量 | 指标描述 | 题项 | 理论依据 |
| --- | --- | --- | --- |
| A 协同意愿 | 信任程度 | A1 相互信任的组织之间知识交流更频繁 | 吴绍波、顾新[①] |
| | | A2 相互信任的组织之间知识交流更深入 | |
| | 互惠程度 | A3 组织在知识交流中各取所需、共同受益，有助于加强合作 | |
| | 相互依赖程度 | A4 合作伙伴之间的知识交流更频繁 | |
| | | A5 合作伙伴之间的知识交流更深入 | |

续表

| 研究变量 | 指标描述 | 题项 | 理论依据 |
| --- | --- | --- | --- |
| B 学习能力 | 学习自主性 | B1 组织成员应该积极主动地学习知识 | 罗琳等[②] |
| | | B2 组织成员应该养成自主学习的习惯 | |
| | 理解吸收能力 | B3 组织成员应能明白所获知识的基本概念 | |
| | | B4 组织成员对所获知识应有个人的理解 | |
| | 整合运用能力 | B5 组织成员应能够熟练掌握知识技术 | |
| | | B6 组织成员应将所获知识运用到实际业务中 | |
| | | B7 组织成员应该对所获得的知识加以创新 | |
| C 知识属性 | 嵌入性 | C1 知识应该符合企业发展定位方向 | 薛晓梅等[③]、肖冬平等[④] |
| | | C2 知识应该符合特定经济、政治环境 | |
| | 互补性 | C3 组织之间的知识是相互补充的 | |
| | | C4 组织之间进行知识交流能够优势互补、共同进步 | |
| | 可传授性 | C5 知识应容易被组织成员所理解 | |
| | | C6 知识应容易被转化为文字、数据等形式 | |
| | | D2 若不同组织的知识领域不同，则适合进行知识交流 | |
| | 知识流动 | D3 组织应进行频繁的知识、技术和人才等交流 | |
| D 知识活动 | 知识分工 | D1 若不同组织之间知识分布不均，则适合进行知识交流 | 顾新、李久平[⑤] |
| | | D2 若不同组织的知识领域不同，则适合进行知识交流 | |
| | 知识流动 | D3 组织应进行频繁的知识、技术和人才等交流 | |
| | | D4 组织应利用广阔的社会网络进行知识、技术和人才等交流 | |
| | 知识共享 | D5 组织和其他组织之间应通过交流、学习以共同分享知识 | |
| | 知识创造 | D6 知识经过交流、分享，被转化为全新的知识 | |
| E 协同效应 | | E1 组织成员学到更多技能专长 | 胡园园、程强[⑥] |
| | | E2 组织的收益得到提高 | |
| | | E3 组织的影响力得到提升 | |

注：①吴绍波，顾新. 知识链组织之间合作的知识协同研究 [J]. 科学学与科学技术管理，2008（8）：83 - 87.
②罗琳，魏奇锋，顾新. 产学研协同创新的知识协同影响因素实证研究 [J]. 科学学研究，2017，35（10）：1567 - 1577.
③薛晓梅，孙锐. 创新集群知识治理机制选择的影响因素分析 [J]. 科技管理研究，2012（8）：194 - 197.
④肖冬平，顾新，彭雪红. 基于嵌入视角下知识网络中的知识流动研究 [J]. 情报杂志，2009，28（8）：116 - 125.
⑤顾新，李久平，王维成. 知识流动、知识链与知识链管理 [J]. 软科学，2006，20（2）：10 - 16.
⑥胡园园，顾新，程强. 知识链协同效应作用机理实证研究 [J]. 科学学研究，2015，33（4）：585 - 594.

## 9.3 实证分析

### 9.3.1 信度和效度分析

本部分采用 SPSS 19.0 软件对问卷进行信度和效度分析。通过 Cronbach's α 系数进行信度的检验，27 个变量的 Cronbach's α 值为 0.949，表明样本数据信度非常高，具有很好的稳定性和可靠度。

利用 KMO 和 Bartlett 球形检验分析结构效度，得出总量表的 KMO = 0.937，Bartlett 检验值为 3023.494，df = 276，sig = 0.000，说明各影响因素各维度与知识链协同效应的测量指标之间有较强相关性，适合进行因子分析。

### 9.3.2 因子分析

基于前文验证，本部分采用因子分析法中的主成分分析法进行效度检验，先提取特征值大于 1 的因素，再通过最大方差法对共同因素进行正交旋转，旋转在经过 7 次迭代后收敛，提取出 4 个主成分因子，累计解释总方差的 61.711%，说明各变量具有结构效度，具体情况如表 9-2 所示。公因子方差表中，因子分析的变量共同度都大于 0.4，说明公因子能很好地解释测量指标变量，正交旋转后的结果如表 9-3 所示。

表 9-2　　　　　　　　　　　提取主成分因子情况

| 因子 | 初始特征值 合计 | 初始特征值 方差% | 初始特征值 累积% | 提取平方和载入 合计 | 提取平方和载入 方差% | 提取平方和载入 累积% | 旋转平方和载入 合计 | 旋转平方和载入 方差% | 旋转平方和载入 累积% |
|---|---|---|---|---|---|---|---|---|---|
| 因子一 | 11.161 | 46.502 | 46.502 | 11.161 | 46.502 | 46.502 | 4.085 | 17.022 | 17.022 |
| 因子二 | 1.520 | 6.333 | 52.836 | 1.520 | 6.333 | 52.836 | 3.668 | 15.281 | 32.303 |
| 因子三 | 1.126 | 4.691 | 57.527 | 1.126 | 4.691 | 57.527 | 3.562 | 14.843 | 47.146 |
| 因子四 | 1.004 | 4.184 | 61.711 | 1.004 | 4.184 | 61.711 | 3.495 | 14.565 | 61.711 |

由表 9-3 可知，第一个公因子包含题项 B1~B7，反映了组织成员自主学习、理解知识和运用知识的能力，可将该因子命名为学习能力。第二个公因子包括题项 A1~A5，反映了组织之间相互信任、互惠合作的需要，以及相互依赖的程度，体现了组织之间进行协

同的意愿，故可将该因子命名为协同意愿。第三个公因子包括题项 C1~C6，从三方面描述了知识的性质，包括知识与环境的嵌入程度、知识之间的互补性和知识可被传授的程度，这里将因子三命名为知识属性。第四个公因子包括题项 D1~D6，从知识的分工、流动、共享与创造四个方面体现了知识活动中的不同阶段，这里将因子四命名为知识活动。

表 9-3　　　　　　　　　　　正交旋转后的因子载荷矩阵

| 题项 | 成分 1 | 成分 2 | 成分 3 | 成分 4 | 题项 | 成分 1 | 成分 2 | 成分 3 | 成分 4 |
|---|---|---|---|---|---|---|---|---|---|
| B1 | 0.720 | | | | C1 | | | 0.715 | |
| B2 | 0.707 | | | | C6 | 0. | | 0.701 | |
| B5 | 0.654 | | | | C2 | | | 0.674 | |
| B6 | 0.639 | | | | C3 | | | 0.601 | |
| B3 | 0.559 | | | | C5 | | | 0.559 | |
| B4 | 0.551 | | | | C4 | | | 0.444 | |
| B7 | 0.495 | 0. | | | D3 | | | | 0.684 |
| A5 | | 0.729 | | | D6 | | | | 0.657 |
| A2 | | 0.715 | | | D5 | | | | 0.656 |
| A1 | | 0.710 | | | D2 | | | | 0.583 |
| A4 | | 0.687 | | | D1 | | | | 0.556 |
| A3 | | 0.563 | | | D4 | | | | 0.0.545 |

## 9.3.3　相关分析

通过因子分析，本部分对知识链的协同效应影响因素进行了初步概括、验证了所作假设。但还需进行相关分析和回归分析，以进一步了解影响因子之间的密切程度和因果关系。故首先将提取出的四个影响因素因子进行相关性分析，如表 9-4 所示，协同意愿、学习能力、知识属性和知识活动的 Pearson 相关系数均大于 0.4，表明影响因素和知识链的协同效应呈正向相关，且相关性较好，各影响因素之间联系密切。

表 9-4　　　　　　　　影响因素与知识链协同效应相关分析

| 项目 | 协同意愿 | 学习能力 | 知识属性 | 知识活动 |
|---|---|---|---|---|
| 协同效应 | 0.446** | 0.468** | 0.420** | 0.406** |

注：** 表示在 0.01 水平（双侧）上显著相关。

### 9.3.4 回归分析

相关分析中的两变量没有自变量和因变量之分,不能进一步反映各影响因素和知识链协同之间的因果关系,因此,为探索各影响因素对知识链协同效应的具体作用效果,本部分采用逐步回归法进一步分析变量关系的方向。如表9-5所示,四个变量依次进入回归方程,容差分别为0.655,0.765,0.680,0.671,均大于0.6,说明各变量容忍度较好,四个变量之间没有明显的线性重合。B值表示各影响因素自变量在回归方程中的系数,但由于每个自变量的量纲和取值范围不同,B值并不能反映各个自变量对因变量影响程度的大小,故参考标准化系数Beta。其中,协同意愿的Beta值最大,为0.381,然后依次是知识属性、学习能力和知识活动。可知各影响因素对知识链协同效应影响程度大小排序依次为协同意愿、知识属性、学习能力和知识活动,可得出知识链协同效应影响因素模型,如图9-2所示。

表9-5　　　　　　　　影响因素与知识链协同效应的回归分析

| 项目 | 未标准化系数 | | 标准化系数 | t | 显著性 | 共线性统计 | |
|---|---|---|---|---|---|---|---|
| 模型 | B | 标准误差 | Beta | | | 容差 | VIF |
| (常量) | 1.979 | 0.256 | | 7.721 | 0.000 | | |
| 知识属性 | 0.540 | 0.053 | 0.362 | 10.279 | 0.000 | 0.655 | 1.526 |
| 协同意愿 | 0.614 | 0.053 | 0.381 | 11.696 | 0.000 | 0.765 | 1.308 |
| 学习能力 | 0.478 | 0.057 | 0.290 | 8.4045 | 0.000 | 0.680 | 1.471 |
| 知识活动 | 0.253 | 0.049 | 0.181 | 5.195 | 0.000 | 0.671 | 1.489 |

注:因变量为知识链协同效应,$p < 0.05$。

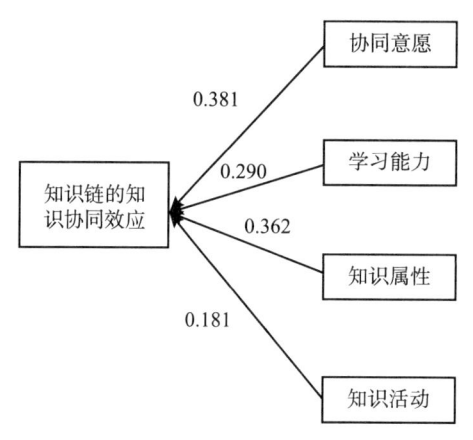

图9-2　知识链协同效应的影响因素模型

## 9.3.5 验证性分析

通过 AMOS 软件对模型各参数进行验证性分析，CMIN/DF（$\chi^2/df$）= 2.33，小于 3，表明拟合度较好；NFI = 0.944，IFI = 0.906，CFI = 904，GFI = 0.921，大于 0.9，拟合程度符合标准。因此，能够采用该模型具体分析各影响因素之间的关系及其对知识链协同效应的影响，所得标准化后的系数如图 9-3 所示。

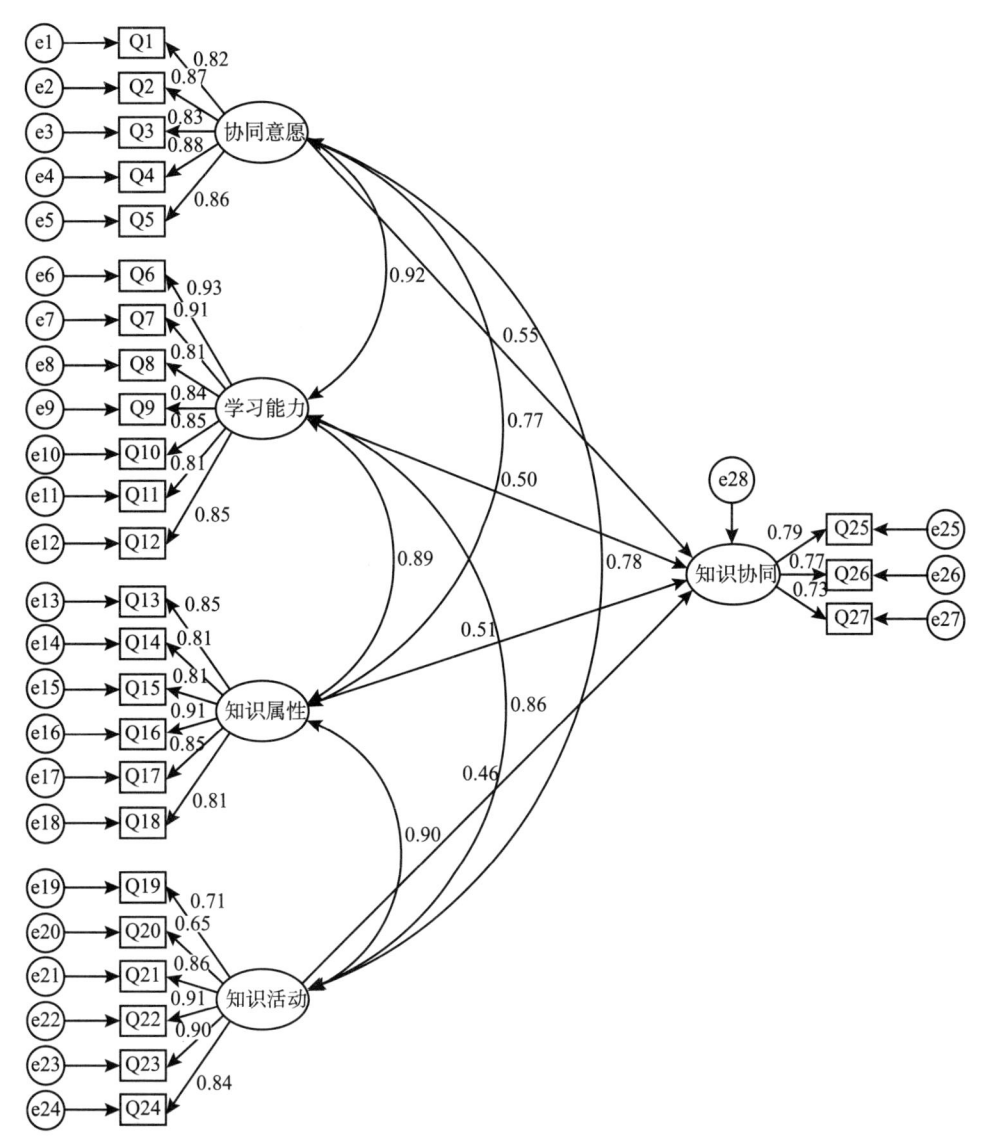

图 9-3 影响因素模型验证性分析完全标准化后的系数解

由分析结果可以看出，在完全标准化的情况下，四个影响因素两两之间的负荷量系数分别为 0.92，0.89，0.90，0.77，0.86，0.78，表明协同意愿、学习能力、知识属性和知识活动之间相关程度较高；同时，27 个变量指标对各影响因素的负荷量系数均大于 0.7（除 Q20 的负荷量系数为 0.65 之外），说明模型的解释能力较强，拟合情况良好。

协同意愿、学习能力、知识属性和知识活动对协同效应均产生正向影响。如表 9-6 所示，标准化后的路径系数均在 0.5 左右，C.R. >1.96，路径系数 P<0.005，说明这四个影响因素能促进知识链协同的产生，且效果显著，假设 1、假设 2、假设 3 和假设 4 成立。

表 9-6　　　　　　　　　　研究假设的验证

| 研究假设 | 标准化路径系数 | C.R. | 结论 |
| --- | --- | --- | --- |
| H1：知识主体的协同意愿对知识链的协同效应有正向影响 | 0.55 | 5.281 | 成立 |
| H2：知识主体的学习能力对知识链的协同效应有正向影响 | 0.50 | 5.293 | 成立 |
| H3：知识属性对知识链的协同效应有正向影响 | 0.51 | 5.336 | 成立 |
| H4：知识活动对知识链的协同效应有正向影响 | 0.46 | 4.140 | 成立 |

## 9.4　研究小结

知识链协同效应的实现是知识链主体之间结成联盟的最终奋斗目标，通过主体协同结识合作伙伴，制定各种合作机制保证机制协同，利用知识协同促进知识从无序向有序流动，从各主体内部有序流动向跨主体之间的有序流动，从而实现知识共享，提升知识链的知识存量，产生知识增值效应。基于国内外学者研究成果，本章通过理论分析和实证分析，将知识链协同效应的影响因素划分为协同意愿、学习能力、知识属性和知识活动四个方面。本章对实践有如下启示：

（1）主体的协同意愿对协同效应的形成有正向影响。组织应主动建立与外界的知识交流，保持稳定的知识共享频率。同时，组织之间应维持互相信任关系，提高沟通交流频率，提高合作透明度和合作效率。

（2）组织成员对知识的自主学习、理解吸收和整合运用能力与协同效应的大小成正相关。组织应提倡成员主动学习，通过培训、讲座等活动，帮助成员更好地理解、运用所学知识，并鼓励成员对知识的创新整合，进一步发挥知识的实用价值。

（3）知识的嵌入性、互补性、可传授性在一定程度上对协同效应有所影响，这就要求组织应该有的放矢地选择符合自身要求的知识，并与外部合作伙伴建立知识联盟。同时，通过内部交流培训，提高知识的编码程度和显性程度，使知识更容易被传递、领悟。

# 第 10 章

# 知识链协同效应评价

本章将基于知识链的特性及协同学理论,深入分析知识链的协同效应形成机理,厘清影响知识链协同效应的相关因素,为后续构建起知识链的协同效应评价指标体系奠定理论基础。

基于知识链协同效应形成机理与主要影响因素,可以得知,不同主体构成的知识链组织要达成较好的协同效应:首先,必须使由复杂主体构成的知识链组织实现主体协同从而消除主体差异,以更好地促进知识链的知识协同过程,达成更好的协同效应[①];其次,知识链内各主体参与协同合作的目的是通过集合各主体的知识资源,从其他主体获得异质性、互补性知识,形成知识优势,从而提升自身的创新能力、竞争能力,因此,达成知识协同是使知识链组织持续协同合作形成协同效应的必要条件;再次,知识的属性对知识的协同过程起到关键作用,知识属性在一定程度上能够影响知识协同的过程,从而对知识链的协同效应产生影响;最后,一个拥有复杂主体的知识链组织的平稳运作需要构建起一个完善的保障机制,时刻对知识链组织协同合作过程进行把控,以保证知识链的各主体协同合作的顺利展开。因此,从主体协同、机制协同、知识协同和知识属性四方面构建知识链协同效应评价指标体系,对知识链的协同效应进行评价。

## 10.1 评价指标体系的设计原则

### 10.1.1 全面性原则

协同效应评价是一种综合性评价,因此,所构建的指标体系要符合全面性原则,尽

---
① 胡园园,顾新,程强. 知识链协同效应作用机理实证研究 [J]. 科学学研究,2015,33 (4):585-594.

可能系统地、全面地反映知识链协同效应各方面的特性，从不同层次、角度来选取相关指标，做到各指标之间不重复、不遗漏，相互联系，又有相互独立性。

### 10.1.2　科学性原则

科学性原则要求在构建评价指标体系时，要以相关的理论、研究为基础，所用指标选择均要有理论支撑，要注重评价指标的代表性、可获得性和完整性，遵循评价指标之间的逻辑关系，构建一个能基本反映知识链协同效应的相对科学规范的评价指标体系。

### 10.1.3　客观性原则

客观性原则要求在整个构建评价指标体系的过程中应当保证指标设置客观、公正，数据来源真实、可靠，使评价指标体系客观反映知识链协同效应的真实情况。同时，构建的评价指标体系要保证在数据的搜集、评价模型的建立以及研究结果的综合分析过程中具有可操作性。

### 10.1.4　可比性原则

可比性原则要求所构建的评价指标体系不仅仅满足某个研究对象的评价，而应适用于所有评价对象，满足不同评价对象间的比较。

## 10.2　评价指标体系设计

本书设计知识链的协同效应评价指标主要有3个步骤。

（1）采用规范研究法和统计法，以"知识链协同""协同效应""协同效应评价"等为关键词，在中国知网、数据库检索期刊论文与硕士博士论文，并对文献进行梳理。同时借助图书馆资源，查阅有关知识链协同效应相关的评价指标与方法等书籍，初步筛选了出现次数较多且符合上述原则的指标。

（2）采用理论分析法从反映知识链协同效应初级选出的指标中进行分析，将指标评价体系分为3个层次：一级目标层、二级准则层和三级指标层。一级目标层由各主体因素构成，二级准则层由各主体因素的下级指标组成，三级指标层则由具体可测量的相关性指标构成。

（3）采用 Delphi 法征询有关知识管理研究方面的专家对初步所选评价指标的意见并根据专家意见对指标进行调整和修改，最终确定知识链协同效应的评价指标体系。基本步骤是将初步制定的指标体系，以调查问卷形式发放给专家，累计发放3次，征询相关专家对评价指标的意见，然后进行统计处理并将结果反馈给专家，经过多次修改得出最终的知识链协同效应评价指标体系。3次问卷回收率分别为100%、90%和100%，表明专家积极系数较高，经过 Delphi 法的进一步检验，将影响因素较低的指标进行剔除或整合，形成最终的知识链协同效应评价指标体系，如表10-1所示：其包括目标层1个、准则层4个和指标层15个。

表10-1　　　　　　　　　　知识链协同效应评价体系

| 目标层 | 准则层 | 指标层 | 指标说明 |
|---|---|---|---|
| 知识链协同效应评价 | 主体协同 $B_1$ | 战略协同 $C_1$ | 合作伙伴之间应保证成员的协同战略趋同 |
| | | 组织协同 $C_2$ | 组织之间应注意协调合作，保证彼此之间的紧密联系 |
| | | 管理协同 $C_3$ | 组织应运用管理手段促进知识流、物质流、信息流和能量流的有序流动 |
| | | 文化协同 $C_4$ | 参与合作的组织应在尊重各自文化的同时建立共同的文化模式 |
| | 机制协同 $B_2$ | 主体间相互信任机制 $C_5$ | 相互信任是组织参与合作，形成伙伴关系的基础 |
| | | 激励约束机制 $C_6$ | 激励约束可以为组织合作提供动力，也可以为协同过程提供保障 |
| | | 冲突管理机制 $C_7$ | 冲突管理有利于减少组织间不必要的冲突 |
| | | 风险防范机制 $C_8$ | 风险防范是组织参与合作必不可少的前沿环节 |
| | 知识协同 $B_3$ | 知识协同机会识别 $C_9$ | 组织应能够识别所需合作成员及目标资源 |
| | | 知识流动协同 $C_{10}$ | 有序的知识流动可以帮助组织在有效的网络中进行信息交流和资源整合 |
| | | 交互学习 $C_{11}$ | 组织之间交互学习有利于加深合作关系和扩展合作领域 |
| | | 知识共享 $C_{12}$ | 组织和其他组织之间应通过交流、学习共同分享知识 |
| | 知识属性 $B_4$ | 知识的嵌入性 $C_{13}$ | 知识的嵌入性要求组织有指向性地选择与自身目标相符的知识 |
| | | 知识的互补性 $C_{14}$ | 组织应该确定与自身知识互补的合作伙伴，形成知识联盟，保持稳定的知识输入与输出 |
| | | 知识的可传授性 $C_{15}$ | 组织应该积极将隐性知识转化为显性知识，使其变成利于合作成员理解的形式 |

## 10.3 权重设计

为保证研究的科学性和严谨性，本书邀请了四川大学、四川省科学技术发展战略研究院、西南民族大学、西南石油大学等 10 位知识链管理研究领域专家对各层次的每个指标进行打分，通过两两比较，根据重要程度对各个指标赋予不同的权重。采用 1~9 标度法，对同层次中任意两个元素相对于上一层次中某元素的相对重要性进行比较并给予数量标度，建立判断矩阵并计算权重。

### 10.3.1 一致性检验

得到各指标的权重值后，还需要进行一致性检验，以此来判定计算出的权重是否合理。首先用和积法或方根法求出判断矩阵的最大特征根 $\gamma_{max}$，再由公式 $CI = \dfrac{\gamma_{max} - n}{n - 1}$，求出一致性指标 $CI$，然后通过查表引入 $RI$ 值，如表 10-2 所示，并将 $CI$ 与 $RI$ 作比求出一致性比率 $CR$，当 $CR<0.1$ 时，则矩阵通过一致性检验，权重设计合理，反之，当 $CR>0.1$ 时，矩阵未通过一致性检验，需要对权重进行修改。

表 10-2　　　　　　　　　　判断矩阵 RI 值表

| 阶数 n | 1 | 2 | 3 | 4 | 5 | 6 | 7 | 8 | 9 |
|---|---|---|---|---|---|---|---|---|---|
| RI 值 | 0 | 0 | 0.58 | 0.90 | 1.12 | 1.24 | 1.32 | 1.41 | 1.45 |

整理专家打分数据，求取平均值获得判断矩阵，将其作为确定权重的依据。同时对其进行一致性检验，计算结果表明各指标一致性比率 $CR$ 均 $<0.1$，如表 10-3 所示，判断矩阵具有满意一致性。

表 10-3　　　　　　　　　　各指标一致性检验结果

| 指标 | $\gamma_{max}$ | CR |
|---|---|---|
| 知识链协同效应 | 4.1596 | 0.0598 |
| 主体协同 | 4.1431 | 0.0481 |
| 机制协同 | 4.1067 | 0.0400 |
| 知识协同 | 4.1569 | 0.0588 |
| 知识属性 | 3.0649 | 0.0624 |

### 10.3.2 数据计算

运用 Yaahp 软件搭建知识链协同效应评价模型，依据专家打分结果建立判断矩阵录入相应数值，经计算得到如下知识链协同效应评价体系各指标权重，如图 10-1、表 10-4 所示。

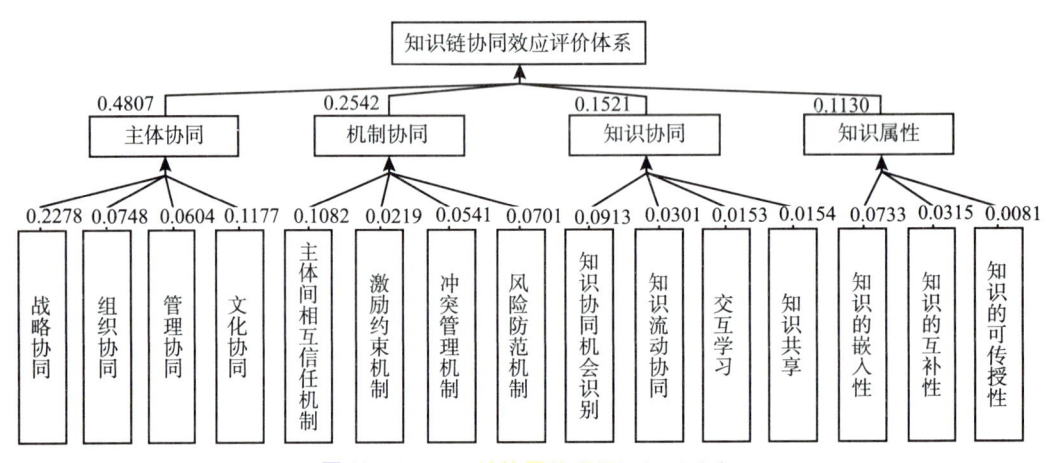

图 10-1 知识链协同效应指标权重分布

表 10-4　　　　　　　知识链协同效应评价指标权重

| 研究对象 | 一级指标 | 权重 | 二级指标 | 权重 | 排序 |
| --- | --- | --- | --- | --- | --- |
| 知识链的协同效应评价体系 | 主体协同 $B_1$ | 0.4807 | 战略协同 $C_1$ | 0.2278 | 1 |
| | | | 组织协同 $C_2$ | 0.0748 | 5 |
| | | | 管理协同 $C_3$ | 0.0604 | 8 |
| | | | 文化协同 $C_4$ | 0.1177 | 2 |
| | 机制协同 $B_2$ | 0.2542 | 主体间相互信任机制 $C_5$ | 0.1082 | 3 |
| | | | 激励约束机制 $C_6$ | 0.0219 | 12 |
| | | | 冲突管理机制 $C_7$ | 0.0541 | 9 |
| | | | 风险防范机制 $C_8$ | 0.0701 | 7 |
| | 知识协同 $B_3$ | 0.1521 | 知识协同机会识别 $C_9$ | 0.0913 | 4 |
| | | | 知识流动协同 $C_{10}$ | 0.0301 | 11 |
| | | | 交互学习 $C_{11}$ | 0.0153 | 14 |
| | | | 知识共享 $C_{12}$ | 0.0154 | 13 |

续表

| 研究对象 | 一级指标 | 权重 | 二级指标 | 权重 | 排序 |
|---|---|---|---|---|---|
| 知识链的协同效应评价体系 | 知识属性 $B_4$ | 0.1130 | 知识的嵌入性 $C_{13}$ | 0.0733 | 6 |
|  |  |  | 知识的互补性 $C_{14}$ | 0.0315 | 10 |
|  |  |  | 知识的可传授性 $C_{15}$ | 0.0081 | 15 |

### 10.3.3 结果分析

根据以上数据结果显示，可以发现：

（1）从一级指标权重分布上看，主体协同是最关键的评价指标，其权重占比为0.4807，其余依次是机制协同、知识协同、知识属性。这与知识链具有多异质属性有关，知识链各主体间的协同合作是影响知识链协同效应的关键因素，同时评价结果也与前文分析大致相同。

（2）就二级指标而言，知识链协同效应权重分布两极化现象明显，战略协同权重排名位居首位，知识的可传授性排名位于最后，二者极差达到0.2197。另外战略协同、文化协同、主体间相互信任机制权重均大于0.1，说明三者是评价知识链协同效应时首要考虑的因素。

（3）虽然知识协同及知识属性权重占比不高，但是其中知识协同机会识别及知识的嵌入性的权重占比却排名靠前，如此反常规的表现理应引起专家学者的重视，这也为未来知识链协同效应研究提供探索方向。

（4）知识的可传授性、交互学习、知识共享是权重占比最后三项，这在一定程度上反映出三者对于知识链协同效应的关联程度较弱，但是不可轻易忽略。因为本部分所选用的评价方法原理是两两相比，所以得到的评价结果是相对值并不是绝对值。

## 10.4 基于三角模糊–TOPSIS的知识链协同效应评价模型构建

采用一套有效的综合评价方法对知识链的协同效应进行客观、全面、合理的综合评判是知识链协同效应评价研究的关键。通过对相关文献的梳理，同时，考虑到本部分的研究对象为知识链组织，其内部拥有不同类型的各主体，意味着各主体间没有合适的可以用来统一量化的指标，因此，本部分所构建的评价指标体系均采用了定性指标，并根据所建立的评价指标体系的特征，将采用三角模糊 – TOPSIS 综合评价模型：参考鄢红英（2020）[1]、李毅（2006）[2] 的方法，引入三角模糊数将定性模糊评价指标量化，并采用 TOPSIS 评价法完成对知识链协同效应的评价。本部分将对所采用的三角模糊 – TOPSIS 综合评价方法的计算步骤进行详细的阐述。

### 10.4.1 三角模糊数及其运算法则

给定论域 $X$ 上有一个模糊集 $A$，对于任何 $x \in X$ 都有一个数 $\mu_A(x) \in [0, 1]$ 与之对应，$\mu_A(x)$ 叫 $x$ 对 $A$ 的隶属度，三角模糊数 $A = (a, b, c)$，其中 $a, b, c$ 分别表示模糊事件的最小值，期望值，最大值，其隶属函数表示为：

$$\mu_A(x) = \begin{cases} 0, & x < a \\ \dfrac{x-a}{b-a}, & a \leqslant x < b \\ \dfrac{c-x}{c-b}, & b \leqslant x < c \\ 0, & x > c \end{cases} \quad (10-1)$$

当 $a = b = c$ 时，$A$ 为一个精确数，三角模糊数的分布如图 10 – 2 所示：

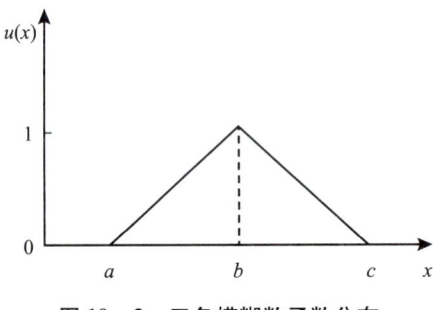

**图 10 – 2  三角模糊数函数分布**

对于三角模糊数 $M_1 = (a_1, b_1, c_1)$，$M_2 = (a_2, b_2, c_2)$，$k$ 为实数，一般有以下运算法则：

---

[1] 鄢红英，周天星，汪雯文，等. 基于改进三角模糊 TOPSIS 法的山地旅游轨道交通制式选择 [J]. 综合运输，2020，42（10）：38 – 43.

[2] 李毅，苑红晓，张杰，等. 定性与定量 TOPSI 方法研究及其应用 [C]. 中国自动化学会第21届青年学术年会，2006.

$$M_1 + M_2 = (a_1 + a_2, \ b_1 + b_2, \ c_1 + c_2) \quad (10-2)$$
$$M_1 - M_2 = (a_1 - a_2, \ b_1 - b_2, \ c_1 - c_2) \quad (10-3)$$
$$kM_1 = (ka_1, \ kb_1, \ kc_1) \quad (10-4)$$
$$M_1 \times M_2 = (a_1 a_2, \ b_1 b_2, \ c_1 c_2) \quad (10-5)$$
$$M_1 \div M_2 = (a_1/a_2, \ b_1/b_2, \ c_1/c_2) \quad (10-6)$$

两个三角模糊数的大小比较规则如表10-5、表10-6所示。

表10-5　　　　　　　　　　三角模糊数大小比较规则

| 均值 | $m(M_1) > m(M_2)$ | $m(M_1) < m(M_2)$ |
|---|---|---|
| 方差 | — | — |
| 大小比较 | $M_1 > M_2$ | $M_1 < M_2$ |

表10-6　　　　　　　　　　三角模糊数大小比较规则

| 均值 | $m(M_1) = m(M_2)$ | | |
|---|---|---|---|
| 方差 | $\sigma(M_1) > \sigma(M_2)$ | $\sigma(M_1) < \sigma(M_2)$ | $\sigma(M_1) = \sigma(M_2)$ |
| 大小比较 | $M_1 < M_2$ | $M_1 > M_2$ | $M_1 = M_2$ |

两个三角模糊数的距离：

$$d(M_1, M_2) = \sqrt{\frac{1}{3}\left[(a_1 - a_2)^2 + (b_1 - b_2)^2 + (c_1 - c_2)^2\right]} \quad (10-7)$$

## 10.4.2　三角模糊 – TOPSIS 评价模型

### 10.4.2.1　定性模糊评价指标量化

（1）协同效应评价指标评价等级标准。

本部分所构建评价体系所设指标均为定性指标，参考廖重斌（1999）[1]、黄磊（2019）[2]，将各评价指标的协同效应分为10个等级，等级评价标准如表10-7所示。

---

[1] 廖重斌. 环境与经济协调发展的定量评判及其分类体系——以珠江三角洲城市群为例[J]. 热带地理，1999（2）：76-82.

[2] 黄磊，吴传清. 长江经济带工业绿色创新发展效率及其协同效应[J]. 重庆大学学报（社会科学版），2019，25（3）：1-13.

表10-7　　　　　　　　　　指标协同效应评价等级标准

|  |  | 指标值 |
|---|---|---|
| 协同发展区间 | 优质协同 | >0.9，且≤1 |
|  | 良好协同 | >0.8 |
|  | 中级协同 | >0.7 |
|  | 初级协同 | >0.6 |
| 过渡协同区间 | 勉强协同 | >0.5 |
|  | 濒临失调协同 | >0.4 |
| 调衰退区间 | 轻度失调协同 | >0.3 |
|  | 中度失调协同 | >0.2 |
|  | 严重失调协同 | >0.1 |
|  | 极度失调协同 | ≥0，且≤0.1 |

（2）定性模糊评价指标量化。

考虑到评价指标的模糊性和主观性，通过语义判断来进行知识链的协同效应评价，即采用李克特5级量表对知识链的协同效应评价进行问卷收集，具体分为"完全符合""比较符合""一般""比较不符合""完全不符合"5个等级标准，并将5个语义变量通过三角模糊数来进行模糊评价的定量化[1]，如表10-8所示。

表10-8　　　　　　　　　　基于三角模糊数的定性量表

| 定性标准 | 三角模糊数 |
|---|---|
| 完全符合 | (0.75, 1, 1) |
| 比较符合 | (0.5, 0.75, 1) |
| 一般 | (0.25, 0.5, 0.75) |
| 比较不符合 | (0, 0.25, 0.5) |
| 完全不符合 | (0, 0, 0.25) |

#### 10.4.2.2　构建决策矩阵

（1）常见初始综合评价矩阵方法。

①三角模糊初始评价矩阵。

设有 $K$ 个专家参与评价决策，$m$ 个方案，评价指标有 $n$ 个，则 $x_{ijk}$ 表示第 $k$ 个专家对第 $i$ 个方案的指标 $j$ 的模糊评价值，$x_{ijk} = (a_{ijk}, b_{ijk}, c_{ijk})$ 为三角模糊数，形成三角模

---

[1] 孙昭旭, 韩敏. 不完全信息下的群体多属性决策方法[J]. 系统工程与电子技术, 2007 (7): 1098-1101.

糊初始评价矩阵：

$$R^k = \begin{pmatrix} (a_{11k}, b_{11k}, c_{11k}) & (a_{12k}, b_{12k}, c_{12k}) & \cdots & (a_{1nk}, b_{1nk}, c_{1nk}) \\ (a_{21k}, b_{21k}, c_{21k}) & (a_{22k}, b_{22k}, c_{22k}) & \cdots & (a_{2nk}, b_{2nk}, c_{2nk}) \\ \vdots & \vdots & \ddots & \vdots \\ (a_{m1k}, b_{m1k}, c_{m1k}) & (a_{m2k}, b_{m2k}, c_{m2k}) & \cdots & (a_{mnk}, b_{mnk}, c_{mnk}) \end{pmatrix}$$

②确定专家评价的权重集 $E_k = (e_1, e_2, \cdots, e_k)$，$e_k$ 表示第 $k$ 个专家给出的评价值在综合评价中所占的比重。

③三角模糊综合评价。

利用专家评价的权重向量 $E_k = (e_1, e_2, \cdots, e_k)$，通过三角模糊数的运算法则可以得到统一的专家三角模糊综合矩阵：

$$x_{ij} = \sum_{k=1}^{K} e_k x_{ijk} \tag{10-8}$$

$$R_{m \times n} = \begin{pmatrix} (a_{11}, b_{11}, c_{11}) & (a_{12}, b_{12}, c_{12}) & \cdots & (a_{1n}, b_{1n}, c_{1n}) \\ (a_{21}, b_{21}, c_{21}) & (a_{22}, b_{22}, c_{22}) & \cdots & (a_{2n}, b_{2n}, c_{2n}) \\ \vdots & \vdots & \ddots & \vdots \\ (a_{m1}, b_{m1}, c_{m1}) & (a_{m2}, b_{m2}, c_{m2}) & \cdots & (a_{mn}, b_{mn}, c_{mn}) \end{pmatrix}$$

（2）初始综合评价矩阵优化。

本部分的研究对象为知识链协同效应评价，根据研究目的，对构建初始综合评价矩阵的步骤进行优化。参考贾宝山（2015）[①]、王纪洋（2016）[②]、卢蒙（2021）[③] 等的研究方法，根据协同效应等级表确定每列数据底层指标评价等级的量化值（将等级标准值假设为标准方案），同时，由于贾宝山（2015）[④]等研究中的评价等级标准均为开区间，而本部分的指标评价等级标准在 [0, 1] 的闭区间内，因此将由阈值构成的方案也纳入计算，由此构成 11 种由指标协同等级量化值形成的标准方案，如矩阵 R 所示，其中矩阵 1~11 列为 11 种标准方案的标准值，最后一列为实例的样本值。

---

[①][④] 贾宝山，尹彬，王翰钊，等. AHP 耦合 TOPSIS 的煤矿安全评价模型及其应用 [J]. 中国安全科学学报，2015，25（8）：99–105.

[②] 王纪洋，张明广，王雪栋. 基于 AHP – TOPSIS 模型的危险化工工艺风险等级评价研究 [J]. 安全与环境工程，2016，23（6）：100–105.

[③] 卢蒙，兰小波，武柏毅. 基于 AHP – TOPSIS 模型山岭隧道施工安全评价研究 [J]. 工程与建设，2021，35（2）：364–368.

$$R = \begin{pmatrix} (1,1,1) & (1,1,1) & \cdots & (1,1,1) \\ (0.9,0.9,0.9) & (0.9,0.9,0.9) & \cdots & (0.9,0.9,0.9) \\ (0.8,0.8,0.8) & (0.8,0.8,0.8) & \cdots & (0.8,0.8,0.8) \\ (0.7,0.7,0.7) & (0.7,0.7,0.7) & \cdots & (0.7,0.7,0.7) \\ (0.6,0.6,0.6) & (0.6,0.6,0.6) & \cdots & (0.6,0.6,0.6) \\ (0.5,0.5,0.5) & (0.5,0.5,0.5) & \cdots & (0.5,0.5,0.5) \\ (0.4,0.4,0.4) & (0.4,0.4,0.4) & \cdots & (0.4,0.4,0.4) \\ (0.3,0.3,0.3) & (0.3,0.3,0.3) & \cdots & (0.3,0.3,0.3) \\ (0.2,0.2,0.2) & (0.2,0.2,0.2) & \cdots & (0.2,0.2,0.2) \\ (0.1,0.1,0.1) & (0.1,0.1,0.1) & \cdots & (0.1,0.1,0.1) \\ (0,0,0) & (0,0,0) & \cdots & (0,0,0) \\ (x_{1_1},x_{1_2},x_{1_3}) & (x_{2_1},x_{2_2},x_{2_3}) & \cdots & (x_{n_1},x_{n_2},x_{n_3}) \end{pmatrix}^T$$

#### 10.4.2.3 标准化决策矩阵

常见 TOPSIS 评价法为统一不同指标的量纲需要对初始综合评价矩阵进行标准化，但由于之前在划定指标评价等级以及将专家的定性模糊评价进行量化的过程中均将值限定在了 [0，1] 闭区间内，且在构建初始综合评价矩阵的同时将阈值构成的方案进行了考虑，因此初始综合评价矩阵已经是一个标准化的综合评价矩阵，不需要再次进行综合评价矩阵标准化的步骤。

#### 10.4.2.4 计算加权标准化决策矩阵

根据得到的评价指标的权重 $W = w_j$ 和标准化模糊矩阵 $R' = r_{ij}$，得到加权规范矩阵：

$$V_{m \times n} = v_{ij(m \times n)} = \begin{pmatrix} w_1 r_{11} & w_2 r_{12} & \cdots & w_n r_{1n} \\ w_1 r_{21} & w_2 r_{22} & \cdots & w_n r_{2n} \\ \vdots & \vdots & \ddots & \vdots \\ w_1 r_{m1} & w_2 r_{m2} & \cdots & w_n r_{mn} \end{pmatrix} \quad (10-9)$$

#### 10.4.2.5 确定模糊正理想解 $A^+$ 与模糊负理想解 $A^-$

$$A^+ = (v_1^+, v_2^+, \cdots, v_j^+, \cdots, v_n^+), \ i = 1, 2, \cdots, n; \ v_j^+ = \max_i v_{ij}, \ \forall_J \quad (10-10)$$

$$A^- = (v_1^-, v_2^-, \cdots, v_j^-, \cdots, v_n^-), \ i = 1, 2, \cdots, n; \ v_j^- = \min_i v_{ij}, \ \forall_J \quad (10-11)$$

#### 10.4.2.6 计算各方案与正理想解、负理想解的距离

由公式（10-7）可知各方案与正理想解、负理想解的距离分别为：

$$D_i^+ = \sum_{j=1}^{n} d(v_{ij}, v_j^+), \ j = 1, 2, \cdots, n \qquad (10-12)$$

$$D_i^- = \sum_{j=1}^{n} d(v_{ij}, v_j^-), \ j = 1, 2, \cdots, n \qquad (10-13)$$

#### 10.4.2.7 计算各方案与正理想解的贴近度

各方案与正理想解的贴近度为：

$$L_i = \frac{D_i^-}{D_i^+ + D_i^-}, \ 0 \leq L_i \leq 1 \qquad (10-14)$$

根据 $L_i$ 大小对各方案进行优劣排序，$L_i$ 越大，则第 $i$ 个方案越接近理想解，方案更优。

#### 10.4.2.8 计算综合评价向量

根据贴近度构造判断矩阵 $L$，结合各指标层的权重，得到方案的综合评价向量 $F$。

$$F = w \times L \qquad (10-15)$$

式中：$w$ 为指标准则层权重

#### 10.4.2.9 综合评价结果运用

（1）综合评价结果运用。

分析所得到综合评价向量 $F$：

$$F = [a_1, a_2, \cdots, a_{n-1}, a_n]$$

其中，$a_1, a_2, \cdots, a_{n-1}$ 为各量化等级的标准值，$a_n$ 为被评价方案的综合评价值，由综合评价的量化等级的标准值可得量化等级表，如表 10-9 所示。

表 10-9　　　　　　　　　综合评价量化等级标准

| 量化等级标准 | 量化值 |
| --- | --- |
| 1 | $> a_1$ |
| 2 | $> a_2$ |
| … | … |
| n | $\leq a_{n-1}$ |

由此可根据 $a_n$（被评价方案的综合评价值）查找其所处量化值的范围，进而得到其所处的等级。

（2）贴近度分析。

参考赵志淼（2014）[①] 的方法，进一步对指标层各指标贴近度进行计算。

---

① 赵志淼，孙丽娜，陈苏，等. 贴近度分析法在辽河干流铁岭段河岸带健康评价中的应用 [J]. 生态学杂志，2014，33（3）：735-740.

取每个指标等级的最大的标准值为标准值点，并根据样本值点及标准值点与正、负理想解的距离，计算出各样本点与标准值点的贴近度。

记样本值点与正、负理想解的距离分为 $d_{i-G}$、$d_{i-B}$，标准值点与正、负理想解的距离分为 $d_{m_j-G}$、$d_{m_j-B}$。

得样本值点与标准值点的贴近度为 $G_{i-m_j}$：

$$G_{i-m_j} = \frac{1}{2}\left(\frac{G_{m_j-G}}{G_{i-G}} + \frac{G_{i-B}}{G_{m_j-B}}\right) \quad (10-16)$$

且对样本点 $i$ 而言，$G_{i-m_j}$ 越接近于 1，$i$ 点样本值越接近于该标准值。$G_{i-m_j} > 1$，表示 $i$ 点总体上好于该标准值点，$G_{i-m_j}$ 越大越好。$G_{i-m_j} < 1$，表示 $i$ 点测量值总体上比该标准值点差，$G_{i-m_j}$ 越小越差。

## 10.5 中石油—西南石油大学创新联合体协同效应评价

2020年5月，由中国石油科技管理部牵头组织、西南石油大学负责具体组织实施，西南油气田分公司、浙江油田分公司、煤层气公司、川庆钻探公司等成员单位参与的"中国石油天然气集团有限公司—西南石油大学创新联合体"正式成立（以下简称 Z-X 创新联合体）。

### 10.5.1 中石油—西南石油大学创新联合体的知识链特征分析

#### 10.5.1.1 创新联合体的动态性

首先，根据 Z-X 创新联合体官网发布的信息，Z-X 创新联合体会对合作项目进行开题论证，其次，在项目的实施推进过程中，联合体会举办项目的实施推进协调会、中期评估会、年度考核会、年度工作总结会，以便对项目的情况进行实时的把控，从而使 Z-X 创新联合体的成员可以根据项目的实施情况做出及时的战略调整，符合知识链动态性的特征。

#### 10.5.1.2 创新联合体的复杂性

从 Z-X 创新联合体的构成来看，Z-X 创新联合体由以西南石油大学为代表的高校、以中国石油天然气集团有限公司为代表的企业、以钻井工程技术联合研究院为代表的科研机构的产学研形式构成，符合知识链复杂性的特征，是典型的由企业与高校或科研院所组成的产学研联合形式的知识链组织。

#### 10.5.1.3 创新联合体的价值增值性

Z-X创新联合体通过企业与高校的协同合作构建起一个长期稳定合作、优势互补、风险共担、成果共享的非独立法人创新组织与创新平台。Z-X创新联合体聚焦深层油气、页岩油气等中国石油重大战略领域，深入相关领域基础性研究；聚焦革命性、颠覆性技术创新，实现"卡脖子"技术的攻关；从理论、技术两方面实现突破，促进Z-X创新联合体创新能力提升，构建新型"产学研用"一体化协同创新发展的新模式。通过利用高校及科研院所的优势知识、创新资源，联合体的协同发展能为集团公司高质量发展提供强大原动力，助力集团公司成为世界一流综合性国际能源公司、世界一流示范企业，助推西南石油大学建成世界一流能源大学，并使Z-X创新联合体成为油气科技创新高地、企校合作共赢的新典范，推动我国油气勘探开发领域技术创新、能源行业高质量发展。由此可见Z-X创新联合体内各组织均在协同合作过程中获得更加丰富的知识资源，使整个Z-X创新联合体在"知识的投入—知识的转化—知识的创新"的无限循环中不断实现价值增值，符合知识链价值增值性的特征。

综合以上分析，Z-X创新联合体是由企业、高校、科研院所等不同主体所构成的知识链组织，本部分以Z-X创新联合体为研究案例对其协同效应进行评价，以验证知识链协同效应评价体系及所采用的综合评价模型具有合理性。

### 10.5.2　中石油—西南石油大学创新联合体协同效应评价过程

#### 10.5.2.1　问卷设计

（1）专家评价问卷的设计及发放。

本部分采用专家评价法对联合体的协同效应进行评价，通过专家评价问卷进行数据收集，并通过对所得到的数据进行分析从而得到联合体协同效应的评价。根据前期的文献梳理，调查问卷量表主要分为五个部分，第一个部分为基本信息，第二部分为Z-X创新联合体的主体协同相关问题，第三部分为Z-X创新联合体的机制协同相关问题，第四部分为Z-X创新联合体的知识协同相关问题，第五部分为Z-X创新联合体的知识属性相关问题。量表所使用的指标均为反应性指标，共计包括4个潜变量和15个观测变量，并参考现有研究对应设计了28个测量题项。在问题项的测量上，所有观测变量的测量题项均采用Likert 5级量表设置。问卷见附录3。

（2）问卷数据的收集、分析。

本部分以"中国石油天然气集团有限公司—西南石油大学创新联合体"为研究案例，问卷发送给了创新领域学者专家、Z-X创新联合体管理人员、Z-X创新联合体专业技术人员、联合体企业高管代表。共计7位专家参与本次的Z-X创新联合体协同效应评价问卷。

#### 10.5.2.2 三角模糊-TOPSIS法评价

（1）初始模糊评价。

7位专家对Z-X创新联合体的协同效应的语义等级模糊评价如表10-10、表10-11所示。

表10-10　　　　专家对联合体协同效应模糊评价（1）

| 评价指标 | 专家1 | 专家2 | 专家3 | 专家4 |
|---|---|---|---|---|
| 战略协同 $C_1$ | 一般 | 比较符合 | 完全符合 | 比较符合 |
|  | 一般 | 比较符合 | 比较符合 | 一般 |
|  | 比较不符合 | 比较符合 | 完全符合 | 一般 |
| 组织协同 $C_2$ | 一般 | 完全符合 | 比较符合 | 比较符合 |
|  | 比较符合 | 完全符合 | 完全符合 | 一般 |
| 管理协同 $C_3$ | 比较符合 | 比较符合 | 比较符合 | 比较符合 |
|  | 比较符合 | 比较符合 | 比较符合 | 一般 |
| 文化协同 $C_4$ | 完全符合 | 一般 | 比较符合 | 比较符合 |
|  | 比较符合 | 一般 | 比较符合 | 比较符合 |
|  | 一般 | 一般 | 比较符合 | 比较符合 |
| 主体间相互信任机制 $C_5$ | 一般 | 比较符合 | 完全符合 | 比较符合 |
|  | 比较符合 | 比较符合 | 比较符合 | 比较符合 |
|  | 比较符合 | 比较符合 | 完全符合 | 比较符合 |
| 激励约束机制 $C_6$ | 一般 | 一般 | 比较符合 | 比较符合 |
| 冲突管理机制 $C_7$ | 比较符合 | 比较符合 | 比较符合 | 比较符合 |
| 风险防范机制 $C_8$ | 比较符合 | 比较符合 | 比较符合 | 比较符合 |
| 知识协同机会识别 $C_9$ | 一般 | 比较符合 | 完全符合 | 比较符合 |
|  | 比较符合 | 比较符合 | 完全符合 | 比较符合 |
|  | 比较符合 | 比较符合 | 比较符合 | 比较符合 |
| 知识流动协同 $C_{10}$ | 一般 | 比较符合 | 完全符合 | 一般 |
|  | 比较符合 | 比较符合 | 比较符合 | 一般 |
| 交互学习 $C_{11}$ | 一般 | 一般 | 完全符合 | 一般 |
|  | 比较符合 | 一般 | 完全符合 | 一般 |

续表

| 评价指标 | 专家1 | 专家2 | 专家3 | 专家4 |
|---|---|---|---|---|
| 知识共享 $C_{12}$ | 比较不符合 | 一般 | 完全符合 | 一般 |
|  | 比较符合 | 一般 | 完全符合 | 一般 |
| 知识的嵌入性 $C_{13}$ | 比较不符合 | 一般 | 完全符合 | 一般 |
| 知识的互补性 $C_{14}$ | 比较符合 | 比较符合 | 比较符合 | 比较符合 |
| 知识的可传授性 $C_{15}$ | 比较符合 | 比较符合 | 完全符合 | 比较符合 |

表 10-11　　专家对联合体协同效应模糊评价（2）

| 评价指标 | 专家5 | 专家6 | 专家7 |
|---|---|---|---|
| 战略协同 $C_1$ | 比较符合 | 完全符合 | 比较符合 |
|  | 完全符合 | 比较符合 | 一般 |
|  | 完全符合 | 比较符合 | 一般 |
| 组织协同 $C_2$ | 完全符合 | 比较符合 | 一般 |
|  | 比较符合 | 比较符合 | 一般 |
| 管理协同 $C_3$ | 完全符合 | 比较符合 | 一般 |
|  | 完全符合 | 比较符合 | 一般 |
| 文化协同 $C_4$ | 完全符合 | 比较符合 | 比较符合 |
|  | 完全符合 | 比较符合 | 比较符合 |
|  | 完全符合 | 比较符合 | 比较符合 |
| 主体间相互信任机制 $C_5$ | 完全符合 | 比较符合 | 比较符合 |
|  | 完全符合 | 完全符合 | 比较符合 |
|  | 完全符合 | 完全符合 | 比较符合 |
| 激励约束机制 $C_6$ | 完全符合 | 一般 | 比较符合 |
| 冲突管理机制 $C_7$ | 完全符合 | 比较符合 | 比较符合 |
| 风险防范机制 $C_8$ | 完全符合 | 比较符合 | 比较符合 |
| 知识协同机会识别 $C_9$ | 完全符合 | 比较符合 | 比较符合 |
|  | 完全符合 | 完全符合 | 比较符合 |
|  | 完全符合 | 比较符合 | 比较符合 |
| 知识流动协同 $C_{10}$ | 一般 | 比较符合 | 一般 |
|  | 一般 | 比较符合 | 一般 |
| 交互学习 $C_{11}$ | 一般 | 比较符合 | 一般 |
|  | 一般 | 比较符合 | 一般 |

续表

| 评价指标 | 专家5 | 专家6 | 专家7 |
|---|---|---|---|
| 知识共享 $C_{12}$ | 完全符合 | 一般 | 一般 |
|  | 一般 | 一般 | 一般 |
| 知识的嵌入性 $C_{13}$ | 一般 | 比较符合 | 一般 |
| 知识的互补性 $C_{14}$ | 比较符合 | 比较符合 | 比较符合 |
| 知识的可传授性 $C_{15}$ | 一般 | 一般 | 比较符合 |

参考三角模糊数描述定性指标值，将专家评价转化为三角模糊数形式，其中有多个问题项的指标取均值得到该指标的评价值，同时，7位专家的评价权重一致。参考结合知识链的协同效应等级划分，由此得到Z-X创新联合体协同效应各指标层的初始综合评价矩阵，如表10-12所示。

表10-12　　　　　　　　　Z-X创新联合体初始评价矩阵

| 评价指标 | 评价值 | | |
|---|---|---|---|
| 战略协同 $C_1$ | 0.488 | 0.738 | 0.929 |
| 组织协同 $C_2$ | 0.518 | 0.768 | 0.929 |
| 管理协同 $C_3$ | 0.500 | 0.750 | 0.964 |
| 文化协同 $C_4$ | 0.536 | 0.786 | 0.952 |
| 主体间相互信任机制 $C_5$ | 0.571 | 0.821 | 0.988 |
| 激励约束机制 $C_6$ | 0.357 | 0.607 | 0.821 |
| 冲突管理机制 $C_7$ | 0.536 | 0.786 | 1.000 |
| 风险防范机制 $C_8$ | 0.536 | 0.786 | 1.000 |
| 知识协同机会识别 $C_9$ | 0.571 | 0.821 | 0.988 |
| 知识流动协同 $C_{10}$ | 0.375 | 0.625 | 0.875 |
| 交互学习 $C_{11}$ | 0.339 | 0.589 | 0.839 |
| 知识共享 $C_{12}$ | 0.321 | 0.571 | 0.804 |
| 知识的嵌入性 $C_{13}$ | 0.286 | 0.536 | 0.786 |
| 知识的互补性 $C_{14}$ | 0.500 | 0.750 | 1.000 |
| 知识的可传授性 $C_{15}$ | 0.429 | 0.679 | 0.929 |

（2）主体协同。

①初始综合评价矩阵。根据10.3.2.2节计算Z-X联合体的初始综合评价矩阵：

$$R_{B_1} = \begin{pmatrix} (1,1,1) & (1,1,1) & (1,1,1) & (1,1,1) \\ (0.9,0.9,0.9) & (0.9,0.9,0.9) & (0.9,0.9,0.9) & (0.9,0.9,0.9) \\ (0.8,0.8,0.8) & (0.8,0.8,0.8) & (0.8,0.8,0.8) & (0.8,0.8,0.8) \\ (0.7,0.7,0.7) & (0.7,0.7,0.7) & (0.7,0.7,0.7) & (0.7,0.7,0.7) \\ (0.6,0.6,0.6) & (0.6,0.6,0.6) & (0.6,0.6,0.6) & (0.6,0.6,0.6) \\ (0.5,0.5,0.5) & (0.5,0.5,0.5) & (0.5,0.5,0.5) & (0.5,0.5,0.5) \\ (0.4,0.4,0.4) & (0.4,0.4,0.4) & (0.4,0.4,0.4) & (0.4,0.4,0.4) \\ (0.3,0.3,0.3) & (0.3,0.3,0.3) & (0.3,0.3,0.3) & (0.3,0.3,0.3) \\ (0.2,0.2,0.2) & (0.2,0.2,0.2) & (0.2,0.2,0.2) & (0.2,0.2,0.2) \\ (0.1,0.1,0.1) & (0.1,0.1,0.1) & (0.1,0.1,0.1) & (0.1,0.1,0.1) \\ (0,0,0) & (0,0,0) & (0,0,0) & (0,0,0) \\ (0.488,0.738,0.929) & (0.518,0.768,0.929) & (0.5,0.75,0.964) & (0.536,0.786,0.952) \end{pmatrix}^T$$

②根据公式（10-9），得到加权标准化评价矩阵：

$$V_{B_1} = \begin{pmatrix} (0.228,0.228,0.228) & (0.075,0.075,0.075) & (0.060,0.060,0.060) & (0.118,0.118,0.118) \\ (0.205,0.205,0.205) & (0.068,0.068,0.068) & (0.054,0.054,0.054) & (0.106,0.106,0.106) \\ (0.182,0.182,0.182) & (0.060,0.060,0.060) & (0.048,0.048,0.048) & (0.094,0.094,0.094) \\ (0.160,0.160,0.160) & (0.053,0.053,0.053) & (0.042,0.042,0.042) & (0.083,0.083,0.083) \\ (0.137,0.137,0.137) & (0.045,0.045,0.045) & (0.036,0.036,0.036) & (0.071,0.071,0.071) \\ (0.114,0.114,0.114) & (0.038,0.038,0.038) & (0.030,0.030,0.030) & (0.059,0.059,0.059) \\ (0.091,0.091,0.091) & (0.030,0.030,0.030) & (0.024,0.024,0.024) & (0.047,0.047,0.047) \\ (0.068,0.068,0.068) & (0.023,0.023,0.023) & (0.018,0.018,0.018) & (0.035,0.035,0.035) \\ (0.046,0.046,0.046) & (0.015,0.015,0.015) & (0.012,0.012,0.012) & (0.024,0.024,0.024) \\ (0.023,0.023,0.023) & (0.008,0.008,0.008) & (0.006,0.006,0.006) & (0.012,0.012,0.012) \\ (0,0,0) & (0,0,0) & (0,0,0) & (0,0,0) \\ (0.111,0.168,0.212) & (0.039,0.058,0.070) & (0.030,0.045,0.058) & (0.063,0.093,0.112) \end{pmatrix}^T$$

③根据表10-5、表10-6及公式（10-10）、公式（10-11）确定正、负理想解：

$$A_{B_1}^+ = [(0.228,0.228,0.228),(0.075,0.075,0.075),$$
$$(0.060,0.060,0.060),(0.118,0.118,0.118)]$$

$$A_{B_1}^- = [(0,0,0),(0,0,0),(0,0,0),(0,0,0)]$$

④根据公式（10-12）、公式（10-13）、公式（10-14）计算各指标层因素到正、负理想解的距离及与正理想解的贴近度如表10-13、表10-14、表10-15所示。

表10-13　　　　　　　主体协同各指标层因素与正理想解的距离

|   | $d_1^+$ | $d_2^+$ | $d_3^+$ | $d_4^+$ | $d_5^+$ | $d_6^+$ | $d_7^+$ | … | $d_{11}^+$ | $d_{12}^+$ |
|---|---|---|---|---|---|---|---|---|---|---|
| $C_1$ | 0 | 0.023 | 0.046 | 0.068 | 0.091 | 0.114 | 0.137 | … | 0.228 | 0.076 |
| $C_2$ | 0 | 0.007 | 0.015 | 0.023 | 0.030 | 0.038 | 0.045 | … | 0.075 | 0.023 |
| $C_3$ | 0 | 0.006 | 0.012 | 0.018 | 0.024 | 0.030 | 0.036 | … | 0.060 | 0.019 |
| $C_4$ | 0 | 0.012 | 0.024 | 0.035 | 0.047 | 0.059 | 0.071 | … | 0.118 | 0.035 |

表10-14　　　　　　　主体协同各指标层因素与负理想解的距离

|   | $d_1^+$ | $d_2^+$ | $d_3^+$ | $d_4^+$ | $d_5^+$ | $d_6^+$ | $d_7^+$ | … | $d_{11}^+$ | $d_{12}^+$ |
|---|---|---|---|---|---|---|---|---|---|---|
| $C_1$ | 0.228 | 0.205 | 0.182 | 0.160 | 0.137 | 0.114 | 0.091 | … | 0 | 0.169 |
| $C_2$ | 0.075 | 0.068 | 0.060 | 0.053 | 0.045 | 0.038 | 0.030 | … | 0 | 0.057 |
| $C_3$ | 0.060 | 0.054 | 0.048 | 0.042 | 0.036 | 0.030 | 0.024 | … | 0 | 0.046 |
| $C_4$ | 0.118 | 0.106 | 0.094 | 0.083 | 0.071 | 0.059 | 0.047 | … | 0 | 0.092 |

表10-15　　　　　　主体协同各指标层因素与正理想解的贴近度

| 各指标层因素与正理想解的贴近度 $L$ ||||||||||||
|---|---|---|---|---|---|---|---|---|---|---|
| $C_1$ | 1 | 0.9 | 0.8 | 0.7 | 0.6 | 0.5 | 0.4 | … | 0 | 0.689 |
| $C_2$ | 1 | 0.9 | 0.8 | 0.7 | 0.6 | 0.5 | 0.4 | … | 0 | 0.708 |
| $C_3$ | 1 | 0.9 | 0.8 | 0.7 | 0.6 | 0.5 | 0.4 | … | 0 | 0.702 |
| $C_4$ | 1 | 0.9 | 0.8 | 0.7 | 0.6 | 0.5 | 0.4 | … | 0 | 0.724 |

⑤根据公式（10-12）、公式（10-13）、公式（10-14）计算准则层指标到正、负理想解的距离及与正理想解的贴近度：

$$D_{B_1}^+ = [0, 0.048, 0.096, 0.144, 0.192, 0.241, 0.289, \\ 0.337, 0.385, 0.433, 0.481, 0.154]$$

$$D_{B_1}^- = [0.481, 0.433, 0.385, 0.337, 0.289, 0.241, \\ 0.192, 0.144, 0.096, 0.048, 0, 0.363]$$

$$L_{B_1} = [1, 0.9, 0.8, 0.7, 0.6, 0.5, 0.4, 0.3, 0.2, 0.1, 0, 0.702]$$

(3) 机制协同。

①综合评级矩阵：

$$R_{B_2} = \begin{pmatrix} (1,1,1) & (1,1,1) & (1,1,1) & (1,1,1) \\ (0.9,0.9,0.9) & (0.9,0.9,0.9) & (0.9,0.9,0.9) & (0.9,0.9,0.9) \\ (0.8,0.8,0.8) & (0.8,0.8,0.8) & (0.8,0.8,0.8) & (0.8,0.8,0.8) \\ (0.7,0.7,0.7) & (0.7,0.7,0.7) & (0.7,0.7,0.7) & (0.7,0.7,0.7) \\ (0.6,0.6,0.6) & (0.6,0.6,0.6) & (0.6,0.6,0.6) & (0.6,0.6,0.6) \\ (0.5,0.5,0.5) & (0.5,0.5,0.5) & (0.5,0.5,0.5) & (0.5,0.5,0.5) \\ (0.4,0.4,0.4) & (0.4,0.4,0.4) & (0.4,0.4,0.4) & (0.4,0.4,0.4) \\ (0.3,0.3,0.3) & (0.3,0.3,0.3) & (0.3,0.3,0.3) & (0.3,0.3,0.3) \\ (0.2,0.2,0.2) & (0.2,0.2,0.2) & (0.2,0.2,0.2) & (0.2,0.2,0.2) \\ (0.1,0.1,0.1) & (0.1,0.1,0.1) & (0.1,0.1,0.1) & (0.1,0.1,0.1) \\ (0,0,0) & (0,0,0) & (0,0,0) & (0,0,0) \\ (0.571,0.821,0.988) & (0.357,0.607,0.821) & (0.536,0.786,1) & (0.536,0.786,1) \end{pmatrix}^T$$

②根据公式（10-9），得到加权标准化评价矩阵：

$$V_{B_2} = \begin{pmatrix} (0.108,0.108,0.108) & (0.022,0.022,0.022) & (0.054,0.054,0.054) & (0.070,0.070,0.070) \\ (0.097,0.097,0.097) & (0.020,0.020,0.020) & (0.049,0.049,0.049) & (0.063,0.063,0.063) \\ (0.087,0.087,0.087) & (0.018,0.018,0.018) & (0.043,0.043,0.043) & (0.056,0.056,0.056) \\ (0.076,0.076,0.076) & (0.015,0.015,0.015) & (0.038,0.038,0.038) & (0.049,0.049,0.049) \\ (0.065,0.065,0.065) & (0.013,0.013,0.013) & (0.032,0.032,0.032) & (0.042,0.042,0.042) \\ (0.054,0.054,0.054) & (0.011,0.011,0.011) & (0.027,0.027,0.027) & (0.035,0.035,0.035) \\ (0.043,0.043,0.043) & (0.009,0.009,0.009) & (0.022,0.022,0.022) & (0.028,0.028,0.028) \\ (0.032,0.032,0.032) & (0.007,0.007,0.007) & (0.016,0.016,0.016) & (0.021,0.021,0.021) \\ (0.022,0.022,0.022) & (0.004,0.004,0.004) & (0.011,0.011,0.011) & (0.014,0.014,0.014) \\ (0.011,0.011,0.011) & (0.002,0.002,0.002) & (0.005,0.005,0.005) & (0.007,0.007,0.007) \\ (0,0,0) & (0,0,0) & (0,0,0) & (0,0,0) \\ (0.062,0.089,0.107) & (0.008,0.013,0.018) & (0.029,0.043,0.054) & (0.038,0.055,0.070) \end{pmatrix}^T$$

③根据表10-5、表10-6及公式（10-10）、公式（10-11）确定正、负理想解：

$$A_{B_2}^+ = [(0.108,0.108,0.108),(0.022,0.022,0.022),$$
$$(0.054,0.054,0.054),(0.070,0.070,0.070)]$$

$$A_{B_2}^- = [(0,0,0),(0,0,0),(0,0,0),(0,0,0)]$$

④根据公式（10-12）、公式（10-13）、公式（10-14）计算各指标层因素到正、负理想解的距离及与正理想解的贴近度如表10-16、表10-17、表10-18所示。

表10-16　　　　　　　机制协同各指标层因素与正理想解的距离

|  | $d_1^+$ | $d_2^+$ | $d_3^+$ | $d_4^+$ | $d_5^+$ | $d_6^+$ | $d_7^+$ | ... | $d_{11}^+$ | $d_{12}^+$ |
|---|---|---|---|---|---|---|---|---|---|---|
| $C_5$ | 0 | 0.011 | 0.022 | 0.032 | 0.043 | 0.054 | 0.065 | ... | 0.108 | 0.029 |
| $C_6$ | 0 | 0.002 | 0.004 | 0.007 | 0.009 | 0.011 | 0.013 | ... | 0.022 | 0.010 |
| $C_7$ | 0 | 0.005 | 0.011 | 0.016 | 0.022 | 0.027 | 0.032 | ... | 0.054 | 0.016 |
| $C_8$ | 0 | 0.007 | 0.014 | 0.021 | 0.028 | 0.035 | 0.042 | ... | 0.070 | 0.021 |

表10-17　　　　　　　机制协同各指标层因素与负理想解的距离

|  | $d_1^+$ | $d_2^+$ | $d_3^+$ | $d_4^+$ | $d_5^+$ | $d_6^+$ | $d_7^+$ | ... | $d_{11}^+$ | $d_{12}^+$ |
|---|---|---|---|---|---|---|---|---|---|---|
| $C_5$ | 0.108 | 0.097 | 0.087 | 0.076 | 0.065 | 0.054 | 0.043 | ... | 0 | 0.088 |
| $C_6$ | 0.022 | 0.020 | 0.018 | 0.015 | 0.013 | 0.011 | 0.009 | ... | 0 | 0.014 |
| $C_7$ | 0.054 | 0.049 | 0.043 | 0.038 | 0.032 | 0.027 | 0.022 | ... | 0 | 0.043 |
| $C_8$ | 0.070 | 0.063 | 0.056 | 0.049 | 0.042 | 0.035 | 0.028 | ... | 0 | 0.056 |

表10-18　　　　　　　机制协同各指标层因素与正理想解的贴近度

| 各指标层因素与正理想解的贴近度 $L$ |||||||||||
|---|---|---|---|---|---|---|---|---|---|---|
| $C_5$ | 1 | 0.9 | 0.8 | 0.7 | 0.6 | 0.5 | 0.4 | ... | 0 | 0.752 |
| $C_6$ | 1 | 0.9 | 0.8 | 0.7 | 0.6 | 0.5 | 0.4 | ... | 0 | 0.583 |
| $C_7$ | 1 | 0.9 | 0.8 | 0.7 | 0.6 | 0.5 | 0.4 | ... | 0 | 0.730 |
| $C_8$ | 1 | 0.9 | 0.8 | 0.7 | 0.6 | 0.5 | 0.4 | ... | 0 | 0.730 |

⑤根据公式（10-12）、公式（10-13）、公式（10-14）计算准则层指标到正、负理想解的距离及与正理想解的贴近度：

$$D_{B_2}^+ = [0, 0.025, 0.051, 0.076, 0.102, 0.127, 0.153,$$
$$0.178, 0.203, 0.229, 0.254, 0.075]$$
$$D_{B_2}^- = [0.254, 0.229, 0.203, 0.178, 0.153, 0.127,$$
$$0.102, 0.076, 0.051, 0.025, 0, 0.200]$$
$$L_{B_2} = [1, 0.9, 0.8, 0.7, 0.6, 0.5, 0.4, 0.3, 0.2, 0.1, 0, 0.727]$$

(4) 知识协同。

①综合评级矩阵：

$$R_{B_3} = \begin{pmatrix} (1,1,1) & (1,1,1) & (1,1,1) & (1,1,1) \\ (0.9,0.9,0.9) & (0.9,0.9,0.9) & (0.9,0.9,0.9) & (0.9,0.9,0.9) \\ (0.8,0.8,0.8) & (0.8,0.8,0.8) & (0.8,0.8,0.8) & (0.8,0.8,0.8) \\ (0.7,0.7,0.7) & (0.7,0.7,0.7) & (0.7,0.7,0.7) & (0.7,0.7,0.7) \\ (0.6,0.6,0.6) & (0.6,0.6,0.6) & (0.6,0.6,0.6) & (0.6,0.6,0.6) \\ (0.5,0.5,0.5) & (0.5,0.5,0.5) & (0.5,0.5,0.5) & (0.5,0.5,0.5) \\ (0.4,0.4,0.4) & (0.4,0.4,0.4) & (0.4,0.4,0.4) & (0.4,0.4,0.4) \\ (0.3,0.3,0.3) & (0.3,0.3,0.3) & (0.3,0.3,0.3) & (0.3,0.3,0.3) \\ (0.2,0.2,0.2) & (0.2,0.2,0.2) & (0.2,0.2,0.2) & (0.2,0.2,0.2) \\ (0.1,0.1,0.1) & (0.1,0.1,0.1) & (0.1,0.1,0.1) & (0.1,0.1,0.1) \\ (0,0,0) & (0,0,0) & (0,0,0) & (0,0,0) \\ (0.571,0.821,0.988) & (0.375,0.625,0.875) & (0.339,0.589,0.839) & (0.321,0.571,0.804) \end{pmatrix}^T$$

②根据公式（10-9），得到加权标准化评价矩阵：

$$V_{B_3} = \begin{pmatrix} (0.091,0.091,0.091) & (0.030,0.030,0.030) & (0.015,0.015,0.015) & (0.015,0.015,0.015) \\ (0.082,0.082,0.082) & (0.027,0.027,0.027) & (0.014,0.014,0.014) & (0.014,0.014,0.014) \\ (0.073,0.073,0.073) & (0.024,0.024,0.024) & (0.012,0.012,0.012) & (0.012,0.012,0.012) \\ (0.064,0.064,0.064) & (0.021,0.021,0.021) & (0.011,0.011,0.011) & (0.011,0.011,0.011) \\ (0.055,0.055,0.055) & (0.018,0.018,0.018) & (0.009,0.009,0.009) & (0.009,0.009,0.009) \\ (0.046,0.046,0.046) & (0.015,0.015,0.015) & (0.008,0.008,0.008) & (0.008,0.008,0.008) \\ (0.037,0.037,0.037) & (0.012,0.012,0.012) & (0.006,0.006,0.006) & (0.006,0.006,0.006) \\ (0.027,0.027,0.027) & (0.009,0.009,0.009) & (0.005,0.005,0.005) & (0.005,0.005,0.005) \\ (0.018,0.018,0.018) & (0.006,0.006,0.006) & (0.003,0.003,0.003) & (0.003,0.003,0.003) \\ (0.009,0.009,0.009) & (0.003,0.003,0.003) & (0.002,0.002,0.002) & (0.002,0.002,0.002) \\ (0,0,0) & (0,0,0) & (0,0,0) & (0,0,0) \\ (0.052,0.075,0.090) & (0.011,0.019,0.026) & (0.005,0.009,0.013) & (0.005,0.009,0.012) \end{pmatrix}^T$$

③根据表10-5、表10-6及公式（10-10）、公式（10-11）确定正、负理想解：

$$A_{B_3}^+ = [(0.091,0.091,0.091),(0.030,0.030,0.030),$$
$$(0.015,0.015,0.015),(0.015,0.015,0.015)]$$

$$A_{B_3}^- = [(0,0,0),(0,0,0),(0,0,0),(0,0,0)]$$

④根据公式（10-12）、公式（10-13）、公式（10-14）计算各指标层因素到正、负理想解的距离及与正理想解的贴近度如表10-19、表10-20、表10-21所示。

表10-19　　　　　　　知识协同各指标层因素与正理想解的距离

|  | $d_1^+$ | $d_2^+$ | $d_3^+$ | $d_4^+$ | $d_5^+$ | $d_6^+$ | $d_7^+$ | … | $d_{11}^+$ | $d_{12}^+$ |
|---|---|---|---|---|---|---|---|---|---|---|
| $C_9$ | 0 | 0.009 | 0.018 | 0.027 | 0.037 | 0.046 | 0.055 | … | 0.091 | 0.024 |
| $C_{10}$ | 0 | 0.003 | 0.006 | 0.009 | 0.012 | 0.015 | 0.018 | … | 0.030 | 0.013 |
| $C_{11}$ | 0 | 0.002 | 0.003 | 0.005 | 0.006 | 0.008 | 0.009 | … | 0.015 | 0.007 |
| $C_{12}$ | 0 | 0.002 | 0.003 | 0.005 | 0.006 | 0.008 | 0.009 | … | 0.015 | 0.007 |

表10-20　　　　　　　知识协同各指标层因素与负理想解的距离

|  | $d_1^+$ | $d_2^+$ | $d_3^+$ | $d_4^+$ | $d_5^+$ | $d_6^+$ | $d_7^+$ | … | $d_{11}^+$ | $d_{12}^+$ |
|---|---|---|---|---|---|---|---|---|---|---|
| $C_9$ | 0.091 | 0.082 | 0.073 | 0.064 | 0.055 | 0.046 | 0.037 | … | 0 | 0.074 |
| $C_{10}$ | 0.030 | 0.027 | 0.024 | 0.021 | 0.018 | 0.015 | 0.012 | … | 0 | 0.020 |
| $C_{11}$ | 0.015 | 0.014 | 0.012 | 0.011 | 0.009 | 0.008 | 0.006 | … | 0 | 0.010 |
| $C_{12}$ | 0.015 | 0.014 | 0.012 | 0.011 | 0.009 | 0.008 | 0.006 | … | 0 | 0.009 |

表10-21　　　　　　　知识协同各指标层因素与正理想解的贴近度

| 各指标层因素与正理想解的贴近度 $L$ |||||||||||
|---|---|---|---|---|---|---|---|---|---|---|
| $C_9$ | 1 | 0.9 | 0.8 | 0.7 | 0.6 | 0.5 | 0.4 | … | 0 | 0.752 |
| $C_{10}$ | 1 | 0.9 | 0.8 | 0.7 | 0.6 | 0.5 | 0.4 | … | 0 | 0.606 |
| $C_{11}$ | 1 | 0.9 | 0.8 | 0.7 | 0.6 | 0.5 | 0.4 | … | 0 | 0.576 |
| $C_{12}$ | 1 | 0.9 | 0.8 | 0.7 | 0.6 | 0.5 | 0.4 | … | 0 | 0.557 |

⑤根据公式（10-12）、公式（10-13）、公式（10-14）计算准则层指标到正、负理想解的距离及与正理想解的贴近度：

$$D_{B_3}^+ = [0, 0.015, 0.030, 0.046, 0.061, 0.076, 0.091,$$
$$0.106, 0.122, 0.137, 0.152, 0.052]$$
$$D_{B_3}^- = [0.152, 0.137, 0.122, 0.106, 0.091, 0.076,$$
$$0.061, 0.046, 0.030, 0.015, 0, 0.113]$$
$$L_{B_3} = [1, 0.9, 0.8, 0.7, 0.6, 0.5, 0.4, 0.3, 0.2, 0.1, 0, 0.686]$$

(5) 知识属性。

①综合评级矩阵：

$$R_{B_4} = \begin{pmatrix} (1,1,1) & (1,1,1) & (1,1,1) \\ (0.9,0.9,0.9) & (0.9,0.9,0.9) & (0.9,0.9,0.9) \\ (0.8,0.8,0.8) & (0.8,0.8,0.8) & (0.8,0.8,0.8) \\ (0.7,0.7,0.7) & (0.7,0.7,0.7) & (0.7,0.7,0.7) \\ (0.6,0.6,0.6) & (0.6,0.6,0.6) & (0.6,0.6,0.6) \\ (0.5,0.5,0.5) & (0.5,0.5,0.5) & (0.5,0.5,0.5) \\ (0.4,0.4,0.4) & (0.4,0.4,0.4) & (0.4,0.4,0.4) \\ (0.3,0.3,0.3) & (0.3,0.3,0.3) & (0.3,0.3,0.3) \\ (0.2,0.2,0.2) & (0.2,0.2,0.2) & (0.2,0.2,0.2) \\ (0.1,0.1,0.1) & (0.1,0.1,0.1) & (0.1,0.1,0.1) \\ (0,0,0) & (0,0,0) & (0,0,0) \\ (0.286,0.536,0.786) & (0.500,0.750,1) & (0.429,0.679,0.929) \end{pmatrix}^T$$

②根据公式（10-9），得到加权标准化评价矩阵：

$$V_{B_4} = \begin{pmatrix} (0.073,0.073,0.073) & (0.032,0.032,0.032) & (0.008,0.008,0.008) \\ (0.066,0.066,0.066) & (0.028,0.028,0.028) & (0.007,0.007,0.007) \\ (0.059,0.059,0.059) & (0.025,0.025,0.025) & (0.006,0.006,0.006) \\ (0.051,0.051,0.051) & (0.022,0.022,0.022) & (0.006,0.006,0.006) \\ (0.044,0.044,0.044) & (0.019,0.019,0.019) & (0.005,0.005,0.005) \\ (0.037,0.037,0.037) & (0.016,0.016,0.016) & (0.004,0.004,0.004) \\ (0.029,0.029,0.029) & (0.013,0.013,0.013) & (0.003,0.003,0.003) \\ (0.022,0.022,0.022) & (0.009,0.009,0.009) & (0.002,0.002,0.002) \\ (0.015,0.015,0.015) & (0.006,0.006,0.006) & (0.002,0.002,0.002) \\ (0.007,0.007,0.007) & (0.003,0.003,0.003) & (0.001,0.001,0.001) \\ (0,0,0) & (0,0,0) & (0,0,0) \\ (0.021,0.039,0.058) & (0.016,0.024,0.032) & (0.003,0.005,0.008) \end{pmatrix}^T$$

③根据表10-5、表10-6及公式（10-10）、公式（10-11）确定正、负理想解：

$$A_{B_4}^+ = [(0.073,0.073,0.073),(0.032,0.032,0.032),(0.008,0.008,0.008)]$$

$$A_{B_4}^- = [(0,0,0),(0,0,0),(0,0,0)]$$

④根据公式（10-12）、公式（10-13）、公式（10-14）计算各指标层因素到正、负理想解的距离及与正理想解的贴近度如表10-22、表10-23、表10-24所示。

表 10-22　　　　　知识属性各指标层因素与正理想解的距离

|  | $d_1^+$ | $d_2^+$ | $d_3^+$ | $d_4^+$ | $d_5^+$ | $d_6^+$ | $d_7^+$ | … | $d_{11}^+$ | $d_{12}^+$ |
| --- | --- | --- | --- | --- | --- | --- | --- | --- | --- | --- |
| $C_{13}$ | 0 | 0.007 | 0.015 | 0.022 | 0.029 | 0.037 | 0.044 | … | 0.073 | 0.037 |
| $C_{14}$ | 0 | 0.003 | 0.006 | 0.009 | 0.013 | 0.016 | 0.019 | … | 0.032 | 0.010 |
| $C_{15}$ | 0 | 0.001 | 0.002 | 0.002 | 0.003 | 0.004 | 0.005 | … | 0.008 | 0.003 |

表 10-23　　　　　知识属性各指标层因素与负理想解的距离

|  | $d_1^+$ | $d_2^+$ | $d_3^+$ | $d_4^+$ | $d_5^+$ | $d_6^+$ | $d_7^+$ | … | $d_{11}^+$ | $d_{12}^+$ |
| --- | --- | --- | --- | --- | --- | --- | --- | --- | --- | --- |
| $C_{13}$ | 0.073 | 0.066 | 0.059 | 0.051 | 0.044 | 0.037 | 0.029 | … | 0 | 0.042 |
| $C_{14}$ | 0.032 | 0.028 | 0.025 | 0.022 | 0.019 | 0.016 | 0.013 | … | 0 | 0.024 |
| $C_{15}$ | 0.008 | 0.007 | 0.006 | 0.006 | 0.005 | 0.004 | 0.003 | … | 0 | 0.006 |

表 10-24　　　　　知识属性各指标层因素与正理想解的贴近度

| | 各指标层因素与正理想解的贴近度 $L$ |||||||||| |
| --- | --- | --- | --- | --- | --- | --- | --- | --- | --- | --- |
| $C_{13}$ | 1 | 0.9 | 0.8 | 0.7 | 0.6 | 0.5 | 0.4 | … | 0 | 0.531 |
| $C_{14}$ | 1 | 0.9 | 0.8 | 0.7 | 0.6 | 0.5 | 0.4 | … | 0 | 0.707 |
| $C_{15}$ | 1 | 0.9 | 0.8 | 0.7 | 0.6 | 0.5 | 0.4 | … | 0 | 0.650 |

⑤根据公式（10-12）、公式（10-13）、公式（10-14）计算准则层指标到正、负理想解的距离及与正理想解的贴近度：

$$D_{B_4}^+ = [0, 0.011, 0.023, 0.034, 0.045, 0.056, 0.068,$$
$$0.079, 0.090, 0.102, 0.113, 0.050]$$

$$D_{B_4}^- = [0.113, 0.102, 0.090, 0.079, 0.068, 0.056,$$
$$0.045, 0.034, 0.023, 0.011, 0, 0.072]$$

$$L_{B_4} = [1, 0.9, 0.8, 0.7, 0.6, 0.5, 0.4, 0.3, 0.2, 0.1, 0, 0.589]$$

（6）综合评价向量。

根据步骤（2）~步骤（5）计算得到的各因素指标与正理想解的贴近度得到贴近度矩阵 $L$：

$$L = \begin{pmatrix} 1 & 0.9 & 0.8 & 0.7 & 0.6 & 0.5 & 0.4 & 0.3 & 0.2 & 0.1 & 0 & 0.702 \\ 1 & 0.9 & 0.8 & 0.7 & 0.6 & 0.5 & 0.4 & 0.3 & 0.2 & 0.1 & 0 & 0.727 \\ 1 & 0.9 & 0.8 & 0.7 & 0.6 & 0.5 & 0.4 & 0.3 & 0.2 & 0.1 & 0 & 0.686 \\ 1 & 0.9 & 0.8 & 0.7 & 0.6 & 0.5 & 0.4 & 0.3 & 0.2 & 0.1 & 0 & 0.589 \end{pmatrix}$$

根据公式（10-15），得到综合评价向量 $F$：

$F = [1, 0.9, 0.8, 0.7, 0.6, 0.5, 0.4, 0.3, 0.2, 0.1, 0, 0.693]$

由以上计算可得知识链协同效应的量化等级标准，如表10-25所示：

表10-25　　　　　　　　　知识链的协同效应等级标准

| 协同效应等级 | | 量化值 |
| --- | --- | --- |
| 协同发展区间 | 优质协同 | >0.9，且≤1 |
| | 良好协同 | >0.8 |
| | 中级协同 | >0.7 |
| | 初级协同 | >0.6 |
| 过渡协同区间 | 勉强协同 | >0.5 |
| | 濒临失调协同 | >0.4 |
| 失调衰退区间 | 轻度失调协同 | >0.3 |
| | 中度失调协同 | >0.2 |
| | 严重失调协同 | >0.1 |
| | 极度失调协同 | ≥0，且≤0.1 |

样本值为0.693，由表可知该实例知识链的协同效应属于协同发展区间的初级协同等级。

同理，可分别计算各准则层指标的协同效应综合评价向量 $F_{B_1}$、$F_{B_2}$、$F_{B_3}$、$F_{B_4}$：

$F_{B_1} = [1, 0.9, 0.8, 0.7, 0.6, 0.5, 0.4, 0.3, 0.2, 0.1, 0, 0.702]$

$F_{B_2} = [1, 0.9, 0.8, 0.7, 0.6, 0.5, 0.4, 0.3, 0.2, 0.1, 0, 0.727]$

$F_{B_3} = [1, 0.9, 0.8, 0.7, 0.6, 0.5, 0.4, 0.3, 0.2, 0.1, 0, 0.686]$

$F_{B_4} = [1, 0.9, 0.8, 0.7, 0.6, 0.5, 0.4, 0.3, 0.2, 0.1, 0, 0.589]$

由以上计算可得与表10-24数据同等的各准则层指标的协同效应的量化等级标准，并根据样本值可知主体协同、机制协同均处于协同发展区间的中级协同阶段，知识协同处于协同发展区间的初级协同等级，知识属性处于过渡协同区间的勉强协同等级。

（7）贴近度分析。

由5.2.1节所设定的协同效应等级评价标准表5-3，取每个协同等级的最大的标准值为标准值点，并根据案例的样本值点及标准值点与正、负理想解的距离（表10-13至表10-24计算所得），根据公式10-16计算出各样本点与标准值点的贴近度，计算结果如表10-26所示。

表 10 - 26　　　　　　中石油 - 西南石油大学创新联合体各指标贴近度

| 指标 | I | II | III | IV | V | VI | VII | VIII | IX | X |
|---|---|---|---|---|---|---|---|---|---|---|
| $C_1$ | 0.370 | 0.561 | 0.762 | <u>0.977</u> | 1.215 | 1.488 | 1.822 | 2.280 | 3.047 | 5.048 |
| $C_2$ | 0.379 | 0.581 | <u>0.794</u> | 1.022 | 1.273 | 1.559 | 1.909 | 2.385 | 3.176 | 5.230 |
| $C_3$ | 0.381 | 0.578 | <u>0.786</u> | 1.008 | 1.253 | 1.535 | 1.880 | 2.352 | 3.142 | 5.202 |
| $C_4$ | 0.389 | 0.600 | <u>0.823</u> | 1.061 | 1.322 | 1.620 | 1.983 | 2.475 | 3.292 | 5.403 |
| $C_5$ | 0.406 | 0.638 | <u>0.880</u> | 1.139 | 1.422 | 1.744 | 2.134 | 2.658 | 3.522 | 5.738 |
| $C_6$ | 0.312 | 0.459 | 0.614 | 0.782 | <u>0.968</u> | 1.184 | 1.452 | 1.824 | 2.457 | 4.130 |
| $C_7$ | 0.398 | 0.612 | <u>0.837</u> | 1.077 | 1.341 | 1.644 | 2.012 | 2.513 | 3.347 | 5.508 |
| $C_8$ | 0.398 | 0.612 | <u>0.837</u> | 1.077 | 1.341 | 1.644 | 2.012 | 2.513 | 3.347 | 5.508 |
| $C_9$ | 0.406 | 0.638 | <u>0.880</u> | 1.139 | 1.422 | 1.744 | 2.134 | 2.658 | 3.522 | 5.738 |
| $C_{10}$ | 0.329 | 0.482 | 0.645 | <u>0.821</u> | 1.016 | 1.243 | 1.525 | 1.916 | 2.581 | 4.341 |
| $C_{11}$ | 0.312 | 0.455 | 0.608 | 0.773 | <u>0.956</u> | 1.169 | 1.434 | 1.803 | 2.431 | 4.099 |
| $C_{12}$ | 0.299 | 0.437 | 0.584 | 0.742 | <u>0.918</u> | 1.123 | 1.377 | 1.732 | 2.335 | 3.937 |
| $C_{13}$ | 0.287 | 0.417 | 0.555 | 0.705 | <u>0.872</u> | 1.066 | 1.308 | 1.646 | 2.222 | 3.754 |
| $C_{14}$ | 0.389 | 0.587 | <u>0.796</u> | 1.020 | 1.267 | 1.552 | 1.901 | 2.380 | 3.183 | 5.281 |
| $C_{15}$ | 0.354 | 0.525 | 0.706 | <u>0.900</u> | 1.116 | 1.365 | 1.674 | 2.100 | 2.822 | 4.725 |

注：下划线数据对应等级为该指标所属等级。

如表 10 - 26 所示，样本点 $C_1$ 贴近于优质协同的距离为 0.370，贴近于良好协同的距离为 0.561，贴近于中级协同的距离 0.762，贴近于初级协同的距离为 0.977，剩余贴近度均大于 1。根据贴近度的定义与方法原理，选取贴近度距离最接近于 1 的数值所对应的等级（表 10 - 26 中下划线数据所对应的协同等级），即样本点 $C_1$ 的协同效应为初级协同等级，以此类推，可得剩余 14 个样本点的贴近度等级。

### 10.5.3　评价结果分析与建议

经过计算可知中国石油 - 西南石油大学创新联合体的协同效应值为 0.693，属于协同发展区间的初级协同等级。同时，联合体发布的首批科技合作项目 2022 年度考核会的总结也提出，与 2021 年度相比，联合体大多数专项目研究进展良好，在研究的创新性、成果的有形化等方面均取得了突破性进展，且部分成果达到国际领先或国内领先水平，但由于联合体刚成立两年时间，正处于第一期（2020 年 2 月至 2025 年 12 月）的起步阶段，在协同合作中还存在着一体化程度不深入、成果未规模化应用、成果的适用性不足、理论方法技术创新性不足、合作规模较小、协同分工不清晰等问题。因此，本部分对联合体协同效应的评价符合现实情况。接下来从准则层和指标层对结果进一步地分析。

10.5.3.1 评价结果分析

（1）创新联合体主体协同效应评价结果分析。

根据计算，Z－X创新联合体的主体协同的协同效应评价值为0.702，属于协同发展区间的中级协同等级，进一步分析其指标层指标与各标准值点的贴近度发现，除战略协同属于初级协同外，文化、组织、管理协同均属于中级协同。

Z－X创新联合体属于典型的产学研形式的知识链，其中"产"为油气相关企业，"学"为由教育部、四川省与中国石油天然气集团有限公司、中国石油化工集团有限公司、中国海洋石油集团有限公司共建的西南石油大学，"研"为钻井工程技术联合研究院等国际一流联合创新中心和国家重点实验室。这三大主体均有油气发展背景，因此，从文化背景来看整个Z－X创新联合体具有一定的文化协同基础。组织协同和管理协同方面，Z－X创新联合体由中国石油科技管理部牵头组织，西南石油大学负责具体组织实施，组织实施过程中西南石油大学拥有人员调整、项目技术路线及实施方案、经费使用的自主权，进而各方能在组织和管理方面能形成比较一致的认知，其协同效应达到了中级协同的等级。但在战略协同方面，由于主体的复杂性，从战略的制定、实施到收获成效往往是一个长期的过程，战略协同产生的协同效应还处于初级协同的等级。

（2）创新联合体机制协同评价结果分析。

根据计算，Z－X创新联合体的机制协同的协同效应评价值为0.727，属于协同发展区间的中级协同等级，从其指标层指标与各标准值点的贴近度来看，其主体间相互信任机制、冲突管理机制、风险防范机制均达到了协同发展区间的中级协同等级，而激励约束机制只达到了过渡协同区间的勉强协同等级。

在构建Z－X创新联合体前，西南石油大学与中国石油等油气企业就一直保持着长期、友好的合作，有着良好的合作、信任基础，在机制协同上能够产生较高的协同效应。但Z－X创新联合体的组建使得各方的协同合作不再局限于"短平快"的研究项目，项目的研究更加具有基础性、创新性、长期性，因此，Z－X创新联合体的管理机制也需要进行相应的调整。根据评价结果计算，专家对目前的激励约束机制的评价较低，从Z－X创新联合体官网发布的信息来看，Z－X创新联合体通过对合作专题进行综合评分，对评分排名后10位的专题进行部分奖励绩效扣除，对排名前15位的专题进行奖励来对联合体的协同合作进行激励约束。其方式比较单一，不符合复杂主体下的多元化需求，因此，Z－X创新联合体现有的激励约束机制产生的协同效应不高。

（3）创新联合体知识协同评价结果分析。

根据计算，Z-X创新联合体的知识协同的协同效应评价值为0.686，属于协同发展区间的初级协同等级，从其指标层指标与各标准值点的贴近度来看，其知识协同机会识别属于中级协同，知识流动协同属于初级协同，而交互学习、知识共享则属于过渡协同区间的勉强协同等级。

为更好地推动协同合作，突破协同合作交流过程中存在的地理空间距离、观念差异、科研人才流动壁垒等问题，拓宽科研合作的深度和广度，Z-X创新联合体提出了共建联合人才培养体系，两年来，Z-X创新联合体已共同培养硕士、博士、博士后和科研助理550多名，为推进联合体知识协同提供了高水平的人才支撑。同时，Z-X创新联合体摒弃了传统校企合作中高校及科研人员根据企业要求开展研究的"命题作文"合作模式，联合体推动企业与高校一起探讨前沿技术，形成新型"共同出题，共同解答"合作模式。这种合作方式为科研人员提供了更加宽松的研究环境，提高了科研人员的研究热情，更好地促进Z-X创新联合体的知识协同过程，从而使Z-X创新联合体的研究领域也从某个具体问题延伸到未来三五年乃至更长的前沿领域，从解决短期技术问题转变为解决长远"卡脖子"技术难题。因此，Z-X创新联合体在知识协同机会识别上能够产生较好的协同效应，但根据评价结果来看，Z-X创新联合体在知识流动、交互学习、知识共享上产生的协同效应不高，根据评价问卷的指标解释来看，专家们认为Z-X创新联合体目前还存在着合作沟通较少、知识共享意愿不高、交互学习深度不够、合作关系尚浅、知识流动渠道不丰富等问题。

（4）创新联合体知识属性评价结果分析。

根据计算，Z-X创新联合体的知识属性的协同效应评价值为0.589，属于过渡协同区间的勉强协同等级，从其指标层指标与各标准值点的贴近度来看，其知识的互补性属于中级协同，知识的传授性属于初级协同，而知识的嵌入性属于勉强协同。

依靠其拥有的丰富的油气相关知识，Z-X创新联合体构建起了从问题提出到成果落地的"产学研用"一体化协同创新发展模式，其内部知识资源能够通过一体化协同顺利地完成知识的显、隐性化转化，所以，Z-X创新联合体在知识的互补性和可传授性上产生了较好的协同效应。知识的嵌入性所产生的协同效应较低，专家认为所在单位从合作伙伴获取的技术和知识不能较好地满足自身的需要，其主要原因是在Z-X创新联合体协同创新发展的过程中各主体对创新性知识的需求更为看重，但现有研究的创新性还不能满足Z-X创新联合体各主体的创新需求。在Z-X创新联合体的协同创新发展过程中，知识的创新及应用占据着重要的地位，因此，从整体上来看Z-X创新联合体的知识属性产生的协同效应较低。

#### 10.5.3.2 管理建议

（1）创新联合体主体协同管理建议。

从构成来看，由于知识链是由不同主体构成的复杂组织，其内各主体在战略规划、发展目标、组织文化、管理方式等方面均具有差异性，由这些复杂主体所构成的知识链也就呈现出多异质性，知识链各主体间的协同合作就成为影响知识链协同效应的关键因素。因此，为了使知识链产生强协同效应，就必须通过促进各主体间的主体协同，尽可能地消除由于各主体间的差异性对知识链的协同合作所产生的消极影响。为此，知识链组织可以建成一个由各主体参与的管理中枢机构，对知识链的协同合作从最初的战略制定到最后的成果验收进行全程的协同管理，及时对协同合作过程中出现的问题进行调整。同时，各主体间也要增加沟通交流的频率，增进各主体间的文化认同和信任，更好地促进主体协同。

因此，Z-X创新联合体可以继续深化中国石油科技管理部牵头组织，西南石油大学负责具体组织实施的管理、组织方式，实现对各方资源的统筹与协调，避免Z-X创新联合体产生管理标准不统一、主体分工不明确从而产生的内部管理混乱问题，更好地衔接各主体之间的工作；要加强Z-X创新联合体的内部交流，使Z-X创新联合体的文化认同更上一层楼，使各主体的合作目标更具有一致性；要在战略制定过程中协调各方的利益，推动Z-X创新联合体的良好协作。

（2）创新联合体机制协同管理建议。

维持一个复杂知识链组织的高效、平稳运行不仅需要各主体的协同合作，还需要建立相应的保障措施。知识链组织可以通过所组建的管理中枢机构在协同合作前落实激励约束机制、冲突管理机制、风险防范机制的构建，从而为协同合作项目提供保障体系，减少协同合作中的"搭便车"行为，提高各主体的协同合作意愿、积极性。同时，主体间相互信任机制不仅需要通过知识链制定相关的规章制度予以保障，还需增加各主体间的沟通、交流频率予以落实。

在未来发展中，Z-X创新联合体需要对其激励约束机制进行优化，针对现有项目的研究更加具有基础性、创新性、长期性的特性，制定更加多元化的激励约束机制，以满足不同主体的不同激励需求以及对不当行为的约束，保障Z-X创新联合体协同创新发展的持续、良好进行。

（3）创新联合体知识协同管理建议。

知识资源作为知识链协同合作的核心资源，知识链的知识协同也是使知识链产生协同效应的重要因素，为此，各主体之间需要增加交互学习、知识共享以推动知识在知识链里的有序流动。同时，也可参考联合体创新"共同出题，共同解答"的协同合作模式,"共商共量"提高知识协同机会识别概率,推动知识链各组织间的交互学习、知识共享和知识流动。

Z-X创新联合体要继续加强精力投入、团队协作和跨学科交流以及产学研的深度融合,推动同一课题内部的专题之间、同一项目的课题与课题之间的密切合作,提高各方知识共享意愿及知识流动;要推动各方交流的常态化,让高校、科研院所的成员深入一线去锻炼、去了解现场的问题,促进各方的交互学习;要经常促进各方一起共同开展实验、分析、研究,使各方共同成长,快速提升各方人员的理论和技术水平,落实联合人才培养体系,把Z-X创新联合体建设成为高端、骨干人才成长的孵化器和摇篮,持续深化联合体的合作关系。

(4) 创新联合体知识属性管理建议。

知识资源作为知识链协同合作过程中的重要资源,如何使其发挥最大效应是知识链组织需要思考的问题。知识链可以采取共建人才培养体系,培养出支撑知识链协同合作的高水平人才,从知识属性的层面入手提高知识的嵌入性、互补性和可传授性。

Z-X创新联合体要聚焦现场重大工程问题难题,注重基础性、创新性研究,满足各主体的创新性需求;要将取得的理论、方法、技术在现场反复实践与应用,形成经过实践检验、得到各合作单位认可的方法和技术来推动成果的落地应用;要加强各主体之间的合作,可以联合报奖、联合出版等多种形式强化成果产出;要与省内外相关单位进行深度合作,获得更多的互补性、嵌入性知识。

# 第 11 章

# 研究结论与展望

## 11.1 主要结论

### 11.1.1 界定了知识链的协同效应内涵

根据协同学理论,认为知识链的协同效应是知识链各主体及其要素相互作用的结果,其主要表现在:一方面,知识链组织之间通过协同降低成本,分摊风险,共享利益;通过协同达到优势互补,依靠资源整合,合力进行技术攻关。另一方面,通过系统内部各子系统之间的非线性相互作用,促使知识要素的运动从无序走向有序,从差异走向协调一致,从而实现知识链内部功能耦合而形成的知识链整体性功能大于各子系统功能之和,提高知识链整体优势和价值的效应,即在知识链内部产生所谓的"1+1+1>3"的非线性作用结果。其来源于知识链的规模经济效应、范围经济效应和学习经济效应,在知识链竞争优势形成过程中,是知识链形成知识优势的关键环节。

### 11.1.2 分析了知识链的协同演化过程

知识链的协同演化是知识链协同效应形成的前提。基于自组织理论的分析,阐述了知识链的自组织特征,认为知识链作为复杂系统也具有开放性、非平衡性、非线性和涨落等自组织特征;并从知识链协同演化的前提条件、协同演化动力机制、协同演化诱因、协同演化路径和协同演化形式等方面阐述了知识链协同演化的过程。研究认为,开放与非平衡态是知识链协同演化的前提条件,非线性相互作用是知识链协同演化的动力，随机涨落是知识链协同演化的诱因，相变与分叉是知识链协同演化的路径，超循环是知识链协同演化的形式。

### 11.1.3 构建了知识链协同效应的形成机理框架

总结了跨（多）组织联合体的协同效应形成机理的共性，将跨组织联合体的协同效应形成机理归纳为主体协同、机制协同和资源协同。探索了跨（多）组织联合体的协同效应形成过程，认为跨（多）组织联合体的协同效应形成是：在机制协同和资源协同的支撑和保障下，促进联合体主体协同，从而使联合体从无序走向有序，最后形成整体效益大于各部分效应之和的协同效应。根据知识链的个性特征，构建了知识链协同效应的形成机理框架。认为知识链协同形成机理包括主体协同、机制协同和知识协同。

#### 11.1.3.1 知识链的主体协同

主体协同是知识链协同效应形成的基础，通过知识链主体之间的战略协同、组织协同、管理协同和文化协同实现知识链的主体协同。

（1）以"刺激—意识—反应"模式为指导，制定了知识链的战略协同形成模型，模型指出，知识链的外界环境是知识链主体战略协同的起点和基础，吸收和筛选是知识链主体战略协同的过滤系统，知识链战略协同是对外界环境刺激做出的反应，也是模型的终点。根据战略管理的一般规律，将知识链战略协同过程分为：识别协同机会、制定协同战略、实施协同战略和协同效应评价四个阶段，并提出每个阶段的协同要点。

（2）从知识链的构成主体入手，发现知识链既包含有供应链组织，也包含有产学研组织，是一种集成模式。从实体组织协同和虚拟组织协同两方面探讨知识链的组织协同。其中，从共建经营实体和共建研发机构两方面，探讨知识链组织协同的实体协同模式；以信息技术和通信技术为支撑，建立知识链组织协同的虚拟协同模式。

（3）依据管理人员和劳动人员对管理协同活动做出的行为，分别从管理协同成本评估、协同资源的优化配置、劳动分工与协作、协同流程的监督控制、管理协同绩效评估等方面，采取促进知识链管理协同的措施。

（4）分析了阿德勒和克雷尔提出的文化协同模型，认为文化协同是指在尊重所有组织文化的同时，经过文化有序地整合而形成的一种新的文化模式。并提出了知识链文化协同的形成路径：求同存异、塑造核心价值观、鼓励沟通与交流和创新文化模式等。

#### 11.1.3.2 知识链的机制协同

知识链的机制协同是知识链协同效应实现的制度化手段和方法，它不仅为知识链主体协同提供动力，而且为知识链协同效应的实现提供了保障。从相互信任机制、激励约束机制、冲突解决机制和风险防范机制的四维角度构建知识链的协同机制。

（1）通过建立以契约为基础的信任保障体系，有利于主体沟通与交流的渠道和方式，塑造主体之间公平的合作理念，建立失信行为的防范和惩罚机制，形成统一的知识链协同文化等措施来建立知识链的相互信任机制。

（2）通过构建效益分配和红利收益模型，来制定知识链的激励约束机制，鼓励知识链各主体自愿加大知识、技术和专属资源等投入，约束知识链各主体的风险道德和机会主义，以促进知识链的协同发展和协同效应的实现。

（3）根据冲突分析过程模型，把握知识链的冲突形成过程，制定风险应对策略。通过设计冲突预防契约，建立知识链主体之间冲突的自我解决机制和第三方解决机制，进而建立完善的知识链冲突解决机制。

（4）综合考虑风险发生概率、破坏程度、可能造成的损失、不可控程度和预计防控费用支出五方面构建知识链的风险评估模型，对知识链风险进行评估。并基于COSO的《企业风险管理框架》，从营造有利于风险管理的内部环境，设定有助于风险管理的目标，正确识别事项里的风险与机会，建立风险评估体系，制定风险应对策略，开展知识链风险控制活动，促进知识链信息的沟通，对知识链风险管理进行监控等方面建立了知识链全面风险防范机制。

#### 11.1.3.3 知识链的知识协同

知识是知识链形成、运行和管理活动中最主要和最关键的资源，始终伴随在知识链主体协同和知识链生命周期中。根据知识链知识协同的含义，确定了知识链的知识协同过程要素，构建了知识链知识协同的过程模型。探索了知识链的知识协同过程机理，将知识链的知识协同过程分为准备阶段、形成阶段、运行阶段和终止阶段。通过建立知识协同机会识别机制、知识流动机制、交互学习机制、知识共享机制和知识创造机制等，推动知识链的知识要素从无序走向有序，从差异走向协调一致，从而促进知识链知识协同。

#### 11.1.3.4 厘清了知识链协同效应各形成机理与协同效应的关系

知识链的协同效应是主体协同、机制协同和知识协同三者相互作用的结果，以此建立知识链协同效应形成的理论模型；通过问卷调查，进行数据搜集；运用SPSS 19.0统计软件和AMOS 21.0分析软件对数据进行相关分析，检验数据的信度和效度，然后构建知识链协同效应形成的SEM模型。通过模型验证得出：知识链的主体协同、机制协同和知识协同与知识链协同效应形成呈正相关，知识链的主体协同和知识协同与机制协同呈正相关，知识链主体协同与知识协同之间的相互关系不明显。由此可见，知识链的主体协同、机制协同和知识协同有助于知识链协同效应的形成，知识链的机制协同有助于推动知识链的主体协同和知识协同。

#### 11.1.3.5 分析了知识链协同效应形成的影响因素

本书认为主体协同、知识协同和知识资源本身对知识链协同效应形成具有一定影响，基于此，从主体的协同意愿、学习能力、知识协同活动和知识属性四个方面探索知识链协同效应形成的影响因素。其中，从相互信任程度、互惠程度和相互依赖程度三个维度来测量主体的协同意愿。从主体的自主学习能力、理解吸收能力和整合运用能力三个维度来测量主体的学习能力。从知识分工、知识流动、知识共享和知识创造四个维度测量知识协同活动。从知识的嵌入性、互补性和可传授性三个知识属性来测量知识资源对协同效应的影响。基于上述分析，提出相关假设，并通过探索性分析和验证性分析，验证上述影响因素的显著性，并量化各因素对知识协同效应的影响程度。

#### 11.1.3.6 构建了科学合理的知识链协同效应评价指标体系

结合知识链协同效应的形成机理和影响因素，本书提出从知识链的主体协同、机制协同、知识协同、知识属性四个方面对知识链协同效应进行评价，并通过专家调查问卷及层次分析法，建立了包含4个大类，15个指标的知识链协同效应的评价指标体系。根据评价指标体系的指标权重可知，一级指标中的主体协同对知识链协同效应最为重要，机制协同、知识协同、知识属性次之。知识链作为一个由多主体协同合作构建而成的网链结构，其内部主体的复杂性是非常高的，因此，必须保证知识链各主体间的主体协同，才能为知识链的有序、长期合作打下良好基础。从二级指标的权重计算结果来看，战略协同位居首位，是知识链协同效应的首要因素，而知识的嵌入性在其一级指标权重最低的情况下依然能在综合指标的排序中位列第6，说明知识的嵌入性也是未来知识链协同效应研究的重点探索方向。

## 11.2 研究的创新与特色之处

### 11.2.1 学术思想创新

知识是现代企业获取竞争优势的关键资源，知识从一个源头开始，通过知识流动、知识共享和知识创造，形成知识优势。由于单个组织内部知识的有限性，需要寻求外部资源，于是多个知识型组织相互合作形成知识链，以集体优势取代个体优势，最终实现整体大于部分之和的协同效应。本书结合协同创新理论，从协同学视角研究知识链协同效应的形成，拓展了以往侧重知识链知识管理的研究范畴，具有一定的学术思想创新。

### 11.2.2 学术观点创新

第一，本书指出知识链具有自组织特征，认为知识链的协同演化过程是一种自组织过程，基于自组织理论分析了知识链的协同演化过程。第二，本书将知识链协同效应的形成机理描述为：主体协同、机制协同和知识协同，构建了知识链协同效应形成的机理框架，并通过实证证实知识链的主体协同、机制协同和知识协同对协同效应形成的显著作用。其中，将知识协同作为协同效应形成的关键环节，是本书的创新和特色之处。第三，本书论证得出知识链的协同效应形成的主要影响因素包括：主体的协同意愿、学习能力、知识协同活动和知识属性等，并结合知识链的形成机理，设计了知识链协同效应评价指标体系。

### 11.2.3 研究方法创新

第一，本书将协同学理论运用于知识链，探索知识链协同效应的形成。第二，本书运用自组织理论，分析知识链的协同演化过程。第三，运用系统仿真与统计分析的形式，验证知识链激励约束机制模型构建的有效性。第四，分别将战略管理、组织理论、文化管理等理论，应用于分析知识链的战略协同、组织协同、管理协同和文化协同；综合运用生命周期理论、社会网络分析理论、知识管理理论、组织学习理论和 SECI 模型分析知识链的知识协同，拓展了理论的应用范畴。第四，采用三角模糊 – TOPSIS 评价模型对知识链的协同效应进行评价。

## 11.3 不足与展望

虽然本书对知识链协同效应形成机理进行了积极的探索，但是，受文献资料的限制，以及时间和精力有限，本书还存在一些不足，研究的内容未来还可以进一步完善和深化。具体来讲：

（1）实证分析部分的不足。第一，问卷设计方面。问卷部分问题设计较理论化和专业化，被调查者不能完全理解。第二，数据搜集方面。知识链是一种特殊的跨（多）组织联合体，问卷调查的对象具有针对性和特殊性，且知识链协同效应的形成机理较为复杂，要求所调查对象对知识链的运行状况有一定程度的了解。因此，采取 MBA 学员或知识链组织中的一般工作人员集中调查和网络调查形式搜集数据具有局限性。第三，模型验证方面。由于时间的限制，本书仅仅对主体协同、机制协同、知识协同与协同效应之间的关系进行验证，而未对战略协同、组织协同、管理协同、文化协同与知识链主体协同之间的关系，相互信任机制、激励约束机制、冲突解决机制、风险防范机制与知识链机制协同之间的关系，以及知识协同机会识别、知识流动、交互学习、知识共享和知识创造与知识链知识协同之间的关系等进行验证，未来在这些方面可以做进一步的研究和讨论。

（2）由于篇幅和时间的限制，本书仅仅选择 TD-SCDMA 产业技术创新联盟作案例分析，案例分析较为单一。知识链存在形式何止 TDIA 一种，由于不同形态的知识链所处的生命周期不同、所处的环境不同、所受的内外影响不同、战略目标不同等导致知识链的协同演化过程和协同效应的形成结果也会不同。因此，未来还可以对不同类型和不同区域的知识链协同效应的形成过程进行研究。

（3）知识链协同效应的评价有待深入完善。①研究样本待丰富，根据所建立的评价指标体系的特征，本书选择了三角模糊-TOPSIS 评价法对知识链的协同效应进行综合评价，但在案例综合评价的过程中仅获得了 Z-X 创新联合体 7 位专家的评价问卷，没有听取 Z-X 创新联合体其他小同成员的意见，未来可以考虑分别对知识链内的专家和普通成员进行问卷，通过设置不同的权重对其的评价结果进行综合，以保证问卷结果对案例情况的真实反映。②研究视角待深入。知识链的协同过程是一个不断变化的过程，出于本书选取的案例企业仅成立两年，且评价指标体系所包含的指标均为定性指标，本书仅对当下案例的协同效应的强弱进行了分析。未来的研究可以通过动态监控来收集数据，将时间变量因素引入评价模型，反映知识链的协同效应强弱的动态变化，更好地分析知识链在协同合作过程中存在的问题，并进行针对性的改进。

（4）知识链协同效应的形成机理研究是知识链协同效应研究的一部分，为知识链协同效应的形成提供了理论体系。但是，知识链协同效应研究是一个系统性的研究，其未来研究内容还有完善的空间。如，运用协同学理论、自组织理论，分析知识链协同效应的自发演变机制，从组织之间普通合作到非线性协同的演化发展过程。探讨在复杂系统自组织机制影响下，知识链的聚集特性、多样性、流动性、非线性相互作用等特性作用下的协同效应形成过程。同时，从知识链各主体隐性资源和能力的共享、技术学习和技术转移、新资源与能力的创造三方面分析知识链组织知识驱动协同效应形成的作用机理。

# 附录 1

# "知识链协同效应形成的激励约束机制研究"调查问卷

尊敬的女士/先生：

您好！

感谢您在百忙之中抽时间完成这份问卷。这是一份学术性调查问卷，本问卷旨在对促进知识链协同效应形成的激励模型进行实证研究，其结果有助于知识链通过构建的激励约束机制，提高经营管理的决策，最大化促进知识链主体的投入，便于协同效应的形成。

本调查采用匿名填答方式，所获得的信息和数据仅供学术研究之用，我们将恪守学术研究的道德规范，不以任何形式向任何机构和个人泄露有关贵单位的相关信息。非常感谢您在百忙之中协助我们完成调查任务，您的配合将直接决定了我们的研究质量和研究结果，同时希望这次研究的成果能为贵企业的发展提供有益的参考。因此，请您如实回答问卷内容和企业信息，而不要有任何顾虑。感谢您的全力支持！

1. 填写说明

为了便于您更好的理解问卷的相关内容，对其中关键专业词汇解释如下：

（1）知识链是指由核心企业、高等院校、科研院所、供应商、客户，甚至是竞争对手等对知识链有贡献的组织构成，以实现知识共享和知识创造为目的，通过知识在参与创新活动的不同组织之间流动而形成的链式结构（可以理解为某种企业联盟）。

（2）知识链协同效应是指通过知识链的协同行为，使得知识链的整体效益大于单个主体所获得效益之和。即，知识链整体竞争力增强，成员数量增多，生产成本降低，学习能力增强，创新能力提高。

（3）激励机制通过调整最后经济效益的分配模式，来促进知识联盟各主体自愿加大知识、技术和专属资源等投入，以推动知识联盟的协同发展和协同效应的实现。

2. 问卷设计

第一部分：基本信息；第二部分：知识链特征描述；第三部分：机构相关能力及知

识链协同效应形成机理相关情况。

3. 填写介绍

请在符合您的实际情况或符合您的判断的选项下画"√"，每题只能选择一个答案，答案没有对错之分，只希望真实有效。您的配合对我们的学术研究非常重要，感谢您的支持。

## 第一部分　基本信息

1. 您所在机构的性质是：（　　）

A. 大专院校　　　B. 科研机构　　　C. 企业　　　D. 政府部门

E. 金融机构　　　F. 咨询机构　　　G. 其他组织

2. 您所在机构的职工人数为：（　　）

A. 300 人及以下　B. 300 ~ 500 人　C. 501 ~ 1000 人　D. 1000 人以上

3. 您所在机构的研发人数为：（　　）

A. 10 人及以下　B. 11 ~ 50 人　C. 51 ~ 100 人　D. 100 人以上

4. 您所在的部门是：（　　）

A. 管理部门　　　　　　　　　　　B. 技术研发部门

C. 后勤保障部门（人事、财务、后勤）　D. 职能部门（采购、生产、销售）

5. 您是否参与过贵机构与其他机构进行的技术研发、产品开发等方面的合作？

A. 是　　　　　　　　　　　　　　B. 否

6. 您所在机构成立年限：（　　）

A. 3 年及以下　　B. 4 ~ 5 年　　C. 6 ~ 10 年　　D. 10 年以上

## 第二部分　知识链特征描述

1. 与本机构进行知识或技术交流的主要本地供应商数量为：（　　）

A. 1 ~ 5 家　　B. 6 ~ 10 家　　C. 11 ~ 20 家　　D. 20 家以上

2. 与本机构进行知识或技术交流的主要客户数量为：（　　）

A. 1 ~ 5 家　　B. 6 ~ 10 家　　C. 11 ~ 20 家　　D. 20 家以上

3. 与本机构进行知识或技术交流的同行竞争者的数量：（　　）

A. 1 ~ 5 家　　B. 6 ~ 10 家　　C. 11 ~ 20 家　　D. 20 家以上

4. 我们与供应商建立知识或技术交流关系的持续时间：（　　）

A. 不到半年　　B. 不到一年　　C. 不到两年　　D. 两年以上

5. 我们与客户建立知识或技术交流关系的持续时间：（　　）

A. 不到半年　　　　B. 不到一年　　　　C. 不到两年　　　　D. 两年以上

## 第三部分　机构相关能力及知识链协同效应形成机理相关情况

（请根据企业的实际情况对下列描述进行评判，并选择相应的评判等级。）

1. 在知识联盟的激励模型中，对于整个知识联盟的协同收益，存在最优的分红比例。
   A. 完全不同意　　B. 不同意　　　　C. 中立　　　　　D. 完全同意
2. 在知识联盟的激励模型中，每个企业存在各自的最优投入生产条件。
   A. 完全不同意　　B. 不同意　　　　C. 中立　　　　　D. 完全同意
3. 在知识联盟的激励模型中，每个企业应提高本企业的投入产出比例。
   A. 完全不同意　　B. 不同意　　　　C. 中立　　　　　D. 完全同意
4. 在知识联盟的激励模型中，每个企业不应提高其他企业的投入产出比例。
   A. 完全不同意　　B. 不同意　　　　C. 中立　　　　　D. 完全同意
5. 在知识联盟的激励模型中，每个企业不应只提高本企业投入知识技术的绝对值。
   A. 完全不同意　　B. 不同意　　　　C. 中立　　　　　D. 完全同意
6. 在知识联盟的激励模型中，每个企业不应只提高本企业投入时间的绝对值。
   A. 完全不同意　　B. 不同意　　　　C. 中立　　　　　D. 完全同意
7. 在知识联盟的激励模型中，每个企业不应只提高本企业产出数量的绝对值。
   A. 完全不同意　　B. 不同意　　　　C. 中立　　　　　D. 完全同意
8. 在知识联盟的激励模型中，每个企业不应只提高本企业产出价值的绝对值。
   A. 完全不同意　　B. 不同意　　　　C. 中立　　　　　D. 完全同意

**再次感谢您的支持与配合！祝您工作愉快！**

# 附录 2

# "知识链协同效应的形成机理实证研究"调查问卷

尊敬的女士/先生：

您好！

本调查研究旨在从主体协同、机制协同与知识协同三个维度的协同表现形式来探讨知识链协同效应的形成机理，探究三种机理与知识链协同效应形成的关系及其影响，验证知识链协同效应的形成机理模型的拟合程度。

本调查采用匿名填答方式，所获得的信息和数据仅供学术研究之用，我们将恪守学术研究的道德规范，不以任何形式向任何机构和个人泄露有关贵单位的相关信息。非常感谢您在百忙之中协助我们完成调查任务，您的配合将直接决定了我们的研究质量和研究结果，同时希望这次研究的成果能为贵企业的发展提供有益的参考。因此，请您如实回答问卷内容和企业信息，而不要有任何顾虑。感谢您的全力支持！

1. 填写说明

为了便于您更好的理解问卷的相关内容，对其中关键专业词汇解释如下：

（1）知识链是指由核心企业、高等院校、科研院所、供应商、客户，甚至是竞争对手等对知识链有贡献的组织构成的，以实现知识共享和知识创造为目的，通过知识在参与创新活动的不同组织之间流动而形成的链式结构（可以理解为某种企业联盟）。

（2）知识链协同效应是指通过知识链的协同行为，使得知识链的整体效益大于单个主体所获得效益之和。即，知识链整体竞争力增强，成员数量增多，生产成本降低，学习能力增强，创新能力提高。

2. 问卷设计

第一部分：基本信息；第二部分：知识链特征描述；第三部分：机构相关能力及知

识链协同效应形成机理相关情况。

3. 填写介绍

请在符合您的实际情况或符合您的判断的选项下画"√"，每题只能选择一个答案，答案没有对错之分，只希望真实有效。您的配合对我们的学术研究非常重要，感谢您的支持。

### 第一部分　基本信息

1. 您所在机构的性质是：（　　）

　A. 大专院校　　　B. 科研机构　　　C. 企业　　　　D. 政府部门
　E. 金融机构　　　F. 咨询机构　　　G. 其他组织

2. 您所在机构的职工人数为：（　　）

　A. 300 人及以下　B. 300~500 人　C. 501~1000 人　D. 1000 人以上

3. 您所在机构的研发人数为：（　　）

　A. 10 人及以下　　B. 11~50 人　　C. 51~100 人　　D. 100 人以上

4. 您所在的部门是：（　　）

　A. 管理部门　　　　　　　　　　　B. 技术研发部门
　C. 后勤保障部门（人事、财务、后勤）　D. 职能部门（采购、生产、销售）

5. 您是否参与过贵机构与其他机构进行的技术研发、产品开发等方面的合作？

　A. 是　　　　　　　　　　　　　　B. 否

6. 您所在机构成立年限：（　　）

　A. 3 年及以下　　B. 4~5 年　　　C. 6~10 年　　　D. 10 年以上

### 第二部分　知识链特征描述

1. 与本机构进行知识或技术交流的主要本地供应商数量为（　　）

　A. 1~5 家　　　　B. 6~10 家　　　C. 11~20 家　　　D. 20 家以上

2. 与本机构进行知识或技术交流的主要客户数量为（　　）

　A. 1~5 家　　　　B. 6~10 家　　　C. 11~20 家　　　D. 20 家以上

3. 与本机构进行知识或技术交流的同行竞争者的数量（　　）

　A. 1~5 家　　　　B. 6~10 家　　　C. 11~20 家　　　D. 20 家以上

4. 我们与供应商建立知识或技术交流关系的持续时间（　　）

　A. 不到半年　　　B. 不到一年　　　C. 不到两年　　　D. 两年以上

5. 我们与客户建立知识或技术交流关系的持续时间（　　）

A. 不到半年　　　　B. 不到一年　　　　C. 不到两年　　　　D. 两年以上

## 第三部分　机构相关能力及知识链协同效应形成机理相关情况

（请根据企业的实际情况对下列描述进行评判，并在相应的评价等级中画"√"，评价等级中数字1~7分别代表你对表中所陈述事项的判断"完全不符合""比较不符合""稍微不符合""一般""稍微符合""比较符合""完全符合"。）

| 研究变量 | 测量指标 | 问题项 | 1 | 2 | 3 | 4 | 5 | 6 | 7 |
|---|---|---|---|---|---|---|---|---|---|
| 主体协同 | 战略协同 | 不同组织协同合作时共同合作目标明确 | | | | | | | |
| | | 不同组织协同制定和实施战略目标 | | | | | | | |
| | 组织协同 | 不同组织协同合作时部门之间衔接紧密 | | | | | | | |
| | | 与其他组织共建立实验室、研发中心等 | | | | | | | |
| | 管理协同 | 通过协同，不同组织之间能够获得相应的资源 | | | | | | | |
| | | 不同组织之间有明确的分工与协作 | | | | | | | |
| | 文化协同 | 不同组织之间的管理理念和经营风格相近 | | | | | | | |
| | | 不同组织之间形成了共同的价值观和文化 | | | | | | | |
| 机制协同 | 相互信任机制 | 彼此之间建立了信任关系，并带来好处 | | | | | | | |
| | | 与其他组织之间交流频繁、经常沟通 | | | | | | | |
| | | 愿意为协同合作遵守契约和道德规范 | | | | | | | |
| | 激励约束机制 | 在激励约束机制作业下，各组织的积极性提高 | | | | | | | |
| | | 在激励约束机制作用下，各组织参与创新的意识提高 | | | | | | | |
| | 冲突解决机制 | 在冲突解决机制作用下，冲突持续时间得到缩短 | | | | | | | |
| | | 在冲突解决机制作用下，各组织之间能够共同协商解决面临的冲突 | | | | | | | |
| | | 在冲突解决机制作用下，组织之间冲突减少 | | | | | | | |
| | 风险防范机制 | 风险防范机制有助于减少风险发生的概率 | | | | | | | |
| | | 风险防范机制能够提高组织合作的稳定性 | | | | | | | |
| 知识协同 | 识别知识协同机会 | 企业能够识别具有相同或类似特征的合作成员 | | | | | | | |
| | 知识流动协同 | 组织间不断地进行知识、技术和人才等流动 | | | | | | | |
| | 交互学习 | 组织间相互交流管理经验、技术和人才等 | | | | | | | |
| | 知识共享协同 | 组织间彼此共享管理经验、方法、技术等 | | | | | | | |

续表

| 研究变量 | 测量指标 | 问题项 | 1 | 2 | 3 | 4 | 5 | 6 | 7 |
|---|---|---|---|---|---|---|---|---|---|
| 知识链协同效应 | 学习经济 | 通过协同，组织技术得到改进 | | | | | | | |
| | | 通过协同，现有产品功能得到改善 | | | | | | | |
| | | 通过协同，学到了更多技能和专长 | | | | | | | |
| | 规模经济 | 通过协同，企业数量和产量增加 | | | | | | | |
| | | 通过协同，企业影响力提高 | | | | | | | |
| | 范围经济 | 通过协同，生产单位产品的成本降低 | | | | | | | |
| | | 通过协同，获得比原来更多的收益 | | | | | | | |

**再次感谢您的支持与配合！祝您工作愉快！**

# 附录 3

# "知识链协同效应形成的影响因素研究"调查问卷

尊敬的女士/先生：

您好！感谢您在百忙之中抽时间完成这份问卷。这是一份学术性调查问卷，本问卷旨在对企业知识链协同效应的影响因素进行实证研究，其结果有助于联盟企业通过提升协同效应从而提高经营管理的决策。

我郑重承诺：本问卷将采用匿名方式，问卷所收集的内容将全部用于科学研究。请您根据实际情况填写问卷。感谢您的支持与配合！

1. 相关概念

知识链是企业与大学、科研院所、供应商、客户甚至竞争对手结成战略伙伴关系，通过知识流动，促进知识链组织之间的交互学习，实现知识链知识共享和知识创造，从而形成知识链的知识优势。

协同效应是指多个知识主体通过协同合作，在协同机制的保障下，整合组织的内外部知识资源，通过一系列知识活动，产生整体效益大于各独立组成部分所获效益总和的效应。

2. 问卷调查

以下题项采用五级量表法，1~5 表示从完全不同意到完全同意。其中 1 表示"完全不同意"，2 表示"不同意"，3 表示"中立"，4 表示"同意"，5 表示"完全同意"，请在相应的数字下画"√"。

| 请您根据实际情况，为以下指标描述打分 | | 完全不同意→完全同意 | | | | |
|---|---|---|---|---|---|---|
| | | 1 | 2 | 3 | 4 | 5 |
| 信任程度 | 相互信任的企业之间知识交流更频繁 | | | | | |
| | 相互信任的企业之间知识交流更深入 | | | | | |
| 互惠程度 | 企业在知识交流中各取所需、共同受益，有助于加深关系 | | | | | |
| | 企业在知识交流中各取所需、共同受益，有助于加强合作 | | | | | |

续表

| 请您根据实际情况，为以下指标描述打分 | | 完全不同意→完全同意 | | | | |
|---|---|---|---|---|---|---|
| | | 1 | 2 | 3 | 4 | 5 |
| 相互依赖程度 | 相互依赖的企业之间知识交流更频繁 | | | | | |
| | 相互依赖的企业之间知识交流更深入 | | | | | |
| 学习自主性 | 企业成员应该积极主动地学习知识 | | | | | |
| | 企业成员应该养成自主学习的习惯 | | | | | |
| 理解吸收能力 | 企业成员应能明白所获知识的基本概念 | | | | | |
| | 企业成员对所获知识应有个人的理解 | | | | | |
| 实际运用能力 | 企业成员应能够熟练掌握知识技术 | | | | | |
| | 企业成员应将所获知识运用到实际业务中 | | | | | |
| 嵌入性 | 知识应该符合企业发展定位方向 | | | | | |
| | 知识应该符合特定经济、政治环境 | | | | | |
| 互补性 | 企业之间的知识是相互补充的 | | | | | |
| | 企业之间进行知识交流能够优势互补、共同进步 | | | | | |
| 可传授性 | 知识应容易被企业成员所理解 | | | | | |
| | 知识应容易被转化为文字、数据等形式 | | | | | |
| 知识分工 | 知识分布不均的不同企业之间应进行知识交流 | | | | | |
| | 知识领域不同的企业之间应进行知识交流 | | | | | |
| 知识流动 | 企业应进行频繁的知识、技术和人才等交流 | | | | | |
| | 企业应利用广阔的社会网络进行知识、技术和人才等交流 | | | | | |
| 知识共享 | 企业成员应通过交流、学习共同分享知识 | | | | | |
| | 企业和其他企业之间应通过交流、学习共同分享知识 | | | | | |
| 知识创造 | 知识经过交流、分享，能够被创造为新的知识 | | | | | |
| | 企业成员应该对所获得的知识加以创新 | | | | | |

**再次感谢您的支持与配合！祝您工作愉快！**

# 附录 4

# "中石油—西南石油大学创新联合体协同效应评价问卷"调查问卷

尊敬的女士/先生：

您好！

本调查研究旨在对您所在单位（中石油—西南石油大学创新联合体）的协同效应进行研究，以此来评价中石油—西南石油大学创新联合体的协同效应的强弱，并给出优化建议。

本调查采用匿名填答方式，所获得的信息和数据仅供学术研究之用，我们将恪守学术研究的道德规范，不以任何形式向任何机构和个人泄露有关贵单位的相关信息。非常感谢您在百忙之中协助我们完成调查任务，您的配合将直接决定了我们的研究质量和研究结果，同时希望这次研究的成果能为贵单位的发展提供有益的参考。因此，请您如实回答问卷内容和企业信息，而不要有任何顾虑。感谢您的全力支持！

1. 问卷设计

第一部分：基本信息；第二部分：创新联合体的主体协同相关问题；第三部分：创新联合体的机制协同相关问题；第四部分：创新联合体的知识协同相关问题；第五部分：创新联合体的知识属性相关问题。

2. 填写介绍

请在符合您的实际情况或符合您的判断的选项下画"√"，每题只能选择一个答案，答案没有对错之分，只希望真实有效。您的配合对我们的学术研究非常重要，感谢您的支持。

## 第一部分 基本信息

1. 请问您的性别是：

男性　　　　　　女性

2. 请问您的学历是：

本科生　　　　　　硕士研究生　　　　　博士研究生　　　　　其他

3. 您的年龄：

25 岁及以下　　　　26~40 岁　　　　　41~55 岁　　　　　55 岁以上

4. 您所在单位的单位性质：

高校　　　　　　　科研院所　　　　　　企业　　　　　　　政府

### 第二部分　创新联合体的主体协同相关问题

（请根据您的实际情况对下列描述进行评判，并在相应的评价等级中画"√"，评价等级中数字 1~5 分别代表你对表中所陈述的事实的判断"完全不符合""较不符合""一般""比较符合""完全符合"。）

| 准则层 | 指标层 | 问题项 | 1 | 2 | 3 | 4 | 5 |
|---|---|---|---|---|---|---|---|
| 主体协同 | 战略协同 | 所在单位与合作伙伴拥有一致的合作目标 | | | | | |
| | | 所在单位与合作伙伴协调了各方利益关系 | | | | | |
| | | 所在单位与合作伙伴能较好实现双方资源的统筹与协调 | | | | | |
| | 组织协同 | 所在单位与合作组织之间经常协调合作，以保证彼此之间的紧密联系 | | | | | |
| | | 所在单位与合作组织建立了组织结构协调机构，以便知识链中知识的有效转移 | | | | | |
| | 管理协同 | 合作组织运用管理手段促进知识流、物质流和信息流的有序流动 | | | | | |
| | | 合作组织制订了详细的合作计划，以保证合作的按时、顺利进行 | | | | | |
| | 文化协同 | 所在单位与合作组织在合作过程中认同彼此的组织文化 | | | | | |
| | | 所在单位与合作组织之间部分组织文化相似 | | | | | |
| | | 合作组织彼此之间有共同所遵循的行为准则或价值观 | | | | | |

## 第三部分　创新联合体的机制协同相关问题

| 准则层 | 指标层 | 问题项 | 1 | 2 | 3 | 4 | 5 |
|---|---|---|---|---|---|---|---|
| 机制协同 | 主体间相互信任机制 | 所在单位与合作组织之间相互信任 | | | | | |
| | | 所在单位与合作组织均具有良好的合作信誉 | | | | | |
| | | 所在单位与合作伙伴无欺诈行为、账款交付及时 | | | | | |
| | 激励约束机制 | 合作组织之间构建了激励约束机制组织合作提供动力、为协同过程提供保障 | | | | | |
| | 冲突管理机制 | 合作组织之间构建了必要的冲突管理机制以减少组织间不必要的冲突 | | | | | |
| | 风险防范机制 | 合作组织之间构建了风险防范机制以控制协同过程中的各种风险 | | | | | |

## 第四部分　创新联合体的知识协同相关问题

| 准则层 | 指标层 | 问题项 | 1 | 2 | 3 | 4 | 5 |
|---|---|---|---|---|---|---|---|
| 知识协同 | 知识协同机会识别 | 所在单位有与外部机构、专业人士长期保持稳定联系 | | | | | |
| | | 所在单位拥有与合作伙伴合作业务相关的丰富的知识、经验 | | | | | |
| | | 所在单位管理者拥有丰富的专业知识背景、工作经验 | | | | | |
| | 知识流动协同 | 合作组织之间有多元、有效的知识流动渠道 | | | | | |
| | | 合作组织之间关系密切、技术关联性高 | | | | | |
| | 交互学习 | 合作组织之间经常交互学习，以加深合作关系和扩展合作领域 | | | | | |
| | | 通过交互学习，各组织可以将知识内化为自身的知识存量 | | | | | |
| | 知识共享 | 合作组织之间经常面对面沟通 | | | | | |
| | | 合作伙伴之间都愿意分享彼此的知识、经验给对方 | | | | | |

附录4 "中石油—西南石油大学创新联合体协同效应评价问卷"调查问卷

## 第五部分 创新联合体的知识属性相关问题

| 准则层 | 指标层 | 问题项 | 1 | 2 | 3 | 4 | 5 |
|---|---|---|---|---|---|---|---|
| 知识属性 | 知识的嵌入性 | 所在单位从合作伙伴获取的技术和知识正是自身需要的 | | | | | |
| | 知识的互补性 | 所在单位与合作伙伴之间构成知识互补的关系 | | | | | |
| | 知识的可传授性 | 合作组织拥有将隐性知识转化为显性知识的能力,以便合作成员的理解 | | | | | |

**再次感谢您的支持与配合!祝您工作愉快!**

# 参 考 文 献

[1] 艾根 M. 超循环论 [M]. 沈小峰, 曾国屏译. 上海: 上海译文出版社, 1990.

[2] 蔡文娟, 陈莉平. 社会资本视角下产学研协同创新网络的联接机制及效应 [J]. 科技管理研究, 2007 (1): 172-175.

[3] 曹畅, 余福海. 知识识别能力视角下企业社会资本对外部知识获取影响机理研究 [J]. 贵州财经大学学报, 2020 (3): 61-70.

[4] 曹静, 范德成, 唐小旭. 产学研结合技术创新绩效评价研究 [J]. 科技进步与对策, 2010 (4): 114-118.

[5] 陈艾华, 邹晓东. 基于组织间学习的产学研知识联盟协同创新机理——来自企业的实证研究 [J]. 浙江大学学报: 人文社会科学版, 2017, 47 (6): 74-87.

[6] 陈赤平, 丁建军. 分工、协作与企业合作剩余创造——马克思企业理论分析框架的一般化 [J]. 教学与研究, 2008 (4): 35-41.

[7] 陈阁芝, 刘静艳, 王雅君. 旅游供应链协同创新的治理困境: 契约还是关系? [J]. 旅游学刊, 2017, 32 (8): 48-58.

[8] 陈继祥, 霍沛军, 王忠民. 超竞争下的企业战略协同 [J]. 上海交通大学学报: 社科版, 2000, 8 (4): 86-89.

[9] 陈甲华, 邹树梁, 刘兵, 等. 基于价值链的战略联盟协同效应评价指标体系与模糊综合评价 [J]. 南华大学学报: 社会科学版, 2005, 6 (3): 46-49.

[10] 陈剑, 冯蔚东. 虚拟企业构建与管理 [M]. 北京: 清华大学出版社, 2002.

[11] 陈劲, 陈钰芬. 企业技术创新效益绩效评价指标体系研究 [J]. 科学学与科学技术管理, 2006 (3): 86-91.

[12] 陈久梅, 康世瀛. 基于粗集理论的供应链协同效果评价 [J]. 统计与决策, 2007 (22): 170-172.

[13] 陈昆玉, 陈昆琼. 论企业知识协同 [J]. 情报科学, 2002 (9): 986-989.

[14] 陈柳钦. 产业集群的创新、合作竞争和区域品牌效应分析 [J]. 湖北经济学

院学报，2008，6（1）：70-75.

［15］陈天阁，张道武，汤书昆，等．企业知识创造机制重构［J］．科研管理，2005，26（3）：44-50.

［16］程敏，余艳．基于演化博弈论的知识链组织间知识共享研究［J］．科技管理研究，2011，31（4）：145-148.

［17］程强，顾新，昌彦汝．基于文化协同的知识链知识协同研究［J］．图书馆，2019（2）：33-38.

［18］程强，顾新．基于COSO风险管理的知识链知识转化风险防范研究［J］．图书馆学研究，2015（5）：45-48.

［19］程强，顾新．论学习型区域主体之间交互学习的主要影响因素［J］．华东经济管理，2013，27（8）：59-63.

［20］程强，顾新，全力．知识链的知识协同管理研究［J］．图书馆学研究，2017（17）：2-7.

［21］程强，顾新．知识链管理研究进展与评述：基于知识活动视角［J］．情报理论与实践，2014，37（5）：124-129.

［22］程强，顾新．知识链管理研究进展与评述：基于组织之间合作、冲突与风险管理视角［J］．图书馆学研究，2014（20）：16-21，48.

［23］程强，鞠红岩，万洁．知识链战略协同对知识协同的影响研究［J］．科技管理研究，2022，42（19）：151-157.

［24］程强，石琳娜．基于自组织理论的产学研协同创新的协同演化机理研究［J］．软科学，2016，30（4）：22-26.

［25］崔琳琳，柴跃廷．企业群体协同机制的形式化建模及存在性研究［J］．清华大学学报：自然科学版，2008（4）：486-489.

［26］崔琳琳，柴跃廷，秦志宇．供需链协同的定量评价［J］．计算机集成制造系统，2007，13（5）：990-994.

［27］刁兆坤．2005年TD-SCDMA技术发展概况［J］．现代电信科技，2005（12）：10-13，53.

［28］董明放，韩先锋．研发投入强度与战略性新兴产业绩效［J］．统计研究，2016，33（1）：45-53.

［29］董绍辉，张志清，西宝．供应链协同需求预测机制研究［J］．运筹与管理，2010（5）：66-70.

［30］杜维，马阿双．联盟企业失败知识协同创新的动态决策模型［J］．软科学，

2018, 32 (1): 62-66.

[31] 段云龙, 张新启, 刘永松, 等. 基于管理协同的产业技术创新战略联盟稳定性研究 [J]. 科技进步与对策, 2019, 36 (5): 64-72.

[32] 冯博, 樊治平. 基于协同效应的知识创新团队伙伴选择方法 [J]. 管理学报, 2012, 9 (2): 258-261.

[33] 冯晓青. 企业知识产权战略协同初论 [J]. 湖南社会科学, 2015 (2): 58-64.

[34] 付帅帅, 陈伟达, 王丹丹. 跨境电商物流供应链协同发展研究 [J]. 东北大学学报 (社会科学版), 2021, 23 (1): 52-60.

[35] 傅鸿源. 工程项目风险评价方法的研究 [J]. 系统工程理论与实践, 1995 (10): 55-58.

[36] 高峰. 关于马克思主义竞争理论的几个问题 [J]. 中国人民大学学报, 2012 (6): 43-48.

[37] 高红岩. 战略管理学 [M]. 北京: 清华大学出版社, 北京交通大学出版社, 2007.

[38] 顾新, 郭耀煌, 李久平. 社会资本及其在知识链中的作用 [J]. 科研管理, 2003, 24 (5): 44-48.

[39] 顾新, 李久平, 王维成. 知识流动、知识链与知识链管理 [J]. 软科学, 2006, 20 (2): 10-16.

[40] 顾新, 李久平. 知识链成员之间的相互信任 [J]. 经济问题探索, 2005 (2): 37-40.

[41] 顾新, 吴绍波, 全力. 知识链组织之间的冲突与冲突管理研究 [M]. 成都: 四川大学出版社, 2011.

[42] 顾新. 知识链组织之间的冲突与冲突管理研究 [M]. 成都: 四川大学出版社, 2011.

[43] 韩斌, 孟琦. 战略联盟协同机制生成的系统结构演化分析 [J]. 科技进步与对策, 2007 (11): 37-40.

[44] 韩斌, 孟琦, 张铁男. 联盟协同优势创造的二维分析 [J]. 软科学, 2007, 21 (2): 5-7, 19.

[45] 何思源, 刘越男. 科学数据和科研档案的管理协同: 框架和路径 [J]. 档案学通讯, 2021 (1): 49-57.

[46] 何郁冰. 产学研协同创新的理论模式 [J]. 科学学研究, 2012, 30 (2): 165-

174.

[47] 何铮, 顾新. 知识链中组织之间冲突的形成与演化过程 [J]. 科技进步与对策, 2009, 26 (18): 140-143.

[48] 贺一堂, 谢富纪. 产学研协同创新的随机演化博弈分析 [J]. 管理评论, 2020, 32 (6): 150-162.

[49] 胡园园, 顾新, 程强. 知识链协同效应作用机理实证研究 [J]. 科学学研究, 2015, 33 (4): 585-594.

[50] 黄菁菁. R&D 投入与产学研协同创新——人力资本投入的门槛检验 [J]. 软科学, 2019, 33 (11): 16-21.

[51] 黄磊, 吴传清. 长江经济带工业绿色创新发展效率及其协同效应 [J]. 重庆大学学报 (社会科学版), 2019, 25 (3): 1-13.

[52] 黄少安. 经济学研究重心的转移与"合作"经济学构想 [J]. 经济研究, 2005 (5): 60-67.

[53] 季宇. U/I 知识联盟协同创新绩效的数理分析模型 [J]. 大连交通大学学报, 2007 (2): 84-87.

[54] 贾宝山, 尹彬, 王翰钊, 等. AHP 耦合 TOPSIS 的煤矿安全评价模型及其应用 [J]. 中国安全科学学报, 2015, 25 (8): 99-105.

[55] 贾若祥, 刘毅. 企业合作问题研究 [J]. 北京行政学院学报, 2004 (5): 30-35.

[56] 简贞. 基于第四方物流的供应链协同管理模式研究 [D]. 北京: 北京邮电大学, 2010.

[57] 蒋雪琳, 何建佳. 基于知识投入的企业合作创新策略演化路径研究 [J]. 技术与创新管理, 2016, 37 (1): 11-17.

[58] 杰里米·里夫金, 特德·霍华德. 熵: 一种新的世界观 [M]. 上海: 上海译文出版社, 1987.

[59] 李春发, 赵乐生. 组织双元性视角的产学研知识创新协同演化仿真研究 [J]. 情报科学, 2017, 35 (12): 73-80.

[60] 李丹. 基于产业集群的知识协同行为及管理机制研究 [M]. 北京: 法律出版社, 2009.

[61] 李丹. 企业群知识协同要素及过程模型研究 [J]. 图书情报工作, 2009, 53 (14): 76-79.

[62] 李海海, 杨柳. 知识属性、网络结构与装备制造企业集成创新——基于结构

方程模型的研究 [J]. 科技管理研究, 2019, 39 (8): 172-177.

[63] 李海婴, 周和荣. 敏捷企业协同机理研究 [J]. 中国科技论坛, 2004 (3): 39-43.

[64] 李怀祖. 管理研究方法论 [M]. 西安: 西安交通大学出版社, 2004.

[65] 李辉, 张旭明. 产业集群的协同效应研究 [J]. 吉林大学社会科学学报, 2006, 46 (3): 43-50.

[66] 李久平, 顾新, 王维成. 知识链管理与知识优势的形成 [J]. 情报杂志, 2008, (3): 50-53.

[67] 李玲鞠. 供应链管理信息系统中的信息协同效应分析 [J]. 情报科学, 2006, 24 (1): 100-103, 118.

[68] 李其芳. 虚拟企业在协同环境中的合作 [J]. 科技管理研究, 2010 (18): 132-134.

[69] 李霞, 严广乐. 供需网系统自组织演化条件分析 [J]. 统计与决策, 2009 (23): 60-63.

[70] 李一楠. 企业集团知识协同机制研究 [J]. 东岳论丛, 2009, 30 (3): 130-133.

[71] 李宜溥. 分工协作刍议 [J]. 山西财经学院学报, 1993 (5): 34-36.

[72] 李毅, 苑红晓, 张杰, 等. 定性与定量 TOPSI 方法研究及其应用 [C]. 中国自动化学会第21届青年学术年会, 2006.

[73] 李勇, 杨秀苔, 张异, 等. 论供应链管理中的战略协同 [J]. 经济与管理研究, 2004 (4): 57-60.

[74] 李元旭. 管理成本问题探讨 [J]. 中国工业经济, 1999 (6): 74-76.

[75] 李悦, 董守才. 专业化和协作是现代化工业发展的必然趋势 [J]. 教学与研究, 1979 (2): 13-18.

[76] 廉勇, 李宝山, 金永真. 分工协作理论及其发展趋势 [J]. 青海社会科学, 2006 (2): 26-29, 139.

[77] 梁美健, 吴慧香. 考虑协同效应的并购目标企业价值评估探讨 [J]. 北京工商大学学报: 社会科学版, 2009, 24 (6): 96-99.

[78] 梁晓雅, 卢向华. 产品创新、架构变革与文化协同——基于多案例比较的电子企业可持续成长分析 [J]. 研究与发展管理, 2010, 22 (3): 58-66.

[79] 廖杰, 顾新. 知识链组织之间的文化冲突分析 [J]. 科学管理研究, 2009, 27 (5): 54-57, 78.

[80] 廖重斌. 环境与经济协调发展的定量评判及其分类体系——以珠江三角洲城市群为例 [J]. 热带地理, 1999 (2): 76-82.

[81] 林东清（李东改编）. 知识管理理论与实践 [M]. 北京: 电子工业出版社, 2005.

[82] 林昭文, 张同健, 蒲永健. 基于互惠动机的个体间隐性知识转移研究 [J]. 科研管理, 2008, (4): 28-33.

[83] 凌鸿, 袁伟, 胥正川, 等. 企业供应链协同影响因素研究 [J]. 物流科技, 2006, 29 (3): 92-96.

[84] 刘冰峰, 王笑梅. 研发团队知识治理能力与突破性创新绩效关系探析 [J]. 企业经济, 2019 (6): 35-43.

[85] 刘超. 企业战略联盟的知识协同与共享模式探析 [J]. 科技管理研究, 2010 (5): 102-105.

[86] 刘广斌, 李建坤. 基于三阶段DEA模型的我国科普投入产出效率研究 [J]. 中国软科学, 2017 (5): 139-148.

[87] 刘捷先, 张晨. 公共服务平台下虚拟联盟成员选择机制及联盟企业间协同制造问题研究 [J]. 中国管理科学, 2020, 28 (2): 126-135.

[88] 刘松, 李朝明. 基于产业集群的企业协同知识创新内在机理研究 [J]. 科技管理研究, 2012 (2): 135-138.

[89] 刘小斌, 罗建强, 韩玉启. 产学研协同的技术创新扩散模式研究 [J]. 科学学与科学技术管理, 2008 (12): 48-52.

[90] 刘翌, 徐金发. 母子公司知识流动: 一个理论分析框架 [J]. 科研管理, 2002, 23 (3): 6-11.

[91] 刘友金, 杨继平. 集群中企业协同竞争创新行为博弈分析 [J]. 系统工程, 2002 (6): 22-26.

[92] 龙跃, 顾新, 张莉. 产业技术创新联盟知识共享的两阶段博弈分析 [J]. 科技进步与对策, 2016, 33 (20): 69-75.

[93] 楼高翔, 胡继灵. 供应链技术创新协同能力及其效益评价 [J]. 科技进步与对策, 2008 (12): 190-192.

[94] 楼高翔, 万宁. 基于供应链的技术创新协同伙伴选择与评价 [J]. 科技进步与对策, 2011 (24): 153-155.

[95] 卢蒙, 兰小波, 武柏毅. 基于AHP-TOPSIS模型山岭隧道施工安全评价研究 [J]. 工程与建设, 2021, 35 (2): 364-368.

[96] 陆杉, 高阳. 敏捷供应链协同绩效评价 [J]. 科技进步与对策, 2009 (2): 26-29.

[97] 陆杉. 基于关系资本和知识学习的供应链协同度评价研究 [J]. 科学学与科学技术管理, 2012, 33 (8): 152-158.

[98] 吕璞, 韩美姝. 产业集群协同创新风险度量——基于组合赋权的物元可拓模型 [J]. 科技进步与对策, 2017, 34 (8): 72-79.

[99] 罗洪云, 林向义, 王磊, 等. 产学研协同知识创新体系创新绩效评价研究 [J]. 现代情报, 2015, 35 (2): 8-11.

[100] 罗琳, 魏奇锋, 顾新. 产学研协同创新的知识协同影响因素实证研究 [J]. 科学学研究, 2017, 35 (10): 1567-1577.

[101] 马克思. 资本论 (第1卷) [M]. 中共中央马恩列斯著作编译局, 译. 北京: 人民出版社, 1975.

[102] 毛克宇, 杜纲. 基于协同产品商务的企业协同能力及其评价模型 [J]. 内蒙古农业大学学报4社会科学版, 2006 (2): 165-167.

[103] 孟捷, 向悦文. 竞争与制度: 马克思主义经济学的相关分析 [J]. 中国人民大学学报, 2012 (6): 32-42.

[104] 孟琦, 韩斌. 获取战略联盟竞争优势的协同机制生成分析 [J]. 科技进步与对策, 2008 (11): 1-4.

[105] 欧光军, 李永周. 面向产品的高技术企业集群协同创新集成研究 [J]. 科学管理研究, 2010 (5): 11-16.

[106] 潘开灵, 白列湖, 程奇. 管理协同倍增效应的系统思考 [J]. 系统科学学报, 2007, 15 (1): 70-73.

[107] 潘开灵, 白烈湖. 管理协同理论及其应用 [M]. 北京: 经济管理出版社, 2006.

[108] 彭双, 顾新, 吴绍波. 基于非线性相互作用视角的知识链组织间知识创造机理研究 [J]. 科技进步与对策, 2010, 27 (4): 124-126.

[109] 彭正银, 何晓峥. 企业网络组织协同竞争的理论与效应解析 [J]. 现代财经, 2007, 27 (1): 41-45.

[110] 齐文静, 胡斌, 杨坤, 等. 分布式创新网络知识协同风险评价研究 [J]. 科技管理研究, 2017, 37 (4): 76-81.

[111] 祁宇祥, 李向东, 檀润华, 李亚坤. 网络化制造协同联盟的企业协同建模 [J]. 河北工业大学学报, 2005 (5): 13-18.

[112] 钱颖一. 激励与约束 [J]. 经济社会体制比较, 1999 (5): 6-12.

[113] 钱雨, 吴冠霖, 孙新波, 等. 产学研协同创新成员协同行为构成要素及关系研究 [J]. 科技进步与对策, 2015, 32 (16): 15-21.

[114] 邱国栋, 白景坤. 价值生成分析: 一个协同效应的理论框架 [J]. 中国工业经济, 2007, 24 (6): 88-95.

[115] 屈维意, 周海炜, 姜骞. 资源—能力观视角下战略联盟的协同效应层次结构研究 [J]. 科技进步与对策, 2011, 28 (24): 17-21.

[116] 任红亚, 杜宏巍, 高翔. 协同战略的测度与实施 [J]. 理论探讨, 2005 (3): 101-105.

[117] 任佩瑜, 张莉, 宋勇. 基于复杂性科学的管理熵、管理耗散结构理论及其在企业组织与决策中的作用 [J]. 管理世界, 2001 (6): 142-147.

[118] 荣泰生. AMOS 与研究方法 [M]. 重庆: 重庆大学出版社, 2009.

[119] 沈小峰, 曾国屏. 超循环理论的方法论问题 [J] 北京师范大学学报 (自然科学版), 1988, (2): 79-84.

[120] 沈小峰, 曾国屏. 超循环论的哲学问题 [J]. 中国社会科学, 1989 (4): 185-194.

[121] 石娟, 顾新, 吴绍波. 基于知识协同的知识链最优协调模型研究 [J]. 科技进步与对策, 2011, 28 (1): 128-130.

[122] 史成东, 陈菊红. 基于启发式属性约简和神经网络的供应链协同管理绩效预测 [J]. 科技管理研究, 2009 (3): 283-286.

[123] 史丽萍, 吕莉. 战略联盟的协同效应研究 [J]. 齐齐哈尔大学学报: 哲学社会科学版, 2004 (3): 30-31.

[124] 舒彤, 陈收, 汪寿阳, 等. 基于影响因子的供应链协同预测方法 [J]. 系统工程理论与实践, 2010 (8): 1363-1370.

[125] 宋冬英. 企业文化与企业经营业绩关系探讨 [J]. 北京工商大学学报: 社会科学版, 2004, 19 (4): 51-54.

[126] 宋华, 陈思洁. 供应链动态能力以及协同创新战略对资金柔性的影响研究 [J]. 商业经济与管理, 2017 (11): 5-17.

[127] 宋玉斌, 汤海燕, 倪才英, 等. 南昌市生态环境与经济协调发展度分析评价 [J]. 环境与可持续发展, 2007 (1): 39-41.

[128] 宋耘, 王健. 网络特征和知识属性对企业创新绩效的影响 [J]. 管理科学, 2020, 33 (3): 63-77.

[129] 苏加福,杨涛,胡森森.基于UWN的协同创新知识网络知识流动效率测度[J].科研管理,2020,41(8):248-257.

[130] 孙华,胡金焱.风险偏好下的供应链协同契约机制研究[J].云南大学学报:社会科学版,2011(3):85-91,96.

[131] 孙新波,李佳磊,刘博.知识联盟激励协同与联盟绩效关系研究[J].管理评论,2014,26(11):182-189.

[132] 孙新波,张波,罗能.基于生命周期理论的知识联盟激励协同成熟度研究[J].科学学与科学技术管理,2012(1):60-68.

[133] 孙新波,张大鹏,吴冠霖,等.知识联盟协同创新影响因素与绩效的关系研究[J].管理学报,2015(8):1163-1171.

[134] TD产业联盟.IDD产业和市场发展简讯[R].2013.

[135] TD联盟拟出台反恶性竞争规定[N].第一财经日报,2008-09-19.

[136] 谭劲松,林润辉.TD-SCDMA与电信行业标准竞争的战略选择[J].管理世界,2006,6:71-84.

[137] 佟泽华.知识协同及其与相关概念的关系探讨[J].图书情报工作,2012,56(8):107-112.

[138] 万幼清,王云云.产业集群协同创新的企业竞合关系研究[J].管理世界,2014(8):175-176.

[139] 汪丁丁.知识沿时间和空间的互补性以及相关的经济学[J].经济研究,1997(6):70-78.

[140] 汪应洛.系统工程理论、方法与应用[M].北京:高等教育出版社,2004.

[141] 王帮俊,吴艳芳.区域产学研协同创新绩效评价——基于因子分析的视角[J].科技管理研究,2018,38(1):66-71.

[142] 王宝英.供应链复杂系统企业社会责任的自组织演化[J].经济问题,2013(9):93-96.

[143] 王海龙,张悦,丁堃,等.产学研协同创新的利益协同机制——基于辽宁新型产业技术研究院的多案例研究[J].科学管理研究,2016,34(5):65-68.

[144] 王纪洋,张明广,王雪栋.基于AHP-TOPSIS模型的危险化工工艺风险等级评价研究[J].安全与环境工程,2016,23(6):100-105.

[145] 王进富,张颖颖,苏世彬,等.产学研协同创新机制研究——一个理论分析框架[J].科技进步与对策,2013,30(16):1-6.

[146] 王举颖.集群企业生态位态势互动与协同进化研究[J].北京理工大学学

报：社会科学版，2010（4）：57-60．

[147] 王举颖，赵全超．基于 IRCS-ANP 的中小企业集群协同效应测度研究 [J]．山东大学学报：哲学社会科学版，2013（3）：102-107．

[148] 王举颖，赵全超．集群环境下科技型中小企业协同进化研究 [J]．中国科技论坛，2009（9）：58-62．

[149] 王凯，胡赤弟，陈艾华．大学网络能力对产学知识协同创新绩效的影响 [J]．科研管理，2019，40（8）：166-178．

[150] 王康，王晓慧．产业技术创新战略联盟的技术竞争情报协同服务模式研究 [J]．情报科学，2018，36（10）：54-57，83．

[151] 王明华，王长征．市场知识能力与企业竞争优势 [J]．中国软科学，2004（10）：88-92．

[152] 王鹏，汪波．协同战略的实现机制研究 [J]．山东社会科学，2012（3）：167-170．

[153] 王蔷．论战略联盟中的相互信任问题（下）[J]．外国经济与管理，2000，22（5）：21-24．

[154] 王清晓．契约与关系共同治理的供应链知识协同机制 [J]．科学学研究，2016，34（10）：1532-1540．

[155] 王实，顾新，杨立言．知识链组织之间冲突类型分析与冲突管理管理策略探讨 [J]．软科学，2010，24（12）：48-51．

[156] 王硕．协同理论在虚拟企业协调发展中的应用 [J]．合肥工业大学学报：社会科学版，2005，19（1）：29-32．

[157] 王松．我国区域创新主体协同研究 [D]．武汉：武汉理工大学，2013．

[158] 王涛，顾新．基于社会资本的知识链成员间相互信任产生机制的博弈分析 [J]．科学学与科学技术管理，2010（1）：76-80，122

[159] 王学东，谢辉，谢晓娇．面向知识共享流程的虚拟团队知识协同研究 [J]．情报科学，2011，29（11）：1608-1612．

[160] 王雪原，蔡野．R&D 联盟——成员博弈模型设计 [J]．科技进步与对策，2010（12）：1-5．

[161] 王延娜，冯艳飞．基于 FAHP 的制造业精益供应链协同绩效评价研究 [J]．工业技术经济，2010（4）：104-107．

[162] 王永贵，王娜．供应商依赖的决定因素及其对协同创新绩效的影响——供应商国际化程度的调节作用 [J]．南开学报：哲学社会科学版，2015（4）：77-86．

[163] 王玉梅. 基于动力学的组织知识创新联盟网络协同发展评价研究 [J]. 科学学与科学技术管理, 2010 (10): 119-124.

[164] 王振锋, 解树江. 竞争理论的演变: 分析与评述 [J]. 北京行政学院学报, 2006 (6): 57-60.

[165] 王子龙, 谭清美, 许箫迪. 基于生态位的集群企业协同进化模型研究 [J]. 科学管理研究, 2005 (5): 36-39.

[166] 魏晨, 马士华. 基于瓶颈供应商提前期的供应链协同契约研究 [J]. 中国管理科学, 2008 (5): 50-56.

[167] 魏世红, 谭开明. 高新技术产业集群协同效应分析 [J]. 中国科技论坛, 2007 (5): 71-74.

[168] 吴翠花, 万威武. 基于自主创新的组织知识创造机制研究 [J]. 科研管理, 2007, 28 (3): 31-37.

[169] 吴华明. 自组织战略协同: 概念、特点与管理过程 [J]. 系统科学学报, 2015 (2): 19-22.

[170] 吴敬琏. 论作为资源配置方式的计划与市场 [J]. 中国社会科学, 1991 (6): 125-144.

[171] 吴明隆. SPSS统计应用实务——问卷分析与应用统计 [M]. 北京: 科学出版社, 2003.

[172] 吴绍波, 顾新, 彭双. 知识链组织之间合作契约的功能 [J]. 情报杂志, 2009, 28 (5): 107-110, 18.

[173] 吴绍波, 顾新. 知识链组织之间合作的知识协同研究 [J]. 科学学与科学技术管理, 2008, 29 (8): 83-87.

[174] 吴卫红, 陈高翔, 张爱美. "政产学研用资" 多元主体协同创新三三螺旋模式及机理 [J]. 中国科技论坛, 2018 (5): 1-10.

[175] 吴伟. 企业技术创新主体协同的系统动力学分析 [J]. 科技进步与对策, 2012, 29 (1): 91-96

[176] 吴悦, 顾新. 产学研协同创新的知识协同过程研究 [J]. 中国科技论坛, 2012 (10): 17-23.

[177] 夏红云. 产学研协同创新动力机制研究 [J]. 科学管理研究, 2014, 32 (6): 21-24.

[178] 夏静, 巢来春. 虚拟企业环境下多智能体协同决策机制研究 [J]. 华东经济管理, 2007, 21 (12): 93-95.

[179] 夏蔚军,吴智铭. 供应链协同契约研究 [J]. 计算机集成制造系统, 2005 (11): 1576-1579.

[180] 夏兴园,万东铖. 我国资源配置方式的理性选择 [J]. 经济研究, 1997 (1): 66-71.

[181] 肖冬平,顾新,彭雪红. 基于嵌入视角下知识网络中的知识流动研究 [J]. 情报杂志, 2009, 28 (8): 116-125.

[182] 肖冬平. 知识网络的结构与合作伙伴关系及其对知识创新的影响研究 [D]. 成都:四川大学, 2010.

[183] 肖建华,张栌方,孙玲. 我国虚拟集群治理模式与协同效应研究:以服务业为例 [J]. 科技进步与对策, 2016, 33 (15): 44-49.

[184] 谢和平,薛秀谦. 分形应用中的数学基础与方法 [M]. 北京:科学出版社, 1997.

[185] 谢仰安. 对"合作生产"性质的探讨 [J]. 外国经济与管理, 1985 (3): 1-3.

[186] 解雪梅,曾塞星. 都市圈技术创新主体协同的演化博弈分析 [J]. 上海交通大学学报, 2009, 43 (9): 1362-1365. [187] 幸理. 企业合作创新的基本理念辨析 [J]. 现代经济探讨, 2006 (7): 30-33.

[188] 徐金发,刘翌. 母子公司之间知识流动的决定因素研究 [J]. 科研管理, 2002, 2 (2): 122-126.

[189] 徐思祖. 科技合作与科技竞争 [J]. 研究与发展管理, 1992, 4 (2): 20-21.

[190] 徐政,党梦雅. 经济发展水平与科普资源投入产出效率的关系研究——基于三阶段 DEA 模型 [J]. 现代管理科学, 2017 (3): 19-30.

[191] 许强,郑晓丹. 母子公司组织协同、知识协同与创新绩效的关系研究 [J]. 科技进步与对策, 2010, 27 (16): 143-146.

[192] 许庆瑞,蒋键,郑刚. 各创新要素全面协调程度与企业特质的关系实证研究 [J]. 研究与发展管理, 2005, 17 (3): 16-21.

[193] 许庆瑞,朱凌,王方瑞. 从研发—营销的整合到技术创新——市场创新的协同 [J]. 科研管理, 2006 (2): 22-30.

[194] 许箫迪,王子龙. 基于战略联盟的企业协同创新模型研究 [J]. 科学管理研究, 2005 (6): 12-15.

[195] 薛晓梅,孙锐. 创新集群知识治理机制选择的影响因素分析 [J]. 科技管理研究, 2012, (8): 194-197.

[196] 薛昭莹. 马克思的分工协作理论及其在我国的运用 [J]. 暨南学报: 哲学社会科学版, 1983 (2): 41-48.

[197] 鄢飞, 董千里. 物流网络的协同效应分析 [J]. 北京交通大学学报: 社会科学版, 2009, 8 (1): 28-32.

[198] 鄢红英, 周天星, 汪雯文, 等. 基于改进三角模糊 TOPSIS 法的山地旅游轨道交通制式选择 [J]. 综合运输, 2020, 42 (10): 38-43.

[199] 杨陈. 效用理论视角的产学研协同创新机制有效性的影响因素研究 [D]. 重庆: 重庆理工大学, 2015.

[200] 杨翠兰. 基于 Borda 序值和 RBF 神经网络的知识链风险预警 [J]. 统计与决策, 2011 (17): 56-59.

[201] 杨德礼, 于江. 供应链管理下节点企业与第三方物流间协同合作的量化研究 [J]. 中国软科学, 2003 (3): 51-55.

[202] 杨东升, 张永安. 冲突分析理论在产学研合作中的应用 [J]. 研究与发展管理, 2007, 19 (6): 134-137.

[203] 杨浩雄, 何明珂. 基于物流信息共享的供应链物流中节点企业协同行为的激励机制研究 [J]. 北京工商大学学报: 社会科学版, 2006 (1): 22-26.

[204] 杨洪涛, 昊想. 产学协同创新知识转移影响因素实证研究 [J]. 科技进步与对策, 2012 (14): 117-121.

[205] 杨慧玲, 张伟. 马克思分工理论体系研究 [J]. 经济学家, 2011 (10): 14-21.

[206] 杨磊, 侯贵生. 联盟知识异质性、知识协同与企业创新绩效关系的实证研究——基于知识嵌入性视角 [J]. 预测, 2020, 39 (4): 38-44.

[207] 杨立岩. "合作"与"合作经济学" [J]. 南方经济, 2001 (10), 33-34, 16.

[208] 杨文胜, 李莉. 基于响应时间的供应链契约协同分析 [J]. 系统工程学报, 2006 (1): 24-32.

[209] 杨永福, 黄大庆, 李必强. 复杂性科学与管理理论 [J]. 管理世界, 2001 (2): 167-174.

[210] 杨玉香, 周根贵. 闭环供应链网络整合协同效应量化模型研究 [J]. 管理工程学报, 2012, 26 (4): 112-118.

[211] 杨竹青, 凌鸿. 国外敏捷企业研究体系及发展趋势 [J]. 科技进步与对策, 2012, 29 (21): 155-160.

[212] 养我.《资本论》通俗讲座——第十一章协作 [J]. 中国经济问题, 1963

(5)：34-39.

[213] 叶苏，顾新．知识链成员之间的交互学习研究 [J]．科技进步与对策，2007，24 (3)：139-142.

[214] 应可福，薛恒新．企业集团管理中的协同效应研究 [J]．华东经济管理，2004，18 (5)：135-138.

[215] 尤佳，佟仁城，张松．基于现金流量的虚拟企业协同增值评估模型研究 [J]．数学的实践与认识，2009，39 (7)：46-53.

[216] 于晓霖，周朝玺．渠道权力结构对供应链协同效应影响研究 [J]．管理科学，2008 (6)：29-39.

[217] 俞竹超．知识协同的理论框架及若干问题研究 [D]．沈阳：东北大学，2006.

[218] 喻汇．基于技术联盟的企业协同创新系统研究 [J]．工业技术经济，2009 (4)：124-128.

[219] 喻金田，胡春华．技术联盟协同创新的合作伙伴选择研究 [J]．科学管理研究，2015，33 (1)：13-16.

[220] 曾文杰，马士华．供应链合作关系相关因素对协同的影响研究 [J]．工业工程与管理，2010 (2)：1-7.

[221] 翟丹妮，韩晶怡．基于网络演化博弈的产学研知识协同研究 [J]．统计与信息论坛，2019，34 (2)：64-70.

[222] 湛垦华，孟宪俊，张强．自组织与系统演化 [J]．中国社会科学，1986 (6)：211-217.

[223] 张翠华，任金玉，于海斌．非对称信息下基于惩罚和奖励的供应链协同机制 [J]．中国管科学，2006 (3)：32-37.

[224] 张翠华，周红，赵淼，等．供应链协同绩效评价及其应用 [J]．东北大学学报，2006 (6)：706-708.

[225] 张辅松．企业合作创新模式探究 [J]．科技进步与对策，2003 (6)：55-57.

[226] 张海峰，高亚琼．基于混合策略的船舶制造业供应链企业信息资源协同效益的博弈研究 [J]．中国管理科学，2015，23 (S1)：836-841.

[227] 张浩，崔丽，侯汉坡．基于协同学的企业战略协同机制的理论内涵 [J]．北京工商大学学报：社会科学版，2011，26 (1)：69-75.

[228] 张浩．基于混沌理论与协同学的企业战略协同机制优化研究 [D]．哈尔滨：哈尔滨工程大学，2009.

[229] 张康之."协作"与"合作"之辨异 [J]. 江海学刊, 2006 (2): 98-105.

[230] 张力. 产学研协同创新的战略意义和政策走向 [J]. 教育研究, 2011 (7): 18-21.

[231] 张敏, 吴美安. 供应链协同的五个悖论 [J]. 现代管理科学, 2003 (1): 10-11.

[232] 张青山, 游金. 企业动态联盟风险转移机制研究 [J]. 管理评论, 2005, 17 (12): 44-48.

[233] 张秋实. 黑龙江省文化产业产学研协同创新体系研究 [D]. 沈阳: 东北石油大学, 2016.

[234] 张铁男. 适应性企业战略管理 [M]. 北京: 中国发展出版社, 2006.

[235] 张铁男, 张亚娟, 韩兵. 基于惯例的适应性企业战略机制分析 [J]. 学术交流, 2009 (9): 88-92.

[236] 张维迎. 博弈论与信息经济学 [M]. 上海: 上海人民出版社, 2004.

[237] 张新民. 社会网络、组织协同与价值创造——基于组织间制度距离的视角 [J]. 天津商业大学学报, 2012, 32 (5): 9-14.

[238] 张旭军, 蒋石梅, 张爱国, 等. 产业集群产学研协同创新机制——基于保定市新能源及输变电产业集群的案例研究 [J]. 科学学研究, 2012, 30 (2): 207 212.

[239] 张艳, 史美林. HCM: 一个虚拟企业协同工作描述模型 [J]. 计算机研究与发展, 2003 (5): 752-756.

[240] 张业圳, 林翊. 产业技术创新战略联盟协同创新的演化博弈分析 [J]. 福建师范大学学报 (哲学社会科学版), 2015 (2): 22-30, 167.

[241] 张莹. 供应链协同效应的理念误区 [J]. 经济问题探索, 2004 (6): 35-36.

[242] 张志清, 西宝, 严红. 基于 Petri 网的供应链协同需求预测流程模型 [J]. 工业工程, 2009 (6): 47-51.

[243] 张志清, 西宝, 杨中华, 等. 基于信息融合的供应链协同需求预测分析 [J]. 科技进步与对策, 2008 (12): 174-177.

[244] 赵昌平, 王方华, 葛卫华. 战略联盟形成的协同机制研究 [J]. 上海交通大学学报, 2004, 38 (3): 417-421.

[245] 赵健宇, 付程, 袭希. 知识嵌入性、知识流动与战略联盟结构升级的关系研究 [J]. 管理评论, 2020, 32 (1): 91-106.

[246] 赵健宇, 王铁男. 战略联盟协同演化机理与效应——基于生物进化隐喻的多理论诠释 [J]. 管理评论, 2018, 30 (8): 194-208.

[247] 赵炎，冯薇雨，郑向杰. 联盟网络中派系与知识流动的耦合对企业创新能力的影响 [J]. 科研管理，2016，37（3）：51-58.

[248] 赵映雪. 技术联盟合作伙伴选择对协同创新行为的影响 [J]. 统计与决策，2016（4）：54-56.

[249] 赵志森，孙丽娜，陈苏，等. 贴近度分析法在辽河干流铁岭段河岸带健康评价中的应用 [J]. 生态学杂志，2014，33（3）：735-740.

[250] 郑季良，周旋. 钢铁企业绿色供应链管理协同效应评价研究 [J]. 科研管理，2017，38（S1）：563-568.

[251] 中共中央马克思恩格斯列宁斯大林著作编译局. 马克思恩格斯全集：23卷 [M]. 北京：人民出版社，2008.

[252] 钟小斌. 面向创新主体间协同创新的科研评价研究 [J]. 科技创业月刊，2020，33（8）：1-6.

[253] 周和荣，李海婴. 敏捷企业协同模型及机理研究 [J]. 武汉理工大学学报：信息与管理工程版，2003（6）：148-152.

[254] 周和荣. 敏捷企业理论研究综述 [J]. 中国科技论坛，2007（9）：64-68.

[255] 周立华，宋殿辉，王玉民. 供应链协同的竞争优势研究 [J]. 长春工业大学学报：社会科学版，2007（2）：4-6.

[256] 周茜，谢雪梅，吕淼虹. 知识创新视角下知识链中知识协同风险评价与管控模型研究 [J]. 科技管理研究，2020，40（23）：168-177.

[257] 周青，马香媛，毛崇峰. 产业技术创新战略联盟的阶段性冲突演化研究 [J]. 软科学，2013，27（7）：57-60.

[258] 周荣辅，赵俊仙. 供应链协同效果评价指标体系的构建 [J]. 统计与决策，2008（13）：64-66.

[259] 周叔莲，郭克莎. 资源配置方式与我国经济体制改革 [J]. 中国社会科学，1993（3）：19-32.

[260] 周阳敏，桑乾坤. 国家自创区产业集群协同高质量创新模式与路径研究 [J]. 科技进步与对策，2020，37（2）：59-65.

[261] 周忠华，向大军. 文化差异·文化冲突·文化调适 [J]. 吉首大学学报：社会科学版，2011，32（2）：152-153.

[262] 朱正萱. 企业集团与"协同效应" [J]. 南京理工大学学报：社会科学版，1999，12（4）：66-69.

[263] 邹辉霞. 供应链协同管理：理论与方法 [M]. 北京：北京大学出版社，2007.

[264] 邹志勇, 武春友. 企业集团管理协同能力理论模型研究 [J]. 财经问题研究, 2008 (9): 99-102.

[265] 左军. 对分工协作论的若干思考 [J]. 中国社会科学院研究生院学报, 1991 (1): 14-19.

[266] Adler N J. International Dimension of Organizational Behavior [M]. Boston: PWS Kent, 1986.

[267] Akkermans H, Bogerd P, Doremalen J Travail. Transparency and Trust: A Case Study of Computer-supported Collaborative Supply Chain Planning in High-tech Electronics [J]. European Journal of Operational Research, 2004, 53 (2): 445-456.

[268] Alexiev A S, Volberda H W, Bosch F A. Interorganizational Collaboration and Firm Innovativeness: Unpacking the Role of the Organizational Environment [J]. Journal of Business Research, 2016, 69 (2): 974-984.

[269] Anklam P. Knowledge Management: the Collaboration Thread [J]. Bulletin of the American Society for Information Science and Technology, 2002 (6): 8-11.

[270] Ansoff I. Corporate Strategy, an Analytic Approach to Business Policy for Growth and Expansion [M]. New York: Mcgraw Hill, 1965.

[271] Argyris C, Schön D A. Organizational Learning: A theory of Action Perspective [M]. Reading: Addison-Wesley, 1978.

[272] Bagozzi R P, Yi Y. On the Evaluation of Structural Equation Models [J]. Journal of the Academy of Marketing Science, 1988, 16 (1): 74-79.

[273] Barney J B. Firm Resources and Sustained Competitive Advantage [J]. Advances in Strategic Management, 1991, 17 (1): 3-10.

[274] Barney J B, Hansen M H. Trustworthiness as a Source of Competitive Advantage [J]. Strategic management journal, 1994, 15 (S1): 175-190.

[275] Bartling B, Siemens F A V. Wage inequality and team production: An experimental analysis [J]. Journal of Economic Psychology, 2011, 32 (1): 1-16.

[276] Beamon B M. Measuring Supply Chain Performance [J]. International Journal of Operations & Production Management, 1999 (19): 275-292.

[277] Bercovitz J, Feldman M. Entrepreneurial Universities and Technology Transfer: a Conceptual Framework for Understanding Knowledge-based Economic Development [J]. The Journal of Technology Transfer, 2008, 31 (1): 175-188.

[278] Bjerregaard T. Universities-industry Collaboration Strategies: a Micro-level Per-

spective [J]. European Journal of Innovation Management, 2009, 12 (2): 161-176.

[279] Bonaccorsi A, Piccalugadua A. A theoretical framework for the evaluation of university-industry relationships [J]. R&D Management, 2007, 24 (3): 229-247.

[280] Brusoni S, Prencipe A, Pavitt K. Knowledge specialization, organizational coupling, and the boundaries of thefirm: Why do firms know more than they make? [J]. Administrative Science Quarterly, 2001, 46 (4): 597-621.

[281] Bstieler L, Hemmert M. The effectiveness of relational and contractual governance in new product development collaborations: Evidence from Korea [J]. Technovation, 2015, 45 (46): 29-39.

[282] Burt R S. Structural Holes: The Social Structure of Competition [M]. Cambridge: Harvard University Press, 1992.

[283] Buzzell R D, Gale B T. The PIMS principles: Linking Strategy to Performance [M]. USA: The Free Press, 1987.

[284] Cabrera, A., & Cabrera, E. F.. Knowledge – sharing dilemmas [J]. Organization Studies, 2002, 23 (5): 687-710.

[285] Camarinha – Matos L M, Afsarmanesh H, Galeano N, et al. Collaborative networked organizations – Concepts and practice in manufacturing enterprises [J]. Computers & Industrial Engineering, 2009, 57 (1): 46-60.

[286] Cao M, Zhang Q. Supply chain collaboration: Impact on collaborative advantage and firm performance [J]. Journal of Operations Management, 2011, 29 (3): 163-180.

[287] Chang-yen Tsai, Chengli Tien. Does Organizational Strategic Fit in Supply Chain Relations Affect the Propensity for Strategic Change? Evidence from Taiwanese Investments in China [J]. Chinese Management Studies, 2011, 5 (2): 164-180.

[288] Cheng Q, Chang Y. Influencing factors of knowledge collaboration effects in knowledge alliances [J]. Knowledge Management Research & Practice, 2020, 18 (4): 380-393.

[289] Cheng Q, Liu Y L, Chang YR. The incentive mechanism in knowledge a lliance: based on the input-output of knowledge [J]. Journal of Innovation & Knowledge, 2022, 7 (2): 100175.

[290] Chen T Y, Chen Y M, Wang C B, et al. Secure resource sharing on cross-organization collaboration using a novel trust method [J]. Robotics and Computer – Integrated Manufacturing, 2007, 23 (4): 421-435.

[291] Cherry, T., Kroll, S., Shogren, J. The impact of endowment heterogeneity

andorigin on public good contributions: Evidence from the lab [J]. Journal of EconomicBehavior & Organization, 2005, 57 (3): 357 – 365.

[292] Clarke C J, Brennan K. Build Synergy in the Diversified Business [J]. Long Range Planning, 1990, 23 (2): 9 – 16

[293] Coase R H. The nature of the firm [J]. Economica, N. S. 1937, 4 (16): 386 – 405.

[294] Cohen W M, Levinthal D A. Absorptive capacity: A new perspective on learning and innovation [J]. Administrative Science Quarterly, 1990, 35 (1): 128 – 152.

[295] Cohen W M, Nelson R R, Walsh J P. Links and Impacts: The Influence of Public Research on Industrial R&D [J]. Management Science: Journal of the Institute of Management Sciences, 2002, 48 (1): 1 – 23.

[296] Committee of Sponsoring Organizations of the Treadway Commission. Enterprise Risk Management—Integrated Framework [R]. 2004

[297] Cowan R, Jonard N. Evolving Networks of Inventors [J]. Journal of Evolutionary Economics, 2006, 16 (1): 155 – 174.

[298] Davenport T H, Prusak L. Working knowledge: How organizations manage what they know [M]. Boston: Harvard Business School Press, 1998.

[299] Doloreux D. What we should know about regional systems of innovation [J]. Technology in Society, 2002, 24 (3): 243 – 263.

[300] Douma M U, Bilderbeek J, Idenburg P J. Strategic Alliances Managing the Dynamics of Fit [J]. Long Range Planning, 2000, 33 (4): 579 – 598.

[301] Duque R B, Ynalvez M, Sooryamoorthy R, Mbatia P, Dzorgbo D – BS, Shrum W. Collaboration Paradox: Scientific Productivity, the Internet, and Problems of Research in Developing Areas [J]. Social Studies of Science. 2005, 35 (5): 755 – 785.

[302] Elias G. Carayannis, Jeffrey Alexander, Anthony Ioannidis. Leveraging knowledge, learning, and innovation in forming strategic government-university-industry (GUI) R&D partnerships in the US, Germany, and France [J]. Technovation, 2000, 20 (9): 477 – 488.

[303] Erkelens R, van den Hooff B, Huysman M, et al. Learning from locally embedded knowledge: Facilitating organizational learning in geographically dispersed settings [J]. Global Strategy Journal, 2015, 5 (2): 177 – 197.

[304] Fan D, Tang X X. Performance Evaluation of Industry – University – Research Co-

operative Technological Innovation Based on Fuzzy Integral [C]. International Conference on Management Science & Engineering, 2009: 1789-1795.

[305] Fiol C M, Lyles M A. Organizational learning [J]. Academy of management review, 1985, 10 (4): 803-813.

[306] Gao S, Guo Y, Chen J, et al. Factors affecting the performance of knowledge collaboration in virtual team based on capital appreciation [J]. Information Technology and Management, 2016, 17 (2): 119-131.

[307] Granovetter M. The strength of weak ties [J]. American journal of sociology, 1973, 78 (6): 1360-1380.

[308] Gulati R. Social structure and alliance formation: A longitudinal analysis [J]. Administrative Science Quarterly, 1995, 40: 619-652.

[309] Haken H. Synergetics—An Introduction [M]. Berlin: Springer-Verlag, 1977.

[310] Haken H. The science of structure: synergetics [M]. NewYork: Van Nostrand Reinhold Company, 1981.

[311] Haken H. Visions of synergetics [J]. Joumal of theFranklin Institute, 1997, 334 (5-6): 759-792.

[312] Harryson S, Kliknaite S, Dudkowski R. Flexibility in innovation through external learning: exploring two models for enhanced industry-university collaboration [J]. International Journal of Technology Management, 2008, 41 (1): 109-137.

[313] Hill W R, Roberts B J, Francoeur S N, et al. Resource synergy in stream periphyton communities [J]. Journal of Ecology, 2011, 99 (2): 454-463.

[314] Hitt M A, Hardee C, Park D. Understanding strategic intent in the global marketplace [J]. Academy of Management Executive, 1995, 9 (2): 12-19.

[315] Hsiao Y C, Chen C J, Choi Y R. The innovation and economic consequences of knowledge spillovers: fit between exploration and exploitation capabilities, knowledge attributes, and transfer mechanisms [J]. Technology Analysis & Strategic Management, 2017, 29 (8): 872-885.

[316] Ito T, Rizal Salleh M. A Blackboard-based Negotiation for Collaborative Supply Chain System [J]. Journal of Materials Processing Technology, 2000, 107 (1): 398-403.

[317] Johanson U, Mårtensson M, Skoog M. Measuring to understand intangible performance drivers [J]. The European Accounting Review, 2001, 10 (3): 407-437.

[318] Kanter R M. When Giants Learn to Dance [M]. London: Simon & Schuster,

1989.

[319] Klijn, Erik-Hans, Edelenbos, et al. Trust in Governance Networks: Its Impacts on Outcomes [J]. Administration & Society, 2010, 42 (2): 193-221.

[320] Knyazeva H. Synergetics and the images of future [J]. Futures, 1999, 31 (3-4): 281-290.

[321] Krewer D. Cultural standard as medium of self and others reflection. In: A Thomas (Hrsg.), Psychology intercultural trades. Göttingen: Hogrefe, 1996: 147-164.

[322] Laurie Gloge, Paula Howell, Harlan Hugh, et al. Knowledge collaboration for IT support [J]. HDI SAB Paper, 2009: 51-29.

[323] Leea K-J, Ohtab T, Kakehib K. Formal boundary spanning by industry liaison and the changing pattern of university-industry cooperative research: the case of the University of Tokyo [J]. Technology Analysis & Strategic Management. 2010, 22 (2): 189-206.

[324] Leijen H V, Baets W R J. A cognitive framework for reengineering knowledge-intensive processes [C]. Proceedings of the 36th Hawaii International Conference on System Sciences (HICSS), Hawaii, USA, 2002.

[325] Lin J. An object-oriented modeling approach for collaboration management in virtual enterprises [J]. Information Technology Journal, 2002, 1 (2): 89-97.

[326] Lu S, Huang F H. Research on Measurement of Supply Chain Synergy [C]. Proceeding of 2009 Second International Conference on Intelligent Computation Technology and Automation, 2009, 2: 967-971.

[327] Malmberg A, Power D. (How) Do (Firms in) Clusters Create Knowledge? [J]. Industry & Innovation, 2005, 12 (4): 409-431.

[328] McIvor R, Humphreys P, McCurry L. Electronic Commerce: Supporting Collaboration in the Supply Chain? [J]. Journal of Materials Processing Technology, 2003, 139 (13): 147-152.

[329] Mehdikhani R, Valmohammadi C. Strategic collaboration and sustainable supply chain management: the mediating role of internal and external knowledge sharing [J]. Journal of Enterprise Information Management, 2019, 32 (5): 778-806.

[330] Mikhailov L. Fuzzy Analytical Approach to Partnership Selection in Formation of Virtual Enterprises [J]. Omega, 2002, 30 (5): 393-401.

[331] Mitsuhashi H, Min J. Embedded networks and suboptimal resource matching in alliance formations [J]. British Journal of Management, 2016, 27 (2): 287-303.

[332] Nalebuff B J, Brandenburger A M. Co-opetition [M]. Cambridge, MA: Harvard Business Press, 1996.

[333] Nielsen B B. The role of knowledge embeddedness in the creation of synergies in strategic alliances [J]. Journal of Business Research, 2005, 58 (9): 1194–1204.

[334] Nonaka I, Takeuchi H. The Knowledge–Creating Company [M]. NY: Oxford University Press, 1995.

[335] Nonaka I. The knowledge-creating company [J]. Harvard business review, 1991, 69 (6): 96–104.

[336] Pan J Y, Wang F. Analysis and Evaluation of Knowledge Transfer Risks in Collaborative Innovation Based on Extension Method [C]. 4th International Conference on Wireless Communications, Networking and Mobile Computing, 2008: 1–4.

[337] Philbin S. Process model for university-industry research collaboration [J]. European Journal of Innovation Management, 2008, 11 (4): 488–521.

[338] Prajogo D. Ahmed P. K. Relationships between innovation stimulus, innovation capacity, and innovation performance [J]. R&D Management, 2006, 36 (5): 499–515.

[339] Prigogine. I, Glansdorff. P. Thermodynamics Theory of Structure, Stability and Fluctuations [M]. London: Wiley–Interscience, 1971.

[340] Qin F, Mai F, Fry M J, et al. Supply–chain performance anomalies: Fairness concerns under private cost information [J]. European Journal of Operational Research, 2016, 252 (1): 170–182.

[341] Rajabion L, Sataei Mokhtari A, Khordehbinan M W, et al. The role of knowledge sharing in supply chain success: Literature review, classification and current trends [J]. Journal of Engineering, Design and Technology, 2019, 17 (6): 1222–1249.

[342] Riddalls C E, Bennett S, Tipi N S. Modeling the dynamics of supply chains [J]. International Journal of Systems Science, 2000, 31 (8): 969–976.

[343] Rodermann M. Strategisches Synergiemanagement [M]. Dt. Univ.–Verlag, 1999.

[344] Rosezweig E D. Acontingent view of e-collaboration and performance in manufacturing [J]. Journal of Operations Management. 2009, 27 (2): 9.

[345] Sanders N R. An empirical study of the impact of e-business technologies on organizational collaboration and performance [J]. Journal of Operations Management, 2007, 25 (6): 1332–1347.

[346] Santoro M D, Bierly PE. Facilitators of Knowledge Transfer in University–Indus-

try Collaborations: A Knowledge – Based Perspective [J]. IEEE Transactions on Engineering Management. 2006, 53 (4): 495 – 507.

[347] Schmitt R W. Conflict or synergy: university-industry research relations [J]. Accountability in research, 2011 (5): 251 – 254.

[348] ShinnT, LamyE. Paths of commercial knowledge: Forms and consequences funiversity—Enterprise synergy in scientist-sponsored firms [J]. Research Policy, 2006, 35 (10): 1465 – 1476.

[349] Simatupang T M, Sridharan R. A benchmarking scheme for supply chain collaboration [J]. Benchmarking, 2004, 11 (1): 9 – 30.

[350] Simatupang T M, Sridharan R. The collaboration index: a measure for supply chain collaboration [J]. International Journal of Physical Distribution & Logistics Management, 2005, 35 (1): 44 – 62.

[351] Singh P J, Power D. The nature and effectiveness of collaboration between firms, their customers and suppliers: a supply chain perspective [J]. Supply Chain Management: An International Journal, 2009, 14 (3): 189 – 200.

[352] Szulanski G. The process of knowledge transfer: A diachronic analysis of stickiness [J]. Organizational behavior and human decision processes, 2000, 82 (1): 9 – 27.

[353] Teece D. Strategies for managing knowledge assets: the role of firm structure and industrial context [J], Long Rang Planning, 2000.

[354] Wassmer U, Dussauge P. Network resource stocks and flows: how do alliance portfolios affect the value of new alliance formations? [J]. Strategic management journal, 2012, 33 (7): 871 – 883.

[355] Weks J. Capital and Exploitation [M]. Princeton: Princeton University Pres, 1981.

[356] Wenger E. Communities of practice: Learning, meaning, and identity [M]. Cambridge university press, 1998.

[357] Wheelock J. Competition and monopoly: A contribution to debate [J]. Capital & Class, 1986, 10 (3): 184 – 191.

[358] Williamson O E. Markets and Hierarchies: Analysis and Antitrust Implications: A Study in the Economics of Internal Organization [M]. New York: Free Press, 1975.

[359] Yu C J, Liao T, Lin Z. Formal governance mechanisms, relational governance mechanisms, and transaction-specific investments in supplier-manufacturer relationships [J].

Industrial Marketing Management, 2006, 35 (2): 128-139.

[360] Zahra S A, George G. Absorptive capacity: A review, reconceptualization, and extension. Academy of Management Review [J], 2002, 27 (2): 185-203.

[361] Zong S, Cai Z, Qi M. Evolutionary Game Analysis on Enterprise's Knowledge-Sharing in the Cooperative Networks [C]//Springer Berlin Heidelberg, 2014: 359-367.

# 后　　记

　　2009年9月，我进入四川大学公共管理学院，师从商学院顾新教授攻读硕士研究生，在顾新教授的指导下从事创新管理与知识链管理方面的研究工作，并取得多项研究成果。2011年，通过提前攻博的考核选拔顺利进入商学院继续跟从顾新教授攻读博士学位。2014年5月29日，顺利通过博士答辩，获得管理学博士学位。本书是在我的博士论文《知识链的协同效应形成机理研究》基础上，经过后续的修改完善得以呈现。

　　知识链管理的概念由我的导师顾新教授较早引入和提出，围绕知识链管理形成了较为系统的理论体系。记得第一次跟导师见面，他很热心地赠送了每一位新生两本书，其中一本叫《知识链管理——基于生命周期的组织之间知识链管理框架模型》，那是我第一次接触到"知识链管理"，随后在硕博期间跟从导师探索知识链管理，并在导师顾新教授的指导下完成了我的博士毕业论文。博士毕业后，同年我进入西南石油大学经济管理学院工作，继续从事创新管理与知识管理的研究工作，其间也一直有想法将博士论文再次进行修改完善形成专著出版，由于忙于教学和科研工作，未能如愿进行。2020年春节，突然暴发的新冠疫情，打乱了正常的生活和工作节奏，学校采取居家办公和线上教学的工作模式。因为有了更多的空余时间，我得以专注于修订书稿，2022年本书的初稿完成。同年，我以《知识链的协同效应研究》为题，申请了四川省哲学社会科学规划后期资助项目，并成功获得立项。

　　首先，我特别要感谢我的导师顾新教授，带领我探索一个全新的未知领域，打开了我对知识链管理的研究大门，从博士论文的选题到最后的定稿，注入了导师大量的心血，其治学态度和工作作风也深深影响了我。本书的出版计划，最初也来源于导师的鼓舞和支持。

　　其次，感谢四川大学商学院王元地教授，对我的博士论文提出了很多非常宝贵的修改意见，使得我的博士论文能顺利通过评审和答辩。感谢博士论文的评审专家，包括三位四川大学商学院的匿名校内专家，以及复旦大学管理学院的骆品亮教授、上海交通大学安泰经济与管理学院谢富纪教授、南京航空航天大学经济与管理学院苗建军教授、电子科技大学经济与管理学院邵云飞教授和浙江工商大学工商管理学院李靖华教授，在论文评审过程中的真知灼见。感谢西南交通大学经济与管理学院的郭耀煌教授、电子科技大学经济与管理学院邵云飞教授、四川大学公共管理学院姚乐野教授、四川大学商学院贺昌政教授、谢晋宇教授和杨永忠教授，在答辩过程中提出的修改意见。这些专家、教授的深刻见解，打开了我的视野，也为本书的后续修改和完善提供了研究思路，使得内容更加丰富、深入。

再次，感谢我的师妹胡园园博士，以及我的学生昌彦汝、硕士研究生刘怡伶、鞠红岩和许琳娜。胡园园博士参与本书第8章的调研和数据处理工作，昌彦汝完成了本书的第9章，并参与第6章的部分修改工作，刘怡伶和鞠红岩共同完成了本书的第10章，许琳娜对整个书稿进行了整理。

最后，感谢成都理工大学商学院黄寰教授和西南石油大学经济管理学院刘鸿渊教授在课题申报过程中的大力支持和推荐。感谢四川省社科联、四川省科技厅、西南石油大学，以及西南石油大学经济管理学院对我的大力支持。感谢经济科学出版社李雪和袁潋两位老师对本书的认可，以及对本书出版事务的辛勤工作。

感谢参考文献中的所有作者，书中引用的标注若有遗漏，还望海涵。由于个人知识的局限性，书中还存在诸多不足之处，有待完善。若有不当或错误之处，敬请各位专家、学者和广大读者批评指正。

程　强

2023年8月于成都·润扬·观澜鹭岛